親密花園

完形取向伴侶治療理論與實務

Gordon Wheeler & Stephanie Backman　主編

何麗儀、陳雅英、王環莉　校閱

王環莉、張碧琴、張廣運、陳雅英、鄧光雯、謝曜任、龔寧馨　譯

On Intimate Ground:
A Gestalt Approach to
Working with Couples

Gordon Wheeler & Stephanie Backman Editors

目錄

ii

親密花園
完形取向伴侶治療理論與實務

主編介紹

鄧光雯　譯

　　Gordon Wheeler 博士是一位在私人診所與治療學院提供諮商的心理學家。他是克里夫蘭完形學院（Gestalt Institute of Cleveland）的一名教師，並身為 Jossey-Bass, Inc. 出版的 GIC Press 的主編。他最近出版的書分別是：《對完形的再思：認識接觸與抗拒的新方法》（*Gestalt Reconsidered: A New Approach to Contact and Resistance,* 1991）與《集體沈默》（*The Collective Silence,* 1993），此書與 Cynthia Oudejans Harris 合譯自德文版。他目前忙於一本荷馬史詩〈伊里亞特〉《*Iliad*》中有關男性形象的書。

　　Stephanie Backman 擁有 MSSA，BCD 社工執照，在緬因州波特蘭與麻州威爾弗雷特（Wellfleet）有其私人診所。她是克里夫蘭完形學院的一名教師、AAMFT 認可的督導，和美國家庭治療學院（American Family Therapy Academy）的成員。

iii

主編介紹

作者群介紹

鄧光雯　譯

Hunter Beaumont 博士是一位臨床心理學家，在德國慕尼黑有自己的私人診所。他在洛杉磯完形學院（Gestalt Institute of Los Angeles）受訓，1980 年移民到德國之前，他也是該學院的訓練教師。他在德國廣泛地寫作，並發表有關從完形觀點來討論自我與性格失調等主題。

Antra Kalnins Borofsky 教育碩士是一位完形治療師、婚姻和家庭治療師。從事個人、伴侶和團體諮商，並在私人診所開業已有十九年之久。她與她的先生是波士頓完形學院（Boston Gestalt Institute）關係研究中心（Center for the Study of Relationship）的共同創始者與共同主持人。目前定居於麻州劍橋。

Richard Borofsky 教育博士是在麻州劍橋開業的臨床心理學家。過去二十三年中，其為波士頓完形學院的共同主持人，也在美國和歐洲教授完形治療。他和他的夫人是關係研究中心的共同創始者及共同主持人，亦是哈佛醫學院的教師。

Barbro Curman 是一位臨床兒童心理學家，其為北歐完形學院（Gestalt Academy of Scandanavia）的創始人之一，亦為該學院四年制治療師訓練課程的主任。她在瑞典有其私人診所，提供心理治療和組織諮詢服務。

Mikael Curman 原本接受經濟學家的訓練，並在瑞典企業機構中從事組織顧問工作多年。從 1985 年起，他也在其私人診所從事個人、伴侶及團體的心理治療。

Fraelean Curtis 為擁有 LICSW 以及 BCD 社工證照，並擁有十九年經驗的臨床工作者。她是麻州塞勒姆市（Salem）塞勒姆州立學院（Salem State College School）社會工作系的副客座講師，並在波士頓有私人診所，提供和同志案主工作之督導、諮詢和專業訓練等服務。

Isabel Fredericson 博士自 1968 年起從事與個人、夫妻、團體和小型機構的完形治療持續至今。亦曾在幾所大專院校任教，且為克里夫蘭完形學院的資深教師。她和她的丈夫 Joseph Handlon 均是聖塔巴巴拉完形訓練中心（Santa Barbara Gestalt Training Center）的共同創始人。

Pamela Geib 教育博士是哈佛醫學院精神病學及劍橋醫院（Cambridge Hospital）伴侶和家庭治療課程（Couples and Family Therapy Program）的講師。她在麻州的劍橋和牛頓地區開設私人診所，對伴侶和青少年諮商特別有興趣。

Joseph H. Handlon 博士是費爾丁學院（Fielding Institute）的榮譽退休課程主任及心理學課程的前主席。曾任教於普林斯頓大學（Princeton University）、史丹佛（Stanford）大學醫學院和凱斯西儲（Case Western Reserve）大學醫學院。他和他的夫人 Isabel Fredericson 均為聖塔巴巴拉完形訓練中心的共同創始人。

Cynthia Oudejans Harris 醫學博士是克里夫蘭完形學院的創始人之一，並在該學院繼續擔任教職。她在治療精神疾病的私人診所中提供個人、伴侶和家庭諮商。其新近作品包括翻自德文版的《集體沈默：德國認同與羞愧的殘局》（*The Collective Silence: German Identity and the Legacy of Shame*，與 Gordon Wheeler 合譯）。

Judith Hemming 文學碩士擔任英國完形心理治療訓練學院（Gestalt Psychotherapy Training Institute of Britain）聯合教學工作及督導，亦為〈英國完形雜誌〉（*British Gestalt Journal*）的副編輯。她有教育專業背景，並在倫敦和英國境外從事心理治療師、訓練師和諮詢工作。

Marvin L. Kaplan 博士在英國溫莎大學（University of Windsor）擔任臨床心理學教授多年，並在那裡教授完形團體與家族治療。他與 Netta Kaplan 在數個國家帶領強調經驗之自我整合（self-organization of experience）的訓練工作坊。Kaplan 廣泛地發表完形理論的論述，自 1990 年起，他們全家定居於以色列。

Netta R. Kaplan 博士在其以色列的私人診所使用經驗之自我整合方法，進行個人、伴侶、家庭和團體的諮商工作。除進行私人診所的諮商服務之外，Kaplan 博士亦致力於在以色列和愛爾蘭的訓練課程和諮詢工作。

Robert Lee 博士候選人是一位有執照的婚姻與家庭治療師，並在克里夫蘭完形學院接受完形訓練。其曾廣泛寫作有關羞愧的主題，目前正在編輯一本有關以完形方法應用於羞愧動力的書。他在麻州的劍橋和牛頓地區開設私人心理治療診所，特別著重於伴侶關係的治療。

Joseph Melnick 博士是一位在克里夫蘭完形學院接受完形訓練的臨床心理學家，曾在肯塔基大學（University of Kentucky）擔任心理學助理教授，目前在緬因州的波特蘭擁有提供心理治療和組織諮詢服務的私人診所。Melnick 博士曾以治療為主題廣泛發表文章，目前是〈國際完形評論〉（*International Gestalt Review*）的主編。他現著手於一本有關轉變過程的書。

Sonia March Nevis 博士任教於克里夫蘭完形學院已超過三十年，其為親密系統研究中心（Center for the Study of Intimate Systems）的主任，和學院專業訓練的前任主任。她在全世界各地教授完形模式，並在其心理治療私人診所致力於伴侶和家族諮商。她亦積極於資深治療師的督導工作。

Patricia Papernow 教育博士是一位全美認可的再婚家庭發展和過程方面的專家。她的最新著作《成為繼親家庭》（*Becoming a Stepfamily*）（1993）描述再婚夫妻和家庭的正常發展階段，由於她對

完形領域的卓越貢獻而獲頒尼維斯獎。她的著作經常在全國性出版物受到引用，她個人也經常在電視媒體就再婚家庭主題接受訪問。她在麻州的劍橋和牛頓地區擁有私人的心理治療診所。

Stuart Simon 為擁有 LICSW 及 BCD 社工執照的社工師〔在波士頓大學（Boston University）接受社會工作訓練〕，也完成克里夫蘭完形學院研究生密集訓練課程（Intensive Postgraduate Training Program）。其在波士頓的私人診所特別著重於伴侶、團體諮商，及在兒童期有創傷經驗的成年倖存者之諮商工作。

Allan Singer 擁有 LICSW 及 BCD 的社工執照，在麻州波士頓私人診所執業心理治療師的工作。其在新英格蘭完形學院（Gestalt Institute of New England）和克里夫蘭完形學院接受完形訓練。他經常在各大專院校和臨床機構就男女同志、雙性戀的臨床議題進行演講。

Joseph Zinker 博士長期任教於克里夫蘭完形學院，亦曾擔任研究生課程教師的領導人，以及親密系統研究中心的成員。他於 1977 年出版的《完形治療的創造性過程》（*Creative Process in Gestalt Therapy*）被〈今日心理學期刊〉（*Psychology Today*）選為年度好書，此書直至今日仍是一本經典作品和暢銷著作。其最新著作為《追求圓融——完形取向的婚姻與家庭治療》（*In Search of Good Form: Gestalt Therapy with Couples and Families*）（1994）（註：心理出版社已於 2006 年出版其譯作）。Zinker 博士是全球最著名的完形作家、教師和訓練者之一，他廣泛地在美國、加拿大、歐洲、南美洲和亞洲舉辦演講與工作坊。

親密花園 完形取向伴侶治療理論與實務

校閱者介紹

何麗儀

學歷：國立台灣師範大學教育心理與輔導研究所博士研究

經歷：國防大學政治作戰學院心理系講師

　　　家扶中心、市立療養院心理科督導

　　　完形取向輔導訓練講師

現職：耕心全人發展有限公司諮詢顧問

陳雅英（兼譯者）

學歷：國立台灣師範大學教育心理與輔導研究所碩士

經歷：中華溝通分析協會之 TA 專業訓練講師

現職：高雄縣鳳新高中輔導老師

　　　中華溝通分析協會強制性親職教育、家暴認知輔導教育

　　　輔導教師

王環莉（兼譯者）

學歷：美國俄亥俄州州立大學社會工作學院碩士

經歷：台南縣市家暴急性侵害防治中心約聘心理諮商師

　　　台南市婦女會婦女諮詢專線顧問

現職：南台科技大學通識中心講師暨諮商輔導組專任輔導老師

譯者介紹

張碧琴
學歷：國立台灣師範大學教育心理與輔導研究所諮商組博士班
經歷：展望會、勵馨基金會、台北市社會局特約督導
現職：國立暨南國際大學社會政策暨社會工作系兼任講師
　　　台中市家扶基金會懷仁全人發展中心輔導員

張廣運
學歷：國立成功大學行為醫學研究所碩士
　　　國立台灣師範大學教育與心理與輔導學系學士
現職：花蓮縣國風國民中學教師

鄧光雯
學歷：美國密西根大學都市計劃碩士
經歷：旅美百大企業公關客服部門
現職：美語教師及兼職翻譯

謝曜任
學歷：國立高雄師範大學諮商研究所博士
經歷：國立藝術大學講師及諮商中心督導
現職：台北市東門國小轉導教師

龔寧馨
學歷：美國喬治亞州立大學社區諮商碩士
經歷：桃園生命線、新竹德蘭兒童中心諮商員及督導
現職：心理劇訓練師

校閱者序

　　當你翻閱本書的當下，你想找到什麼嗎？書在架上「呼喚」著你，你是如何把這本書放到手中，此刻的你，眼睛又在瀏覽哪些內容呢？

　　這就是完形治療好玩的地方。它可以讓你感覺到「幾分」甚至「一秒鐘」的力量。只是那麼一個短短的剎那，我已做了選擇；從那上千萬個選擇中，我的需求已默默地組成了一個「場域」，以界限摒除其他的選擇，而形成了一個有所區別的場域。也許下一分鐘我的選擇又改變了，但有一個「商議」正在默默進行；一個需求攻佔了我的注意，成為我此刻關注的焦點。當我願意為我的選擇負起責任：覺察它、與它充分對話，我「完形」了、我「改變」了！我的需求滿足了！我的需求因而解構、重新建構。舊的焦點退形了！呵哈！原來如此！學完形透過自我覺察的訓練「我可以是自己生命的主人」也就隨手可得了！

　　那麼本書內容又是如何讓伴侶獲益呢？小芬的分享告訴你：

　　小芬去參觀好友新居落成，回來跟先生分享新屋的裝潢、通風是如何的理想；先生臉色卻是愈來愈凝重，最後站起來走開，臨走前冷冷丟了一句話：「你去嫁給她先生好了！」

　　小芬大可以老羞成怒的說：「莫名其妙！我只不過在分享，你幹嘛『對號入座』！」於是兩人不再答理對方，冷戰了三天！

　　透過完形伴侶治療的協助，兩人看到就小芬說話的當下，彼此的圖象是如此的不同，小芬的圖象是房子的漂亮裝潢……先生的圖象是：

你在嫌我沒能力買好房子（背景是：兩人最近才東湊西湊貸款買了一個沒裝潢的房子），你在嫌我不是個有能力的男人。兩人在協助下，經驗到彼此的一致性差異（對特定事物的想法、感覺），於是兩人不但不會因此累積了一個新的「未完成事件」，反而彼此對對方有了更深的理解與支持。

　　以上只是一個簡單的案例說明，本書還有更多豐富的理論、詳細的個案解說、不同的伴侶形式（再婚、同志伴侶）、親密與羞愧、抗拒等議題的專題討論、Freud、Kohut、Winnicott 與完形代表人物 Goodman 之理論比較等，都值得你細細去品味（各章簡介請看雅英的譯者序）。

　　我喜歡在生活及專業生涯中修鍊、推廣完形，不只因它是一種治療的「技術」，而是一種值得大家都認識的——既能助人助己，又具備「為自己出征」的禪趣的——生命藝術。

　　相信透過本書，你的親密關係及伴侶助人專業會有更深且不一樣的「看見」，所以我們決定排除萬難，讓它翻譯付梓。感謝心理出版社的支持，以及眾譯者百忙中的協助完成，今天很高興能與你一起分享它！也許這是我的「投射」，但我可以預見你讀後「呵哈」的表情呢！哈哈！祝你閱讀愉快！

何麗儀　謹筆

2008 年秋天加州

譯者序

　　本書共分理論、應用與觀點三大部分。理論的部分（一至四章），對親密的特殊本質與種類、完形取向的伴侶工作、自我整合與對話，以及自我整合系統的概念，在完形與伴侶、家庭治療上的運用，以非常實用的方式，與完形的理論整合在一起。讀者閱讀這些部分時，可以一邊了解完形的核心概念（如形象、背景、接觸、自我與系統的有機運作），一邊將這些概念與伴侶工作做連結。尤其是對親密特殊本質的探討、對話理論的觀點，以及自我在關係系統中的渴望與喪失等看法，更提供了工作者檢視案主關係，以及檢視案主在關係中自我健康的狀態，一個可觀察的現象學觀點。完形學者的現象學描述方式，讓理論從個人經驗與當下發生的現象出發，使讀者讀來栩栩如生，具體可見。

　　應用的部分，是將完形關係取向運用於不同族群的論述。書中所提及的族群，有再婚與繼親家庭、同志伴侶、伴侶團體，以及早期受創與被虐的倖存者。

　　每篇文章都是雙軌進行的，一是與不同族群工作時所要注意的要點，一是完形關係理論如何運用於不同族群的方法。讀者閱讀之後，會有統整與滿足的充實感。

　　對已在相關實務上工作的專業人員而言，這些文章無疑是工作上的「葵花寶典」。即便讀者對完形理論並不熟悉，一樣可從這些實用的文章中獲益。

　　再婚與繼親的家庭型態，已是現今不容忽視的社會現象，書中

的第五章與第八章，將再婚與繼親家庭中的特殊心理動力，做了非常深刻的觀察，並提供工作者介入的方向與要點，即便是案主自己來閱讀，對於自己家庭的權力爭奪與情感爭寵的了解，也十分有幫助。而對男女同志伴侶的處遇，因伴侶屬性的差異，在親密關係上會呈現與異性戀伴侶不同的動力，工作者若不了解這些特殊動力，是不容易與他們工作且達治療效能的。兩篇文章在上述的面向上做了許多提醒與建議，非常值得專業工作者參考。

在完形伴侶團體的運用上，作者對伴侶工作的內容與議題，有相當實用的陳述與分享，最後並告訴讀者運用伴侶團體形式來工作的好處，這些訊息提供了想要以團體做伴侶工作，或已用團體在做伴侶工作的專業人員一個好的工作結構與專業檢視的框架。最後在早期受創與被虐倖存者的伴侶應用上，作者將治療者與案主會面臨的挑戰，描寫得十分深刻而動人；作者把早期受創與被虐倖存者的案主，與目前關係中受害者角色（有時並無真的虐待情事發生）作連結，一方面協助案主以溫和的方式重新看見受創經驗對他／她的影響，但也帶入伴侶對他／她目前困難的了解與同理；更重要的，協助案主將過去的加害人與目前的伴侶分化，使他／她能以更建設性的方式與目前的伴侶互動。

在觀點的部分，除了完形理論、伴侶關係，每章的作者還增添了其專長領域的觀點與實務經驗；令人訝異的是，這些觀點被統整得很好且能相互支援。透過這種整合不同專業領域的觀點，使得完形伴侶諮商的領域更為豐富而多元。

不論是羞愧理論的加入、親密與權力動態觀點的說明，或是檢視語言種類對架構經驗與關係的影響，以及引進「施受模式」來作為建構伴侶諮商與診斷的工具，這些觀念與模式都能讓專業工作者在完形伴侶諮商的基礎上，開拓出新的視野，並在閱讀中產生驚喜的快樂與統整的豐富感。而最後以美學觀點來看完形的伴侶諮商，更使完形治

療本質的哲學與美學層面，展現出內容的深刻與形式流動的美感。

　　讀者在閱讀時，可挑選任何你有興趣的部分，並由吸引你的章節讀起，因為三部分中的各個章節是獨立且能相互呼應的。這是一本「有份量」的好書，自己在翻譯與校對的過程雖覺辛苦繁複，但能將內容付梓，使本書的熱情和智慧與大家分享，內心還是感到十分充實與欣喜的。我自己在此書中獲益良多，願你亦如是。

陳雅英　於 2008.11.11.

前言

脈絡中的完形模式

鄧光雯 譯

　　對於那些只藉由 Perlsian 後期所舉辦的工作坊中的心理劇和空椅法，來認識完形模式的讀者而言，這本書將提供一個令人愉快且具有啟發性的驚喜。我們在這裡使用一個相當與眾不同的完形觀點，來取代過去面質（confrontation）、高度的個人主義（hyperindividualism），以及 Perlsian 特有的衝擊式（percussive）技巧。這個新觀點源自於 Kurt Lewin、Kurt Goldstein、Laura Perls、Fritz Perls（特別是其早期的工作）、Paul Goodman、Isadore From 等人，以及過去二十年的完形作家們，包括 Nevises、Polsters、Yontef、Zinker 等人。他們當中有很多人曾是我們的老師，使用各種不同的方法來強調接觸（contact）、脈絡（context）、對話、在關係中成長、現象學的（phenomenological）觀點；再以建構主義（constructivist）的角度，將「自我」視為「場域的組織者」（organizer of the field）與生活的藝術者。

　　因為這種方法是如此與眾不同，因此，值得我們花些時間來思考，究竟這個模式是什麼，它又是如何融入心理學與心理治療模式的脈絡裡。這裡的討論將是簡短的，畢竟心理學是一門科學，心理治療又是其中的一門學科，但其實務的歷史卻只有大約一百年而已——雖然它已長得足以提供一些觀點，但另一方面，仍然短到只允許寫一篇

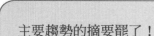

主要趨勢的摘要罷了！

在其他模式脈絡中的完形模式

　　自從完形知覺（perceptual）模式創立以來，迄今已過了一整個世紀，模式徹底改變了我們對人類認知與經驗的了解。隨著時間的流逝，我們現在或許比早期的籌劃者更能了解行為、情感（affect）、認知（cognition）和意義（也就是經驗本身的組成元素）等觀點的意涵。其意涵所指為：

1. 我們知覺是整體的，並不像早期聯想主義者（associationist）和行為主義模式那樣，是以零碎的方式或加入個別的「刺激」來感知；我們會試圖去立刻分辨（resolve）整個場域，而對各部分的認識，則是對脈絡有所了解後才具有意義。

2. 我們所經驗的是對這個整體場域（whole-field）作分析；我們對任何事件（event）的經驗並不在於事件的本身，而是我們附加在此事件上的意義。無論各學派對心理治療的稱呼為何，它都必須涉入對這種**建構意義**（constructed meaning）的探索。

3. 這表示沒有一種看見（seeing）是不需經過詮釋（interpreting）的，也沒有一種知覺不包括感覺（feeling）和評估。經驗無法先於意義，兩者在此世界中採取了同樣的行動與過程才可能發生，這是當代大腦研究所產生的一個觀點。越來越多的研究顯示，整個腦部都參與了知覺和認知的組織，且是以情感（affect）作為感知與記憶的仲介（mediation）。

4. 我們的行為並不像古典的佛洛伊德學派和行為主義所認為的那樣，他們認為行為是內在構造的「驅力」（drives）和「增強的規劃」（schedules of reinforcement）下的簡單產物。胃口、驅力和

制約作用在不同時間可能全都是重要的，但是我們實際的行為卻是以我們的「地圖」（map）或者整個場域，以我們自己的需要和目標所感知到的風險與資源所構成的整體脈絡，來進行調解和組織。

5. 從系統的觀點來看，也是很適用的。系統模式有時顯示出「系統的力量」、「自體平衡」（homeostasis）等等，好像是真的（real）「事情」（things）一樣，而不光只是模式（pattern）或者描述的符號。從完形觀點來看，系統的狀態（condition）是場域的一部分，但重要的是，由這個人主觀地對該系統的狀態所建構出來的理解是什麼，然後再從這個理解中去塑造及調節個人的反應方式。換句話說，我們對這「伴侶系統」的看法比不上這對伴侶雙方對他們自己的事情有那麼多的看法，而且他們的看法更需要被探索。

6. 這就表示我們不必就事件本身來行動或回應，而是以我們對事件**模式**的知覺及其「場域內」的意義，來引導我們去改變外在的狀況。如果你思考一下，我們就會被它所捆綁（wired），畢竟剛剛所發生的事件並沒有預測或生存的價值，而是我們認為接下來有什麼事情會發生，這是我們對場域產生理解的功能。

7. 這些模式和理解是有意義的主觀建構、假設（assumptions）和期待（expectations），可被一對伴侶、家庭或更廣的社會團體所分享和支持，或者也可能包含在一個人或伴侶／家庭成員和另一個人，或是一個團體和另一個團體之間的衝突中。對治療而言，不論任何學派，把這些預期帶到表面或「解構」（deconstruct）是非常重要的，我們可能不會覺察它，直到開始談論它們為止。

8. 當我們與其他人打交道時，我們的行動和回應並不是基於他們的行為本身，而是基於我們**對他人**（in them）行為背後的動機和感覺之投射（projective）的了解。這種洞察力正是社會心理

學中歸因理論的整個基礎，主要從 Kurt Lewin 的研究衍生而來。從臨床與發展上而言，這表示完形模式的核心是互為主體性的（intersubjective），在某種程度上，並不總是或像心理動力（psychodynamic）、行為的和系統模式的個案。

9. 再一次，我們所經驗到的真實（reality）常是一種主觀的建構，是由當下我們所知道（see）的部分，又稱之為「在外面那裡」（out there）〔以完形的專有術語為「圖像」（figure）〕；與我們當下所知覺到的假設與預期〔完形稱之為「背景」（ground），心理分析的語言稱之為「移情」（transference）〕。主觀的建構即是圖像與背景兩者整合而成。

10. 另一種就是主觀建構的「地圖」或過去感知、期待和信念的背景，正是當下我們行為動力的「起因」（cause）。要使行為的改變持久，就必須讓這個主觀的真實有所改變，感覺到「控制情境」（controlling conditions）且與「在外面那裡」（即圖像）的堅持（press）產生交互作用。

11. 當我們說**學習**時，我們是在說我們的「地圖」，我們建構的意義對世界產生的一個新理解，而在未來就會以不同的方式去塑造我們的行為。這在任何的學習模式裡都是真實的。在完形的觀點裡，感知、聽、學習及行為的再組織，基本上全都是相同的過程：它們都是以一個早就已了解的背景來測試一個新的「注意力的圖像」（figure of attention），反之亦然。

12. 你無法看到意義、感覺或經驗。如果你想要了解主體是如何建構或經驗到場域，有必要透過詢問或介入的方式來測試，然後再做進一步的探究詢問。這種測試就是將 Lewin 的「行動研究」（action research）方法學在臨床上做應用。如果你想要知道一個系統（背景）中隱形的規則和架構，那就呈現（present）一個新的「圖像」（提出一項介入或實驗），然後看系統是如何處理它的。這

個人、伴侶或家庭的反應就會成為對話的主體。

13. 如果新的了解和學習發生，這意謂背景結構的改變，表示這次對話的狀況是具有關鍵性的。這是完形模式的現象學觀點。這只是單純表示個人願意去了解這世界看起來是怎樣，以及如何從病人或個案的角度來組織和建構意義——所有這些個人可能無法訴諸於語言的事物，都能在第一次的對話中有某種程度的明確表達。於是，完形模式從哲學中取用了現象學的傳統，並將其立基於經驗主義的，以及互為主體性的實驗室和臨床實務的領域中。

14. 對於治療師或伴侶夥伴而言，認識一個人就必須從對方的個人觀點出發，來認識（knowing）他的建構過程與內容。這就是所謂親密（intimacy）——去認識一個人的內心世界或所謂的「背景」，並讓對方也認識你個人的內心世界。這種方式使得親密與親密的過程，在質的方面有別於其他人際關係的歷程。

15. 想法取決於觀點。多元的實相（realities）——在伴侶、家庭、團體和社會系統——不僅必然會發生：它們還是接觸、對話、交換，以及衝突、「抗拒」（resistance）和創造力的重要原料（stuff）。上述提到許多或甚至全部的觀點在治療上的應用，特別是在伴侶治療時，都是直接和重要的。

16. 最後，如要影響一個人，坦誠給予暫時性的酬賞與痛苦以督促他改善的框架，若用上述的方法進行，就會或多或少「得到進入」（getting inside）他們內心世界的機會，至少增加了他將內心世界以不同的方式來組織的可能性，而影響其本來的行為與經驗。即使在有效的行為時間表與增強（reinforcers）的設計中，我們還是必須多知道這個世界是如何看待我們想要影響的這個人，以及他或她關心的、想要的、期待的或是恐懼的，要不然我們提供的增強將是離題的。再次，以這種影響方式的想法對個人、伴侶和家庭治療所造成的差異，是具有啟發性且影響深遠的。

　　因此，完形模式的基本洞察力以及在理論與方法學上的核心，根本就是「建構主義」兼「解構主義」、是互為主體性的、對話的（dialogic）和現象學的。換句話說，它是基於整合目前多種模式的觀點應運而生。特別的是，他們透過一個比較適合處理伴侶或家庭脈絡的經驗啟發，將「隔離中的自我」（self-in-isolation）的概念轉變成一個理論。Stone 中心基於女性發展的觀點建立「關係中的自我」（self-in-relation）模式，即是一個非常成功的案例。從現象學方面，我們只能單純去了解經驗本身建構出來的架構與動力，但透過完形的現象學觀點，不僅讓病人的經驗在臨床或倫理上得到統整，也可以找到他們行為改變的關鍵。同時，我們將證明這個「現象學的建構主義」是我們長久以來一直在尋找，但卻漸行漸遠的一個目標，這個目標正是強調人類行為及經驗一致的場域理論所追求的。這個路線結合或至少將富有變化的心理學場域，以不同的應用方法及疆域加以脈絡化（contextualize）。所謂心理學場域，指的是從神經心理學（neuropsychology）到主觀主義（subjectivism），從個別臨床工作到實務上的不同「系統層次」（levels of system），如伴侶、家庭、團體、組織和整個社會。尤其對像我們一樣，從事內在心靈（intrapsychic）和人際關係交會現場工作的伴侶和家庭治療師而言，以上觀點提供一種可用以討論有關個人的、關係的和系統動力的單一語言；而不像現在，當從一個層次移到另一個層次時，我們就必須轉換另一種語言。即使不宣稱完形模式在它目前狀態內是無所不在的，接近那個比較大的首要目標，我們確實想要指出（也希望能在以下各章中證明）此模式對伴侶治療師而言，有莫大的助益。原因在於它能靈活地注意並在介入的不同層次中移動，這一直是心理動力學、系統的以及行為取向卡住的地方，但卻是完形試圖去整合的部分。無論何種模式就像是一張地圖或一個類比（analogies），透過對該模式之核心主題之選取與關注陌生與熟悉之間就有了聯繫。而想要描繪刻劃、評估一個新

的模式與我們自己特有風格和價值「相合度」（fit）的一個好方法，就是去檢驗主要隱喻（central metaphor），因為透過此隱喻，才能將這個模式無限的特殊性降低，成為更簡單、更有組織的整體。完形模式的主要隱喻是從演化和生態學、聯繫性（relativity）和不確定的（indeterminacy）脈絡與整體的觀點中取出的。因此，完形談的是有機體和發展、組織和接觸、作為主題的自我（self as subject）、界限、能量和場域。這和古典佛洛伊德學派和行為學家的模式明顯的差別：他們的類比取自牛頓學說的科學詞彙，主張的行動是遠距的、線性的客體而非主體，以及十九世紀意象的電報密碼、水力學、有壓力的閥門與固定軌道的蒸汽火車。同樣地，更古老的系統模式則是基於機械學的意象，雖然無可否認的是，這三個偉大的傳統臨床心理取向：心理動力學、行為主義和系統學派，在本世紀已有相當大的進步，且它們全（我們將指出）是朝著「整體場域」或是完形的方向進展。

　　再者，「場域模型」（field model）使得完形觀點特別適用於談論伴侶、家庭、職場或團體相互主體性的社會領域，或是用完形的術語來說，就是個人內在世界的相互主體性（the intersubjective internal world of the individual her/himself）。對伴侶治療師而言，這部分要如何運用到理論上及臨床工作，即是下面幾章的要旨。這幾章被分列在「理論」、「應用」以及「觀點」三個標題下，但要聲明的是：這些標題只是方便歸類或重點強調，並不作為章節之區分。Lewin 有句名言：沒有什麼事情比一個好理論更實際。作為編輯的我們意圖去支持理論與應用（觀點），因此兩者在本書的每個章節中都有呈現。我們也努力避免使用完形或者其他「術語」，就算完形模式特有的術語已釐清清楚；我們也鼓勵本書作者們盡可能在每次使用任何專門名詞時，都能提供一個同義詞或釋義（paraphrase），也就是我們所自豪的「近似經驗」（experience-near）的品質。我們希望透過這種方式，來提供讀者一本能根據自己臨床或個人興趣，從任何一章開始閱讀的書，而不需要先

讀通某一篇單獨的「理論」，才能看得懂其他章節。

　　本書各章是非常多樣化的，囊括從深思到特殊的個案應用。深思的章節如：親密、語言和權力（附有臨床的應用和例子）等特別的主題；特殊個案的應用，如：受虐倖存者（abuse survivors）、同志和再婚伴侶（及理論的反思和觀點）。同時，它們也被某些反覆出現的完形主題和可能的應用所統一，其中部分重點已在此篇前言中略有提及。

　　上述那些相同的部分，也會在導論以直接、實用的方式做更進一步的鋪陳。與其在別處取得廣泛性的介紹，試圖為讀者介紹這個模式，以及一系列以完形視框來釐清的伴侶治療之議題與範圍。這些議題將以下列標題來分享：現象學和抗拒、界線和能量、支持和羞愧、實驗立場、滿足和模式的脈絡化等標題。每個標題有兩個焦點：完形觀點下的伴侶治療會在歷程中出現哪些面向或議題？這些不同的觀點會如何把治療工作釐清？它們怎麼直接及實際幫助我們去定位伴侶之間的動力，而使伴侶能面對他們目前的發展任務？

　　這些任務在第一章中會更直接地討論。在第一章中，親密和親密過程的特殊本質會以完形現象學的觀點加以探索。強調的重點是：對治療師及伴侶成員二者，其實際治療歷程的技巧和介入意義為何。在本章中，親密非但不是附加甚或反對個體去發展的課題，反而強調其對個體發展其自身的過程是很重要的。此一觀點改變了我們對治療工作是什麼、伴侶與治療師的任務是什麼，以及如何進行伴侶治療的看法。

　　在第二章，從英國來的一位獨特且富有同情心的完形學者 Judith Hemming，會以清晰的理論與臨床實驗，展現以完形的方法為個案處理最深和最不易捉摸的渴望和恐懼，並將之作為立基（grounding）實踐的能力。這章本來可能被放在三個標題中的任何一個，我們選擇把它放在理論這一段，因為它具備了理論與應用的創造性整合，而此兩者之間能相互影響並充實彼此。

在第三章，一位在德國居住和寫作的美國完形治療師 Hunter Beaumont，將呈現那些非常具挑戰性的伴侶個案，他們關係的歷程威脅著伴侶其中一人甚或兩人的自我內聚力（self-cohesion），而不是支持性的。在傳統的診斷過程中，這些病人會被貼上「自戀性」或者「邊緣性」的標籤，他們的自我穩定度和投入度（engagement）經常被治療過程本身的親密所威脅。除了這些困難臨床個案的自我和自我歷程（self-process）的討論外，Beaumont 也為對話的本質及歷程提供一種新的框架和理論基礎。對話一詞現今經常在伴侶和家庭工作上聽到，並且經常作為一件好事情被大力推薦，但卻很少被理論定義或定位。Beaumont 將顯示，**對話**很像第一章所論及的「親密」，是必需的，而且是一種現象學的、自我整合觀點的結果。此章最初的一個版本曾發表在「英國完形雜誌」上，並且在 1993 年獲頒為完形領域傑出貢獻設立的尼維斯獎（Nevis Prize）。我們很自豪和欣慰能在此以略為不同的形式，再次介紹給大西洋的讀者們。

Netta Kaplan 和 Marvin Kaplan 在加拿大和以色列寫作，以演講和出版的方式，廣泛發表了他們對於自我整合理論（self-organization theory），以及它與完形模型類同關係的看法。在這裡，他們把注意力轉到那些在伴侶和家庭臨床工作上所出現的相同議題。再次，**自我整合**（self-organization）和**自我整合的系統**（self-organizing systems）這兩個名詞突然在伴侶和家庭治療的論文中大量出現，且通常與個人情感和經驗的主觀過程沒有一個清楚關係。但由於完形模式在內在心靈、人際以及系統層次的靈活能力，作者以相同的臨床語言來釐清其關係，並將其立基於臨床的應用上。

第二部分是「應用」，占了本書最大的篇幅，就像是一個在經驗和實驗上聚焦的模式。第二部分以 Patricia Papernow 這位在再婚和繼親家庭歷程名聞全國的權威文章作為開始。Papernow 使用完形模式來組織一種發展的、經驗的，並且引用臨床上的趣聞，很豐富地說明再婚

親
密
花
園

完
形
取
向
伴
侶
治
療
理
論
與
實
務

伴侶的處遇方法。她最近的書《成為繼親家庭》，是 1993 年尼維斯獎書本版的得獎者。在本文裡她提供伴侶關係的處理方法及其應用。本質上來說，一個融合家庭的成功和健康必須仰賴伴侶關係。由於再婚伴侶和融合家庭迅速成為社會的常態，每位治療師（不論是否被認定是伴侶治療師）有必要熟悉這個廣泛又具挑戰性的特殊動力和議題。

第八章的作者 Isabel Fredericson 和 Joseph Handlon 本身即是一對再婚伴侶，以他們對再婚生活背景的處理方法，把這些議題帶往不同的方向。就像其他文章處理特定的族群一樣，這篇文章的焦點是雙重的：讓伴侶知道治療師在與這特定族群合作時需要覺察到的議題，並且在這些特定的案例中說明完形模式的應用。由於兩位作者多年在教學和臨床工作的背景，他們是非常有能力做這個發表的；對治療師和其他曾經歷再婚的人而言，它甚至（或特別是）能激發其思考力。

在第六章，Allan Singer 將我們的注意力引導至男同志伴侶的議題指出他們和異性戀伴侶有哪些相同，以及有哪些重要的不同。在完形理論裡，不同的背景一定會改變圖像的意義。如果男同志伴侶的親密接觸和對親密另一半的渴求圖像是普遍性的，而其在社會裡生活的背景，就會十分不同於異性戀的伴侶。Singer 在描述這些差異時，並沒有忽略普遍性的脈絡，且示範完形模式的應用於工作導向，並為這個極為複雜的觀點立基。

Fraelean Curtis 在她的女同志伴侶和「女同志經驗」的文章裡，採取一種平行的方法。雖然她和第二部分的其他作者都清楚地說明，沒有單一的「女同志的經驗」，而是有多少女同志的個人和伴侶，就有多少女同志的經驗——同樣的情形也適用於再婚的伴侶、受虐倖存者等。我們再次相信這是完形模式一種獨特的優勢，就是能公平對待個人和單一（對）伴侶經驗的豐富與獨特性，卻不忽略特殊團體共同的認同和經驗，或所有這些議題在最基本水平上的普遍性。

來自瑞典，Barbro Curman 和 Mikael Curman 在第九章報告他們

在完形伴侶團體的經驗。如 Curman 夫妻堅持及顯示的，這個團體是探索伴侶議題很適用的方式——還包括某些在他們的文章裡提出的警告。Curman 夫妻是北歐完形學院的中心成員，也是歐洲完形治療師及相關專業人士構成的廣大而具有成效社區的一分子。在歐洲，完形模式和訓練機構是慢慢地獲得一個國家接著一個國家的官方認可，與心理動力學和行為學的方法一樣，都成為每個國家其國家健康系統下，訓練有執照心理治療人員的一種專業方法。此外，如同本書中其他的三篇文章，這篇有關伴侶歷程和伴侶治療的文章，本身也是由一對伴侶所著作。在我們作為編輯的看法中，這替本書帶來附加的豐富性，非常符合完形理論的精神，完形理論（用 Paul Goodman 的用語）指出像「治療」和「真實的生活」、「個人的」和「專業的」等對比，有時雖然有用，但其實是「錯誤的二分法」（false dichotomies），此代表的是一種極端的看法，而不是同一經驗場域中不同類別的看法。

　　完成「應用」部分是 Pamela Geib 和 Stuart Simon 在伴侶治療上的工作，而他們其中一人是嚴重的早期創傷和虐待的倖存者。或許不可避免的，我們努力設法解決的議題，可能對治療師或個案而言，是恐怖且具挑戰性的。在過去，這方面的工作或歷程，有時曾有過非故意的重溫虐待動力的效應，雖然無疑是以非常溫和的形式，但會把過去創傷的倖存者，而且事實上的確在兒童期曾是受害者的人，放到一個和現在關係中相似的受害者角色，即使現在關係中並沒有受害的事情發生。這件事會發生在一位過去受虐的受害者長期又十分艱難的恢復奮鬥中。不知為什麼，他的經驗**在現在的關係中**，比起另一半現在的經驗，會被認為是更有效力、更具有經驗性的真實（more experientially real）。在此，完形模式之整體—場域和現象學的基礎要支持和釐清的是，**在當下**（in the present）每位配偶的自身經驗和觀點是同樣重要的，而且這樣做並沒有以任何形式不看重虐待本身其赤裸裸的實況和毀滅性。

親密花園 完形取向伴侶治療理論與實務

　　第三部分「觀點」，以 Robert Lee 令人驚艷的對完形理論、羞愧理論（shame theory）和伴侶治療的文章開場。他是一位潛心於文獻和治療過程中之羞愧動力的作者。我們本可將這篇文章放在本書三部分中之任一部分，但我們選擇了把它放在這裡，是因為這個三重的觀點彼此是相互支持的。最近對羞愧的注意源自於心理動力學文獻中之自我心理學，我們相信它是特別重要的，不僅是因為它具備臨床上和實驗上的向心性（centrality），同時也因為它將心理動力模式從「隔離中的自我」的傳統中抽離，朝向一個社會領域觀點的方式。此觀點帶有豐富的洞察力，卻也限制了一些客體關係（object relation）的語言。我們要指出，完形在這些議題上的看法會造成這樣的轉變是合理的結果：從一個相互主體性經驗的基礎中衍生出個體的特徵，而不是試著將關係性的語言「附加」在比較精通「客體」而不是「主體」的理論性語言模型中。

　　Joseph Melnick 和 Sonia March Nevis 在完形主題上有長期及成果豐碩的合作歷史。在本書中，他們將帶來多年來他們對親密與權力之動態關係的明智深思。以歷程的觀點，他們釐清了這兩個概念根本上密不可分的本質。從某方面來說，這會充實每位治療師伴侶治療的工作。

　　語言這個主題長久以來就深深吸引著 Cynthia Oudejans Harris 這位完形作者。她最近的一本書從德文翻譯而來，論及語言的對立互補（polar complement），指的就是在沉默——家庭中的沉默呈現出二次世界大戰後的德國，對納粹時期的恐懼性（*The Collective Silence*, 1993），而沉默影響到對下一代的發展與認同。在此她檢視了在治療以及在伴侶的脈絡中，我們使用的語言種類對我們架構經驗及關係的方式可能產生的影響。她的論點支持完形強調說話要在當下（speaking in the present）是相似的。而從語言學、情緒性以及臨床實務來看，和「跟他人說話」（speaking to）、對他人說話（speaking at）或說某件事

（speaking about）是截然不同的。

　　強調關係是完形方法如此適用於伴侶工作的部分原因，它將在第十四章中被帶到一個新的範圍裡，Richard Borofsky 和 Antra Kalnins Borofsky 的施與受模式，可作為在伴侶治療中建構與診斷的工具。再次，異於尋常的是，作者們在此將一個熟悉的話題放在一個真正的「整體場域」的觀點上，並在重要的歷程關頭上，給每一位治療師都會考慮去使用的工具，而且可用在大多數的個案、伴侶或其他人身上。

　　本書的最後一章，正好是由 Joseph Zinker 和 Sonia March Nevis 所寫，他們是把完形方法用在伴侶工作上的先鋒與引導者。與 Erving Polster 和 Miriam Polster 一樣，對廣泛臨床工作的讀者而言，Zinker 無疑是現今完形作者中最負盛名的。他最近出版了有關這個主題的書《追求圓融——完形取向的婚姻與家庭治療》（1994）。此書與本章一樣，是從 Zinker 與 Nevis 十多年前一起合作有關完形在「親密系統」中所發表與應用的文稿中擷取出來。多年來，他們一起共同負責克里夫蘭完形學院親密系統研究中心，並透過此中心的雜誌，使全球完形及其他學派的治療師們對他們與伴侶工作的方法變得熟悉。在此，他們帶來個人獨特融和的熱情、智慧，和對伴侶治療師透過個人實際經驗而體會到的理論深度；再者，此洞察力和觀點是每位治療師可用在每位病人身上，也適用於生活關係的每一層面上。

xxvii

前言

　　最後一章後記，是我的共同編輯 Stephanie Backman 的文章。身為治療師及一個有血有肉的人，她沉著優雅和仔細周到的風格，從文章的每一頁以及寫作與編輯的過程中表露無疑。Backman「美學視框」（aesthetic lens）的治療觀點，展現她清晰鮮明的個人與專業的整合，以及善用個我經驗（self-experience）的專業訓練，此可作為完形工作的品質保證。以完形的看法而言，為了保護治療師及研究者，而否定個人主觀經驗的向心性，且不是以個案利益的增進為著眼點，對任何專業而言，這永遠都是一個錯誤，而且更可能是一種毀滅。在此，

Backman 指出：為了保持主觀性，可以如何不需把專業的專長形成另一個「錯誤的二分法」，而能用知識和專長為基礎，使治療師的注意力能集中，並為個案示範如何運用自我經驗的方法。再者，無論是否為完形取向，這是一種能充實我們所有人在伴侶、個人或家庭，或在其他脈絡和場景工作的立場及觀點。

這張豐富及滋養的選單成就了本書的誕生。我們對讀者的希望和信念是：不論你過去得到的傳統和個人治療的綜合方法與經驗是什麼，本書各章節中的想法和觀點將會激發你去思考，支持你不斷對未來的場域重新作組織，並恢復你對工作的能量與熱情，這就是一種成長——就如他們為我們所做的。謹以深深的感激，將本書獻給克里夫蘭完形學院的老師們，除了他們，我們也希望將最深的感謝給予我們的編輯 Becky McGovern 和她在 Jossey-Bass 的同事，特別是 Mary White，謝謝他們對此書的一貫支持；以及 Tom Backman，當我們在外面艱苦前行時，他寬厚地替我們代為照料我們的堡壘。

Gordon Wheeler

劍橋，麻州

1994 年 8 月

導論
為何是完形呢？

Gordon Wheeler 著

王環莉 譯

　　當忙碌不堪的臨床醫生及其他心理治療工作者對生活及婚姻問題感興趣的同時，我們為什麼要特別關注完形模式呢？完形模式是什麼？其他的治療模式已經告訴我們很多了，完形治療模式到底還有什麼可以告訴我們的？從事伴侶與家庭治療的工作者多是接受心理分析及系統觀訓練，或是這方面理論的研究者，他們雖已投入相當多的時間，將治療模式整合成一個較有彈性的架構來支持及引導我們做治療，但當我們所承襲的傳統與方法受限時，大多數的治療師就會將自己對不同學派的洞察與技巧加到自己的治療概念中。再者，縱然認知、行為、認知行為、結構（structural）與策略（strategic）學派、艾瑞克森學派（Ericksonian）、神經語言學（neurolinguistic）、依存與共依存（codependency）模式、虐待與復原、系統性的自我調節（self-regulation）及自我整合（autopoiesis）等治療學派，讓我們在立論不穩的各式理論中添加了更多的不確定。不過，這些已經整合過的學派以及其他的治療模式，至少能增加我們面對困難時的能力。為什麼我們還要增加完形模式到這個混亂以及有時並不和諧的旋律當中呢？以下我們將以最可能讓讀者明白的問句方式來闡述，那就是：完形模式能為我們做些什麼？我們可以如何運用它？完形模式能夠提供原有治療模式所不能提供的嗎？這個新的治療概念具有與其他治療模式競爭的能力嗎？可以取代過去的治療模式嗎？或是，完形模式是一個能夠貫徹它自己所標榜的「整體的」（holistic）承諾，將其他治療模式的意涵融入其中（contextualizing），而讓它能從眾多的治療技術中，成為一個能將經驗組織成一個有意義的選擇嗎？這些議題在下面篇幅中都會討論到。畢竟，任何治療模式、治療學派都有其獨特的處遇方式，這些

處遇方式是針對特定的伴侶、特定的時間資料及目標所設計的。一個治療模式的重點通常是我們從一堆令人頭昏眼花的資料中**感受到的方法**（a way of feeling），加以組織，並找到了焦點，支持我們所做的選擇而得到壓力的釋放。但我們是如何組織這些模式呢？完形學派的理論及現象學本身對經驗組織的看法，提供了一些協助的方法，這些都將會在下面的篇幅中加以介紹。

完形模式

探究完形學派的起源，要追溯到一個多世紀前由 Exner 和 Ehrenfels、Wertheimer、Koffka 和 Kohler 等人完成完形先驅的概念性工作（雖然對**經驗的組織**有興趣者，至少要追溯到希臘時代，而十八及十九世紀歐陸哲學家們也有很大的貢獻，特別是 Kant，他對 Paul Goodman 有其重要的影響）。其後，Goldstein 率先帶領，將這些早期對知覺歷程的探討，延伸到臨床治療以及社會學的領域中。學者中著力最多的是 Kurt Lewin，他是社會心理研究、團體動力及組織研究領域的始祖。藉由 Lewin 的努力，完形的概念從實驗室的研究型態中脫穎而出，進入到目標、選擇、衝突、交換等在真實生活中會呈現的歷程與問題。直到 1951 年，Paul Goodman 突破性的理論發表《完形治療／人類人格的興奮及成長》（*Gestalt Therapy/Excitement and Growth in Human Personality*）一書，「**完形治療**」（Gestalt Therapy）這個專有名詞才正式被使用。此術語也出現在 Fritz Perls 已經遺失的專論裡。

早期的先驅們對完形治療的努力，主要是致力於建立知覺與認知的「規則」上，這大多是受到那位視自己為藝術家的 Rank 所影響。Goodman 特別的成就是他能清楚地闡述關於自我（self）的新觀點。亦即將自我視為**場域的整合者**（integrator of the field）。所謂「場域的整合者」是指具有隱私性的「內在」（inner）〔亦即傳統西方所謂的「個體」（individual）〕投入到「外在」（outer）世界之場域（field-integrating）歷程，以及這兩者的有機運作與功能的關係。Goodman 將這種關係稱為「接觸」（contact）。至於建構接觸、將內外在世界分解成行動連貫協調的歷程（coherent action），他認為這

是自我的作用。因此我們可以看到完形模式從一開始發展以來就重視關係的層面，而其核心概念就是「互為主體性」（intersubjective）。對照其他治療學派，當然也包括心理動力學派及其分支，至今仍致力於如何**加入**（add on）更多的關係需求到人類的基本天性中，但這本來就是相當具有個別差異的。在這裡，我們的目的是要探索伴侶動力的關係與治療，因而先以一個模式來說明：這個模式肯定一樣，經驗與生活、個人**與**關係這兩個主極（primary poles），其他模式則是否定了人性與自我的次極（second pole）；我們不僅幫他們轉個方向，我們也試圖在治療中對關係的問題加以處理。

在 Goodman 與 Perls 時代，完形模式發展出許多豐富、關鍵、有用的技術，並有衍生性的著作問世，而由 Polster 和 Polster（1973）以及 Zinker（1977）開始進行古典的完形治療工作。其後，本文作者（Wheeler, 1991）對有關發展與理論部分提出修正的評論。Latner（1992）對治療模式的綜論則是寫得出色又易讀。以上這些評論還有其他很多相關的論述，都已出版而隨時可供參考。我想與其試著在本書中對完形模式重新加以創作，不如直接致力於目前急迫需要又具實用的方向上，例如：對於所有關心伴侶生活與挑戰的實務工作者，完形模式可以**為我們做些什麼**？為什麼我們一定要投注能量及時間去學習完形模式呢？對於這些問題，我們的答案將會整理成以下六個主題。這六個主題就像是六個「視框」，或是像我們所期待獲得多種新的**看見的方法**（ways of seeing）一樣，這些新的看見方法可以直接應用於對問題與選擇的思考，以及完形治療模式的工作中。這六個主題分別為：(1)現象學的概念：經驗、過程、抗拒；(2)界限（以及「能量」的概念）；(3)支持（以及與其相反意涵的羞愧）；(4)實驗及實驗的型態；(5)滿足；(6)講究情境的脈絡。每個標題代表了一個主題或其他治療模式所謂的主題群群組（cluster），每個標題均有清楚的標示，且以完形的觀點將這些方法運用到實際的治療情境中。

現象學的概念：經驗、過程、抗拒

理象學（phenomelogy）這個有點令人不易了解的名詞是指什麼呢？簡單來說，現象學是一門研究如何將人類的經驗加以組織的學問。我們在這裡使用這個名詞，意謂一個人的生活是以**他或她自己的觀點，且從他或她自己所能夠理解，並對他或她有意義的層面**而組織成的。使用現象學的觀點，意謂我們嘗試進入一個人的內在經驗，以此去了解個人的世界，以及所呈現出來的行為。這是無法透過外在、有成見的觀點而能了解到的。當然，如此解釋現象學是很容易且可以自我驗證（self-evident）的，但值得一提的是，這個觀點並不為大多數的心理治療學派及人格治療學派所使用。

大多數對人類行為及經驗的解釋系統，都採取**回溯式**（retrospectively）來說明現在行為是受過去事件所引發的；或以**客觀式**（objectively）——透過外在的檢視；或者同時以這兩種方式加以解釋。有些回溯式的解釋系統——如古典心理動力與大多數的行為模式——認為現在行為是受過去事件的影響。例如：佛洛伊德學派的「驅力」（drive）模式，認為過去事件結構（configuration）的內在驅力或能量是可以透過某種形式加以釋放的，然後，未來若要釋放相同能量或驅力時，也可以用相同的方式進行。以此類推，性迷戀（sexual fetish）或是其他衝動的能量也是經由此種方式來釋放。在此模式下，個人對選擇相當無力，也不可能覺察到能量的存在（至少在治療師以詮釋方式來啟發他之前是不可能改善的）。

佛洛伊德學派的長期競爭對手——古典學習理論（classical learning theory）及行為學派，本質上對行為的解釋有著相同的觀點。他們認為：一個人現在的行為受到過去事件的影響，或被增強。在某種情形下，以此模式使得現在的行為不斷受到過去的影響而重複發生。再者，個人本身都是狀況外的，他雖然是行為的扮演者與執行者，但他並未真正了解自己是一位創作新事物的主事者。這兩個學派均認為，行為的**意義**是由外在的治療師及研究者所建構的。若「個人行為的意義受過去的影響」這個現象必須由治療師在治療過程中去揭露，那麼行為的改變亦必須經由治療（及治療師）才可能成

為真實。如此對個體來說，行為的意涵，以及行為是受過去事物所影響的情況，就同樣不具任何意義了。因此，一個人自然而然就成為最後一個對自己重要行為可以給予有效意見的人，且這些意見一直被隱藏著，直到他人從外在的觀察去揭露才得以呈現。以此學派的觀點來看，如果我們為了明白行為可能形成的原因與意義，而去問這個人自身的經驗，那也只是蒐集到更多的歷史資料來填塞我們這個外在觀察者的思考架構罷了。

當然，以上這種狀況與我們的生活經驗是相當不同的，在我們的生活及經驗中，我們完全不會以回溯的方式來組織我們的經驗，但卻常會**預期未來**（prospectively）。亦即在生活裡，我們總是且必須以參與的方式來組織我們的經驗，才能成功地到達某個地方，以完成或避免某些事的發生；我們也會以安全、接近、到達、經營及預防的方式來組織我們的經驗，同時（也是最重要的）我們將所有的目標加以組織，並以此來與他人相互連結。說明白一點，所謂生活，對個人或對人類而言，我們都不想用捆綁的方式來組織或交流經驗，而讓生活變得如此遙不可及。大多時候我的生活，至少在我生活中的「行動」（doing）部分，常常有許多的線路在互相交織著，例如：大大小小目標的追求、風險的管理、危險的避免（如果幸運發現到）、計畫與希望、害怕靠近與遠離，以及所有這些大量的人際交易與承諾的互動關係、參與或耽誤等等。以上所有種種龐雜的事物全都要在同一時間以及在最好的狀態下被擺平。

如果你問我**為什麼**要做一件大家都已經知道的事，因我的答案並不在過去事件，而是與**現在的議題或未來的情況**有關。對我而言，這些目標或冒險，無論是近或遠、抓牢或控制，或是被我的行為所駕馭，都是**我在當下的場域中所察覺到的**，且以我最佳的主觀性去推測。換句話說，作為一個行為的執行者或是反應者，我現在的行為在現在我所能理解與想像的世界裡有其當下的意義。以 Kurt Lewin 的說法來說明這種現象，就是：**我們在場域中的現在動力下，尋找現在行為的意義**（a present behavior in some present dynamic in the field）（請參閱 Marrow 於 1964 年的討論）。如果問到有關我的經驗（我認為你真的想了解），我會認為它不僅與我的行為、想法與感覺有

5

導論
為何是完形呢？

關，所有這些經驗都與我的目標有關，且受到它的影響，而這些目標就發生在我所能知覺到的現在場域裡。「經驗」的另一個意思，與我們所覺知的、來自過去的「驅力」是大大不同的，它總是現在和未來取向的。若問我為何要不斷地說明這些（再一次，假設我相信你真的想知道），那是因為我希望能夠給你們一個條理分明的說明，這就是我現在嘗試做到的。

事實上，有時當下我的某些行為會令他人甚至我自己都感到困惑。如果你問我：「當我做某事時我在想什麼？」我會感到困窘或不好意思，並非我不在乎，或我沒有更好的答案來回答你。這個困窘是因為我通常都想給別人一個有覺知（sensible）的解釋。我一向都會在生活或治療中去尋找我個人的解釋，這對我而言，就好像我在和了解我的朋友、伴侶、治療師，甚至陌生人一起上會話課一樣。從現象學的觀點來看，這並非意謂我正咬緊一個未知的驅力或來自過去的神祕力量，而是對我自己或其他人而言，我並沒有太多這種對話的經驗，我可能還沒準備好以一種有感覺的語言（language of feeling）與習慣，去反映我自己的行為與經驗〔要特別聲明的是：這些有感覺的語言及反映的習慣，並不奢侈，在治療過程中，對少數人而言，它是相當有用的。這種習慣是一個人自然又重要的成就，它可以直接導向個人真實世界的生活品質。對這個人而言，這個習慣或多或少可以成功地組織一個滿意又前後一致的生活〕。

以發展的角度來看，我總是會失去一些「同理性的鏡映」（empathic mirroring），而這個同理性的鏡映是能支持上述所謂「有感覺的語言」與習慣的獲得。這是一個重要的觀點，亦即對於伴侶關係的治療而言，治療過程中同理、專注與鏡映的出現，將會促進我們當下就馬上發展出這些能力；不久以後，我將會發現我處於現在情境中的理由，根植於我是如何組織我自己，以及我處在「此時此刻」（here and now）的情況。過程中，藉由後設學習（metalearning）的層次，我發現我是如何發現了自己以及他人。我要再次說明，這對於伴侶的生活及治療的詮釋，是直接且重要的。

從這個觀點來看，並不是我的行為和經驗與過去沒有關係；反之，過去對現在的行為是有很大關聯的。透過強而有力但間接的方式，讓我知道過

去經驗已經塑造了我現在的期待與信念，伴隨我的渴望與現在對自己及世界的觀點，我開始啟動**現在**的行為與經驗、塑造並檢視它。在伴侶治療裡，這意謂一個微小但重要的改變，從「你怎麼了？過去你是怎麼被對待的？」到「**現在**你期待從你的夥伴那裡得到什麼？此刻你的期待與害怕又是什麼？你期待這個人在這關係下如何對待你？」接下來我們再進一步問：「現在，你想要如何對待這個關係？你想要違反還是協商，或是維持這個期待呢？或是要用某種方法來測試這個期待？」。大多數的伴侶治療系統都會出現究竟要聚焦於過去或現在的疑問。這兩種聚焦方式在本書都會討論到。我們也會強調以下重要的改變：從久遠的以前到當下的行動、從伴侶過去的分居史到目前的關係，以及他們想要如何對待這些轉變，都會隨著他們從過去到現在的改變而做調整，且以實驗的型態來呈現。有關實驗詳細的內容，我們將另闢篇幅加以討論。

藉由相同的特徵，我們可以發現在現象學的概念裡，這種焦點的轉移讓我們對伴侶治療有嶄新且重要的理解。**歷程**一詞雖經常被使用，但卻沒有明確被定義，它的對象多是模糊不清，但我們又清楚地知道：歷程（在任何系統中）不只意謂「發生的每件事」，因那只是一堆大量無意義的資料罷了。歷程的意義是指將混亂又嘈雜的感官訊息輸入，再加以選擇與組織，成為各種類別與項目。由此觀點來看，談到「歷程」，指的是所發生的事件和行為（包括「內在」事件與行為，思想、感覺與信任）**與這個人是誰以及他想做什麼是有關聯的**。在生命的片段裡，歷程不是「發生的每件事」，而是這些發生是和這個人想去的方向有關，以及這個人對他或她在場域中所看到的一切而賦予的意義，而且會根據他或她自己主觀的知覺與目標去組織這一切。

通常這些區別會立即對治療及發展產生意義。如果一個人對自己想要得到或想要逃避的部分沒有清楚的概念，甚至沒有培養對行為、目的、行動以及後果之間的關聯性有所感受的習慣，那會如何呢？從完形的觀點來看，**不論我們是不是臨床工作者**，也許第一件要做的事就是**要立即確認這個圖像（picture）是病態的**。如果我們是臨床工作者，我們會開始用下列的術語來思考，例如：「衝動支配者」（impulse ridden）、「社交畏懼症患者」

（sociopathic）、「品行疾患患者」（conduct disordered），甚至是「器質性的損傷」（organically damaged）、「拖延者」（delayed），我們開始去尋找在發展中早期依附關係有哪些嚴重的干擾，甚至在「自戀期」之前就已受到傷害（因為有「自戀」的人或具有自戀機轉者，確實對其敏感或脆弱的自我過程產生協調一致的保護機制）。而所有這些狀況都會支持以現象學與「近似經驗」為出發的完形觀點，亦即完形模式所堅持的：人類的特殊性和與生俱來的健康，**正是由自我與對其所關心事物而做的行為所組織而成**。在這裡所指的發展（以及我們對早期依附關係有障礙的人所下的假設，由於這種自我與照顧者、其行為及目標之間的基本連結似乎消失或不足），意謂我們必然知道我們是如何連結成一個協調一致的自我，以及如何連結伴侶與其他關係，好讓我們真實意識到生活的意義是什麼。

在較輕微的個案中，我們期待能發現這個連結。這個有組織的連結，可以透過和其他親密的人的對話而得知，且清楚地被界定（其伴侶由治療師支持）。這個過程的結果與對話讓我們再一次看到，它不只可以對現在的衝突或不滿意的狀態加以澄清，同時也是一個增進個人以後去認識自己以及與他人互動的過程，並能提高其生活品質。即使在更大創傷的個案中，完形模式仍然確信（我們可以在經驗上支持這個假設）：他們具有可以組織與相互聯繫的潛力，既能與他人連結又能組織自我。

這個概念徹底改變我們對「抗拒」的看法。抗拒到底是什麼？它的功能又是什麼？以我的觀點來看，當病人或是伴侶不斷為了期待被了解而努力時，我所謂的「抗拒」意謂：我不認為你真的已經了解我；在看不見的底層下，我或多或少總暗含著反對（或是放棄、失望或是三者都有）的成分，反對你或是任何一個人會「了解我」，我還希望可以有機會替自己解釋（或是同類的事情），或是真正被你了解。在這裡我們要記住一件重要的事就是：無論這些信念、希望，或是放棄、失望等，都是可以在此時此刻的情境下被運作的，**且必須能在治療及伴侶的生活中，運用於對話，且將其發現，運用以在生活中作成實驗**。

換句話說，抗拒是一種訊息，也是一種對話系統和生活重要回饋圈

（feedback loop）的一環。治療師可以從經驗中得知：即使抗拒本身在不同場域中會出現不同的情況，但治療最困難的問題並非來自抗拒，而是來自放棄與沮喪。在這種情況下，治療的第一步就是去支持抗拒的能量，把失望提升到反對的層次，對沉默加以尊重，邀請任何和過去傷害有關聯的事情，也就是以虔敬的態度去學習分辨此時此刻什麼對病人或是對自己是不好、不對的，而不是用臨床或是評斷的字眼加諸在個案身上，例如，「過度權威」（overentitled）、「不成熟」、「邊緣型人格」或「自戀」等。「邊緣型人格」只是意謂某人在此時無法忍受我以某種方式來傷害他。就在我們談論它時，可以感覺到這個人有某種即將逼近的自我分裂（self-disintegration）狀況。當這種狀況發生時，即使我們去譴責這個人怎麼會那麼容易來到這種狀態，也不會有什麼用〔我的精神導師——完形哲學家 Edwin Nevis 曾經說過：這不是一個「可以教導的時刻」（teachable moment），況且這個人已經完完全全知道自己是多麼的敏感〕，如果我們可以更為敏感一點，生活與治療的任務就在彼此的對話中，對這個當下以及過去曾有的受傷加以協商（或是在這個過程中，以老師或是治療師的角色去協調伴侶彼此之間的關係）。從現象學的觀點來看，即使我們尊重個人經驗與意義建構的最佳有效性，無可避免地，我們仍會對他造成傷害或愛莫能助。當我們運用聆聽與解釋的方式來作為個人的生活選擇、決定自我防衛或對他人採取開放，我們的「自我系統」、自我凝聚力以及界限，都會成為伴侶關係與生活另一極的動力（polar dynamic）。

界限與「能量」

　　幾乎每個伴侶與家族治療學派都會使用到**界限**這個概念，但在治療中通常不會對這個歷程下定義，或是對此有比較清晰的說明。在完形的術語中，界限指的是「有所區別的場域」（difference in the field）。由於我們對差異已有知覺，以過程的術語來說，界限與知覺（perception）或覺察（awareness）都是指同一件事情。再者，由於「場域」是以現象學來定義，指的是我們**看待這個世界**的觀點；界限則指某種差異，**讓我對事物可以加以區別**（完形模

式值得欣賞的是，它協助我們如何去組織圍繞在我們身邊的事物，以及如何與我們所看到的事物做互動）。正如知覺的情形一樣，在完形模式裡，界限不只是被動被標記以作為區別的記號而已；界限常是把**事物組織起來，成為一個一致的整體**；這就是一個世紀以前，完形模式在認知心理學裡所做改革的全部意涵。完形模式不談論沒有知覺、沒有區別或界限，或沒有意義的**事物**。以整體場域或生活空間的場所，以及價值的術語來說（再次以 Lewin 所熟悉的名詞），完形主張由知覺決定一切、決定「無法連結」的狀況，以及我們正在凝視的事物。以歷程而言，界限與意義的成立代表的是相同建構的行動（constructivist act），是我們人類天性會去做的過程（「人類天性」指的是我們**無法以外力介入的**）。

對於伴侶成員、病人或對某些人而言，這些區別能做些什麼呢？完形心理學家 Kurt Lewin 對此做以下的解答：**需要本身會組織成一個場域**（the need organizes the field），也就是說：在某個特定時刻（或生活中）之後，當你知覺到的時候，你會對自己的需要賦予一個或正或負的價值，並以此來區別你所知覺到的世界，那就是獨特的你〔再一次我們又再看到完形治療模式對當下所看見（seeing）與評價（valuing）之間的認同〕。當然，這只是用另一種方式來說明我們之前所闡述的每一件事，例如：我們組織了「場域」──我們對場域加以注意，選擇我們需要的部分加以評估，並將它們和整個的組織與目標連結，這些都是我們所**在意的事**。如果我們不這樣做，那我們的行為就只是隨機發生，或只是以僵化的方式不斷地重複。兩者發生的次數大致相等；但無論是哪一種情況，可能在較深的層面，都會出現我們所認可的模式，或出現一個不足以構成模式的病態模式。

在不太極端的伴侶案例中，常會發現他們對自我、對感受、對自己是誰、自己要些什麼的這些界限都不太明確，也因此他們的生命過程是不清楚與不滿意的。事實上，我們都努力給生命與過程一個清楚的圖像，如果我們沒有清楚經驗到彼此的界限或彼此一致性的差異，例如，不能清楚意識到我們其中一個人要些什麼、喜歡或不喜歡什麼，就會產生生氣、悲傷、性興奮等特定的感覺與反應。接下來，我對那些感覺及行動所投入的能量必然會產

生混亂、猶豫、莽撞、誇大或是縮小，然後，我們之間的合作過程亦會產生混淆且對彼此感到不滿。同樣地，如果我在自己的經驗裡沒有清楚地把界限表達出來，亦即所謂一致性的差異感，那麼我對於能量的投入、工作的有效性、特定目標的安排，就會產生混淆或自己某種程度的不便。以上提到的一致性差異，是指去區別我想要和我不想要的、我對一個特定事物的想法，以及我對它的感覺（最後也可能會變成完全不同或是相反的方向）。亦即，如果在組織對這個場域需求的過程中、對自己所需、想要，或是誰想要或需要等等的狀況，都沒有清楚的界限，那麼我們對滿意的預期程度就會明顯地下降，雖然這是一個既普遍或經常會經驗到的情況。

我們前面曾指出界限是一種能量（energy），它也是心理學領域中經常被引用但卻沒有清楚被界定的名詞。我們在這裡談論的**能量**，意指**執行的能力**（capacity to do work）。藉此我們可以去組織，並向我們想要的事物或目標移動（或在最佳狀況下，做出遠離那些我們並不期待發生的事物或結果的判斷）。但這個過程並不簡單，因為我們必須很快就要知道自己的感覺以及什麼是自己真正想要的（可以透過對話以及上述曾談論的方法發現）、我們也必須將注意力聚焦在這件事、去看到與去執行那些輔助的步驟（因為大多我們想要的事情都不是簡單或立即可行的）、我們必須以行動去獲得**支持**（很重要地包括來自伴侶或是其他人）、我們必須去管理「需求圖像」的相互競爭以及其他的困惑、我們必須（在生活空間中，以文字或是圖像的方式）進行移動，這些都必須將目標與行動連結與整合到無數、大大小小的目標與問題上，使得我們的生活變得非常複雜（因為生命不會只在一個時間點上單獨地等待我們去追求）。這就是所謂的生活；這也是為什麼生活是如此豐富、複雜以及充滿無數的潛在問題。我們某部分深層的渴望是希望可以讓朋友或伴侶**看到**我們在面對這種建構時所擁有的複雜解釋與經驗，並藉由對話來支持我們去發現自己，支持我們去經歷分化與整合的過程，讓這個過程連結與投入到較好的生活樂趣中。這就是所謂親密伴侶的樣貌，這也是為何親密對生命及成長是如此的必要。

同樣地，我們可以直接用臨床的術語來討論：**在伴侶或任何生命情境**

中，工作能量的強度與其可用性與系統中界限的狀況息息相關。如果我們以時間的面向來考量，上述的狀況在實務中的意義就會比較清楚。因為**一個目標的移動（或危險的遠離）**，必須透過時間來推動，而不只是空間的移動而已（事實上，**生命歷程**這個詞已包含了時間的概念）。但這意謂我們要移動與到任何地方、要觸及或獲得任何事物，不論是單獨一個人或和其他人在一起，都必須具備長時間參與、容納與維持在某一層次與方向的能量。若沒有持續不斷的動力與方向的助力，整個行動就會失敗、產生疑惑、分心到生命的其他需求，如此一來，行動就會慢慢停止，或是導致問題或衝突，這種情形就像許多關係有問題的伴侶彼此之間的對話一樣。這裡所謂的**界限**，代表為了既定的目標而不斷做更好的選擇，以能持續向目標一致的方向移動，也就是持續不斷地對行動與事情加以評估與選擇，亦即：這些行動與順序如果不屬於那個活動的界限範圍之內，並對那些活動是有幫助的，就會被移除。在真實生命中，透過時間的不斷延續，我們就能清楚**界限**的意涵。我們以隱喻的方式將界限比喻為一個大碗或是瓶子，包容著能量去驅動或引導工作進行的方向。如果界限有「漏洞」（對於我所知道、感覺、想要的界限，或是人與人之間的界限關於誰是誰、誰帶領了什麼方向、對區域有什麼意義），能量就會像「漏水」一樣流向任何地方，結果就會造成瓦解與不滿，對所發生的事或多或少產生混亂，好像什麼做錯一樣。

在完形治療工作最實際的層面中，當我們發現伴侶或其他當事人的混亂與不滿時，我們會支持並邀請他們去探索系統中與界限有關的情況，亦即與他人之間的界限，以及能夠讓經驗更清晰與明白表達的界限。為了上述所有的理由，我們將能量組織到一個可以聚焦的方向，而這個「連結」的過程，是讓生活的互動達到一個滿意結果的要件。以上所謂的結果，包括：完成一份工作、養育孩子、與性有關的行為、有滋養的會心，或是對話本身的過程。伴侶們可以經由這些事情而互相成為「連結的媒介」，或有組織的鏡子（organizing mirror）與容器，來反映或包容那些展現出來的經驗，並讓自我可以持續發展。

支持與羞愧感

在完形治療中，我們總是比較喜歡從現象學去探討「近似經驗」這個名詞。在這個狀況下，支持的意義就是「因為我需要知道我要去哪裡」。亦即透過支持我所需要的部分，而知道我需要與想要去的地方。換句話說，如你要知道我需要什麼樣的支持，你就必須知道我正在試著去經營與所要做的事情是什麼，你要從我的觀點來看我是怎樣看待我的世界，這是一個現象學的概念。如果我在這個當下還不是很清楚知道我需要去哪裡、我有什麼感覺、我想要什麼、我的慾望與承諾在什麼地方拉住我，那麼我需要的支持就會變成（治療師或是親密伴侶）親密的對話。這個對話是一個積極專注的過程（包含挑戰、界限、區辨的經驗），這種同理或是互為主體性的探討會改變一個人內在的世界。例如，當我需要伴侶在孩子與經費上的協助、讓我能夠回學校去上學、換工作或是以某種方式重新調整工作的方向，這種對話能夠協商出更多與物質有關的協助（我同時需要支持自己去了解為何一開始我就需要這樣做，亦即從我的觀點來看這件事以及我自己，雖然這不一定會達成一致的協議，因那是另一回事）。另一種方法，就是可以從分享與澄清我自己的經驗世界開始以獲得支持，將問題移到雙方都可接受的界限範圍之內，這並不需要神奇或自我破壞性的張力才能完成。在這個概念下，治療與伴侶的生活中，分享與澄清確實是相同的過程。

缺少支持象徵著這是一個充滿壓力與抗拒的區域。從現象學來看，壓力指的是：**缺乏支持，讓我感到過度孤單的事實**。一旦我知道我需要去哪裡，我需要支持就會變成任務的本身（為了一個人的能量有太多的工作要做）；根據上述的發展狀況，它有可能是我自己連結與引導能量的過程；又雖然我自己就可以處理，但在我的*經驗*中我卻過於孤單。再一次提醒：伴侶治療的詮釋必須是直接與實務的，若我們使用伴侶的抗拒（對我們或是對彼此）作為真實回饋圈的一環，從定義來看，支持的象徵在經驗場域就會降低。所以，與其去詮釋或是修正病人場域的建構，我們不如給他支持，支持他去尋求我們或是其伴侶的支持。再次提醒，最早與最重要的支持是去了解與確認

一個人的經驗世界。

問題來了：**你現在需要什麼來幫助你前進、去處理問題或能在討論中進行改變呢？**伴侶最初可能會驚奇與困惑來回應這個問題，但是當一個人非常清楚了解到支持可以讓步驟與觀點變得可控制，並減少壓力，甚至減弱或消除抗拒，只要他（她）**能夠去要求並接受這些支持**，他（她）就會得到更高層次（第二層次）的驚奇。縱然如此，許多病人（以及很多治療師）對於這個新習慣或觀點（亦即將問題看成是因為缺乏支持）都無法接受而匆匆逃開，因為他面臨過去生命中個人及文化觀點的種種制約，認為一旦認同支持就是一種缺點，且威脅到他的自我，因此對支持的習慣及觀點並不容易接受。事實上，這也等於將古老文化中對自主、「意志」及羞愧共振的典範解構，將我們大部分人被教養的方式做大幅的改革，而這就是以完形「視框」從事助人實務的工作者感到深具意涵與有效的方法之一。這種改變對某些男性當事人而言是特別困難的，但伴侶治療師對此會有很好的處理方式，亦即：假設病人在這種情況下不可能會完全感到舒適（也可以說是對「支持」）或是有足夠的技巧。如果這些人真的有足夠的支持與技巧，我們會期待他們可以為自己或他人而使用支持來組織及建立他們自己的場域及生活，並在正式治療一開始，就對支持性的環境與後設學習感到有需求。當病人或是伴侶可以為他們自己這樣做時，他們就可以組織且利用這個支持性的環境做持續不斷的探索，並將資源及人力做安排以連結到他們自己的經驗與目標。此時治療工作已大部分完成，他們就可以好好地為自己而生活，並與他人和諧相處。

抗拒是一種和支持截然不同的概念，在現象學上，抗拒象徵著支持的消失。如果對**我的抗拒**加以支持，根據上面的說法，你是直接提供我所需要的重要的支持，這樣你就能看到我所看到的世界。縱使你想要告訴我（以及我需要去聽到的），我所看到的是「錯」的（在認知行為治療，催促我將尚未檢視的信念系統放到表層），為了你的回饋是有用且具有說服力的，我仍然需要你看到我所看到的。

一旦能夠提供這樣的支持，對話就常會變成全部都是我需要的，這在伴

侶治療工作中是個普遍的經驗，我們會經常聽到其中一人對另一人說：「我只是要你聽我說，例如……」或者是「我只需要去感覺到你能夠了解我所承受的壓力（包括工作、金錢、孩子們、你的孩子、你或者是我的父母等等），所以我可以知道你是重視我的」。這個治療性的任務是去協助伴侶協調他們所看到與聽到的，為了兩個人可以學習將來要如何彼此互相協調，並將現在這種狀況當成一個實驗，因為去移動符合感覺的需要，就會有較多的隱藏感受與議題浮現到表層（例如，自己沒有感覺到被支持，或是有困難看到與聽到問題，或是對不會「處理」這些事有強烈的感覺——只是「陪伴」而不是「要做什麼」，或是你為何太過瘋狂、傷心、受傷，或是害怕讓我看到這些，然後我們可以為這些狀況與感受做些什麼）。如果抗拒與支持是兩個相反的狀態，而我們可以從一個狀態轉變到另一個狀態，那支持的相反狀態當然就是羞愧感。總而言之，支持意謂你對我內在世界的接受，也就是把我放到界限內（再一次，不論同意與否，這是一個完全不同的面向），界限若是建構在自我的整合與效益上，這是值得被看到、聽到與發展的。另外，雖然更多「具體」支持的樣貌會超過我們所能了解的，但作為治療師與親密的伴侶，我們都知道為了我們的自我安定與成長，去接受界限的狀態就是一個獨特的需求與價值。

　　如果我們無法以上述的方式去相遇、接收或確認對方的訊息，結果就會演變成羞愧感。羞愧感，以完形治療模式的解釋，是指在具有界限的狀態下，**可以將他人加入、亦可將我們與他人區分的**崩潰（collapse）狀態或稱作被威脅的崩潰。完形模式對**獨特場域**的堅持，意謂要去確認的不只是在幼兒與童年，而是整個人生接觸與連結的必要性。這是一個強調理性狀態的模式，在本節一開始就已討論過。羞愧感在現象學上指的是移除接觸的威脅。自我以及社會的制約認為：即使童年的「依賴」已結束，我們彼此之間的連結也不可能消失。雖然從古典精神分析學派的觀點，我們會試著去相信心理性的孤獨是健康的表徵，但我們真實的經驗卻相當不同。即使在成年期移除支持仍會引發心理性的死亡，並會導致自我的瓦解或是讓我們變得僵硬。支持則在此時代表我們對這個人的接受與確認。事實上，當伴侶有很多的憤怒

與破壞時，常會使我們難以應付與處理，直到我們對其行為脈絡與動力可以重新再建構，以及對其深層內在的羞愧感可以加以管理為止（參閱 Robert Lee 在本書中發表的章節，關於這些狀況的思惟可以如何直接應用到伴侶工作）。羞愧感與支持是可以互為轉換的，對於想看到與了解我們親密關係的另一半，會特別渴望了解這些年來我們這兩個共同體的分裂狀況，而這個狀況是超越協調與操作、問題解決與計畫層面的。在此，親密的愉悅不只會帶來風險，它也能帶來自我的整合與強壯。如果伴侶的關係經常是緊張的，他們成長的機會與治療是可以非常深入的。

實驗與實驗的型態

即使臨床實務者與其他工作者對完形治療模式的了解並不多，但通常會認為完形模式和實驗有關。實驗意謂去嘗試一些新的行為，有人會稱此為「演出」（acting out）。對從事伴侶治療及其他治療取向的臨床實務工作者，上述的說法代表什麼意思，它又能提供我們什麼訊息？

從上所述，讀者可能已經了解到行動本身在完形治療模式中，是沒有太大空間的，完形治療強調的是在覺察中的改變，也就是將知覺、感覺以及意義加以組織，如此，我們就可以透過一個現在、恰當的行動決定，了解到知覺的動力以及它的意義。而實驗正是去嘗試一些新的行為，一直不斷地將覺察加以重新組織。對伴侶或其他病人的**世界觀**，加以反覆咀嚼，看看它的可能性有多少。實驗的形式有二：第一種是治療過程中提出一個正式的計畫，或是在治療之外的某個地方去嘗試一些特定的新行動，這些內容已在完形治療領域有大量的書面介紹與說明（Joseph Zinker 某些具有影響力的作品會在本書中加以介紹，在此不另贅述）。另一種實驗型態是用比較直接且自然的方式呈現。例如：「現在試著直接對你的伴侶說……」或是「如果你們不做你們現在正在做的事，你們兩個會做些什麼（爭吵或是極度沉默，或是你們有其他熟悉的做事順序）？」從這兩個簡單的例子來看，實驗就不只是一個新的行動而已，同時也是去經驗一種新的思考、新的感覺以及新的覺察。如

果伴侶可以經由此過程來解構他們平日互相交流的順序（在心理動力理論的語言，我們稱此為他們習慣性的「防衛」），新的覺察就會被帶到表層。當這種狀況發生時，所有那些感覺與害怕就會因此轉為包容——包含那些舊有的、令人不滿的做事順序（因為他們已感到不能忍受或是無法解決），並顯現出一個既直接又令人感到吃力的議題。以完形模式的語言來說，這就是所謂的「關切的圖像」（figures of concern）。此時，那些待解決的議題就會在伴侶之間再次提供**支持**或協商的功能，也因此，那些真實、潛在的議題與感覺就可以停留在覺察中，繼續「上演」（in play），然後產生一些可以組織到新場域的解決方法〔以此觀點，「移情」（transference）的意涵即是把舊有的議題、限制、約束、支持與接納的行動，在新的場域中再演出來。換句話說，這就是的對現有的場域的**覺察加以整合**（organization of awareness）並賦予**意義**〕。

再次以心理動力的語言來說明，這就是我們所謂「次級收穫」（secondary gains）的舊有議題。由於對某種動力的影響，或對某些目前狀況有情感上的需求，這會使得伴侶以舊有的方式處理事物，這些現象被定義為令人無法滿足的狀況，如果進一步推測，這些狀況在伴侶治療中是不會出現的。伴侶與家庭治療師可能對下列情況非常熟悉，剛開始（有足夠的理由）以協商或同意簽訂契約的方式來改變或是結束有問題的行為，但會發現：經過剛開始狀況能快速「改善」的短暫時間之後，他們又會立刻再回到舊有的模式；或雖然有新的見解，但仍然可以預測到最後會以相同的動力方式結束〔稱為「替代性的症狀」（symptom substitution），這是心理動力的語言〕。例如，會亂大便的孩童停止了這個多年來的症狀，只因他的父親承諾每晚和他玩一個小時的遊戲，但一個星期內，他的父親停止再花時間陪伴他。或者，如果其中一個伴侶結束一段痛苦且具破壞性的外遇事件，在這個婚姻的時間點，兩人的感情不但不會因此改善反而會更糟糕。這兩者當然就是所謂的剃刀邊緣（razor's edge）的治療，以及剃刀邊緣的生命，亦即：我們想要自然、快速地改善或快速地從一段痛苦的關係中解放，但我們對這種快速行為性的解決感到質疑。我們這些 Lewin 信仰者了解到：行為的本身一直被一個

真實又主動的現在動力所支持。如果行為在一開始就可以因這些簡單的決定而改變，伴侶們也就永遠不需要前來接受治療了。要改變這個動力，就得進入病人的世界，去了解那些可意識到的危險與陷阱是什麼、在哪裡，去教育他們如何為自己以及如何彼此協助，以實踐這種親密的知識，並投入這個支持性的改變。若沒有這種支持性的探索，支持伴侶去覺察重新加以整合的需求，亦即在場域中對新的危險與可能性作評估；我們就會進行另外一種所謂「艱難的工作」（working uphill），試著去引導個案進行一項行為改變，來否定他自己原先對這個世界安全與滿意度的最佳判斷。再一次，如果以上的情況是如此普遍的存在，就可證明為何很多心理治療學派如此用力去倡導「艱難的工作」，亦即：不去尊重與支持個案自己的建構歷程，雖然這個歷程對增進個案的健康是絕對有關的。如果研究不斷指出很多心理治療是無效的，可以確定部分的原因是因為很多心理治療的工作者都是使用此種模式來工作，也就是使用非現象學的方式，去對抗能量的作用，以及反對我們去整合個人在這個世上生存與得到滿足的最佳工具。

藉由以上的說明，讀者可能注意到，當我們談論到實驗的意義，指的是我們熟知的 Lewin 所提出關於「行動研究」（action research）的介入模式，並將這個模式轉移到治療性的情境上。假設對認識組織或系統中隱藏結構的最佳學習方式，就是對組織或系統的處遇方式加以系統化，我們就可以用同樣的方式去了解經驗的結構。所謂對某人的覺察作安排（一個病人、伴侶或是我們自己的），即是運用行動或思考來做實驗，看看會發生什麼事。例如：「現在試著對我說（對你的伴侶、老闆、病人），要這樣說是有困難的，我們可以來看看要怎樣走下去」（這個答案可能是：「好啊！如果面對的是你，那就沒什麼問題，因為我認為你是會了解的，但如果真的面對我老闆，我就會覺得你⋯⋯」）；或是我們可能可以更直接說：「此刻，面對我和這個過程，你的表達有什麼困難嗎？現在就試著告訴我。」如果這樣表達仍是很難，就問他：「是什麼讓現在這樣做有那麼難？我自己是如何把它變得更困難了？最壞的情況會發生什麼事？」當然，我們都可以將上述這些問題應用在伴侶之間的關係上。

反之亦然，假如改變某些事的經驗正是可以從中得到學習的一個好方法，那麼學習本身的確就能造成改變。而我在伴侶及其他病人的治療中，這又是另一種說法，亦即：以親密的現象學而言，對他人世界的**接納，本身就是一個對改變強而有力的處遇方式**。由此觀點來看，親密對話正是一種實驗，也是一個治療性的處遇方式，兩者都可協助治療師治療病人及伴侶。

　　我們在這裡所談的，不論是行為與結構、明顯的或隱藏的，都是完形治療從經驗層面對**圖像**（figure）與**背景**（ground）的區分。**圖像**是聚焦，於此刻有興趣的事物：我們所看到的、想要的、試著去做的、去解決的問題，或是要去完成的目標都是；**背景**指的是在經驗結構下，我們如何在當下將經驗、將自己加以組織而逐漸形成一個新的「讓人感興趣的圖像」。以上所提到的經驗可能是覺察到的，也可能是未覺察到的，其範圍涵蓋：學習、信念、期待、主觀知識，以及習慣性的連結等。學習的定義與改變的圖像無關，但與背景的改變有關。我們不會認為每一次的學習都必然會產生新的行為，但都是對**未來行為**有某種形式（假設是有潛力的）加以改變的影響（就如同學習理論所說的，改變「行為的可能性」，是嘗試改變評量未來的方法學問題）。

　　同樣地，完形的實驗就像一種學習的工具，真正要關心的不是行為的圖像，而是去關心信念與期待所形成的背景、希望與恐懼，以及其他相關的感覺與信念形成的背景。實驗本身作為一個現象學上的學習工具，它沒必要去達成治療師或是伴侶想要的改變，而有必要的去**把個人自己建構的背景重新加以組織**。作為一個治療師及親密的伴侶，我們參與解構現有的背景（藉由接受、證實、反映與挑戰），然後在對話中共同創作（cocreating），將覺察重新加以組織，最終目的是要讓個人自己去開創、建構他個人的世界與經驗的意義。這正是所謂自我以及生而為人的意義。就正如親密對話的背景一樣。從前面的闡述發展至今，讀者應明白：這就是關係的意義，也就是為何親密關係在持續不斷的人生過程中是如此重要的原因。

　　最後，要提出的是，對圖像與背景的討論帶領我們深入了解到：完形治療模式是以自然的方式進行實驗，這也是完形模式的核心前提，以及被

我們所了解的部分。「圖像」畢竟不只是與生俱來，而且是個人建構而成，是被選擇出來的，是由「在外面那裡」（out there），以及我們已經知道與期待去找到的狀況結合而成。我看我可以看的，我看我期待去看的，這就像是將現在的場域與過去的經驗，以一種創造性的方式連結在一起。在此狀況下，所有的概念以及新的經驗都是一種「移情」，是經由我的記憶與期待下制約而成的，但對這些期待在本質上又同時兼具反對（violating）或轉化（transforming），進而形成新的局面。由此可見，問題並不在於兩極中的哪一極，而是在於每一極中占了多少份量，而且是哪一類的混合，以及是哪一種交互作用在影響它。假如你就是我的治療師或是伴侶治療的夥伴，我可能就會期待你對我好，或是虐待我、令我失望，或是了解我、不了解我，你也許會、也許不會去做這些事，這要看你自己（和某部分我設置的場域制約的互動，不管結果是好是壞，都與我的期待是一致的）。這就是心理動力學家所謂的「移情實驗」（transference experiment）。現在我模擬自己是一個病人或是夥伴，不論你對我舊有的期待是七上八下也好，反對也好（希望是以正向的方式），我的心裡都運作著這樣的一個測試。

在這種情況下，每個經驗、每個「圖像」都是一種測試或是實驗：這是以**已知的背景去對抗（可能的）新奇的現有圖像**，而且這是可以互相改變的。我們會持續檢查或測試我們主要的信念，是如何對抗我們的新經驗，而我們的新經驗也是以此方式來對抗我們的信念，以及持續不斷地修正我們面對世界以及邁向未來的過程。如果新的經驗和我們的期待有所不同，特別是如果這種情形持續發生，那我們就會努力將這個差異變得有意義，並藉由對這些信念再評價（reassessing）而「建構一個有意義的整體」。從另一個角度來說，如果經驗過於遠離背景架構以外，那我們可能要從外面的角度來解釋（「這只是一個例外」）、忽略或再詮釋（reinterpret）（「事情是遠離經驗之外的」，並不像它原來的樣子），或對我們自己的知覺打折扣（它「不可能已經發生」、「我必須對它有夢想」）。在持續的生活實驗中，**背景測試圖像，圖像也測試背景**。即使重複再做一次，結果必然也如此。否則我們就不會持續去改變現狀，去適應生命中不斷產生的需求。

這裡我們會談到完形歷程對個人以及對伴侶，關於健康的定義所需要的元素。健康與健康的過程必須確實放在有彈性、且能相互改變的情境之中，這個改變情境是介於瞬間新穎的圖像，以及一個已成立的架構與過去的學習所構成的背景。如果每個新的圖像都會導致期待與信念形成的背景做整體的再評價與再組織，其結果只是一種混亂與隨機、沒有承諾、不一致又無意義的速食滿足。而另一個極端就是：如果新的圖像一點都無法影響與瓦解已經建構好的背景，那我們也只能死死板板在舊有的意識中做「移情」，最後只會造成孤立與心理上的死亡。在兩極之間的某處一定有一個柔軟的過程，去尊榮新與舊、背景與圖像、兩極的升起與掌握等的張力，如此才能夠以彼此的能量及增進生命的方式去互相影響。這就是 Winnicott 所指出的自我「持續狀態」（ongoingness），也就是我們與病人之間或在親密伴侶彼此之間的治療與親密對話的全部意涵。

　　最後，由上述的討論可以了解到，詮釋就是一個**覺察的前置結構組織**（prestructured organization of awareness），是預先建構好的背景。很明顯地，如此會引發現象學與建構主義模式的一些問題。在傳統上，完形治療師會戒絕理論的解釋，但在實務上的詮釋卻例外。這個困擾如同很久以前 Bruner 在發現學習（discovery learning）的研究中所指出的一樣：發現〔或是主觀性建構（subjective construction）〕是一種強而有力且能持久的重要學習（lasting learning）工具（由此觀點來看，之所以能持久，是因為「發現」被定義為：去做整合，使得彼此有協調一致的觀點）；同時它也可能是以痛苦又緩慢的方式去發現關於世界與自我的所有可能性。事實上，如果我們為了某種特別種類及形式的學習，而把個人的自然性「捆綁」，這種被壓抑的學習絕對只是**模仿**（imitation）而已〔或是完形所稱的「內攝」（introjection）〕，談不上是一個批判性的分析，同時它也只是呈現對支配性模式的一個重要修正形式罷了，也因此「測試」在此過程中有其重要的角色，也就是上面所提到的實驗精神。

　　如果**實驗的本質就是要對抗權威**，那麼治療的解答就要透過詮釋這個重要的角色來協助。畢竟詮釋是一種建構（或通常是伴侶另一方的解釋）、一

種對病人生命經驗的意義與關係的多元解釋。那為何不用它原來的詮釋來呈現呢？實驗是一種把意義組織起來所做的嘗試，亦是一種使病人或另一方伴侶本身經驗瓦解與重新建構的可行方式。為了還原它本來的詮釋而做實驗，要找到的不是「事實」，而是讓個人去思考去讓自己有興趣做的實驗圖像是什麼。每位伴侶本身自然就會對彼此及他人問題的來源有許多個人的詮釋。我們很自然就會去裝備，並在本質上被鼓勵去對事物賦予意義，對我們所看到的世界給予一致性的架構，好讓我們可以去面對這個世界（畢竟要去預測的是你將來會做什麼，而不是你現在在做什麼。這純粹只是情境性，所以我只能在我的詮釋與歸因中去了解為何你會做這些事；社會心理學的歸因理論正是基於對此情況的洞察）。伴侶治療的議題不是讓伴侶停止進行（或是假裝停止）這個自然且具有建設性的過程。再一次，我們可能是在努力對抗我們在這個世界上所有的本性（nature）與思考取向（orientation）的成果。再者，這裡所關心的議題是要去了解**什麼時候**就會做出這樣的事（作為治療師或是親密伴侶），去擁有你自己所建構的、你自己的嘗試性假設，最後將假設或詮釋，在伴侶之間或治療之中把對話**演出**（into play）。首先我們會對提出解釋的伴侶提到：「到目前為止，我們所知道的是這個意義，另一個可能的意義，就是你對他或她現在所做的所賦予的意義。」然後對伴侶另一方說：「所以你對此有何看法？她或他所說是對的嗎？哪個部分符合？哪個部分不見了？*關於你的世界，有沒有哪個部分被遺漏了，而你覺得他或她必須知道的。*」詮釋本身即是以此種方式加以呈現，這會影響到目標是否因而瓦解、彼此是否會因而爭論，以及對於新訊息的接收，最後是個人參與最多的創造性評論部分。在這同時，伴侶如不去提升親密對話的需要，就不可能去挑戰另一方伴侶的詮釋；也就是說，為了要得到影響力、支持以及獲得在生活中最大的滿足，去探索與分享對方的主觀世界，讓彼此互相了解是有必要的。

滿足

滿足的概念與我們前面曾討論過的很多名詞與概念都不一樣，它是完形治療概念的核心，這是一般非現象學模式中很少會被提到的，它與性治療和性所謂的滿足亦有所不同。在心理治療領域中，並不是每個治療模式都會涵蓋生命品質與幸福標準的討論，在這樣一個與真實現象對話和觀點都缺席的情況下，要將我們生命的關鍵、得以持續與評估的重要資源——亦即我們的經驗——帶到任何有用的治療焦點上，是既困難且不太可能的。

接下來，讓我們以經驗來做說明：滿足是指意識到在我的內外在世界之間，有一個對的或恰恰好的感覺。說清楚一點，這種感覺是指在我的渴望與需求之間，以及在我此刻的感受和與他人相處的世界中，我以最大的可能性去滿足、經營它。在拉丁文中，滿足這個詞意謂：「去造成足夠」（to make enough），也就是說，這就是我的世界，在這裡有一個適合我居住的地方。以當下來看，與滿足相對應的另一極是挫折，它是一種能增加的能量。但在長期的挫折下，與滿足相對應的一極，就會變成另一種所謂羞愧（shame）的經驗。畢竟羞愧感讓我感到這裡不是我的世界。對我而言，那裡面沒有適合我居住的地方、沒有我個人的經驗、個人的希望、恐懼與渴望。

以經驗而言，滿足的特徵就是一種放鬆，以降低能量過度集中的狀態，一種將「渴望的圖像」（figure of desire）從聚焦到退形（withdrawal）的狀態。以性作類推就更易明白了解，在我們每個人生活範圍裡，都知道這個經驗，或是至少希望能有這個經驗。如果我的「場域組織」（organization of the field）、我的聚焦與移動方式，是自然且必要地圍繞在我情感上的需求與其他緊急的事物，那麼，一旦問題解決了，或是目標達成了（或即使是短暫地被擱置），我就會很自然地（也是必要地）將聚焦放下，我就可以去休息、再整合與處理其他事物了。因需要同時處理好幾件事，我就會有一種需要，把自己其中某一項反應耗盡，好讓我可以把注意力移轉到別的事務上。這些反應諸如：進食、睡覺、性、運動等和生活常規有關的活動，還有很多我一直沒有真正做「結束」的生活問題與課題，會使我的需求一次又一次地重複出

現，直到這些不斷移動把能量都耗盡了才得以停止。再者，如果這些運作不是自然地發生，如果我們不是被這些順序與過程所「捆綁」，不管是個人還是生而為人，我們都無法在生命中走得更長遠。

　　人們通常都知道如何辨認出自己的滿足狀態，或是知道當他們得到滿足後可以做些什麼。相反地，對伴侶治療中的另一方伴侶而言，沒有比這個更常見的，就是當他們真的得到他們長期渴望的滿足時，就會看到他們去催逼（rush over）、忽視，甚至是撒手不管的情形。產生這種情況的原因已超越了我們平常所熟悉的「習慣」或是「系統性自體平衡」（systemic homeostasis）的召喚（這比較是一種無謂的重複而非一種解釋）。當另一方伴侶在支持下去做一個讓自己可以停留在滿足狀態下的實驗，特別是被聽到、被看到，最後被了解的親密狀態的滿足，他們可能就能深入地體驗到一個多樣性且令人困擾又難以忍受的深層感覺，從憤怒（對照顧者或是其他過去的生命圖像）到羞愧（他們是如此需要，卻發現很難得到），到深度悲傷或是失望（對於他們某部分生活中的痛苦與孤單）。在這個當下的滿足是特別清楚且有助益的。對生氣以及常隱藏在生氣之下的悲傷，有他們自己的焦點形成、表達與能量釋放的特定移動與滿足的循環方式。難以面對舊有的悲傷與失落，通常是因為我不曾有足夠的**支持**，讓這些感覺能停留得夠久。不論是「足夠」或是耗盡所提升的能量，這都算是一種滿足，可以使我「結束」悲傷，至少在目前這種狀況下，讓我可以將更多的注意力與能量轉移到其他的生活事務上。以完形治療模式的說法，這就是所謂的「未完成事件」（unfinished business），它強調去完成並回到一個與「先前不同」（predifferentiated）的概念。我們在這裡要特別提醒的是，伴侶與其他病人重要的「未完成事件」，在某方面來說，常會導致**必然悲傷**的局面。對親密伴侶而言，可以藉由治療師為他們提供的支持與輔導，讓他們有一個可以被看到、被包容又被支持的環境，從治療過程中一直延續至他們的生活中。

講求情境的脈絡與結論

僅僅是短短的幾頁，我們就已經走了一段旅程，我們談到關於完形治療的模式及其承諾：讓我們能用新的看見的方法（new way of seeing），看到我們伴侶病人的問題，以及他們成長與治癒的可能性。在這個過程中，讀者如在一開始時就希望能從本文中學到「新的把戲」，以使用到有困難的伴侶工作中，就會毫無疑問像你在過去的完形著作中所得到的一樣，是會讓你們失望的。我們在這裡一直嘗試去談論完形模式如何提供我們一個新的「視框」，或是一整套「視框」，使我們了解並可以對伴侶生活加以處遇。沿著我們這一路聚焦於如何跳脫伴侶病人自我建構主義（self-constructivism）（現象學上的說法）、界限、能量、支持、實驗與滿足的觀點，而了解到這些觀點，「視框」讓病人在過程、抗拒、方向與感覺、滿足與羞愧等議題上加以改變。每個階段的討論，都讓我們看到完形治療模式並不是要提供那麼多新的技巧與處遇的方法（自然地，不同的處遇方法確實是跟隨著不同的概念與目標），而是讓我們以一個不同的方式去看到，以及使用不同架構的方法去工作。所以完形治療模式其實不是只使用一些特殊技巧而已，還可以讓治療師以他自己的方向與選擇去組織他自己經驗的場域。

當我們使用並去了解這個治療模式，就會發現我們正聚焦在一個「已整合好的覺察場域」（organized field awareness）的層次中，這也是大多數其他治療模式所強調與期待要整合的概念。我們已經看到完形的觀點如何掌握與脈絡化移情的動力與現象，以及它是如何連結行為（時刻表與契約）、認知（在信念與地圖之下），到動力（次級獲得，這是在伴侶層次的另一種系統性自體平衡與自我調節的說法）。這個部分與「結構派」、「策略派」的伴侶與家庭模式是相同的。在完形治療模式，我們稱之為「實驗」，它是以新奇的圖像來測試背景，而完形模式又強調讓個案去建構他自己的意義，以作為綜合歸納動力的鑰匙，並延續學習動力的關鍵。事實上，如果完形概念是有效且可證實的，這種脈絡性的關係就必須加以密切注意：也就是如果經驗是自然又必要的，以我們在這個篇幅中不斷提出的線索去加以組織與了解；如果

這些通用的線索與組織的原則就是所謂的經驗，就是我們如何「被捆綁」的經驗，那麼任何一個治療模式、任何一個對伴侶及其他病人工作的途徑，都可以用這樣脈絡性的方式來看待，並連結到其他模式與完形模式本身。

我們這裡所談論的確實是來自 Fritz Perls 早期華麗的工作方式，就是熱椅與空椅，也可能來自以前 Paul Goodman 提出接觸現象場域（field of contact）、自我的過程（process of self）、對於渴望的重要組成（crucial organizing fuction）功能的看法。的確，努力發展成一個精密的理論以及富有意涵基本前提的能力，對任何一個理論的有效與普遍性而言，都是一種考驗。完形治療模式亦藉由宣稱它的整體性以及場域的一致性（field-unifying），應能被延伸到人類行為與經驗的任何方向，以及任何複雜程度的系統上（參閱 Wheeler, 1991，認為完形模式的一致性是一個能運用上述概念的同樣方法，來協助內在心靈、人際間、組織與系統問題的處理）。

藉由最近各個領域中被承認的模式，都已經被建構主義所征服的影響下，心理學與心理治療已經被大量解構並重新再結盟。建構主義本身、敘事、自我整合、解構、自我建構與系統性的自我調整理論——所有這些理論以及更多其他的理論，對於這已經有百年歷史的完形洞察過程以及他們所架構的經驗，都有了一個新的認可，這些經驗並不是「在環境中」自然形成的，而是在較深層的、生物基礎上的，以及在我們的社會互動與對談中形成的；而且是由他們自己對這些架構的過程與方向加以標記而成的。然而，在伴侶與系統治療，就如同在「個別的」心理學一樣，對於意識的改革有著充分的可能性，也許可以不需經由個人主義（individualism）就可轉為實證主義（positivism）的典範。因為在今日西方文化中，個人主義有最多的文化連結、最多的專斷、最多的限制，並對舊有形象的建構有著潛在性解構的象徵。

完形治療模式藉由強調場域的一致性，堅持「自我」並不比「他人」優先；但完形在場域上將感覺經驗化成行動，以及建構「自我界限」的部分與其他治療模式是一樣的。同時，完形也堅持其承諾，將心理學與心理治療整合到我們尚未完成的方向，例如：整體性，在共產主義意識下的人本主義以

及一個真實心智與靈性的生態等。在本書中，我們雖然從最親密與互為主體性的伴侶工作開始，但並不會在這個地方結束。完形治療模式的概念與「視框」、洞察與方法，在本書中將會不斷被提起，也會被應用到我們對病人與其他個案，以及我們自己的生活當中。

參考文獻

Latner, J. (1992). The theory of Gestalt therapy. In E. Nevis, (ed.), *Gestalt therapy: Perspectives and applications*. New York: Gardner Press.

Lewin, K. (1936). *Principles of topological psychology*. New York: McGraw-Hill.

Marrow, A. (1969). *The practical theorist: The life and work of Kurt Lewin*. New York: Basic Books.

Perls, F., Hefferline, R., & Goodmand, P. (1951). *Gestalt therapy: Excitement and growth in the human personality*. New York: Julian Press.

Polster, F., & Polster, M. (1973). *Gestalt therapy integrated*. New York: Brunner/Mazel.

Wheeler, G. (1991). *Gestalt Reconsidered*. New York: Gardner Press.

Zinker, J. (1977). *Creative process in Gestalt therapy*. New York: Brunner/Mazel.

Zinker, J. (1994). *In search of good form: Gestalt therapy with couples and families*. San Francisco: Jossey-Bass.

親密花園

完形取向伴侶治療理論與實務

第一章
親密關係的課題：
應用完形理論於伴侶治療的省思

Gordon Wheeler　著

王環莉、龔寧馨　譯

　　什麼是親密關係？它是一種奢求，一種人生必需品？是所謂的暴君制度？還是一種自我實現（self-realization）（參考 Miller 即將出版的文章）？或者正如我們下面要討論的：親密關係是一種自我成長與自我擴展的必要成分與條件。在本文中，我們對親密關係的定義，將有別於一般以夫妻或親密伴侶相關任務與活動過程來著眼，而改以現象與歷程觀。以此觀點出發，我們將進一步去思考完形的自我與自我歷程模式，然後發展出一個新的觀點：親密關係的歷程是自我發展的必備元素。我們的整個論點將以完形治療模式為依據，有別於動力治療模式，我們強調的是理論與方法、自我與人性互相連結的必然性。以下我們將會採用一些論及完形自我與發展關於「自主」（autonomy）或「分化自我」（separate self）的文章，以支持我們的看法。最後，以我們對親密關係本質與任務的修正觀點，透過完形治療脈絡的澄清，再進一步來思考親密關係歷程的任務，以及使用這種擴充式的、強調自我與發展的完形伴侶治療模式，與其他模式來比較，看看會有何不同。

探索背景：伴侶關係

　　伴侶完形的本身顯然就是一種典型的人類關係模式的原型。就我們所知，人類社會一直以長期伴侶關係著稱，但要維持一段健康的長期伴侶關係，卻是一項具有挑戰性的課題。換句話說，對治療師而言，要去教導、協助、催化或是介入改變關係及處理問題，是最具有挑戰性的工作。但比起個

人及家庭，伴侶治療卻很少被提到，因為它通常包含在這兩項治療之中（請參閱 Weingarten, 1991）。至於在伴侶關係外的親密關係課題，在心理治療相關研究文獻中卻又非常罕見，以致引發不了人們的好奇。一般人面臨親密友誼方面的困境時，通常會去尋求個別治療或團體治療，而很少人會去找一個與自己相處有困難的「親密他人」（intimate other）（彼此不是伴侶關係），向他尋求諮詢或治療。儘管事實上，親密滋潤的友誼關係正是生命中許多美好事物（從事業成功到婚姻美滿與身體健康）的指標（請參考 Miller, 1983 與 Zinker & Nevis, 1981a and b；還有 Center for the Study of Intimate Systems 與 Gestalt Institute of Cleveland 相關出版品）。

　　本文中，我們將大部分著重在親密伴侶，但也不時提到其他重要的親密關係（也涉及非親密伴侶）。因此，首先我們要先指出：縱然親密關係與親密的互相給予對全然的人類發展是必要的（如同我們即將提出的論辯所言）；縱然主要的親密配偶關係以外，你還可以在其他地方找到親密，以及親密的互相給予與滋潤，但建立或身處在一段重要的親密關係（下文會將親密關係加以定義）並不一定是全然的、健康的、有建議性的、令人滿意的人生的先決條件。尤其在這個年代，成人的生命週期越來越長、個人生涯與收入更獨立，成人持續的發展與改變已獲得更多的重視與機會，「長期」（longterm）已不再意謂「終生」（lifetime）。

某些名詞的定義

　　說了那麼多，有些名詞必須加以說明。我們所謂「健康」（healthy）是什麼意思？我們所謂的「伴侶」（couple）是什麼意思？一個健康的生活特徵是具有滿足感、具有成長性、個人對整個社會貢獻了他個人的生產能力。因此一個健康的人感覺有能力完成重要的人生目標，且以更廣泛的層面而言（無論是靈性的、政治的，或其他可以想見的層面），能夠超越個人對整個社群提供某些重要的部分，至少這三個元素對健康的定義而言，是有必要的（特別是對完形的定義而言），少了其中任何一項，我們就會認為是不健康的

（意指不完整），或是失功能的。它不只是生活中的難題，也是生命的歷程和成長上的阻礙與扭曲。

以此類推，一個健康的伴侶關係是彼此能提升健康生活的過程，在這裡的關鍵字是**提升**（promote）。提升是指：支援、滋潤及強化。遠多過於只是讓他們自己各自去自由的生活，而彼此在一些共同的目標上努力（例如，共同的事業、養育孩子，或其他的生涯及類似的合作目標）。這並不意謂一段崇尚個人成長空間，但缺少下文中提到的親密關係發展就會變得不健康，也許稱為**不夠健康**（ahealthy）或**中性健康狀態**（health neutral）是比較貼切的用詞。我們還沒有提到親密這個詞，一段健康或是處於中性健康狀態的伴侶關係可以是親密或是不親密的。依照下文所說，全然的親密關係可能是不健康的。我們之所以堅持使用這些名詞，以及它們對完形治療的關係，都會將在下文中探討。

伴侶這個字眼是比較微妙的，雖然依照 Wittgenstein 的說法，除了社會學家及哲學家之外，沒有人有困難去辨認一對伴侶。通常使用社會心理學的定義，一對伴侶是基於他們如何在社交場合中呈現自己，而被社群視為是一個單一的社交單位。意思是說：當你面對其中一人時，某些意義上，你也同樣在面對另外一半，傷害或助益其中一半也就是傷害或助益另外一半。以完形的用詞來說，我們從與外在世界的界限來界定一對伴侶，並提出由這界限所發生的某些現象的結果。後者的定義可以幫助我們去了解伴侶個人內在經驗的標記，這個標記與其他雙人或夥伴關係有別。這是兩個成員彼此之間的**認同感**（identification）。就個人的意義以及更大的光譜而言（並不是就財務上而言），增加（或減弱）伴侶的福利就是增加（或減弱）我自己的福利。如果我們遇到一對社會伴侶，他們呈現自己的方式，或在某些重要的層面被視為一個緊密連結的雙人單位，但是還沒有顯現這種認同的跡象，我們就會說：「是呀，他們結婚了（或在交往、同居等等），但他們看來不像是一對」這類的話。我們認為這些伴侶缺少了某些本質性的東西。為何我們會認為伴侶內在或現象標記的認同感是一個重要的關鍵呢？我們將會在下文中加以澄清。

親密關係的本質

現在來談談最微妙的名詞：**親密關係**（intimacy）。Melnick 和 Nevis（1993，參見本書）在這一章中對有關親密關係、權利與虐待之間相對應的一些主題，有一系列豐富的思考與討論。他們對親密關係下了一個定義：「親密關係的經驗包括具相等權利的另外一人，兩人長期的具有同步性（synchronicity）——不管是短期內或終生。」（1993, p. 18）。這裡強調的是相互性。但作者在此對親密片刻、假相親密（pseudo intimacy）、單向親密關係，以及親密關係之間，做了一些清楚的透析。我們通常忽略了它們之間的區別，至少這些名詞是他們強調的衍化名詞，從他們所舉的例子中，我所了解的同步性是：共享一個「圖像形成的過程」。從完形的意義是說，一個相互協商及共同同意的取向，那是指：追尋同樣東西的過程與能力，或是有效地重複完成重要的事。也就是一種推動他們一起去完成並察覺他們共享目標的能力，而導致彼此的滿足感，這就是 Zinker 與 Nevis 發展出來並廣為教導的「經驗互動循環模式」（Interactive Cycle of Experience model）（1981a and b；請參照 Zinker, 77, Melnick & Nevis, 1991）。此模式是其他類似模式之一，這些模式都和完形中的健康關係、需要滿足感的「經驗互動循環模式」有關，他們開始能夠以完形的語彙來談論什麼是健康關係的歷程，這些作者們如此描述：「當一個人與另外一人規律地在同一陣線上循環時，親密經驗就得以產生。」

雖然這是無可置疑的千真萬確，所有這些名詞和區別是極為有用，但是我相信這裡遺漏了些什麼，那就是我們意指及所經歷而稱之為親密關係的本質。這些作者們強調共享的目標、共同的圖像，以及相互需求的滿足，並以這些面向的完形模式來了解親密關係。我認為這些作者給了我們一項可以了解任何一種雙人關係的工具，雖未必可用以區分親密關係，特別是不同於其他生產性質的雙人關係，也不足以去區辨親密關係的過程與任務。我尤其要強調的是，親密關係與意圖[1]以及心理狀態（以完形的用語是「背景」）更有關聯，它不只是由一般所謂的行動、計畫、成就，相互的或是其他過程中

的圖像所形成；我還要強調的是，親密關係的任務在本質上是不同於其他生命任務和決定的。有些作者會用生命任務和決定的概念來說明其觀點，但這並不是說，親密關係的過程沒有任何一點圖像形成的作為或任務，事實上，在親密關係中是有這些作為與任務的。我將會在下面篇幅中敘述這些特別任務及過程的理論基礎，說明此取向是如何應用於伴侶治療。當然這些任務或歷程就像其他的行為模式一樣，是能夠被分析，且透過使用需求滿足的量表（比如完形互動循環模式）來影響他們。但請在心中謹記，親密關係活動的目標是在覺察本身，而不在活動本身。為什麼我們要強調這點呢？此部分在下文中會有更多的篇幅來說明，尤其是在審視完形模式本身以及其在關係上的運用。同時我也會舉例來澄清它們之間的不同。

　　假如我和其他臨床工作者在一間臨床診所工作，就像我現在一樣，我們共享一個事業，有一個共同目標，那就是為這些個案們提供精神醫療服務。很顯然地，我們是成對的，或是像組成其他型態，如同工作小組一樣地一起工作。我們確實會用到且培養出一個歷程，能允許並支持「共享圖像」的產生，而且有相互的需求滿足，像是彼此協商、讓共享共有的目標能逐漸清晰、引發彼此能量、完成任務等等。我們需要設計一個治療策略、開發一項訓練課程、處理面對一個龐大而雜亂無章的醫療體系（非常不幸的），還要管理我們自己的職務界限，並與臨床醫療系統的管理階層及其他的部門交流等等。此時，我們就要試著去了解個人及團隊的任務。很顯然地，我們要做到上述的任務，就要做到如 Zinker 和 Nevis，以及 Melnick 和 Nevis (1993) 所描述的種種歷程。我們長時間一起共事，至少大部分時間是具有相等的權利、相同程度的同步性和滿意度。任何兩人的工作小組或團隊都具有這些特質，當然夫妻在一起生活也必須顯現這些特質，否則房租沒人付、小孩沒人養，甚至（尤其指）夫妻間的性交不會發生，即使有也不會滿足（雖然我們知道性本身是非常微妙，且可能是一種用來對抗親密關係的有效防衛）。當這些能夠發生，必須發生，而且確實發生了，但它還不算是一段親密關係。

　　在這工作過程中，我可能從我同事那兒知道一些或更多關於他的隱私，也就是說，在每天的相處之中，我們已超越了彼此認識而更加「親密」。例

如，某一位同事想要在訓練課程當中多加些什麼，或是知道他或她為什麼要這樣做，「意圖」何在（在這裡要注意：我們每天使用熟悉的完形模式去區分形象與背景）。同樣的情形，我可能知道某位剛剛失去親人的同事，有一陣子沒辦法脫離這個傷痛；另一位可能需要一再讚美或肯定，還有一位是不太能夠去處理酗酒的男性個案，因為這個個案讓他想起自己的父親，諸如此類。假如某些同事比較具有優越感，我可能很想去知道更多關於他們的私事，而不願意他們打聽我的（在這裡，我們就看到 Melnick 和 Nevis 有關於親密關係及權利的澄清是毫無用處的，比如，奴僕非常清楚地知道主人的隱私，但是主人通常不知道奴僕的隱私）。假如他們當中有一些是失功能的優越者，我會更加認為有必要去多了解他們，這現象正好完全描述我們所流行的共依存（codependent）的說法，它是一種單向的親密關係，也是一種關係上的特質。

我開始對我的同事（以及他們對我）發展出對這些隱私的認識，我甚至開始需要引導和促進共享圖像的過程，大部分時候，我們可以遵循步驟去完成這些共享圖像（或是完成我自己的形式計畫）。就我們知道，如果我們彼此都覺得不錯，而沒有害怕或不愉快的驚嚇，也能夠有一般配合彼此的長處、怪癖來達到滿足的和諧感，那麼我們就能夠工作順利（再次，它隱含了性的意謂，但是任何共享的目標都是如此）。在一開始，我們就有足夠的共同目標才可能會有相互的循環，並且普遍地擁有價值（Zinker & Nevis, 1981b 所寫的「中間地帶」，是共享圖像及歷程的非衝突性競技場）。

在一步步地對別人了解更多事情的過程，之後其他事情就可能發生，好比我們工作的背景，我非常可能（無可避免地）了解到我同事的私事、願望、感覺、隱藏的害怕，或者他們所公開提供的圖像；相對地，他們對我的了解也是如此。這樣一來，彼此進一步的認識就可以開始自然地發生，遠超過只是工作上的機械步驟，除非或直到我們碰到一個痛苦的親密差異性（intimate difference）。我們也可能會成為好朋友、「工作夥伴」或「網球球友」，這些當然對工作有利，但仍然意謂我們彼此相知跟我們想一起從事的事情是有關的；或與此相反的是，超越上述而我們成為真正的朋友，這裡的

差別是「我了解他」或「我在公司裡很了解他」，是不同於「我們曾經是或還是好朋友」，甚至「我跟他很親近」。

　　這裡首次提到了我所謂**親密關係**的意義，親密關係是一種一方對另一方的了解以及被了解，在某種程度上是為了親密關係的本身，並不是為了達到任何其他目的而操作關係。在某種程度上，彼此的認知是為了達到一些其他的目的，所以我們在這個名詞加上補助詞，就如 Melnick 與 Nevis 所謂的「假象親密關係」、「任務取向親密關係」，或（正如他們強調地）「單向親密關係」（注意，單向親密關係可能是完全恰當而健康的，就如在父母和孩子之間，他們的關係在健康情況下，父母知道孩子的隱私遠比孩子知道父母的多，知道太多父母內在生活的隱私會造成孩子發展的負擔及扭曲，我們會在下文中詳述原因）。親密關係並不只是完成「圖像」目標、分享目標等等的方法之一，也不是一種重複「相互圖像形成」的副作用，雖然有可能以上皆是。親密關係也可以是一個主要的需求，就像成長本身，往往滿足許多其他需求，但是不可能降為一般需求。至於為什麼如此以及如何形成，完形治療模式利用現象學的現實分析，也許比其他學派更能提供好的答案。在開始描繪這些答案時，讓我們先了解完形治療理論本身在發展上，還有在關係成長及親密關係歷程上的應用。

完形在現象學上的自我模式

　　從經驗上可知，我生活在兩個不同的世界，這個雙重性是以界限來區別我自身的經驗，這個雙重性也是經驗本身最核心的部分。所以從現象學來看，我們不常想到這個覺察的狀態，因為覺察的本身就是我們所謂的經驗性、潛意識、主觀性或是自我，它也是一個可以被我覺察但不能直接被別人覺察的私密領域（雖然別人對此私密世界可以臆測大概的圖像，理論上這圖像對我而言是未知的，這情形在心理治療裡常常發生，例如：像這樣的推測我們稱為詮釋），這就是我通常所謂的內在世界（雖然這不是很完美的區分）。內在世界包含我所有的記憶、印象、感官，及對「外在情境」加以詮

釋的資料，因此，它包括了我的「地圖」或是圖表，以呈現我自外在世界所感知到的行動及滿意的可能性。就某種意義而言，這是一個比滿意更有力量的世界，我能夠想像我喜歡什麼，但是讓事實發生就是另外一回事了，雖然力量是有限的，但是當然，想法與想像的滿足可以是十分真實的。

另外一個世界是兩人共同分享的世界，也是需要與別人協商的世界（也是理解觀念上可以與別人協商的世界，在雙方同意下共同建立有效的理解關係）。這是一個行動的、物質需求的及物理現實的世界，我們也可以這麼說，雖然這是一個有限的力量，但卻具有高度滿足潛能及需求品質的世界。如果我在這個世界不能達到起碼的滿足程度，我可以說我是死亡了。此外，這也是一個其他人的世界，也就是所謂其他主體可以像我自身一樣感知到他人經驗性的歷程，而有著相同迫切的需求、機會、滿足等等。我們不完全知道這個他人的內在主觀世界何時以及如何出現在我們自己的覺察內，但是發展心理學的研究一直持續追溯到個體更早的時期，也就是個體生命的第一年。在 Winnicott 的可記憶圖像裡說到，正如嬰兒的自我首度存在於照顧者的眼中，所以嬰兒的第一次哭聲就被當成是嬰兒覺知到照顧者主體的存在。為什麼嬰兒會哭呢？而且最重要的是，為什麼不停地哭？甚至會哭到聲音變調？除非她是受到附近他人的影響，否則純就其行為是難以被理解的。嬰兒會將照顧者的頭放在自己的手中，而且把他的頭轉向嬰兒自己想要看到的方向，想想一個不到一歲的嬰兒與其照顧者有如此好的連結[2]，而這些動作皆具有心理發展的意義，也就是另外一個人可以是我們經驗的來源，同時也是一個嬰兒以此感覺來了解自己的開始。所以我們很確實清楚自我了解的發展與上述的發展是同時進行的，對嬰兒而言，他對自己的主體性與對他人主體性的感知，不只是單一的發展，而是兩者同時發展的。

據了解，內在世界的需求、渴望、希望、幻想、欲望、觀感、對白，與外在世界的資源、障礙、機會，及其他所經歷到兩個主體（不只是「客體」）之間的整合與解決，包括基本持續的生活問題或是生活的本身，這些在完形模式中，我們稱為「接觸」（contact）。內在與外在這兩個領域是一直不斷地整合，也就是我們所謂的「自我」〔因此 Goodman 說，自我是「在接

觸中被賦予」（given in contact），它也是「接觸的系統」（Perls, Hefferline, & Goodman, 1951）〕。Paul Goodman 對於接觸或是「自我」的文獻脈絡，在心理學與心理治療中有很多的貢獻。他個人在心理及心理治療所提供的獨特遺產中，大部分和上述的貢獻有關（連帶他對欲望的本質及欲望在健康與成長中所扮演的角色有基本的修訂）。這些包含了自我觀念與過程的重新定義或設定，自我不再是天生的，也不需要加以定義，而是與佛洛伊德學派及西方個人主義傳統處於相對應的另一端。如同有些東方傳統的看法，但這不是忽略了個人的獨特性，Goodman 對東方傳統也有很透徹的了解（參照 Stoehr，出版中）。進一步而言，自我及其他用詞都是有意義的名詞，也都列在 Goodman 所謂的「錯誤的二分法」之內（Perls et al., 1951），像是詩與散文、成熟與幼稚、心理與身體、個人與社會化等等。在此，自我被視為一個過程，是在「界限上」所出現的過程，亦即出現在兩個現實世界的整合之中。一旦我們習慣如此思考，我相信這個模式會遠比我們所經驗到的更為真實，一旦我們要為「內在」世界界定一個新的名詞，在西方世界會普遍將內在世界視為「自我」的延伸。事實上，自我，不論是你的自我、還是我的自我，必然是具有個別獨特性的，且人人不同，但絕不全然是隱密的；如果我們習慣性地想到並談論「最內在的自我」（innermost self），我們應該記得也同時想像得到「最外在的自我」（outermost self）的存在。

接下來有關自我的發展與討論，也就是關於「自我實現」的部分，包含且需要「外在」世界與「內在」世界兩者兼具的探索與實驗[3]，但這絕非是簡單且一觸可及的事。就如同心理分析學派及其他治療模式一樣，完形治療模式經常提到內在世界，好像這是十分簡單，或以為只是由身體催促產生的無謂的感覺、以為它們只是在解除障礙、消除禁忌（它會導致壓抑）、這些簡單的生理性的基礎狀態後再重新命名，然後，「有機體的自我調節」（organismic self-regulation）就為會自動完成其餘的工作（見 Perls et al., 1951，範例見 p. 219ff）。我們的治療模式與其他模式一樣，很難去談論某些重要的經驗，例如：勇氣、倫理上的兩難、價值觀、選擇、失望、出賣、懊悔、長期計畫、異性的感覺、協調、關係效忠、滋潤、忠心、政治，無可懷

第一章 親密關係的課題：應用完形理論於伴侶治療的省思

疑地，你還可以想到其他更多的現象。當然，身體可以提供我們的本質、喜好、渴望其他需要的最「真實」資料。這些本質性的資料常常被忽略或低估，但卻是我們必須學習去關注與利用的。但是我們的欲望、選擇及價值觀皆屬個人建構的「背景」，不可能被減低到只是身體的一種真實現象而已，縱使這些身體的真實現象總是異口同聲，且不是經由社會化的促成或建構的，但它仍然遠遠超出我們所意指的真實現象。

自我過程（self-process）是不考慮外在世界所共同感知的有效性及建構性，而只是專注於內在，我們稱此狀況為精神分裂〔「心智上的分裂」（split mind），意指自我整合功能上的缺失，此種自我整合功能是去完成內、外在世界彼此滿意的整合與解決〕。人們只專注外在世界，類似 Winnicott 的「偽自我」（false self），去感覺別人的需求與欲望遠比自己的內在更為真實且迫切（再看此特徵接近現在流行的名詞——**共依存**）。與 Winnicott 同期的 Goodman 寫到：他以存在學者的背景避開偽自我與真自我的用詞，也就是說，自我是「自我在進行」的真實存在，它可能被壓縮，但不可能是「偽」的，雖然他將自我歷程區分為「真實的」與「非真實的」，但我認為它們還是同樣的東西。

回過頭來討論親密關係，完形治療模式清楚地將「內在」與「外在」兩個範疇看作是「背景」，提供了圖像的展示空間及其他的探索；也就是說，我的「外在」世界的表達及所選擇的目的與方式，多半是受到內在「背景」資訊的告知、壓抑及支持，如記憶、允諾、希望、害怕、價值、期待，不論好或不好的結果、過去和現在的資源等。所有這些被組織並相互交織建構的過程及方式，正是我們現在努力嘗試以恰當的語彙來描述，一個被壓抑及耗竭的內在經驗世界，意指在「真實」世界中被壓抑及耗盡貧瘠的活動與選擇幅度，它是缺乏被良好組織及能夠被清晰表達的經驗性背景，這個經驗性的背景是用來提供具彈性的支持，若缺乏必須具備的精準語言表達，會使得其影響與價值有細微的差別。我們在此文看見基於「內在」與「外在」經驗間的鮮明區別，語言表達上的不完全、不適當，「真實的世界」對我而言，是一個被覺知或屬於現象學上的世界，它幾乎是基於過去經驗及未來期望所共

同建構的世界。

　　然而，我們是如何知道且能清楚表達「內在的背景」呢？答案是：我們不是生來就認識自己，甚至知道如何去認識自己。以一般用語來說，如何去探索、創作以及清楚說出內在的經驗，是指認識自己及認識自己的過程是一個發展性的自知之明。而且自我明瞭的過程是一個多數人能理解的終生過程，我們很確定我們是生而「怪異的」，而能覺知彼此的差異，如同亞里斯多德在遠古時就已經提出此看法。Goodman 也喜歡引用他的說法（參見Goodman, 1994），但我們不是天生就知道如何去組織並利用這個內在差異，也不知道如何對自己感興趣及好奇而使自己獲益。我們必須去學習這些，並且從那些對我們內在世界感興趣的人那裡學到這些，這個如此被忽略的觀點不能太過於強調，這是一個多數人能理解的發展性謎題；至少在完形治療模式裡，這是必然包含的一種難題，這個「內在」世界也是我們個人私密的背景，它塑造並支持我們行動的「外在」圖像。內在世界不是只靠「內視」或是「接觸我們內在的情感」所能發現的（雖然這些當然是必要的），還有很多方面是靠一個相關聯的他人，及來自此人對我的關注所建構、刻畫及闡明的 [4]。也就是說，用 Goodman 的語言，內在真實就是所謂的「在接觸中被賦予」，亦即使用此同一觀感來形容「現實」本身（他當然不僅是說「我們」之外的存在，還包含與我們相連接而延伸的部分）。這正是 Kohut「同理心的鏡照」（cmphatic mirroring）的全部意思，他正確地看到自我發展的本質（在他的系統裡，自我是指一組自我裝置的過程，系統的屬性使它繼續並及時地進行，相關例子請見 1977 年出版的論述）。在完形治療模式，我們更廣泛地定義自我，但基本上仍然同意 Kohut 以及 Winnicott 所說的，一個人的自我是「持續發生的」（見 Gustavson, 1986）。

　　所以這個逐漸被清晰表達甚至更豐富地建構的內在世界，我們對它的認知探索及共同建構是一項終生發展的課題，一旦開始了就會穩當地落實在同理心的注意以及回應中。當然，此過程以及此人可以自己繼續進行，就文詞而言，也就是個人可以成為在自己旁邊的他人。但是再想想 Goodman 及亞里斯多德有關在場域覺知相異處的依賴性，純然私密的自我探索過程經常是

匱乏的，相對地，同一過程產生於親密的對話就可能會有成長。就此觀點而言，親密關係——如親密的對談、親密的見證以及交換，是我們的天性且是終生的需求，它會持續支持健康及成長（在完形治療裡，這兩者是不可分開的），也正是生命所呈現的重要需求。

親密關係：親密的課題

以上所論述的現象學上的自我模式，可以對下列的親密關係加以定義：親密關係是一種相互認識並共同創造他人及自己背景的過程。在我對親密他人的興趣啟發下，探索並闡明我自己內在世界的過程，並邀請親密他人加入，持續共同創造我自己的內在世界。基於 Goodman 的理論，我們可以說：自我是一個過程。而此過程的核心部分是彼此相互理解的，不只是存於我個人內，對於自己及他人都在生命早期就開始發展而持續到終生。親密關係的本質及目的是自我與他人持續共同創造的，在彼此的經驗領域裡，相互引發信任或不信任，並且在親密關係的相互交換裡繼續開展。再者，自我成長與闡明的這個過程正是我們的天性本質，若大部分獨自一個人或僅只是自己去追求，我們是不可能去完成或者會使之流於貧乏。

顯然地，這個過程可能有部分的、工具取向的或單向的版本，但它們不全然是親密，雖然可能是親密關係發展的先兆（比如在上文討論的父母與子女關係，或是病患與治療師之間）。此種區別性在治療關係中成為備受爭議的問題，這在使用自我及自我揭露的治療技術中留下了陰影，如果治療師是一個「親密的存在」的人，而且此晤談治療時段是一個「真實的相會」，則在此觀點及情況下，治療師能否或是應該與他的個案「分享他自己」？（見 Zinker, 1977；以及 Speier, 1993）完形的語言充分地回答了以上問題：治療師可能分享「圖像」，如：「以你告訴我的，我現在感到感動、悲傷、不耐煩與狂怒」，他甚至可能分享某種程度的「背景」：「我了解你所要告訴我的，因為我同樣也在年幼時失去父親或母親」，或是「我已經奮鬥了一輩子，而我仍然沒有找到答案」。但是治療師並不會（確切地、生產性地）與病患**探**

索他個人的背景。一如治療師可以與自己的治療師、朋友或其他任何親密他人一同探索一樣，畢竟這正是費用的主要作為，收費者暫時停住他對親密自我探索的天生驅力〔在完形接觸模式用的名詞是「迴射」（retroflects）〕，轉而留出更清楚的空間給付費者去探索他自己。許多病患精確地感覺到這個不平衡，不止是在治療早期階段，當關注的事件可能是權力脆弱、安全定向及揭露羞慚，即使到治療結束階段仍然會有如此的感覺。當病患開始覺察一個新的、未曾使用的「肌肉」，開始去參與彼此自我探索的過程，有如活躍的他人而非只是探索與共同創造的主體，他會在個別治療中重新燃起對治療師個人想認識更多的好奇與需求。也許這就是一個前兆，那就是病患已經準備好結束治療，或是可以轉到團體治療中去工作。在伴侶治療中，一開始就強調了此項能力及課題，當然，親密伴侶這種新的能量及逐漸增加的親密技巧，可以轉而應用在彼此之間的關係。一個治療師如何支援他們發展這些課題及技巧，將是下一節的主題。但進入下一節之前，我們要對親密權力（與虐待）有些贅文。

Melnick 及 Nevis 一再堅持「平權」（equal power）的條件，以便能有親密的過程（Lee 在本書中更從現象學來檢視此過程）。無論是在治療室中或是在家庭裡，他也同樣堅持「情緒的安全」是伴侶探索親密關係的一個條件，反之亦然。在開始親密關係的自我探索之前，是有必要對對方有些足夠的權力與安全感，所以親密關係的經驗、互相探索及自我揭露，很可能是傾向去打破實質權力的差異，這就是企圖禁止在權力階層的情況下，在軍隊或是工作場所有性行為的理由。性行為本身至少可能伴隨著沒有戒備的自我過程及自我揭露的經驗，這也是一種親密關係。而這種親密關係的經驗可能導致兩人間實質權力更為平等，但也可能牴觸他們在組織結構下的職務權力關係（當然，也有些議論是有關保護低權力一方免於可能的受虐，但是組織機構很可能更應該擔心高權位一方的行動自由，遠遠超過對低權力一方的福利及界限的考量）。

因為親密關係一定會牽扯到後果，在各種各類場合中，你有絕佳的理由不想要「太親密」、不想對某人「知道太多」、「別告訴我關於你的私人問

41

題」，老闆會對他的屬下如是說，因為如此他就不必多加考慮，伴侶之間也是如此。如果我確實停下來，從你的話去感覺或了解這些所為何來，那麼我就比較可能去配合你，其配合度遠超過我們繼續爭吵誰是誰非，或是輪到該聽誰的話。舉例來說，你可能想要轉業，但我不想讓我們的收入縮減，若我真的允許你告訴我，讓我知道你真正的希望與夢想，以及你是多麼的不快樂，那麼我就得用嶄新而更負責任的態度來面臨一些艱難的抉擇。在下一節中，就伴侶間的這些議題以及在伴侶治療裡的某些應用，我們將會做進一步的說明。

親密關係課題

　　接下來談到親密關係的歷程、態度、目的，還有關於親密對談及互換的活動。從完形治療模式的觀點來看，這有點不同於其他的治療模式，Lewin著名的一句話（1926）說到：需求組織了場域，也就是說，從我們所了解的親密關係目標中，產生我們所認為親密關係中本質性的活動與過程。現在將上述的論點闡述得更容易理解一點，我們認為：親密關係的目標是在將兩人共同創造的主觀場域加以清楚地陳述，不論是內在或外在世界，有意義及滿意的詮釋都是自我的運作；此互為主體性的合作過程支持每一個人產生清晰的自我及自我過程。但這些自我並非只是「內在」及私密的：它們是藉由親密他人的接收、反映、共鳴及爭論來被告知與共同創造的。

　　此種被告知及共同創造具有前攝的（proactive）及接收的兩個向度。就前攝的向度而言，那是對我自己的主體性，我「內在」與「外在」的觀點來進行自我探索及清晰的論述，透過向親密他人的述說我才開始了解我自己，畢竟沒有比這個自我覺知的方式更為普遍的了。我必然也很清楚我所想的、所要的、所感覺的，或所沮喪的。僅是經由述說什麼是我「真正」想要的，什麼能真正地滿足我，從這述說過程中去發現，非常不同於我在開始時所思考的內容；而且，如此被發現、被述說及建構不只是為我已知的處境辛苦去爭辯，更不是為我已了解我所要的部分去好好協商，而比較是像一個親密積

極的聆聽者所述說的過程，其中微妙且具關鍵的轉換，是從我所想去感覺、從我想我已知道的目標，轉換到：我為什麼想要它？它對我具有何種意義？它的轉換歷程是：從追尋我想要的，從運用各種可能的技巧：協商、排優先順序、妥協等等，轉而探索我要的是什麼？感覺或害怕的是什麼？去了解其過程與自我，可以透過親密他人的聆聽與陪伴去建構這部份的認知及自我。

　　換句話說，這是意指過程技巧的轉換，也許更好的說法是，自其他技巧轉換到強調某些特別技巧；因此，協商的工作是使「圖像清楚」，比如什麼是我要的東西及如何跟你在一起，並自你那兒獲得其中相關重要的技巧，包括：評估、呈現、配合、選擇及類似等等。在此有關聯的處理過程則與下列有關：認同、分享、澄清這些感覺及渴望的主觀意義，注意接收的感官（我自己的不舒服、喜悅、各種感覺），發展出感覺與渴望的特殊語言，以去傳達它們的狀態（給他人及自己）、探索圖像（或目前的感覺）與背景（過去的經驗）之間的內在關係；而且最富決定性的是去建立信任的能力，讓所有的過程既是結果，也是必要的先決條件。

　　我們稱這些技巧為前攝性的，但很清楚地，它們也有接收性的一面，不只是內在探索活動與自我接收活動緊緊地連結在一起，而且更可以分享我們的內在與處理過程，這兩件事本身即是來來回回的過程，述說與核對兩者之間具體、外顯及內在隱私之後，收納別人的反應、確認或是疑問，讓我們被衝擊、被影響，然後從發展性的不同點開始繼續處理。

43

　　換句話說，一個人與另一個人親密結合時，以前攝性與接收性雙重角色去呈現積極聆聽的技巧與過程，開始時，只是為了全然滿意地積極聽到你，也為了開啟我們皆會改變的可能性，但顯而易見地，我必須先要認識你。在伴侶關係中，特別是夫妻配偶之間要付的代價和可能產生的後果，以及承受結果的考量及理由的解說等議題的影響下，在某些特別的片刻裡，我會不想要去了解你、認識你，這是因為此刻對你的認識產生正向、負向、不一致的感覺。此時我們雙方就需要一起並且嚴肅地演出：對於我，需要運用指明、認清這種正負情感皆具的感覺（技巧非常貼近此模式的應用）；對於你，則和我一起同時接收、探索與建構，此時絕對不會再有簡單的親密交換這回事

了。我們已經進入可能的困難：畢竟我對你矛盾的情感本身，就可能深深地傷害到你；甚而有之，它會重現你過去的傷口——如果你生命的重要他人曾經在同樣情況下抗拒或對你不一致。因此，認識對方及被對方認識都是需要在支持下才能完成的。有關這方面的論述，Lee（在本書中）及其他作者討論「情感的安全」議題；在我們探索親密關係的過程及連帶而來的賭注與冒險時，此議題就顯得越來越重要了。有關此安全向度的情境及應用，也將會在下文討論完形模式的治療中有些鋪陳。

伴侶治療的課題

再次強調，親密關係是絕對需要付出代價及承受後果的。若是忽略這些，就錯失了**動力的現象學**（dynamic phenomenology），它是所有完形課題的核心。若我們只是指出我要做的，為了一些強而有力的理由，甚至對我而言，就有迫切的理由要去做的。此時我可能無法覺察到其中眾多的其他「理由」，其他學派的用詞是：我可能有「未檢驗的信念」或是「基本的假設」。當然，大部分的治療以及親密關係本身，是與下面的幾項活動有關：以語言陳述去告知一個人與他人互動主體間的場域，如何去分享這些「背景」、「信念」及模式。如果親密關係的歷程，一如我試著在此論述中所示範的，對健康及自我發展是必要的，如果我因某種程度不能如此做，或不能滿意地完成這個歷程，那麼一定有以下一或多個理由：(1)我對自己認識不夠，以致於不知道如何開始分享我的世界，並且發現你的世界（因為我自己內在主觀性的發展有缺陷）；(2)我不要去處理認識你可能產生的後果，如同我們上面討論的；(3)某些我可能會分享到的題材：希望、害怕、幻想、感覺、渴望，在我個人的歷史中，一直是如此的羞愧，以致於不希望他人知道；(4)我估計目前的情境不夠安全，以致於不能開始一段蘊含親密關係的未知旅程。現在讓我們一一檢驗與這些有關的治療課題。

第一種情形是我們都熟悉的，也就是伴侶想深入親密關係的最初障礙，是因為我們之中的一個人或兩人都能力有限，不能充分認識自己，以致於不

能有深度地說出或傾聽（請注意，我們傾聽的能力也受限於自己的能力，因為我們的傾聽，就如同主體之間同理的互換一樣有其積極的意義，而不只是一個被動的接收過程）。在這個範圍內，伴侶治療與個別治療間的分野是模糊且難辨的。伴侶治療與個別治療唯一的不同點是：當你在伴侶治療的情境裡，「真實生活」的應用及治療實驗室內的內在認知能力的延伸會立即顯現，包括所有有利的，以及因過度應用而產生不利的狀況。當然，個案常常在個別治療場域中，必須經歷沉默無言以及較無壓力的狀態，才會開始自我的探索。原則上，在伴侶（團體）治療的內容中，沒有理由不經歷上述同樣的歷程及個人成長。由此觀點來看，個人成長及自我認識的收穫正是伴侶治療得以成功的因素，也正是所謂真正的親密關係。

在治療室內，因親密伴侶有了急迫的個人理由，需要真正去認識自己內在的世界，並體驗伴侶的內在世界，治療師及治療的過程會因此得到額外的支持（及壓力）。此外，就定義而言，在對其中一人工作時所呈現的個人議題，**就是去對另一人工作時的互補議題**。因此，當治療師對其中一人所說的作介入，例如：「你現在已發現所有你需知道這些對你的意義為何的事了嗎？」此時，也必然會同時引發另一人的表達技巧及能力，及對方的詢問、接收與共鳴的能力，這種形式的介入策略的意圖是支持他們互相創作及了解（指親密形成的過程），也幫助伴侶面對彼此的課題，從問題解決、協商、做決定，轉移到更廣、更基層的目標，進而對自己及他人有更寬廣的認識（這些會幫助彼此去說明及澄清；當他們生活在一起時，至少會幫助他們解決問題及做決定）。

當然，伴侶治療就像在個別治療一樣，一個人受限於自我了解的能力，絕不只是缺乏技巧去學習這麼簡單。因為這些限制大部分是在當下所發生的互動，因產生了某些感覺導致被推往與自我了解的相反方向，例如：危險的預測、禁忌、羞恥及焦慮感，和其他不好的感覺及想法，去指明並探索個人的理由遠超過只是「排除抗拒」。抗拒確實存在，這正是治療及伴侶在相同層次上所追尋嚮往的過程，就是得到親密的自我探索、分享、共同創作意義。因此，在完形治療模式裡，過程與內容總是合而為一，完形提出當下圖

第一章　親密關係的課題：應用完形理論於伴侶治療的省思

像的概念（就以「抗拒」、害怕、不願進行親密主題自我探索的案例為例），即包含所有自我整合與互動狀態，這正是治療中強調「此時此刻」的理論基點，現在也被其他治療學派及模式所廣泛採用。

　　以上的討論對第二個理由也很切合：害怕承擔結果，換句話說，就摒除個人的自由或是對你太過於了解。就如俗話所說的，知道全部就是寬容全部（tout comprendre c'est tout pardonner），會超過我爆發的臨界點，促使我採取必要的行動與決定。但這是我沒有準備好去面對並加以處理的，若是我的爆發促成我內在的原始動力。比如協助處理我自己的羞愧，或是某些方面協助我維持脆弱的自我結構，那會是什麼情形呢？再者，我們看見伴侶間的議題是如何能快速地「瓦解」個人的議題（反之亦如此），這種情形也常見於其他治療學派，因此治療的課題就是對這種動力星座的共同探索。所以害怕、羞愧、理解及嚮往，這些使我的親密能力蒙灰晦暗，但卻可以成為親密關係探索的主題，讓伴侶兩人或加上治療師一起哭泣；或是讓一個人從暗自默默承受害怕、羞愧或理解的重擔化為蛻變，成為去除羞愧的治療經驗。

　　至此，我們已經討論了前述的第三種「抗拒」：習慣性的害怕，這正是我內在世界所有的羞愧且不想被曝光的部分，不論在心理治療或是心理發展及生命過程中，人們對於羞愧的角色與動力學只是剛剛開始了解而已；Kohut 也才剛開始從事這方面的論述及探討（請見 Morrison, 1989；在本書中，Lee 也在論及伴侶的片段中討論到此主題）。論述發展到此，提醒我們：若不去處理羞愧，羞愧幾乎就是親密關係的絕對障礙；我們也相信**當彼此達到親密關係時，就是去羞愧化（deshaming）的時刻**。在完形治療模式裡，我們了解羞愧不只是一個有影響力的作用，而且是自我整合及自我過程瓦解或瀕臨瓦解的一個狀態。完形治療的脈絡觀強調（Lewin, 1935; Goldstein, 1939）：「我」或「我們」存在於接觸中，存在於組織脈絡的場域中，而那樣的接觸及組織的過程（即是自我），同時突顯出「我」及「非我」。羞愧是從「個人界限」的場域中，對環境威脅的退縮——此界限確認我就是一個整體。對我及他人而言，界限融入成為我的組織的一部分（然而，外在的威脅當然能夠被內化，意指我雖然經驗到它，但不能覺察到最初羞愧的存在）。因

此，就其極致，羞愧是一種威脅生命的恐慌經驗、一種心靈的死亡，正如同嬰兒承受生命死亡的威脅一樣（見 MacLeod, 1993）。傳統的心理動力治療模式，是唯我論的立即主義，是絕不可能建構出有利於關聯性及脈絡連結的羞愧動力學的了解。Kohut（1977）的修訂版及其他論述，對心理動力學已經累積到一個完整的再建構，其相當接近完形的治療模式，此對羞愧動力學及羞愧效應已有了相當豐富的論述，這些論述進一步被澄清，並以完形模式的觀點來重新建構，這使我們以現象學的角度來審視羞愧，並了解為什麼會形成極端的形式（像憂鬱、暴怒或狂躁）。羞愧的效應沒有被恰當地分類，如今這些效應正被清楚地定位，並且重視它的過程（完形的專用語是「界限的過程」），它並非只是一種自我狀態（在這裡是說，完形模式認為此種瓦解的狀態即是界限過程自身的瓦解）。

這些觀點幫助我們洞察到：為什麼建立親密關係的本質就要去羞愧。羞愧的自我是自我知道自己內在世界的重要部分，不能用來建構場域、思維、感覺、渴望及內在聲音；這些不能被他人接收到，卻在自我發展中成為分裂、埋葬、被印記為羞愧而以焦慮蔽蓋之。因此，「真實的自我」（authentic self，Goodman 的用詞；Perls et al., 1951）自「假性自我」（false self）裡分離。Winnicott 對假性自我的說法為：它是公眾的、可呈現的自我面貌，隱藏在自己不知（不很清楚地）、他人也不知且未被清楚說出的世界裡。然而，去接收這個至今尚未被觸及的「內在自我」（inner self），是擁有大量的療癒潛能，並使自我發展展現出一個新的更紮實、更寬廣的立足之地。但是，這個「接收」（reception）並非只是指那單一的告知，或某個已經形成且完整的部分。現在可以被說出的祕密，更是指羞愧自我在發展過程中被釋放，透過主體間接收的積極過程。此時，它必須重現生命，重新被確認、被支持而有親密的共同創作。這個過程的精緻細微，因為舊傷口的再體驗（過去被「舊防禦系統」維持及管理），以及一路上的挫敗，使新傷口無可避免地產生，所有這些組合都將成為治療課題中最具挑戰、同時也最有價值的一面。

每對伴侶都帶著內在的羞愧，至於內在羞愧感受到多少，是依據每個伴侶成長過程中受虐、被忽略及現行羞愧的程度所決定。同時也因這些傷口

第一章　親密關係的課題：應用完形理論於伴侶治療的省思

及損害不曾被治療過，不只是自我認知（self-knowledge）到有「受苦的內容」，而且個人也在自我認識的過程中受到損害，即使給予個體所有必須的的溝通技巧、陪伴及支持，他仍然不知如何更清楚去認識他人或是自己。即使這些不足之處已經在個別治療中處理過（在此，受雇的專業人員已全然將互為主體性的注意力放在他或她身上，將引發新傷口的冒險性減至最低，此冒險性可能來自治療師自己的羞愧感，以及其他議題的侵犯），相同的議題仍可能出現在伴侶治療中。此需以更真實關係或較少保護的生活舞台形式來重新工作。同理可推，如果伴侶能學習這些技巧及過程，如果他們能被支持去擁有，並支持這些最苦惱的自我及彼此，他們將成功地共同建構一個「互利循環」（beneficent circle）——讓成功滋養成功，支持建立在支持之上，這是自我花朵綻放的土地，也正是親密關係的目標與本質。毫無疑問地，這也就是為什麼我們終生都需要親密關係；當我們缺少它的時候，我們就該嚮往它，並在能力所及時去追求它。

最後，有關如何運用完形治療模式在伴侶治療情境中去探索尚未發展（即內在）的自我，我們會強調當下感覺的重要性及實用性，而且要從目前此時此刻的場域開始。以前述羞愧的例子為例，就是去感覺或進入羞愧的場域。在治療早期，我們總是需要提出這樣的問題：我（治療師）此時此刻做了什麼使得問題更糟？如果案主答案是「沒有」或「我不知道」，我接著就問自己：我做了什麼？然後去找出。在伴侶的治療情境中，這個問題需要伴侶彼此之間從各層面上去探索；答案之所以堅持這樣做，是因為需要對觀點的了解，並賦予它們意義；也就是說，目前成為焦點的圖像，不論在哪一刻，它們都是由被感知的內在現實與被察覺的外在現實所共同建構而成，其自我就是這整個章節所描述的自我過程模式。以完形的語言來說，這個明示的圖像包含並闡明了被隱藏的背景，這也是 Lewin 的「行動研究」；以內在精神互為主體性間的層次而言，即：如果你需要去了解圖像的結構與中介的關係，那就去研究它的作用（參見 Marrow 的討論，1969）。這就是為什麼我們要藉由當事人真正關切的（當下）圖像，去呈現隱藏的或「過去的」議題，而不必把精力浪費在抽象與間接的談論上。我們是可以不逃避的與問題

一起共存。所以，在此時此刻去經驗這些動力是有意義的，否則我們只能間接地去尋找它（「對當下圖像的移情」畢竟是同樣的概念，至少是由過去的感覺在現實中形成的）。這個治療取向帶來多一層的收穫，使我們能避免早期創傷的重複（或避免伴侶再度傷害彼此），而這些傷害是案主對現實的感覺所不可避免的結果。

如果此時此刻羞愧是你所關切（或是失落、孤單、憤怒，或任何感覺及情況），且正在此時此刻發生或蠢蠢欲動，此時此刻你的伴侶或我這個治療師或我們大家聯手要做的事，就是去指出我或我們可以如何不因你的感覺而受到指責，並去解釋且指正你的經驗；而使你在付出面臨伴侶間諸多困擾，以及經歷各種心理治療的種種代價之後，讓我們不致被責備、不覺得羞愧且可以共同探討你的經驗，一起共同建構一份**對你的世界所蘊含的意義的理解**（但是請小心，因為治療師不可避免地會去發現他自己**曾經也**做了些羞辱的、傷害的懲罰或遺棄等等事情，所以他必須夠健全地支持自己去傾聽且承受這些）。

換個角度來看，這個抉擇使得治療師或是親密伴侶可以讓案主與他或她的經驗**獨處**，所有可能暗示受損的自我過程及被禁止的自我發展都全部留給了他，我們可以**加入**他或她去共同創作那個經驗，提供接納、對他或她的興趣、我們的相異點，及我們積極的聆聽——此種聆聽可能疏通了自我的發展，因為過去自我的發展在某種程度上，因不被接受而阻塞不前。許多個人及臨床上的抉擇，「客觀地」從外在去分析個人的經驗，透過我們的預測系統，了解他或她的經驗指的是何種意義。當然，這種分析以前是最好的選擇，糟糕的是，它會再次產生當初禁止自我發展的傷害與羞愧感。

畢竟孤獨與羞愧的發展非常接近，具有一種存在的及個人主義的意涵，這是有意識的生命不可抹滅的事實。雖然不能解決，但仍然可以一起承受。有另一種存在的靈性意涵：我們的孤寂一點也不是終極，而只是我們一體的另一極。這裡所說的放棄親密關係，如同許多時下流行的論調，但是有一些治療模式並不如此強調，其能超越哲學或個人的絕望（我們天生傾向於真理複雜領域個人化的這一端），要我們放棄進入一個貧瘠的自我發展，而此發

49

第一章
親密關係的課題：
應用完形理論於伴侶治療的省思

展最終會導致貧瘠的社群和世界。

結論

　　總而言之，親密關係是艱難且具挑戰性的，也許是所有人類發展課題中最困難且必要的。畢竟，分離與團聚是我們經驗中最基本的兩極，從最早期的發展直到生命結束，也許是超越一生。親密關係歷程並未否定我們的個別性：它藉由自我自由的創造性發展而超越並轉化。在處置當前的危機、安全議題、緊急協商妥協、問題解決及各種決議之後，治療師絕對會要求伴侶**一起來表達**，那是一種以親密的方式來接受彼此，參與了解我們所渴望的種種。若是伴侶缺少了這部分，不論在任何顯而易見的事件上，都會帶來莫大的痛苦與衝突。以完形治療模式現象學的基本觀點而論，經驗本身的建構及了解，即是生命本身的基礎議題：接納並擁有它，卻不會迷失自己；扮演並發展自己，並不會因此失去你而擁有更大範疇的我，每一項課題都不可削減我對你的需要及你對我的需要。這是在完形治療中自我歷程的意義。Hillel一段耳熟能詳的話：「如果我不是為我自己，誰會為我呢？如果我不單單只有是為我自身，我又是什麼呢？如果不是此刻，那又是何時呢？」

附註

1.　在此我借用 Hunter Beaumont 的名詞**意圖**（intentionality，見本書中的討論）。

2.　良好的連結（well-bonded）這名詞很重要。因為它相當於**相互主體性地被對待**（treated intersubjectively），一如經驗的存有。它的意義顯而易見，但仍未足以充分表達依附與連結的涵義（例子見 Ainsworth, 1979，或是 Bowlby, 1969）。

3.　**內在**（inner）及**外在**（outer）的使用，是舊式個人主義典範演變出的另一種特製名詞，它塑造我們的語言及經驗的範疇，由於如此困難，以致於不能想像另一種看見的方式（當然，這也是所謂**典範**的意思）。一個新的現象學更逼

近真實的名詞發展，是要表達兩個領域的相互貫通及建構的特性，循著此遙遙之路為現代世界社群及經濟危機重新建構。此重新建構不論在哲學及心理學中，都是目前現象學理論裡最迫切的課題。

4. 有關於此點及相關論點的進一步論述，參見 Wheeler 正出版的著作。

參考文獻

Ainsworth, M. (1979). Attachment as related to mother-infant interaction: A theoretical review of the infant-mother relationship. In J. Rosenblatt et al. (Eds.), *Advances in the study of behavior*. New York: Academic Press.

Bowlby, J. (1969). *Attachment and loss: Vol. 2. Attachment*. New York: Basic Books.

Goldstein, K. (1939). *The organism*. Boston: American Book Company.

Goodman, P. (1994). *Crazy Hope and Finite Experience*. San Francisco: Jossey-Bass.

Gustavson, J. (1986). *The complex secret of brief psychotherapy*. New York: W. W. Norton.

Kohut, H. (1977). *The restoration of the self*. New York: International Universities Press.

Lewin, K. (1926). Vorsatz, Wille, und Bedürfnis. *Psychologische Forschung, 7*, 330–385.

Lewin, K. (1935). *A dynamic theory of personality*. New York: McGraw-Hill.

Marrow, A. (1969). *The practical theorist: The life and work of Kurt Lewin*. New York: Basic Books.

McLeod, L. (1993). The Self in Gestalt Therapy. *British Gestalt Journal, 2*, 25–40.

Melnick, J. & Nevis, S. (1993). *Intimacy, nurturance, power and abuse*. Unpublished monograph.

Miller, M. (in press). *Intimate terrorism*. New York: W. W. Norton & Co.

Miller, S. (1983). *Men and friendship*. San Leandro, CA: Gateway Books.

Morrison, A. (1989). *Shame: The underside of narcissism*. Hillsdale, NJ: Analytic Press.

第一章　親密關係的課題：應用完形理論於伴侶治療的省思

Perls, F., Hefferline, R., & Goodman, P. (1951). *Gestalt therapy: Excitement and growth in the human personality.* New York: Julian Press.

Speier, S. (1993). The psychoanalyst without a face: Psycho-analysis without a history. In B. Heimannsberg & C. Schmidt (Eds.), *The collective silence* (Cynthia Oudejans Harris & Gordon Wheeler, Trans.). San Francisco: Jossey-Bass.

Stoehr, T. (in press). *Here now next: Paul Goodman and the origins of Gestalt therapy.* San Francisco: Jossey-Bass.

Weingarten, K. (1991). The discourses of intimacy: Adding a social constructionist and feminist view. *Family Process, 30,* 285–306.

Wheeler, G. (1991). *Gestalt reconsidered.* New York: Gardner Press.

Wheeler, G. (in press). *Compulsion and curiosity: A Gestalt approach to OCD. British Gestalt Journal, 3*(1).

Zinker, J. (1977). *Creative process in Gestalt therapy.* New York: Brunner/Mazel.

Zinker, J., & Nevis, S. (1981a). *The Gestalt theory of couple and family interactions.* Cleveland: Gestalt Institute of Cleveland.

Zinker, J., & Nevis, S. (1981b). *Complementarity and the middle ground.* Cleveland: Gestalt Institute of Cleveland.

第二章
接觸與選擇：伴侶的完形治療工作

Judith Hemming　著

王環莉、龔寧馨　譯

　　本章描述我對伴侶完形治療的理論與實務的某些看法，對讀者來說，完形理論如能在實務工作中實際的展現會比較易吸收、了解，尤其完形理論常又強調具體勝於抽象。以下我將描述我與一對伴侶——我稱他們為 Martin 與 Janet 一起工作的某些片段，藉此闡明我的一些引導方向與原則。

　　可以想像有些伴侶治療師看到以下所描述的情況時會發出嘆息。我在第一次見到他們時，就算我是個魔法師，我仍會對他們感到無可奈何。就像其他的伴侶一樣，通常不到最絕望的地步，他們是不會來接受治療的，他們封閉了彼此之間的界限，以及連我與他們之間的界限也是如此。如果伴侶的系統開放，他們就能從環境中轉換能量，讓彼此的關係可以重新充電及成長，也可以對彼此有所好奇，而且可以逐步解開他們之間的問題。但此刻的 Martin 與 Janet 彼此困住了，他們對彼此的反應方式幾乎全是爭論，所使用的策略就是處心積慮要贏過對方，而不是尋求解決之道；因為他們還沒有足夠的技巧讓他們以兩個分化的個體來相處，他們選擇互相把自己孤立，因為互相融合會讓他們覺得更冒險。他們一點也沒有把注意力放在我身上，而是完全集中在自己最固著的地方，把自己鎖在對彼此的卑鄙與吝嗇之中。他們的抱怨是無止盡的，所以他們看起來不像是兩個三十幾歲的成年人，反倒像是爭吵不休的兄妹。當他們來到我的治療室時，他們把治療室看成是改造對方，而不是自我改變或自我成長的地方，也因此我們之間並沒有任何可以共同分享或進行處理的事項。

　　他們已經分居了，但還是想試試看能不能在一起生活，只要她能在她的房子裡分隔出一區，讓他和他們的小兒子保有自己的隱私；而她對他的要求

則不做任何退讓，除非他在財務及家事上「表現良好」；而他則威脅要離家出走，除非她願意與他有性行為，並減少對他吹毛求疵和控制。他們每週見面兩三次，偶爾她允許他在家裡的空房過夜，他們找不出好方法來決定一起生活或是分手；而且他們都不敢向對方敞開自己。他們就像個老舊的盒子，兩個人都已經退縮到各自充滿傷害與憎恨的角落裡，他們將曾經共同擁有的一切侵蝕到要發出警訊的地步、害怕掉入深淵不能自拔，或是自暴自棄放掉所有一切；如果不是因為對他們所深愛的小兒子有所期待與憧憬，他們可能已把彼此之間的門關上了。這種「如果你先這樣做我才會這樣做」（I will if you will）的僵局是一種常見的情況，它讓彼此的需求陷入了停頓而缺乏自由流動的能量。但需求與能量兩者都需要被注意，並探討它們的意義。

完形治療的重要概念是圖像與背景，以及兩者間形成的意義。所以，這對伴侶的難題，並非只是此刻見到的他們，以及他們對彼此做了什麼，因為這些需求及事件只是他們呈現的圖像罷了；我們還要幫助他們了解這些需求和他們整個人生的關聯性，也就是他們的成長歷史及成長過程。圖像與背景間的關係不是固定的，是不斷改變的。我們對這兩者的覺察不是轉換（shift），就是將之加深，而任何的轉換都能從我們如何觀察或建構這世界的方式中，建立出另一個完形。意義的改變和我們狀態的改變是一樣頻繁的；每當我們有所覺察時，就會發現我們總是在流動變遷，所以每當我們以此時的生命過程敘說時，我們就重新創造了我們的自傳。我們關心的不只是這對伴侶的歷史，還包含了他們的反應，以及其所做的相關決定。蒐集個案過去的歷史以及意義的形成，完全是種不確定及主觀的活動，不過事實總是最重要的，但有時會因個人的偏好而在此刻特別強調某部分，而使治療師或當事人所造成的圖像有稍許疏漏。在與伴侶或個人工作時，蒐集當事人的歷史資料以建立有意義及有用的關係是非常必要的。因此我對 Martin 與 Janet 是如何描述他們自己，以及他們想要對我說的生命事件感到相當有興趣。

Janet 的童年很明顯是在深刻創傷不安全的環境下成長，但她很直接地說她堅決反對去探究它，她甚至沒看見那是她現在生活的一個重要影響因素，她清楚陳述的觀點是：「我現在自由了，過去已經結束了。」這裡所指的過去

包括了一個事實，那就是她的父親曾經因為精神分裂症長期住院，這幾乎就是她整個童年的時間，所以她母親在她很小時就把她託給親戚照顧。我們反過來看 Martin，他相信自己被困在過去的歷史中，雖然是明顯相反的觀點，但一樣耗損他改變的潛能；他嚴厲地挑剔他的家人，認為母親一直不斷在操控一切，而父親則是在失業之後，成為一個懦弱且被操控的丈夫。Martin 從過去到現在或是工作時，都覺得自己是個受害者，特別是覺得被 Janet 迫害。

一開始，他們兩人都視我為仲裁者，都迫切要求我站到他或她那一邊去，並使對方改變。在晤談早期階段，我放手隨便他們做什麼都可以，於是她全力地抨擊他，而他就不懷好意地退守，他們緊抓著他們的故事不放。但是當我問：什麼是他們最想要的，他們卻一致表達出美妙的希望：他們想要與他們的兒子組成快樂的家庭。在我跟他們會談的期間，這個夢想幫助他們說出其他許多熱切的需要，像是完整的愛與安全，以及列出所有他們感到缺乏的、憧憬的，但仍未創造的事物。世上所有的人們會發展成為一個具結構性和功能性的群體，也就是一個整合體（integrity），所以他們的症狀及抱怨是有意義的；並不是他們來見我就能造成改變，而是使他們能自己看見並使改變生效。所以在我的工作中，去尊重整合體內的各個特質是很重要的；同時也去檢視他們對新的觀點是否有任何興趣，在他們的關係中，有哪些部分是他們願意去嘗試的嗎？他們沒有選擇個別治療，所以他們要呈現的是他們的關係，所以關係才是我的個案。

然而他們兩人認為一段關係是什麼呢？我們都依據我們所知道的去發展關係的模式，包括過去的記憶或是幻想，而他們所傳承的關係模式表面上是兩個極端，但也包含了一些迷人的相似之處，這是有關婚姻的文獻裡常見的情況。簡單來說，這些論述認為：我們所有的人都有強迫性的需求，就是去選擇像我們父母一樣的人當作伴侶。當我們與某人相遇，他或她擁有或是被我們覺得擁有和我們父母一樣的正負向特質時，這些特質就會讓我們陷入愛情當中。一開始，我們能因此經驗到完整性，因為那個人會展露出我們自己存在所缺少的那一部分，那是從我們童年生活開始就被切除的，我們透過投

射來維持這個幻覺，並否認明確的對父母渴望所產生的移情。為了自己的生存核心課題，將責任轉嫁到伴侶身上，結果透過這些相似處，我們可能重新打開自己及彼此的童年創傷，以找尋那份失落的完整性。這些原始的、重新激發出的創傷，通常是伴侶帶入治療裡的。

　　我總是很著迷於探索一個人在學習達成這些核心的移情需要時能到達何種程度，我們如此深信我們的救星是外來的，所以我們大部分的人都不願意放棄這樣的渴望，或是不願意去學習成為自己的救星。這就是一對伴侶需要面對的關鍵問題：他們要學習是什麼可使兩人都感覺得到治療，可以減緩痛苦；是怎樣的洞察、經驗及行為修正能提升他們的意志層面，有助他們創造出足夠的安全感，並能支持他們去滋養更多無條件的愛呢？完形治療十分強調自我負責（self-responsibility）及實驗精神，對於這種長年不斷、進退兩難的處境提供了很多治療策略，這些是有例可循的：提供停止（relinquish）或轉化（transform）的機會對舊有的依賴和投射，提供促進彼此都能健康的方式，學習符合彼此的需求等。所有的伴侶都要在改變別人及改變自己之間，取得絕妙而細膩的平衡。

　　回到 Martin 與 Janet 及他們之間的相似處。實際上兩人生長的背景，都是對男性高度不信任，並深信女人的控制權力；他們依據這樣的想法活到現在，但內在最深的智慧卻是想改變它。兩人都強烈相信自己的拯救資源是在對方，如彼此能產生某種新的融合將會救了他們；但他們無法相信太多的融合是安全的；他們未曾經歷與自己原生家庭真正的分離，因為這才能讓他們個別化且互相連結。Martin 的界限似乎設立在對 Janet 真正想要的需求說「不」，而她的界限則設立在她房子裡的牆。因為她的前門問題及他的退縮，讓他們共組家庭的需求掙扎不前，他們只能緩慢地維持著浪漫的、希望彼此接觸的情況，直到他們的兒子出生為止。Janet 雖看著 Martin 每天實際生活的無能、理想主義，但承諾給別人一個建立關係的機會，而她也願意為此人奉獻，這個人也能在她的照顧下變得更好，想要個孩子也燃起了她對他的浪漫情懷；Martin 激賞她的目標清晰，她的社交能力及直接表達感覺的能力，他也同情她在工作遇到困難時，縱然她在這份工作上有其天賦才能，但卻很

容易中止她對工作的熱誠。以前他們兩人都不曾有滿意的親密關係——他們曾經驚訝並感激終究找到了他們渴望的另一半。

他們還有一個共有的中間地帶，亦即：浪漫的理想主義、相當的教育水準、類似的政治認知水平、對孩子的愛、對彼此歷經困難時的潛在支持態度，以及對男女角色的共同假設和內攝。從負面來看，最後一項會形成對男人與女人的貶抑評價，但若從正面及傳統的觀點來看，可能意指男人需要女人稱職的照料家庭，而女人需要個有地位的男人，提供財務和處事上的保護。第一次來見我時，他們這些假設全是極為負面的，彼此都不情願給出對方想要的，而努力想先得到對方的承諾，結果是兩人都不敢向對方敞開胸懷，他們之間的界限是無法穿透的。Janet 談到她所有認識的男人，如同她所有的男性親戚般，不是經常不在，就是像她父親一樣處於不穩定的狀態，要不就是在金錢上是無虞的，但是情感上卻是遙不可及的，她的觀點是所謂的「他們就是那個樣子」（how they were）：一種只取其表面的觀點。Martin 的熱情觀則是完全相反，他認為人們都應該和他們的過去有所不同。但他仍然對他的父母有所憤怒，且未曾覺察到他的生存策略來自他童年時的生存技巧——衝過生命巨浪或是避開、負面的使用力量、退縮且拒絕負責；當他說到這些過去所激發的生存策略時，在他身上仍活生生地展現奮鬥的精神。他們告訴我這些故事後，我開始對他們目前的處境不勝佩服，然後重新看待他退縮的意義，以及她有如英雄一般能冷靜地接受生命事實，而不是頑強地抗拒或是麻木不仁。我這些嶄新的觀點讓他們感到很驚訝且產生了效果；我也介紹他們一個新的不同的想法，那就是他們透過自己成長過程中所鍛鍊鎔鑄出來的稜鏡，仍有可能會另外創造出一個不同的世界。以完形治療的語言來說，這個稜鏡可定義為固定不變的完形，有可能干擾了新的接觸及需要被完成的事項。

以此展開治療是個好時機，為他們分別找出最佳盟友，在他們的絕望中發現了埋葬多年的希望。他們已經相處得糟糕透了，所以對他們而言，已不會有什麼太大的損失。我通常對危機中所藏的神祕珍寶驚訝極了，危機帶領一對伴侶走入治療，而我要做的重要工作就是找到方法跟他們的狀

態「在一起」（with），了解它的結構並讓整合性的過程能夠開始。但不論後來可能導向何處，治療師都不要投入精力去改變他們，把他們推向一個註定（preordained）的方向；我秉持公正不去特別投注精力於某些結果是極關鍵的，因為他們一直以來認為，任何改變都可能被對方視為是不公平的。除了提供意見之外，伴侶間需要更多的彼此接納、鏡映及被了解，完形理論的一個中心概念比較像是現象學的取向：治療師的歷程被全然地呈現，描述他或她的所見所聞及所經歷的，而不是解說它的意義。Janet 與 Martin 像其他的伴侶一樣，發現這個經驗和其他我所指導他們做的實驗一樣的新奇，增加這份經驗的覺察，有助於解開長久以來困住的互動模式及能量，只要能量一旦被釋放了，就能被用來進行真正的接觸；他們的能量是如此膠著於對彼此的忿怒上，以致彼此無法接觸，事實上它只是加速破壞他們的希望，破壞彼此尊重或了解對方的能力，我認為它還會造成不安全感。他們如此深深地沉溺於自己狂暴的需求及反需求（counterdemands）中，以致他們現在自相矛盾地冒險去發現一些自主性；實際上甚至更自相矛盾地，他們十分獨立地過日子，如此的安排可能給他們機會開始進行一些有關親密片刻的實驗，但是我不知道他們到底是否願意放掉過去的一切，或是願意忍受更親密或是分手的焦慮。在每一個個案中，我告訴自己，改變可能會非常緩慢，他們有如此多心理發展上的空白，在生命中的許多領域，他們不曾經歷過而且也無從想像；對我很重要的一點就是：安下心來回到個案的心境，抵消我的（以及他們的）焦慮和疑心，他們同時需要所有的東西——溝通技巧、待處理的未完成事件、了解他們自己及彼此、一起或分別自我發展與認識的時間和機會。完形治療是一個行動及教育的過程，也是一個機會去建構新的看待世界的方式——並非只是透過相信或單單了解而已，而是透過新的方式去經驗它，這種新的體驗可能包含自我圖像（self-image）的解構，以及不再使用過去看待世界的方式，這都會讓人感到痛苦。少數的伴侶會逐漸知道他們冒險承受如此的痛苦，在此情形下，與他們一同進行治療工作是讓人滿意的，他們會向我們展示完形治療的力量，或者盡全力向治療師求取表現；大部分的個案像 Martin 與 Janet 一樣，則會要求支持且導引他們朝向這些想法邁進。

值得強調的是，完形治療人員用來進行治療的方法沒有一個是客觀或固定不變的，個案會被邀請與治療人員分享某些學習的優勢和價值，而使治療師與案主的場域真正地連結。當一對伴侶在治療室內，他們似乎就是正在受苦或受益的人，但身為一個治療人員，我要先了解自己，才能帶領他們前進。我對焦慮或興奮的容忍會影響他們的容忍度，同時他們的狀態也會喚起我的狀態；如果我生命中的同一區域是膽怯的，那我會與他們的保守主義同流；當我持續依特定的觀點來看關係和接觸時，我無可避免地會略過其他觀點；甚至如果我盡最大的責任去照料我所關切的，並排除其他的事項時；或者如果我非常尊重個案並以其為本時，這些仍然不是一個價值中立的策略，或是一種超然位置的存在。比將問題連根拔起還重要的是，也是場域理論和完形理論中的一個真理，就是治療人員應該要求自己有高度的自我發展及自我覺察，同時願意去分享，並且能清晰陳述關切的事項及價值觀；也因此我必須積極地去考量自己的框架會造成的影響。舉例來說，當我看見 Martin 內在的「孩子」，而我卻不因而成為父母的角色時，這讓我有點心生憐憫，但當我感到自己落入一個比較不像成人的方式，去分析世界與他的關係時，我發現我所看到的 Martin 及他母親對他所做的非常相似——霎那間我很憤怒，希望控制，甚至是去強迫他；我感到自己十分挑剔，我要他知道我的姿態就是那種「看我為你做了什麼」，這是因為他的言語不容易掌握所造成的。很顯然地，這些是我的感覺，不是他母親的，但是 Martin 熟悉他此刻所經驗到的，就是這份熟悉感所設定的情境，剛好適合我所發現的表現方式，而此方式不是我跟其他個案在一起時可以感覺到的。我有時也會對 Janet 有所判斷，我對她不可商量的自以為是感到挫折而想放棄她，而未能想到她常常是一個被犧牲或是易受傷的人，我會深思她的父母及照顧者可能對她有什麼感受，或是突然發現自己和 Martin 站在同一陣線上。當我見到他們時，我盡力地遵守現象學的規則，將我的假設及闡釋完全向他們表達，我就能以這些推測和發現來豐富我自己，我不需要再進一步地重複這些強而有力的人—我（self-other）表現方式去增加傷害他們。

　　另一個完形治療的中心概念是兩極化（polarity），強調在任何時刻去注

意場域裡錯失的部分，以便使我們重新活化起來。它的原則是，不論我們未曾覺察的是什麼，並不會抹殺它們的存在，而且一定會以隱蔽的方式再次出現。極化可視為是將複雜的場域現象簡化的一種結果，將在兩人內在或彼此間所經驗到的相反驅力標示出來，我可以找出場域內複雜的驅力模式，這樣就可以開啟對話、角色扮演（play），以及整合的可能性。既然在場域的每一件事都是重要的，當整體的某個特別角色設定正在上演時，治療師必須注意任何極化的兩面，當主角抓著某個部分不放時，治療師的功能就是「掌握整體」，這是我所有治療工作的核心思維方式，而且直接激發出我的許多介入策略。

　　第一次和 Martin 與 Janet 晤談時，在他們的場域中最重要的部分，是欣賞他們彼此做得多麼好的部分不見了，他們完全不知道自己的長處，而且一點也不知道對方的好處，所以我支持並欣賞他們的能量及熱情，雖然他們很難享受欣賞的果實。我稱讚他們有勇氣前來，稱讚 Martin 慷慨為 Janet 付費，強調他們懷抱希望，恭賀他們願意冒險嘗試新的觀點，雖然實際上他們深深且一再地被困住了，因此我重新建構一個支持性的角度：他們在保護彼此不陷入更困難的議題這方面做得非常好。他們覺得自己的生命毫不出奇，我則做了一點點事以指出他們是不同凡響的——給他們帶杯咖啡，有彈性地調整晤談開始和結束的時間，我在這些小地方示範他們失去的慷慨這個東西；在任何時刻，不管是哪方面失去得最多，我給我自己的功課就是恢復它，使它回到覺察層面來，因此當他們來到我這兒並急著尋求改變時，我的言行舉止就是使他們慢下來，重新帶回失去的耐心，以一年而不是以一週來衡量他們的課題。當他們以「就是這麼一回事」的口氣重提童年的匱乏及創傷時，我對他們展現我的憤怒；他們對我不甚感興趣，而我堅持我們要建立關係。我注意到另一個他們所失去的東西，那就是除了有問題的關係外，生命中還有更多其他的部分，所以我們晤談中間會休息一下，閒談政治或這廣大的世界，談談身為父母或工作上有的沒的瑣事；我常常只是坐著納悶，聽著他們彼此爭論的敘述，偶爾他們也會把我捲進去，因為這樣似乎會使他們軟化下來，像些許的陽光照亮了他們的大地。我成為他們關係首位真實的證

人，當他們專注於關係的脆弱處時，我則指出他們關係的持久；當他們大肆抨擊對方時，我則指出他們的軟弱和易受傷害的部分。

要掌握較廣泛的完形精神，治療人員要經常重新建構觀點，也需要注意一對伴侶對他們偏好的極化及正負向的評價。他們也有可能因為原有的特質或能量出現新的觀點而獲得好處，舉例來說，Martin 認為 Janet 對錢的態度固執、遲鈍而且吝嗇，但在同樣的特質上，看到她有條理及遠見時，他就有不同的感覺了；她可以認為他的行為是自發的，她若喜歡的話，也可以把它看成是不負責任，不過她不這麼做。看事情的方式決定所看到的東西而重新建構觀點，也就是改變看事情的方式就能夠允許新的行為。想想這種多重極化的方式會激發伴侶的能量，並且理想上可以幫助治療師在不同的層次及年齡中的整個領域和生命空間裡移動：過去、現在及未來；身體的各部位以及場域的各地帶裡移動，完全是根據治療師可能運用的觀點，並使用整體關係的內在地圖，進而設計恰當的實驗以加強覺察，以便引發新的行為或理解。

以上所描述的是完形治療基本場域理論的部分。場域理論提醒我們，每樣東西都有可能相關且彼此相連，我們賦予事件及特質的意義，永遠都要考慮它所存在的脈絡；整個場域所能延伸的程度，超越我們的一生，也超越世代到過去與未來。伴侶前來治療時，治療的發展及概念以及複雜的、不斷改變中的婚姻文化就會成為他們場域的一部分。舉例來說，Martin 與 Janet 都不用像處於其他文化的伴侶一樣，要面對不贊成未婚的輿論壓力，但是他們要應付越來越流行的準則，那就是父母要同居一處的重要性；即使他們覺得這個準則有些獨特，但當他們沒有住在一塊時，兩人都覺得有些「做錯事」的不安。

場域理論也允許我們調整我們觀點的精密度（level of magnification），我們能自最大範圍的鳥瞰到最精微細節的詳察，有些伴侶能清楚覺察他們較大範圍的模式，那我們最好要協助他們完成就在手邊的事情；但是像 Martin 與 Janet 這一對，他們被不堪的困難搞得十分沮喪，對他們有助益的策略是停止他們常用的觀點，請他們想想如果他們能「解決」所有問題的話，他們可能要面對的是什麼。有次我請他們幻想這個可能性，Janet 打著呵欠說，成

為無足輕重的人而沒有別人可以依附實在太可怕了；Martin 悲哀地說自己必須「長大」成為一個男人了。這個問題使他們移至另一個觀點，並且讓他們的視野一致。

我還要提出一些核心向度或是兩極，它們在實務上指導我的思維，而且也與我治療 Martin 和 Janet 的工作相關。

心理病理學（psychopathology）vs. 社會病理學（sociopathology）

有時候我發現，去檢視一下社會的影響力所堆成的阻力是很有用的，那是他們個人無法負責的部分，幾乎只能加強的就是一堆統計數值的那種感覺，不景氣的影響所造成的失業可說是個例子：工作場所的文化要求不合理的過長工時，工作至上，或是強勢的「大男人氣概」（macho）文化，對單親家庭或有殘障兒女的家庭缺少機構的支持，甚至左鄰右舍的犯罪率也包括在內；這些壓力都是需要從集體的角度來回應，而不只是屬於個人的事件。婚姻的文化定義告訴我們對婚姻應該有的期待，這也是屬於社會病理學的範疇。以這個觀點來看，是社會生病了，因為伴侶可能已經表現得十分優秀，就像他們父母已經做到的一樣。下面即是一個例子：經濟不景氣衝擊 Martin 一家成長的地區，它摧毀整個社區賴以穩定的因素，社區需要強壯的男性／女性一起分攤過去男主外的世界；Janet 的母親清楚看見，她的丈夫不可能再康復了，她得在兩者間做個選擇：一是戰後社會福利的極度貧窮，一是把孩子送出去。在往後的晤談裡我們可以做到的是，去慶祝他們家人在面對阻力時所表現的英雄事蹟，憐憫他們父母的困境，認識到在這種情境下，沒有能比他們所做的決定更好的了；偶爾讓晤談走到這兒是很好的，原比心存憎恨或過度理想化要好多了，身臨如此片刻，總是讓人感到奇蹟般的平和。

但是在那之前，我們花了很長的一段時間，聚焦於他們如何使自己停留在受害的狀態。比如 Martin 選擇的工作要求很長的工時，以致他的小兒子醒的時候，他都不曾有空，而且他低估了選擇其他工作的可能性；他持續使那

個家庭處於搖搖擺擺的狀態而不安全，讓他的兒子不能住在那裡。Janet 選擇在她的房子裡規劃出一個空房間，讓同居人可以共享她的生活空間，但她選擇不去做一個有收入的工作，結果她必須在金錢上依賴 Martin。我直言不諱地指出這些真實的選擇，請他們知道自己所低估的地方，但是 Janet 與 Martin 對他們各自的選擇經驗覺得不太舒服，好像在對自己的看法中失去一些重要的東西；唯有他們在自己的不屈不撓裡發現一些意義與尊嚴，且兩人都擁有這樣的自我認同時，他們才能開始覺得少一點受害的感覺。

所以，一對伴侶可以像英雄一樣，或許無法盡其所能地找到最理想的策略來運作他們的系統，他們也許會利用實際存在的社會因素以適時地保持消極被動。我們的文化強調個人主義及自立更生（self-reliance），很少重視真正的自我負責及它所傳承的。很多伴侶來此想要尋找一個辦法，讓他們的需求從別人那兒得到比較好的滿足，只有少數的人來到此，願意為自我負責與個人成長從事必要的學習與練習；他們通常對真的必須知道的概念一無所知，而需要一步步被教導有關自我負責的整個概念和語言。我也許會做些介入策略，這些策略是公開且直接的指導及教育，教他們試用「我」（I）開頭而不是「你」（you）開頭的句子，說「我感覺」（I feel）而不是說「你使我感覺」（you make me feel），說「我不要」（I don't want to）而不是說「我不能」（I can't）。這個改變的要求遠多過簡單的語言轉換——它是在這世界上從根本重新適應的表示，要我們學習去負責任，表明我們的感覺及選擇的主權，這些都是完形治療的中心要點，這當中也包括隨時準備撤回我們的負責，並知道有些事是不能被改變的。

意識型態 vs. 現實

我所遇到的伴侶總有某種信念，舉例來說，他們可能是女性主義者、左翼公會份子，也許是宗教的政教信徒、嚴重的浪漫主義者，或是熱中於集體式的生活型態，少數人也對治療充滿自己的意識型態！一個共同的意識型態通常對關係是很有支持性的，它提供穩定性、共同的目標和參考論點，而

且讓關係有中間地帶，使得每天生活有和平的空間。但充滿意識的問題會產生高度的「應該」，如此一來，很難讓有此意識型態的伴侶們看到什麼是對的，或是去創造性地改變情境；有時我要去挑戰這些應該，並邀請他們挖出藏在應該下面的他們的需求，伴侶們也許能從我這樣的作法中獲得好處，也就是將他們的注意力用力地放在是什麼而非應該是什麼。比如一個婦女發現她真正的喜好是與她的小嬰兒相處，不被工作賺錢干擾，儘管她的女性主義信念是工作不應該被犧牲掉；或相反地，她也許需要某個工作來賺錢，以使她的母親角色圓滿完成，但她卻又相信她的嬰兒絕對不應該因而被「拋棄」。

　　在極化的另一端，我也遇到一些伴侶很少認真地問自己或是記下他們自己真正在乎的東西和相信的信念，他們也可能是沒有清楚的價值系統去導航，或是在挑戰的過程中得到一些重要的經驗而內攝了放任主義的態度，並以此來面對他們想要達成的目標。所以問他們：「這是我長遠打算想要的嗎？」會比問他們：「我的感覺是什麼？」來得有用的多，他們可以因此接受挑戰，在立即的需要及較大的需要之間找到一些整合，並去發現最真實的需要如何可以被滿足。不過這是 Janet 與 Martin 晤談早期的重點。

　　Martin 是一個坦率直言的社會主義者，及英國興起的男性主義擁護者，後者讓他一直覺得要像個「男人」——某個強壯、被尊重、能奮戰的人，並能成為他兒子的模範。但實際上不然，他期待被服侍、被照顧，他常覺得被排拒，覺得無聊，而且對小小孩沒耐性；他不運動，吃也隨便，外表看起來較「女性化」；他參與政治活動較多是在理論階段，而不是實際行動。Janet 的女性主義則注意強而有力的表態，但卻與她的行徑矛盾，例如：她覺得只有女性照顧孩子是可以真正信得過的，儘管要 Martin 分攤照料孩子，像試著換尿片或與孩子玩遊戲，但她還是會在一旁徘徊不去，挑剔他的每個動作。Janet 與 Martin 變得更能覺察這樣的矛盾，而且可以在認知上強調它，但改變不能只藉思考就完成，這只是固定不變完形的反映而已（reflection）——是能量被阻塞的模式，而非僅僅思考貧乏而已。他們不只需要從把自己看作是被耗盡、被壓制，慢慢轉換到充實滿足的，甚至有所餘的，還需要轉換他

們對這些信念系統的詮釋。當 Janet 覺得較安全時，內在則較少「空虛」，她的女性主義的看法就會包含更積極參與照顧孩子；而當 Martin 覺得自己較不被壓迫時，他也在實際上改變了他的外表，更像個男子漢，而且更善於照顧他的外表——事實上，他停止壓迫自己了。

系統 vs. 個體

完形治療傳統上傾向強調個案與治療人員之間的接觸。若將夫妻視為單一系統，而且把重心放在他們之間的相互接觸時，則需要不同的技巧。舉例來說，一個人很獨斷，但是另一人如何正好與他共謀（collude）呢？一個人大肆抱怨，而另一個人則願打願挨；所有的接觸都是互動的，雙方全都牽連在內。探索他們的行為是如何互相配合，就比較有可能去結束這來來回回的指責及偏袒選邊的問題——因為治療重點在相互間的歷程，而不是內容；如此，治療人員比較不可能被誰是誰非、無希望或主觀的問題給弄得一團糟。如果我曾經被逮到在治療時出現法官或陪審團的行為，那正是許多伴侶所期待的，我就會惹上麻煩了。弔詭的是，當聚焦在內容時，可以慢慢被轉換至歷程，有時候一個人在審視內容時會得到足夠的新鮮觀點，甚至願意去體驗極為懊悔的情緒，但內容是如此地誘惑，它會讓治療人員做出許多基於反移情作用的回應，還可能被美麗地包裝成一種智慧。根據內容得出的解決之道，並不能在未來的任何衝突裡去支持伴侶，因為他們不是在學習如何處理困境，而只是治療師在幫他們解套而已，這是最昂貴的解決方法。當我首次見到 Martin 與 Janet 時，他們花了大部分的時間在指責與防衛上，他們是聰明絕頂的好戰者，所貢獻的是一連串的抱怨和生活中的瑣事。所以我為了將焦點一直放在被他們錯過的部分，以及他們沒有注意到的部分，我著眼於他們帶入爭吵中的能量及約定。我有系統地檢視他們的爭吵是「如何」發生，而不是想明白「為什麼」發生。在伴侶的能量轉換層次間增加覺察，是一種強而有力的策略，我會說類似這樣的話：「當你們其中一個人給對方讚美時，我看到對方貶抑這份讚美」，或是我曾指出，當她開始攻擊時，他如何

隱身迴避開來。有次我曾把他們比喻成兩個熱水瓶，在冷熱之間交替，他們喜歡這個比喻，而且將它擴大，這鼓勵他們一起去看他們如何能夠保持各自的歷程，但以幽默感待之，而且也讓更困難的學習得以忍受。

另一種處理伴侶系統的方式，是要他們在我的治療室內從事一項共同分享的活動，目標放在協助他們發現或修復共同擁有的背景，或是去鼓勵分化，並且以開放性的爭論增添一些趣味。伴侶若是不相信他們自己或基本擁有一些自我尊重時，那既不能使關係更好，也不能恰如其分地分手。Janet 與 Martin 需要更多的共同背景和自我尊重，因為他們侵蝕腐損太多他們一度擁有的，所以我邀請他們輪流去告訴欣賞對方的地方，而不是彼此批評，不論他們挑哪一方面去做——彼此的親子技巧或是外表，享受單獨在一起而沒有孩子干擾的好時光，他們共同的信念、技巧、態度，他們欽羨對方的地方。他們被鼓勵以靜默的態度接受這些「禮物」，取代立即回應對方的方式，這樣幫助他們能真正接收到對方所說的，而不是聽了之後心中先預演他們要說的下一句話；放慢習慣性的反應，提供「咀嚼」的階段，就能避免大量的插嘴打岔或是口出惡言；他們也練習極為有用的反映（reflecting）技巧，澄清彼此的信念、抱怨、渴望，從對方得到協助以明白對方的觀點，這個過程十分費力，但照亮了彼此。

另一個與系統有關的重要活動，是聚焦在探索及實驗他們吵架或討論時呈現的具有個性的能量和身體姿勢。為了對付過去及目前的批評和遺棄，Martin 與 Janet 都減低了對受傷經驗的敏感覺察，但是他們的身體仍然反映出這些傷口。他的臉通常被扭曲成咬緊牙關齜牙咧嘴的苦笑，他的聲音平靜，聽起來像被打倒在地，他的身體蜷曲得好像是要鑽入一個很小但是電力很強的地方；她通常坐得筆直而拘謹，她的聲音非常尖刻刺耳而且語調強硬。我有時叫他們停下來，邀請他們研究自己及彼此——去「凍結」（freeze）此刻（譯註：停在當下），深入對自己的身體覺察，並且覺察他們正「抑制」（holding in）的部分；僅僅只是將注意導向這裡，就會不可思議地轉換他們的能量，他們能感覺到以前熟悉的言行，這會改變他們之間一點點的對話，並轉移了動力。去假定對方的身體姿勢就更有趣了，這個實驗提

供不熟悉但有額外觀點會出現，Janet 嘗試嘀咕哀訴，Martin 變成一副筆直的教師派頭樣子，他們的對話因而開啟。我也請他們告訴對方，要求彼此做出一項非常特殊的改變，因為他們相信這個改變將會建立自己的希望與信任。當他們說出他們想要的，我們就停下來，開始探索他們種種的負向回應——重新建構他們害怕自我形象改變的焦慮。舉例來說，當 Martin 給她更多錢花用而不是討她歡心時，Janet 看到的是錢不夠多，或是她在金錢上仰賴他的醜態；當她噓聲要同居人離開他們的生活空間時，Martin 甚至更吵鬧地抱怨被貶謫到蝸居小室去睡覺。我會去探索，並且使他們理解他們對失去自己深植的自我形象的焦慮，而且鼓勵他們繼續實驗；此時，他們發現舊有的家庭規則，以及影響深遠的內攝，這些接收愉悅能力的干擾；一旦他們開始為自己負責任，他們就不能這麼容易地繼續責怪對方了。

　　回到極化的另一端：不將伴侶視為一整體而是兩個個別的個體，這會平衡前述以系統進行伴侶治療的看法，但有時會有人對此方式有強烈的議論。在配偶面前，單獨處理個人的議題，協助他們超越常用的投射而真正看到彼此，這樣的治療體驗可能是無價的；見證到的一方也許會為對方願意去與治療師一起探索重要的事件而心懷悲憫，但工作的一方也可能使他們進入到一個易受傷害的狀態。治療人員可以協助示範不同的回應，以保護他們不受配偶習慣性及立即反應的傷害。

　　我曾自本書另一作者 Hunter Beaumont（譯註：見本書第三章）的伴侶治療論作裡得到啟發，他強調自我負責的被侵犯及自我的背叛，因為有些人相信，他人擁有傳遞或阻礙他們自己的完整的權利。他提到犧牲「我－你」（I –Thou）以使退化的需求獲得完成，詳述這種經驗如同「喪失自我」。伴侶的奮戰感覺像是生死攸關，當「我」（I）與「他人」（other）變成「鎖在一個負向的、相互創造出來的悲慘舞蹈中」，治療師對他的工作是協助他積極地進入喪失自我的痛苦現象中，包含有他人存在時進行的個人治療；這是另一種和中間的（central）極化產生關聯的方式，也是所有伴侶所要面對的：介於給別人無條件的愛與工具性的觀點（「我－你」相對於「我－它」）（I-Thou versus I-It）之間，也是介於與別人的融合及自我的分離感之間。每

第二章 接觸與選擇：伴侶的完形治療工作

對伴侶偶爾在融合、忠誠、承諾、渴望穩定及習慣的熟悉之間會改變方向，允許一個充分的中間背景發展，允許一個「沒有警報的充分休息」（rest from alertness），可能因此會害怕巨大的分歧或被拋棄，對分離及個別化有需求，對不可預期感到興奮，強調彼此有所差異，並渴求堅固的界限。所以治療師為了維持最大範疇的完形，也許不只需要發展他們對整體伴侶治療的覺察，也要發展他們對其個別需求與歷程的覺察。

　　幾次對 Martin 與 Janet 進行關鍵事件的個人探索，對我們的晤談產生重大的影響，比如有一次我花了很長一段時間，去探究 Martin 何以渴望成為一個男子漢。他詳述幻想自己是一個有驚人的體能，能夠大吼大叫的男人，所以我們設計了修復性（restorative）的實驗，引導他記起小男孩的時候，他因身為男孩而渴望被父母喜愛，但卻「同意」他們要中性一點，以免嚇著他們；去見證且辨識叛逆和討好的感覺對他是珍貴的體驗，之後他再度抓到他感覺被接納的那個片刻，以及那種被接納的身體感覺，還有在此狀態下他體驗到的是怎樣的一個世界。認識這個刻在身體上的印記，以不同的方式刻畫自己的輪廓，他與自己的父母完成了某種古老的溝通，雖然沒有真正跟那對他有時探訪的老夫妻做如此的溝通，但是他看清楚身為兒子的他並沒有被賦予去保護他們的能力，現在的他也不能從他們那裡得到他想要的。在處理這件事之後，Janet 深深被 Martin 的脆弱與受苦所感動，她讓自己以極大的溫柔去親近他，這也為她對父親的記憶開啟了一扇門。她害怕父親在最後住院之前不時發作的狂暴，她比較了解對 Martin 要更像「男子漢」的害怕，一旦它與混亂的噪音及暴力連在一起的話，她能夠明白他的男性版本，與她父親的版本是不同的。Martin 可以暫時傾聽而不覺得受害，我鼓勵他們花長一點的時間一起談談每個人對這個探索的感覺，以及他們的發現，他們告訴彼此而不是告訴我，那會增強他們得自本次經驗的價值，且進一步增加他們彼此的連結；他們告訴我，他們覺得身體上確實的轉變，變得不再如此緊繃而防禦。

　　Janet 對於聚焦在她身上，就顯得比較模稜兩可了，雖然當她實際允許自己去做時，就報告她得到別人注意的「神奇」。因為她的主要議題與她的

家有關，我們就針對掌控房子對她的意義何在進行一段探討，以及當她面對「家」失去控制時，她的身體感覺是什麼。她可以把此議題追溯到童年的感覺，一段無家可歸的經驗，但是與其聚焦在她不想看的過往時光，我們就從無家可歸的圖像，轉移到某處必定有一個家，那是她幻想自己可以安全地「待在家裡」的地方；從這裡，她可以專注且發展和此珍貴經驗有關的身體覺察，用這個方法去描繪世界。她讓 Martin 也可以稍微進入她幻想的城堡，同時對她自己的害怕與慷慨有更多的尊重，雖然她還是強烈要求 Martin 要安全地被她看見才可以進入，在此之後不久，他對她的經濟協助有所增加。

　　我們有一次探討 Martin 不再抗拒地隱藏他的喜好，他甚至以遊戲之心去誇大它，並找出內在不服從的破壞份子。我邀請他擴大破壞份子的幅度，於是他發現更多的能量及聲音：「當我走過那堆沒洗的碗碟不去管它，而且一直等你洗完它，我覺得好興奮——我贏了！」剎那間，他突然有份難以忍受的悲痛或巨大的後悔，但卻馬上被 Janet 耀武揚威的一句「我告訴過你的」破壞了。我把自己當成蓋格計數器（Geiger counter）去追蹤這個過程——我怎麼感到能量上升，經歷興奮的高峰，然後急速地停止。Martin 說能量的停止是痛苦的，Janet 說她的興奮使他氣餒，我繼續問 Janet 是否有興趣探索當她坐著感覺「氣餒」時，她身體僵硬的姿勢停頓很久很久之後，她提到一種無形的感覺。她現在願意看得更清楚，而不只是聽得見。當她擺動身體挑逗 Martin 時，他們倆軟化下來，發出短暫美妙的咯咯笑聲；當她再坐直起來，進入她無形的「拘謹淑女」（prim）狀態時，她被帶回到悲傷的感覺。此刻她覺得自己幾歲呢？她說到在寄養家庭裡對挑逗的禁忌，Martin 看到她童心未泯的那份高興，提供她有力的反內攝（counterintrojection）的力量，正侵入他們有限的接觸方式。在本次晤談的後半段，Martin 說到很高興她沒有「搖晃」（wiggled）太久，因為他已經被她的性感弄得很不安了，她馬上明確地告訴他，她只是想要被注意到，而不是要「做」任何性的行為，我們看得出他放鬆了。Martin 記起小時候他母親穿上新衣服後，如何「饑渴地」（hungrily）望著他尋求他的肯定，Martin 重新形成他母親看他的觀點是個優美的協助，但他好像是他父親的延伸，母親在他身上見到毫無差異的敵意及

第二章
接觸與選擇：
伴侶的完形治療工作

失望。我們一起處在慢下來的時間結構中，在過去與現在的現實輪廓中來回穿梭，有時允許他們的過程進行，有時打斷這個過程，允許一點空間，使得戰爭的一般規則放鬆一下。我欣賞如此的流動性，欽佩他們對彼此的接受，我如此告訴他們，不再只是對一方感到同情與連結，這樣的工作內容包括邀請案主處理舊有的建構現實方式，允許可能藏在場域內未曾被注意到的角落裡新鮮的可能性，當他們導入另一種個人治療工作及真正的對話時，允許從論證到接觸的欣喜轉移。

　　我們從這些例子可以看到完形治療是如何在整個完形的脈胳上強調接觸，尊崇共同背景的需求及參與者之間的分享，它鼓勵我們去探索一對伴侶如何分別地經驗關鍵議題，以使他們可能真正能了解彼此觀點；這樣做也許意指深入他們的童年，甚至父母的童年，以探索他們家庭的方針，以及他們國籍和文化的假定。我們可以運用「談及」某些事情的形式，創造對過去的敘述，但前提是為了創造出健康的直接情境。我們最深入的故事是好幾代的、極度複雜的，而且永遠有關聯性。一個共同被理解的背景必然是有意義接觸的基礎；明顯易見的形象未必是有幫助的。在那個片刻中，藉由進到全然在他們覺察之外場域中的某一部分來解除衝突，可能會容易一點。剛才所描述的案例正是這種情形，Martin 與 Janet 兩人記得且修復的有用情境，提供他們做最新的連結；在可能的情況下，這些個別見證的一段晤談，不只是深深地發掘憐憫及安全感，也幫助他們看出他們是如何的不同，不僅是彼此之間，還有童年時代，以及他們曾經擁有的父母。他們重新認識自己擁有的能力，分辨出一些他們渴望但本來就擁有的古老本質，這都可以成為他們的資源，我的企圖是幫助他們在自己身上發現資源，而不是繼續沒有結果的爭吵，等著別人來拯救他們，實際上他們能對彼此提供更多資源，而不只是得到彼此的喜歡及尊重而已。

　　在我的信念裡，完形治療或任何治療模式沒有所謂最後的「結果」。有一個外人加入一對伴侶一起共度一段時間，那只是他們生活中所有的因素之一，如何能測定出它的特殊影響呢？幾個月之後，我注意到 Martin 較少提到要離開，他開始上瑜珈課，而且在工作時較常為自己站出來表達，他自

Janet 那裡得到更多的支持；她較少在老掉牙的事情上挑剔他。她說她無法想像再度把他趕出家門去了，她開始做兼職工作，在週末她「給」Martin 更多時間與兒子相處；他們重新開始間歇性的性關係，但是他們整個的相處模式仍然還是不懷好意的，而且常常抱怨又自以為是的。他們還是經常以慈悲之心看待對方的短處，他們常機警地「面對所有的情況」，治療似乎對他們有些殘酷的要求。一段時間之後，他們以工作時間為由中斷了治療，他們和我道別，也許是暫時的。我視它為一個「還不錯的」經驗。他們已經覺得夠了——我想像他們要花一些時間來咀嚼這些經驗，消化吸收它的意義及可能性，繼續在固有的完形與嶄新仍帶警惕但又興奮的觀點之間爭戰；也許他們覺察自己比較喜歡已有的部分，某種程度上他們覺察自己不想要進一步作重要的改變，但也不會提出完全相反的主張——當場域情境再度轉換時，他們可能會再度恢復冒險。大部分的關係都有某種中斷—開始（stop-start）的特性，我們停止而去支持、重新組合及參與其他活動，那是過程的一部分，它與我自己的經驗及其他人的觀察相吻合。

　　我在與 Martin 和 Janet 在晤談結束後沒有繼續追蹤，所以我不知道他們現在是否更能和諧相處，還是更為分開獨立，我也不知道是長期治療或短期治療哪一樣的措施對他們最合適。但似乎很明顯的是，完形治療非常強調治療沒有實際的「結案」，它強調使生命鮮活而非強調生命的終點，所以什麼時候參與治療的人能評估他們達成了什麼呢？我重視這個困惑，因為當完形治療呈現它的特質是什麼的時候，常常會有偏見緩緩地滲入，但實際上那不是完形治療理論內的，這個偏見導引大家去強調興奮（excitement）、成長、個人主義、進展、結束、表達、感覺及自發。雖然在某些情境下，強調這些也許對伴侶及其他種類的治療是非常有價值的，但是治療人員也需要同等注意與這些價值完全相反的價值；相對於個人化是共有化（communality）的價值；相對於立即性渴望是長時間向度的價值、低能量甚至憂鬱的可能價值；了解到也許沒有立刻結案，放手讓它去的重要性；相對於成長的腐朽價值、循環改變而非進展、能夠收回自我表達的益處、自我反映（self-reflection）的價值、有意識的自我（egotism），以及迴射（retroflection），這些和本章

大量持續的論述有關聯性：處理或掌握被錯失的部分或所有兩極被迴避的部分。我們需要評估每件事存有的整個範疇，根據情境才能知道何種回應是健康或是不健康的。確實，既非治療師也不是一對伴侶能夠清楚地知道這些，並為他們自己及他人去決定什麼是恰當的。無論如何，完形治療至少足夠為伴侶提供一個敞開視野的機會，而且增加他們選擇的範圍。

第三章
自我整合與對話[1]

Hunter Beaumont 著

陳雅英 譯

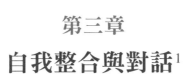

　　每當我想到完形伴侶治療，我就想起那些與我一起工作的人們；我看見他們的臉、聽到他們的聲音。最重要的是，他們都是好人、是真誠的、能去愛的與懷抱希望的，而且願意在治療中努力。他們因為陷入失望、傷害與憤怒的循環而前來治療，同時他們知道，即使當初意圖良善，他們仍然在破壞對彼此的愛。

　　我花了一段頗長的時間來了解這些人們的歷程，起先如同一個混亂的青少年想搞清楚自己的生活一樣，後來才逐漸像是一個受訓者和治療師。我想，如果用個別的心理分析取向加以診療，我所描述的這些人很可能會被診斷為人格違常（character disorders），或更常被診斷為自我違常（disorders of the self）。按完形學派的看法，他們其實是有接觸別人的能力，但在某些親密或壓力的情境裡，他們的接觸功能毫無預警地或嚴重地崩解。接觸干擾與希望事情能變好的強烈渴求交替地出現，使得他們的關係及治療變得益加困難，也使得伴侶們與治療師都有可能失去了勇氣。

　　在此我不打算再單獨分析接觸的前景（foregrounds），而強調成功的伴侶治療必須具備：能跨越不同時空，且能將經驗串連出連續而特定的「自我感」（sense of self）（Stern, 1985）〔此論點正與 Wheeler（1991）近來呼籲應關注結構基礎的觀點一致〕。特定的自我感被概念化，是從整體與系統的過程中衍生出來的，或被認為是「有機體的」自我組織的產物[2]。Martin Buber「我─你」（I-Thou）的哲學提供了美麗的語言，來了解自我感的現象學；在我們了解這些人們的現象時，「我─你」的概念也豐厚了我們了解時的色彩與豐富；而其概念的深度與存在的範圍則是一種消毒劑，讓我們不

至於受那些對愛有恐懼（love-phobic）的完形學者的影響而窄化、偏離。他關注的不是病理學，而是關係的普遍結構，也就是決定人們「關係之間」（betweenness）分離與連結程度的形式。以此觀點凝視我所描述的伴侶時，他們是有尊嚴、有深度的；時而為瑣事爭執，也被看作是其靈魂為了自我實現而發出的呼喚。縱然 Buber 對完形治療的貢獻有目共睹，其「我—你」觀念與其他完形治療的概念，例如蘊涵豐富的空洞（fertile void）、有機體的自我整合與接觸等概念之間的連結，仍有待探究（初步探討的文章請參考 Jacobs, 1989；以及 Hycner, 1985, 1990，我確定他們都會同意仍有許多理論未完成）。

　　為了對這些伴侶治療發展出理論性的了解，我仿效 Paul Goodman 的脈絡法（contextual method）（Perls, Hefferline, & Goodman, 1951, p. 243ff），將各種不同的觀點一起納入，包容其結果的不一致，並相信一種新的、豐富的完形將會產生。這個過程有點像在煮湯，一開始只是蔬菜和少許不起眼的東西浮在鍋面，我們以好的技巧加入了好的原料、再配上適當的火候，就成為一鍋可口的湯品。鍋裡的每一項新的原料都能改變湯的樣貌，開展新的觀察，改變舊假設的滋味，改變我看待個案及與其互動的方式。由於被「看待」的方式不同，伴侶們也會有不同的回應——如果他們曾是我生涯早期個案的話，回應也會不同。由於接受了經驗的主觀性，並陷入了詮釋循環（hermeneutic circle）的框架，我放棄聲稱有所謂客觀的事實。我不會宣稱事情的真相真的如我所描述的一樣，只是它們被我看成如此罷了。我期望的是：個人在此試圖說明的觀點，能對於正與案主們、或在私人生活中陷入掙扎過程的人有所幫助。

關係系統的現象學

　　心理治療的現象學（Spinelli, 1989）也就是與個案自己的經驗貼近的工作，正是完形治療最美妙的部分之一，但也是最難掌握的部分。首先，由於個案每一個時刻都在經歷著現象的改變，在治療中也是如此。其次，治療師

隱含（implicit）的理論假設（在詮釋學的循環中）就像一面透視鏡，會改變治療師自己對現象的知覺。透過我獨特的完形治療視框，以下三個伴侶現象的面向自然突顯而出，分別是：自我的喪失（Loss of Self）、渴望自我整合的自我（Longing for the Self-Organizing Self），以及自我的背叛（Betrayal of Self）[3]。

自我的喪失

　　大部分的伴侶其實都有過美好的時光，也都成功發揮過一對伴侶的功能。然而，若治療師在傾聽他們抱怨的同時，用一隻耳朵聆聽過程的現象，就會聽出他們所陳述的內容充滿了極度的接觸干擾（contact disruption）；尤其當溝通出了問題，彼此說出或做出了具有傷害及毀滅性的事情時。這些憤怒或冷冷撤退的時光，通常被稱為「爭吵」。Nathan Schwartz-Salant（1982）則稱其為「情緒的暴風雨」（emotional thunderstorms），Johnson（1984）更進一步創造了*輕微精神異常*（minipsychosis）的字眼。他們大抵在傷害彼此，重複做出他們早已熟悉的動作，就像兩位資深的演員耍著上千次例行的把戲一樣。這些爭吵不會帶來新的澄清、新的洞察，只有熟悉的破壞。在爭吵中，他們並沒有好好地接觸。當其中一人在生氣時，另一人可能盯著地板、默默地想擠出一些話來，或者猜想還要忍受多久，心口怪異地無法連結（明天她或他可能想出許多很棒的可說之事）。或者他們可能心懷怨憤地吼叫，以宣告有罪的方式，說著一些在不同心情下明知這是不對的話語。那些在光天化日之下顯得醜惡誇大的承諾與威脅並存：誓言報復、威脅分手與遺棄。當失控與挫折企求以肢體表達出來時，甚至會出現暴力。

　　縱然他們早已重複這些爭吵與原諒上百次，每一次關係中的某些東西就消逝了，原諒慢慢變成審慎的、不甘不願的，渲染著不信任與害怕；傷痕加深了，也變得更顯眼。通常他們會變得害怕與對方交談，深恐某個字眼、姿勢或聲調會打開舊的包袱，引爆又一場破壞性的、不會讓事情變得更好的爭吵。通常他們就此與另一方疏離，也從生活中退縮。在此，由於某些治療師誤以為他們的感覺就是「事實」，或者相信透過表達感覺可以引發完形循環

（gestalt cycle）的進行，以再度向問題解決移動，於是鼓勵伴侶們「讓感覺出來」，這反而造成額外的傷害。

〔在此推薦的觀點是，這些感覺是接觸干擾的產物，因此他們對涉入的當事人而言，可能有現象學的真實性；但就絕對的意義來說，仍然不是真實的。這些感受不約而同地都與過去未完成的事件有關，其最初都不是由目前的伴侶關係所造成的。因此，「讓感覺出來」對伴侶中的一方可能會有情緒宣洩的效果，但通常會犧牲另一方的福祉，而且無益於建立關係中的溝通路徑；通常它是虐待性的，將伴侶與過往他人的面貌混為一談。相反地，有接觸的憤怒能帶來建設性的溝通與完成，個別治療中淨化式地表達憤怒（cathartic expression of rage），則有助於人們重新接近這些久被壓抑的行為，讓過去未了的事宜有機會完成；但在伴侶治療中，表達這些憤怒則會損害、傷害與破壞彼此的愛。在與伴侶工作時，我深信伴隨著脆弱自我組織而缺乏接觸的情緒深具破壞性，因此我通常會介入來阻止。〕

如果你曾親身體驗過部分情境，或者你擅於聆聽個案們陳述的現象，你就能體會出，處於這些事件中時的內在感受為何。一位女性如此描述她的經驗：

> 我感覺像要崩潰了。在我體內靠近心口或太陽神經叢的地方，似乎被東西塞住了。我當下就知道一切都完了。我知道我永遠無法接近（我先生）。我的眼睛不知怎地無法直視著他，也想不出任何話來說。我只想要他走開，我想要獨處，直到我恢復正常。有時他卻一直跟我說話，刺穿我，審問我，直到我爆發，並對他說了些可怕的話要他停止。這時候我就會恨他，真的恨他。我甚至記不得我們曾經有過美好的時光。

她的先生則這麼描述他的經驗：

> （我的太太）有時候很難跟她相處。我要親近她，或者想做愛，她卻說一些傷人的話，或是顯得對別的事比較有興趣，要不就忽略我。

這些動作讓我覺得既受傷又生氣，因為我覺得她是故意這麼做來傷害我的。她是那麼會照顧他人與孩子的人，但當我有需要，她卻把我推開。當我試著告訴她我的感覺時，有時我反而變得生氣。有時我會傷害她，她會哭叫、打破東西，此刻我感到陌生、疏遠和冷酷。我的感覺枯竭了，而且我知道我真的可以變得很殘忍。

這些他們視為「不像我自己」的時刻，就是自我的喪失。這些時刻的「我」確實不同於正常的「我」，而此刻看似很正當的行動，稍後可能連自己都無法容忍。如同一位男士所說：「我就像是被惡魔附身一樣，我做出一些我不想做的事。事後，當暴風雨過後，我會為了自己的破壞行為感到羞愧，就好像我背叛了自己，或者像 Jekyll 博士在次人格 Hyde 先生離開之後的感覺。」以下這段自我感喪失的報告特別有趣，因為這位女士以往並無任何治療經驗，而她在第一次會談就如此描述著，當她的「我」轉換時，她所知覺的世界也會轉換，使得她和她的先生都很難想起對方的優點。喪失自我的同時，也喪失了對方。

我無法忍受不被（我的先生）信任。感覺很受傷，一部分的我也跟著死去。我深感被威脅，如同我正為求生而掙扎般。我變成一隻過街老鼠，一隻紐約街頭的老鼠，或是被紐約人沖進廁所、只能活在下水道的鱷魚。我又咬又抓，活生生是隻野獸。但我的所作所為只是為了求生。當他不信任我時，實在很傷我的心。

我們可以很容易就看到，這種認同的轉變在個人主觀的感受上是攸關生死的。由於這些夫妻相當敏感於接觸品質的驟然轉變，所以只要一些小小的引爆點，就能讓他們的自我感產生相當戲劇性的變化，並產生巨大的羞愧感。通常某個字眼、眼神或某種聲調就足以促使這些反應之一發生，使得原本能對包容反應的導因變得遙不可及。

一位專精於追蹤現象學或清晰語言（clean language）的藝術治療師（Grove & Panzer, 1991），就能幫助這些夫妻與他們的現象「同在」（stay with），支持他們深入探詢這些原本努力要迴避的經驗。在治療過程中，透過精熟地運用中界（middle-mode）覺察的技巧（也就是現象學的追蹤），他們通常能成功地進入自我喪失的經驗。他們描述種種強烈經驗，包括困惑、內在空虛、深刻的孤單、陷入深淵，以及被巨大漩渦或不停迴旋的黑洞吸入等等（Almaas, 1986; Beaumont, 1988a, 1988b）。在存在主義與現象學的文獻中（Spinelli, 1989），形容此現象為對死亡的恐懼、孤單、極端的嫌惡及存在的焦慮（existential anxiety）。在此以「自我的喪失」稱之。Fritz Perls 則稱之為「蘊涵豐富的空洞」（fertile void）（Perls, 1973）。

許多旨在研究虛無（nothingness）現象學的存在主義文獻，其實就是在研究拒絕進入此經驗的現象。隨著時間的增進，當個案學習運用中界的覺察進入自己的困惑時，就會發現該現象改變了。舉個例子，一位十四歲的個案經常反覆夢見被狼追擊。某一晚，他在夢中想：「我在作夢，這隻狼在我夢裡。在夢裡牠一點都不能傷害我。如果牠想要的話，牠大可吃了我。」帶著這個想法，他在夢中轉身面對狼，此轉變為有助於處理問題的珍貴內在引導。此現象對許多完形治療師而言是相當熟悉的。

渴望整合的自我

如果個案的主要現象之一是自我的喪失，另一個同樣重要的部分就是渴望自我整合的自我。在療程初期，他們多半無法清楚完整地表達出自己想要與需要什麼，他們會說像是「我只想要快樂」，或者是「我覺得不被了解」。許多人想要伴侶改變，相信新的與更好的伴侶就能帶來幸福。有些伴侶說：他們的需要是物質的安全感、性欲望的滿足，希望有家人或能有一種家的感覺，渴望「溫暖」、「親近」或「被看見」；甚或矛盾地「只想要一個人獨處」。但即便這些特定的需要能被滿足，仍然有些部分是匱乏的。誠如一位女士說道：「如果生活就是這樣，那我寧可不要。」

這種部分匱乏感可能是生理性的，例如：在胸口的痛苦與壓力，或者胃部被啃噬的感覺。許多人的心痛是如此強烈，以致於他們會去做醫學檢查，深恐真有生理的疾病。在療程初始，這種不舒服的現象如此強大，以致於很

少人能仔細地探索他們的經驗。一般來說，他們只想要負向的感覺消失；我們要靠著耐心與治療的技巧，才能幫助他們探索隱含在苦難之中的希望。

　　弔詭地，他們的挫折與憤怒反而確認了希望的存在。如果我們用「完形的耳朵」（gestalt ear）[4] 來仔細聆聽他們的要求與抱怨時，就能聽見他們已在某種程度上確切地描述自己的渴望，以及需求（need）背後的希望。隨著他們慢慢發展出仔細去探索希望的現象學能力時，通常會發現對自己需求的覺察也隨之改變了。他們所相信的性需求、欲望、專業企圖心、朋友的愛與關係的渴望，都是──或至少部分是──藉以得到「成為真實我」（being really me）的經驗的一種「方法」。他們可以發展出耐心與技巧，以延遲行動外化（acting out）的時間夠久，讓他們對經驗進行充分的現象學探索。一位已經精熟於觀察其內在歷程的男詩人，這麼描述「存在」（being）的狀態：在當中他感到完整與鮮活，「心中噬人的飢渴已然停歇」，而且他覺得「完整」、「就是當我自己（being me），真正的我」。不論其表達得多麼笨拙，他們希望的是一種內在幸福感、一種完整感或穩定感，讓他們能釋放愉悅與由內而生的歡笑。他們談及微妙的、渴望已久的肢體感官，或者「有活力的」軀體，在性高潮中某種東西被「打開」、整個身體在「漂流」的經驗。這些都是對「我」的希冀，對真實自我的希望（Masterson, 1985）。沒有這個希望，就不會有挫折、憤怒與渴望。當中的緣由我會在後段更進一步闡明，在此先將這種盼望已久的經驗稱為「自我整合的自我」（Self-Organizing Self）。

79

第三章
自我整合與對話

　　更進一步地澄清，在完形的工作中，常以需求滿足的模式（need-fulfillment model）來說明，並透過增進其主動性來鼓勵案主滿足自己的需求。此意謂他們所需要的，就在其所處的環境中。就一段伴侶關係而言，則假設伴侶之一方正擁有對方所欠缺的，但當所需要的是更穩定的自我整合時，此假設就不是真的了。協助他們「滿足需求」為目標的治療工作，往往會矛盾地強化了依賴與接觸干擾，這反而會確認錯誤的信念：問題出在質地有所欠缺的環境，而不在於自我。個案反而不會被支持去深化了解自己的需求，反而會誤入迷障，以為如果外界能滿足自己的需求，就不會感到痛苦和不舒服。對這些伴侶而言，這種需求導向的完形療法是禁藥。相對地，我主

張應鼓勵他們在草率地把痛苦的經驗趕走之前，先深化覺察、以探索自己已經經驗到的現象。依此觀點，個案「需求」的是更好的自我整合。至少以發展而言，這是有機體本身的功能。最好的狀況是，能提供支持性的環境，以促進自我完形的自我（self-gestalting self）能力之發展。

自我的背叛

當他們在療程中開始深化對現象學的覺察，伴侶們通常會產生極深的誤解：以為另一半的愛能夠或應該能預防自我的喪失，並能在自主不減損的前提下，修復自我整合的自我。他們相信環境（其伴侶）有他們所需要的，而惟有另一半的供給，其需求才能獲得滿足。這種錯誤的期待是基於其對自我喪失的誤解而來。

一位男士描述他如何將另一半當成通往天堂的入口，認為只要伴侶夠愛他就能讓他快樂，也能將他從神經質的強迫與禁制中釋放出來。他認為只要妻子願意，就能為他做到這些事；而當她不這樣做時，他就覺得受傷生氣。「如果你真的愛我，你就會願意幫忙處理我的傷痛。」由於他既缺乏自我整合的自我，又缺少安全走出自我喪失的情緒風暴的技巧，當他的自我感四分五裂時，只有依賴妻子的愛來幫助自己修復。但他對妻子的依賴對雙方都深具破壞性，因為那反而僵化地限制了彼此的角色，也剝奪了彼此自由回應的彈性。由於他無法忍受自我喪失的經驗，轉而依賴妻子來預防此狀況的發生，這反而賦予妻子凌駕於自己之上，影響自己對生死感受的掌控權力。

這些伴侶大多有一個隱含的信念：他們所渴望的只能透過另一半來給予（我們的確能在極親密與極大的性強度時刻裡，體驗到這種幸福的狀態，但並非惟有伴侶能按我們期待表現時才能有此感受）。這種堅持「你要先改變」才能減少「我」的痛苦，增加我的滿足之錯誤信念，正違反了自我負責的完形價值，他們混淆了終極目標（透過較好的自我整合體驗到自我的存在）與「憑藉的方法」（讓另一半供給他們自認所需要的）。如此一來，他們將大部分的精力放在讓另一半改變。他們經常延遲，不去更深入探索自己缺什麼，也延遲不去發展可達到相同目標的其他方法。逐漸地，他們放棄了發

展替代選擇的自由，把另一半變成自己逃避情緒痛苦的工具，而此痛苦是來自有意識地進入並了解自我喪失的經驗。處於此種誤解時，既無自由可給予（因為愛就是要求），也無自由可接受，因為接受就意謂確認了依賴，並給了另一半主宰生死的力量。

由於不能維持穩定的自我感，並去探索空虛的現象，他們讓關係變成一種穩定的工具。這些伴侶的悲劇就在於：一旦他們為了逃避自我喪失的恐怖，而將「彼此之間的關係」工具化了，也就出賣了帶著覺察參與自身轉化的自由，也使得促進自我整合的自我宛如天方夜譚。親密關係變成戰場，他們彼此角力、掩飾自己需要依賴的不足之處，試圖滿足需求而不失去個人自主。在這樣的關係中，分離的面貌變得嚇人，因為當另一半離開時，自我仰賴以求穩定的最重要元素也消逝了。於是在主觀經驗上，失去另一半就等同於宣告死亡。這種依賴可稱為自我的背叛。

當然，自我喪失、渴望自我整合的自我與自我背叛等三種現象，並非是伴侶的樣貌。然而，這些仍是關係的重要面向，也為完形治療理論思考上可能的轉換方向。也就是說，這三個現象能讓我們轉換治療的關注層面——從單一與環境接觸的議題，轉換到自我整合及隨之而生的「自我感」等較大議題。這些伴侶的根本問題不在於有機體與環境的接觸不佳（通常他們的接觸能力絕佳），而在於其自我系統的整合無法持續穩定。對某些「有機體」而言，透過與環境接觸以自我調節的現象，是不適當的概念模式；他們的「自我感」既不穩定，也無法與其生理機制同調。

與上述論點相似的說法，也出現在以個我心理學（ego-psychology）、自我心理學（self-psychology）及客體關係為一端，古典心理分析學派驅力理論為另一端的爭議中。佛洛伊德假設一個完整的（well-formed）自我與其環境是相衝突的；自我心理學家則挑戰此假設，主張惟有透過檢視自我形成的不足，才能真正了解多數的干擾現象，更何況並非所有人都能形成一個足以與環境相抗衡的良好自我。奇怪的是，許多完形的工作者卻心照不宣地遵照舊佛洛伊德的模式，作為反映在完形治療中廣為傳播的觀念：「有機體」接觸其環境，以滿足其需要——此為「有機體的自我調節」。這裡的「有機體」

只有生理學的意涵，並無概念化的調查方法，用以研究有機體是如何整合自己。有機體自我整合的概念為完形模式帶來嶄新的一頁。

在考量一些理論性內涵之前，讓我們先來研究一下 Martin Buber 的現象學論述，對我們的了解會更有幫助。

Buber 的對話觀點

依據 Burber 的看法，關係是既要分離又得連結，也就是說「兩者的關係」是可以透過兩個基本的句子（primary sentences）說出來的。這個說的動作既是一種「完形」，也是整合了「我」與「另一人」。此兩個基本句子是指「我─它」以及「我─你」。

第一個句子，其互動是 Buber 所稱的「我─它」，這是一種**常見**的互動類型：吃食物、移動岩石、劈木頭、賣車、罵小孩、陷入愛河，以及談論問題。這些互動有一種控制目標、運用事物、**交易**的特質（是的，即便是被愛的人在句子中也是一個目標，他或她在我們的經驗中，當下被當作「它」，或「不是自己」）。Buber 稱之為「工具性的」或目標導向的關係。因此說此句子「我─它」，會進入許多世界，如分離目標、使用並經歷的世界。由於如此，它描述了人類互動更大的部分，且對生活是不可缺的。然而，句子中的「我」，是一個「我」去「使用」並「經歷」，而且換過來是被使用、被經歷的，並成為眾多目標世界中的一個目標。

第二個句子，人們可能說的是「我─你」。在說此句子時，我和你都移向會合（meeting）的向度，在那裡，兩人的差距是很短的，兩人彼此親近，就像和自己親近一樣。用一種更具心理學的語言，我們可以說是一種意識（consciousness）的模式，在那裡有一種原始的關聯性，是超出一般主體─客體分離的。對 Buber 而言，此句子的陳述是一種愛的表現，也是一種自我創造的表現。「我」在此句子中是不同於「我」在「我─它」句子的。第二種句子中的「我」，並未經驗到自己當作「我」在使用與經歷，或是被使用、被經歷；其亦未經驗到「你」充當一種物件而被使用或被經歷。Burber 描述

「我—你」是存在的，是一種「我」和「你」的「分享參與關係」。一個人不能工具化另一個人，而是分享參與另一人的**存在**。因此「我—你」的概念排除了伴侶去接近另一方，並期待需求被滿足的可能，因那會成為「我—它」的句子，且無法反映人們充分分享參與關係的可能性。

此「我—你」的片刻必須與移情現象或融合（confluence）小心區辨。這些伴侶來做治療，是因為一個人或另一人與某人「陷入愛河」。此存在於愛的狀態，他們對將滿足他們需求的新愛人，使他們不需再經歷遺棄、孤單或自我的喪失，感到自信。去區辨一個真實的「我—你」片刻和會心或移情的方法就是：「我—你」片刻，會無預期地出現，但也走得快速，並留下特別平和與平衡的感覺。「我—你」的片刻沒有想要或需求感，只是去經歷相遇，此與會心或移情的狀態正好相反。

Buber 雖然特別了解人類關係發展與病理的可能性，但移向「我—你」卻是在病理學的限制之外。其實，對我們伴侶渴慕的描述，較多是對母親回溯性的渴望，或只是在渴求一個「鏡映的客體」（mirroring object）。對 Buber 而言，那是在渴望一個人類的靈魂，希望變成一個自我整合的自我，在一份「我—你」的關係中表達自己。一個未出生的嬰孩——

> 不只是休憩於人類母親的子宮。然而此說法連結了宇宙廣大無邊的品質。猶太人的神話傳說：「在母親的身體中，男人認識了宇宙，但在出生時就遺忘了它」，這讀起來像是來自遠古時代一種題字不完美的翻譯，而且在一個男人身上，以此作為一個祕密的渴望想像，這仍是確實的。他的渴慕不只意謂回歸（子宮），這些假定也在靈魂中被看見——若你帶著理性就會感到困惑——（男人有）一種寄生的本質，當它寧願自己是大自然最好的花朵時。但此渴慕是為了宇宙要與真正的你連結，使你的生命誕生並進入了靈魂。
>
> 每個小孩來到他存在的休憩處，就像所有生命來到了存在，在偉大母親的子宮中，此無分別的初始世界先行形成。來自她（由她生出我們），但我們也被區隔開了，且進入了個人自己的生命中，自由滑

溜，只在夜晚時分才再度靠近她；而這現象每晚都會發生在健康的
男性身上（Buber, 1958, p. 25）。

由於我對 Buber 的了解，當伴侶抱怨虛空和整體性的缺乏時，其實是
未曾說出「我—你」句子的結果。因此他們對關係的渴慕，不單是渴望親近
與溫暖的滿足，他們更渴望說「我—你」的句子。那是一種藉由主動進入與
「你」的關係，來達成完滿的「我」。對 Buber 而言，完整（full）的人類自我
（human self），只存在於「我—你」關係之中，且只能透過此種「我—你」
的關係才可能得到。

此心情與自我感的轉換，其間的憤怒與孤單，這些伴侶是如此的了
解。也許可以用「你」的喪失這個概念來說明就更容易了解。Buber 說得很
清楚：「我—你」的必要性建立在全然的人性；或用心理學的字眼——「自
我」。他也寫到：「但這是我們命運的高尚悲哀，在我們的世界，每一個你都
必須變成『它』……，這個它是永恆不變的蛹，而你是永恆不變的蝴蝶。」
（Buber, 1958, p. 17）。如果說「我—你」的句子滿足了對自我完整感的渴
求，那說「我—它」的句子則打破了它。「我—你」句子中的「我」萎縮
了，變成了「我—它」句子中的「我」，而且進入了客體關係分離的世界。
在這樣的位移中，一種關係死去，而另一種較侷限的關係誕生了。有時這樣
的位移真的感覺像是死亡，因為這是說「我—你」所創造出的「我」喪失
了。很明確地，這是孤單和虛空的基礎。「我們命運的高尚悲哀」是我們必
須面臨從「我—你」到「我—它」中的「我」反覆的減少。這是人類存在的
基本品質：我們無法握住「我—你」的片刻，但必須在無可避免變成「我—
它」句子中的「我」之前讓步。這是一個巨大的誘惑，假如去相信「你」是
不同的，那麼「我」就不需要忍受較大自我喪失的感受。

由此觀點來看，伴侶的困境可以從兩方面來看：第一，他們並未發展
內在的資源來持續說「我—你」的句子；第二，他們尋求避免「我—你」感
受喪失的痛苦。此種「我們命運的高尚悲哀」讓他們否認一種人性的本質，
要求能「聽」到對方說出「我—你」的句子，而不是要求自己去「說」[5]。說

「我—你」的句子是一種自我整合更高位階的行動。很明確地，這是一種愛的行動。此可能也是參與創造完整人性的行動[6]。

有機體的自我整合與接觸

完形是我們對物質世界知覺的一種形式，它也會將我們知覺到的其他事物加以組織。舉例而言，螺旋狀的完形，組織了巨大的銀河、流體、氣體的移動（在你浴缸中的水、旋風、潺潺流水的漩渦）、蛇皮的成長，以及許多心理學的經驗也是如此（有多少個案有夢或幻想自己懸浮在漩渦而進入黑暗中）。此完形以「分枝—軀幹—根」（branches-trunk-roots）組織了許多生活的形式（樹、水蛭）、神經細胞、河流、某些數學的功能、血管等等。如此的完形是宇宙性的原則，同時給予過程形式，並允許人們假設性地形成知覺[7]。

從此觀點，個人就是這樣一個自我整合的系統，一個完形、一個身、心、靈的整體（Portele, 1987, 1989, 1992）。所以在完形理論中，有機體不只是生理的身體，它同時指自我的整合而產生心、身與靈的過程，並給予它們系統的整體，而此整體也是自我整合過程的結果。將身心靈結合，形成了一個動態的互動系統性的整體，而整體大於部分的總和。

表達此有機體整體的「我」是「我—你」句子中的「我」，而不是「我—它」句子中的「我」。系統整體中的「我」無法被較小的「多數的我」達成或產生，因為「我」超出「我的多數」，且將它們統整成新的完形。然而語言的習慣像是一個具有吸力的場域，其與過程整體的作用恰恰相反，而所有的完形理論者也掙扎著逃離此所造成的鴻溝。Simkin（1976）用一個隱喻來呈現其對自我整合轉換的觀察：人格就像是橡皮球漂浮在水面上，在任一時間點上，它大部分是淹沒的，而其暴露的部分，在球轉動時持續地改變。運用此觀點到我們的伴侶治療上，這球代表了整個人的完形（潛能、記憶、狀況、感覺、想法），在水上的部分顯示了現象學的「我」。

Simkin 的隱喻建議：一個人的整體有一個像物（thinglike）的品質——

一個球；此隱喻可從其他物質客體做比較時得到證明。我們了解它的意思，但不幸地，我們失掉了一種由 Goodman、Perls、Goldstein、Lewin 及其他完形學者所努力要建立的過程取向感。假如人格不像一個球而像一個巨大的漩渦，在某處乘著波浪而獨自過河呢？一個 Maturana 和 Varela（1980）稱之為自我整合（autopoietic）的系統，負責組織個人的人性（personal human Being）的流，就像是漩渦組織水分子的流一樣；當流水移向漩渦影響的地域，水分子會依據漩渦來完形。在完形「漩渦」的影響下循環一陣之後，在它們被流動的河水完形之前又再度被釋放。

　　如果有些葉子從一棵樹落入這個漩渦，它們也會在漩渦系統的影響下，迴旋再迴旋，且至少有一次，會支撐住它們原有的位置，到相鄰的另一處去。假如一隻蜻蜓從一片葉子掠過另一片葉子，從不同葉片去經驗此世界，此可能代表了不同「我一它」系統中的「我」。這個「我」名之為整體的完形——漩渦和葉子，可能是整體中的「我」，那是蜻蜓盤旋在漩渦上方所看見的。

　　應用此隱喻到我們的伴侶的情況上，可以想像有兩個漩渦在同一條河中相鄰，每一個漩渦有自己的葉子與蜻蜓。每一隻蜻蜓在自己的漩渦中，由這個葉子掠過另一個葉子；當牠迴旋經過時，從牠正停留的葉片呼喊另一方。兩隻蜻蜓用此方法與另一方相關聯，此可能代表伴侶關係的「我一它」品質。但當兩個漩渦互相靠近，突然它們合併了，它們所有的水分子臣服於一個更大漩渦的完形，形成一個更複雜的水流系統，之後以一種近乎準確的方式再次分流。此現象以物理世界而言，可能代表了人類「關係之間」的「我一你」品質。一個大的漩渦作為一個系統的整體，由兩個分別的個體合併而產生，然後隨即分離。

　　以系統觀點來看有機體，這是自我整合系統轉換成「我」的現象學，引發我們對完形「接觸」理解上一些有趣的問題。在傳統的完形用法，**接觸**通常是指接觸界限與有機體和它環境之間的活動，但它也可能指主體的「我」對其客體的互動，以更像心理學的說法就是：主一客體的互動（「我與你接觸」）（I am in contact with you）。這兩種用法都把複雜的過程過度簡化了。

它們指一個物件（有機體）「接觸」它的（外在）環境。不只是 Goodman，Erik Erickson（1951/1980）也已經在 1951 年顯示：人類的環境不只是「外在」於個人，也「內在」於個人[8]。此人類生活的「環境場域」，包括社會化、語言、記憶、物理的狀態、文化、家庭系統等等。假若「有機體」被理解為系統自我整合的整體，並不被「物件／身體」所定義；且如果「環境」不是限定成「外在」於身體，那麼我們會如何理解接觸呢？當我們說有機體與其環境接觸時，我們意指什麼呢[9]？

　　接觸的簡化觀點（「我與你接觸」），指的是你在「外面」（out there），準備好要與我接觸，而「我」總是相同的，這看起來似乎是非常不合時代，且奇怪地與完形心理學的激進（thrust）無法配合一致。這是一個非常過時的心理知覺與認知的假設，且忽略了知覺者本身在建構場域或對背景知覺所扮演的角色。接觸本身顯然就是一個創造的過程，就如 Goodman 所強調的，這是以當代語言來「建構的」（Goolishian, 1988; Teschke, 1989）。當我們與另一人接觸，我們既完形了自己，也完形了別人。接觸不是對一個固定的客觀事實做被動的知覺，而是一種對現象經驗現實的創造。它是互動與創造的，真實地「創造我們生活的意義」。

　　根據此接觸的觀點，伴侶之所以不能完形，且維持他們整體中的「我」，是由於他們的伴侶未如其所求的表現，且他們的接觸功能因此也被削減了。完形接觸循環圈（gestalt contact cycle）的概念確實能幫助我們了解任何單一「自我—他人」的單位（計畫）或接觸的段落，但它卻無法支持我們對此突然、受傷的不連貫經驗的理解，而此經驗折磨這些伴侶也有相當時日。而它卻提供很少的線索，來幫助我們去觀察與了解自我喪失、渴求自我整合的自我，以及自我背叛的現象。

　　上述所提到的：女人有時會感覺自己像是一隻「紐約陰溝裡的老鼠」，需要她先生的「信任」以感覺到穩定。當他對她的要求與之相反時，他剝奪了她支持維繫她的「我」，而且她的接觸系統開始改變（譯註：轉換成另一種形式）。她的「我」變成了一隻陰溝裡的老鼠；她的「他人」是這位先生，他殘酷地讓她感到無趣，所以她必須為自己的生活奮戰。她的傷害比受

傷的感覺更多；此正是所謂「我們命運的高尚悲哀」——此未解決（完成）的個人事實，成為她自我—他人系統的接觸轉換。經由她對他負面的想像，她感覺到被拒與受傷，事實上，他變成了像是她曾經感到害怕的人，藉此來確認她自己的害怕。

　　相似地，當此男人「進入思考狀態」，他改變他的接觸系統，且改變了他個人的現實；然後，他的妻子可能感覺自己被遺棄或被銷毀了，那是由於他並沒有看到她的整體性。沒有他的肯定，她就無法自動化地維持個人整體的自我整合，於是她帶著憤怒對自己主觀認為的遺棄與銷毀做反應，不是退縮就是攻擊。在另一種情況下，先生注意到她的改變，且他同時感覺被一種扭曲接觸的不正確循環所認定，「我」和「他人」以一種相互負向所創造的悲劇舞蹈綁在一起，各人以其整體受傷經驗系統去參與他人的自我創造。

　　當一個人對另一人說：「我對你生氣」，將會是現象學的「事實」（true），但卻忽略了互動系統的複雜性。但若以這句話就相信他是「客觀地」知覺到另一方，他們的冷酷與生氣是客觀的「真實」；那就否定了人類表達的自由。在某種意義上，他們的生氣與受傷是事實，而在這個片刻裡也許他也會感覺到害怕，但當我們記得他們在其他的片刻是如何互動，我們就可看見這個表達只是片刻的事實——既**不是**他們整體互動的事實，也不是他們整個人存在（Being）的真實。他們還有其他存在的面向，只是在這個當下還沒辦法成形（unaccessed）。其可能性就潛伏在當下的場域或背景之中。此時的他比那些短暫的自我完形**擁有**更多。要記得這個「更多」，是接近於說出「我—你」的句子，因為它強調了他們存在的一部分：即使在場域的**當下**（present），他們暫時「忘記」了。有些完形治療師有一種持續的傾向，就是以前背景為主的態度，理論化地去了解「接觸」，但在現象學上卻沒有事實的根據。Goodman的興趣在克服有機體與環境的錯誤分裂，在此仍有必要列入考慮的，但不幸卻被忽略了。當個人與環境在一起，最好被概念化為一個單一的系統。接觸不是一個人高於另一人的行為，而是一種相互創造的互動；每個人都參與了另一人的創造，從彼此的關係中去定義對方。

治療的寓意

從完形觀點來看待脆弱自我整合的問題，許多一般的治療性假設是會被保留的。對治療而言，降低或移除神經質的痛苦與遭遇，或滿足「需求」，並不是處遇的初始與立即的目標（雖然通常這是長期治療的結果）。治療的過程是去增加**自我的整合**，並支持此發展的發生，此可由學習的方法，練習說「我─你」這個最基本的句子。在完形治療中這樣做，常常是為了增加覺察，以及接納何者才「是」（Is）──亦即區分前景與背景。

命運帶著它似乎未分化的罪惡與美德的問題，也帶著我們已考慮過的現象學，呈獻給這些伴侶。他們可能不選擇擁有此種現象學，他們的自由受限於他們選擇如何處理此命運，而選擇也決定了他們的命運究竟是一種祝福或詛咒。

選擇「詛咒」的伴侶，其生活依據快樂主義的原則與「新自我陶醉」的愉悅特徵，相信關係的目標與目的就是滿足「需求」。他們可能改變伴侶，因相信一個完美的情人必須擁有他們所尋求的特質。他們當中有些堅守著受害者的位置；有些則可能卡在相互改造的程式中，從另一人中吸取生命，直到兩人在心理上都憔悴且難堪。不少人進入一種仇恨與報復的曙光中，尋求治療的協助只為了得到個人的好處。其他則在他們的命運中糾纏，並害怕失去自我，因如此一來，他們便不能再防衛自己，並從一種虐待撤退到另一種虐待中。我們都知道，在我們朋友與個案中的伴侶，有人在這些選項中，已選擇了一項或更多項。

有些伴侶有能力去選擇「祝福」。他們學習接受他們的任務，他們從關係的脈絡中培養穩定的自我整合中的自我，這將是一項漫長且困難的過程。但一旦做成決定，以關係作為學習的機會，便可能樂於接受嘗試；而且所發生的事不管多苦，都不會是沒用的。

因此，與這些伴侶工作，有必要作價值的澄清（Fuhr, 1992; Zinker, 1987）。另一項治療師的能力是記住且能承接案主在場域整體性中的呈現（不管是什麼，他們可能展現以任何自我創造的狀態）。治療師以此方式工

作，會看見單比案主在當下前背景所展現的更多東西。記得案主的整體性，鼓勵她或他提醒自己：他們比當下自己所展現的還要多。治療師以此方式工作，誠心地邀請案主改變盲目的思考模式與認同的過程，這是一種放棄守舊認同的邀請。因此「抗拒」是被預期的，此不是對治療師的抗拒，而是對主觀經驗接近死亡，包含放棄舊認同過程的抗拒。正如 Perls 輕描淡寫地說道：「遭受個人的死亡並再度重生是不容易的事。」（Perls, 1969）。Perls 去世前不久，他曾寫道：

> 人們能待在蘊涵豐富空洞的經驗——經歷他的困惑到極致——使得自己能對每件吸引他注意的事變得有所覺察（幻覺、破碎的句子、含糊的感覺、奇怪的感覺、特異的感受），且待在其中真是一大驚奇。他可能突然有「啊—哈」的經驗；突然一個解答呈現在其眼前，一種前所未有的洞察，一種驚鴻一瞥的理解或了解。
>
> 在此，蘊涵豐富空洞的發生是一種分裂經驗的縮影。當然，很少人能忍受，但這些人卻能找到自信，能成功地澄清一些困惑的領域，且發現並未在此過程中完全捽碎，他們將獲得勇氣進入他們破爛的後院，並在重返時，比他們進入時更正常……。向蘊涵豐富的空洞諮詢的目的，基本上是去除困惑（deconfuse）。在蘊涵豐富的空洞裡，困惑被轉換為清晰，解釋轉換為經歷。此蘊涵豐富的空洞使事實變得明顯：實驗者所擁有以及可運用的（資源），比他相信的更多，並以此來增加自我支持（Perls, 1973, p. 100ff）。

在某種意義上，這是 Fritz Perls 對這些存在哲學家的答案，因他看見並如此有力地描述空洞的現象，他是當代作家的第一人。雖然他有其他許多的缺點，他仍學習如何進入此「死亡的空間」，並重新復元；而偉大存在性的「作嘔」，則是每一事物創造出的虛無，此似乎是存在的基礎。這些伴侶必須學習，就像 Perls，進入蘊涵豐富的空洞，返回時會發現他們的伴侶關係改變了。當他們害怕自我感喪失（存在性的孤獨）被克服了，經由覺察技巧的發展，允許他們帶著內在空間（特別是負向或痛苦的經驗與感受）自由的

「實驗」，伴侶關係有可能達到「去工具化」（deinstrumentalized），而「我—你」的句子便能說出口。另一半不需再做些什麼，或以某些方法來避開空虛的經驗；對伴侶依賴的自我背叛，也變得沒有必要；且「我—你」句子中的「我」變得真實，因為其來去都依據「我們命運的高尚悲哀」。也許，它是此種狀況：只有在蘊涵豐富的空洞中，「我—你」才能被說出，而如此的「死亡」才能守住「重生」的承諾。

附註

1. 此文章先前是以不同的版本在〈英國完形雜誌〉（1993, Vol. 2, No.2）出版，並在 1993 年獲頒尼維斯獎，其是針對完形領域有傑出貢獻者。部分內容是奠基於一篇較早的德文文章（Beaumont, 1987）。

2. 自我整合系統概念是本章討論的中心。我大量引用了 Erich Jantsch 下列研究著作：*The Self-Organizing Universe: Scientific and Human Implications of the Emerging Paradigm of Evolution*（1980/1992）中傑出的前言（introduction）。

3. 在這裡**自我**（self）的字眼是現象學的。此句子「我不知道發生在我身上是什麼，我只是不是我自己」。此描述一種由多數人們所認可的經驗，我們知道何時我們不是自己。相同地，許多人也會有一種去了解「真實自己」（really me）的渴望。我們似乎有一種感覺知道：何時是我們自己，而何時不是，即使這種感覺可能不是每次都運作得很好。「自我」是會消失的，當我們「不是我們自己」時；當我們要「成為我們自己」時，我們又會渴望它的存在。以此來看，「自我」是一種經驗性的真實（也見於 Stern, 1985）。

4. 聆聽並尋找完形（與前景或圖像相反），在治療中是一種重要的技巧。其奠基於完形形象，也就是背景現象的原則。看著有名的完形磁器／臉龐側面圖，有人也可以真正看見兩個臉龐的輪廓。了解磁器的形狀告訴我們許多（但不是全部）背景的形狀（兩張臉龐）。因此，聆聽抱怨能讓我們知道對方許多的需要（want）與希望，即使案主無法清楚表達他們的需要。我稱此過程為「三角測量」（triangulation）。假如我們知道個案的前景，並觀察他或她真正

的行為，我們通常能夠「三角測量」出，什麼東西需要在前背景，以產生完形。此過程比起一般心理治療的解釋（interpretation），更有一個不同層面的抽象概念；治療師如能有技巧地使用，對於建議案主有關探究他的需求與希望的假設部分，會非常有幫助。不過，如進入案主根本不在那裡（not there）的經驗裡，也就未必全然能免於解讀錯誤的危險。

5. Yontef/Hycner/Jacobs/Friedman 為完形治療畫出界限，建議治療師與案主間的「我─你」可以變成治療「對話」或對話性治療的基礎。我同意「我─你」有時候的確發生在治療師與案主間。事實上，它可能是最重要的治癒機轉，但我不同意它能成為治療的基礎。治療師與案主的位置與情境是不同的，因此「我─你」作為**基礎**是不可能的。治療師無法使「我─你」的時刻產生，企圖去供應它以作為一種治療的技巧，會使得它變成一種工具，並否認掉每個片刻的本質。我們能做的是教導這些對「我─你」經驗最有建設性的狀況、技巧與價值，在這樣的狀況下與案主成為**夥伴**。然而，若它真的發生，它真的是非常有療癒性的。

6. 「我─你」的會心比較自我整合的表現，而不是意志的表現，且無法被意識的意志所達成。再一次，對伴侶而言，去練習此「意圖」，以一種「我─你」的態度去和另一人相遇，以創造出這種狀況，此仍是可能發生的（既俐落又清晰的我訊息、敏感地聆聽另一人、尊重、誠實等等），且去練習避免傾向隱藏「我─你」經驗（控訴、歸咎、投射等等）的行為。

7. Wheeler 在 1991 年對完形概念本身歷史的討論，在這裡是有趣的。他回顧了長時間有關完形本質的討論。完形是一種心智顯現在經驗上的常態嗎？還是「外在」於物質世界，而由人的心智所辨識？或者，它比較是一種柏拉圖式（精神的）／康德哲學的（實證主義）概念或形式，其是同時組織（高於）世界組織與人類心智活動呢？我強烈贊成最後一個選項是最令人滿意的。為什麼完形（一個自我整合的系統）無法組織成一種思想流（flow of thought）和組織電子流（flow of electrons）一樣好呢？我推薦有興趣的讀者去讀 Jantsch（1980/1992）對此一主題較學術性介紹的文章。

8. 「另一方面，傳統的心理分析無法緊握業界的認同，因為它並未發展一些專門術語來將環境概念化。某些心理分析理論化的習慣，將環境界定為……『客觀的世界』，便無法注意到環境是一個有滲透力的實體。」（Erikson, 1951/1980, p. 24）。

9. 這是 Perls、Hefferline 與 Goodman（1951）尚缺乏理論澄清的領域。Goodman 處於駁斥內在／外在或「組織／環境」的「神經質分裂」（neurotic split）痛苦中，他明顯地想要推出過程取向的觀點。然而，因他服膺語言文字的嚴謹，未能甩開文字的束縛；當提到有機體與環境的互動時，就好像這是兩個可以分開的物品一樣。雖然如此，這個要在 1951 年去努力形成的過程取向整體心理治療（理論）的工作，仍是具前瞻性的。

參考文獻

Almaas, A. (1986). *The void: Inner spaciousness and ego structure.* Berkeley, CA: Diamond Books.

Beaumont, H. (1987). Prozesse des Selbst in der Paartherapie [Self-process in couples therapy]. *Gestalttherapie, 1*(1).

Beaumont, H. (1988a). Ein Beitrag zur Gestalttherapietheorie und zur Behandlung schizoider Prozesse [A contribution to Gestalt therapy theory and treatment of schizoid processes]. *Gestalttherapie, 2*(2).

Beaumont, H. (1988b). Neurose oder Charakterstoerung: Fehldiagnosen in der Gestalttherapie [Neurosis or character disorder: Misdiagnosis in Gestalt therapy]. In F. Latka, N. Maack, R. Merten, & A. Trischkat (Eds.), *Gestalttherapie und Gestaltpaedagogik zwischen Anpassung und Auflehnung* [Gestalt therapy and Gestalt pedagogy between adjustment and denial]. Munich: Society for the Humanization of Education.

Buber, M. (1958). *I and thou.* New York: Macmillan.

Erikson, E. (1951/1980). *Identity and the life cycle.* New York: W.W. Norton.

Fuhr, R. (1992). Jenseits von Kontaktprozessen [Beyond contract processes]. *Gestalttherapie, 6*(1).

Goolishian, H. (1988). Constructivism, autopoiesis and problem-determined systems. *The Irish Journal of Psychology, 9*(1).

親密花園

完形取向伴侶治療理論與實務

Grove, D., & Panzer, B. (1991). *Resolving traumatic memories: Metaphors and symbols in psychotherapy.* New York: Irvington Publishers.

Hycner, R. (1985). Dialogical Gestalt therapy: An initial proposal. *The Gestalt Journal, 8*(1).

Hycner, R. (1990). The I-thou relationship and Gestalt therapy. *The Gestalt Journal, 13*(1).

Jacobs, L. (1989). Dialogue in Gestalt theory and therapy. *The Gestalt Journal, 12*(2).

Jantsch, E. (1980/1992). *The self-organizing universe.* New York: Pergamon Press.

Johnson, R. (1984). *The psychology of romantic love.* London: Routledge & Kegan Paul.

Masterson, J. (1985). *The real self.* New York: Brunner/Mazel.

Maturana, H., & Varela, F. (1980). *Autopoiesis and cognition: The realization of the living.* London: D. Reidel.

Perls, F. (1969). *Gestalt therapy verbatim.* Lafayette, CA: Real People Press.

Perls, F. (1973). *The Gestalt approach and eyewitness to therapy.* Palo Alto: Science and Behavior Books.

Perls, F., Hefferline, R., & Goodman, P. (1951). *Gestalt therapy: Excitement and growth in the human personality.* New York: Julian Press.

Pörtele, H. (1987). Gestalt-Theorie, Gestalttherapie und Theorien der Selbstorganization. *Gestalttherapie, 1*(1).

Pörtele, H. (1989). Gestalttherapie und Selbstorganization [Gestalt therapy and self-organization]. *Gestalttherapie, 3*(1).

Pörtele, H. (1992). *Der Mensch ist kein Waegelschen* [Man is not a pushcart]. Koeln: Edition Humanistische Psychologie.

Schwartz-Salant, N. (1982). *Narcissism and character transformation.* Toronto: Inner City Books.

Simkin, J. (1976). *Minilectures in Gestalt therapy.* Albany, CA: Wordpress.

Spinelli, E. (1989). *The interpreted world: An introduction to phenomenological psychology.* London: Sage.

Stern, D. (1985). *The interpersonal world of the infant.* New York: Basic Books.

Teschke, D. (1989). Der radikale Konstruktivismus und einige Konsequenzen fuer die therapeutische Praxis [Radical constructivism and some consequences for therapeutic practice]. *Gestalttherapie, 3*(1).

Wheeler, G. (1991). *Gestalt reconsidered: A new approach to contact and resistance.* New York: Gardner Press.

Yontef, G. (1988). Assimilating diagnostic and psychoanalytic perspectives into Gestalt therapy. *The Gestalt Journal, 15*(1).

Zinker, J. (1987). Gestalt values: Maturing of Gestalt therapy. *The Gestalt Journal, 8*(1).

親密花園 完形取向伴侶治療理論與實務

第四章
伴侶與家庭系統內經驗整合的歷程

Netta R. Kaplan、Marvin L. Kaplan　著

張廣運　譯

　　伴侶與家庭治療的理論家們廣泛地使用系統思考，作為能夠透視家庭成員關係最有希望的方法；但在創造家庭系統綜合理論的努力上卻出現了小瑕疵（Bogdon, 1984; Dell, 1984; Kaplan & Kaplan, 1982; Schwartzman, 1984）。從系統的角度來看，這些努力根本上有一個問題就是，伴侶與家庭運作的觀察和系統的建構之間的關係：究竟用哪一種觀察的方法來導出理論較佳？或從研究與臨床人員的操作去觀察嗎？還是從它的運作是如何發生來觀察？

　　這個問題的核心在於我們對系統是如何發揮功效的假設，以及對所觀察到的資料之間關係的看法。由治療師所操作的觀察，已被描述為：這只是觀察者就自己所觀察到的部分所做的建構，並不是實際發生的（Bavelas, 1984; Bogdon, 1984; Doherty, 1986; Kantor & Kupferman, 1985; Keeney, 1979; Schwartzman, 1984）。從系統的角度來看，這就會出現另一個困難：因觀察方法的不同必然會減少不連續「事件」（things）的連續歷程。歷程不是一個事件或結構，而是與脈絡有關、且經常連續不斷地改變（Dell, 1984; Kaplan & Kaplan, 1982）。Bateson 在 1975 年就曾針對這種與實際發生的觀察資料有關的困難，做了一個特別的探究。他強調的是事件的連續性：「有沒有哪一個時間或地點剛好是一件事情的開始，卻是另一件事情的結束？」

　　事實上，治療師當然都不願意將自己侷限於家庭成員所關注的那些行為，而更願意去關心那些被觀察的事件中，與關係有關的歷程。然而，要認定與界定在「那裡」（out there）發生了什麼「事」（event）時，就需要把一些自定的結構強加在實際上是連續且奠基於所處情境的運作之上了；我們把這些被切成片段的運作稱為「事件」。我們的假設是：當在某個時間點發生

的一個事件被界定了，它與同一個種類中另一個時間點發生的事件是相等的
（Bavelas, 1984; Bogdon, 1984; Doherty, 1986; Schwartzman, 1984）。這種從分
類延伸出來的模式，被假定是存在於一個被界定的形式當中；也因此，它會
被視為觀察一個家庭系統如何實際運作的指標（Doherty, 1986）。Keeney 在
1979 年也提出相同的論點，他說：由觀察家庭運作所提出來的建構，是這個
歷程的一種象徵，而不是對實際歷程的描述。

解釋系統自我維持的問題

　　當使用自體平衡（homeostasis）的概念來觀察伴侶與家庭系統形成的
運作時，就會出現某些難題。儘管隨著時間的經過，家庭系統運作中出現了
不少的變數，但它看起來仍像是一個穩定的組織；這種表面上看起來相當突
出的穩定性，其實是基於一種假設——假設被觀察到的變數會不斷規律地重
複、且有固定的模式（Dell, 1982, 1984）。何況，家庭成員還會對治療師表現
出嘗試改變的努力——如：暗示家庭是處於一個封閉且自體平衡的狀態——
產生抗拒（Dell, 1982, 1984; Ford, 1983）。這樣的觀察會讓理論家認為家庭系
統比較像是一個持久的「事物」，以自體平衡的特質維持它自己的存在。Dell
（1982, 1984）、DeShazar 及 Molnar（1984）和 Bogdon（1984）都對此提出
建議，他們認為：治療師所觀察到且被歸因為自體平衡的事物，如果改以觀
察者是如何跟系統互動來思考時，就會比較容易理解；因為從這樣的觀點
來看，所謂的「抗拒改變」，只是反映出伴侶或是家庭在面對治療師的努力
時，他們是如何運作而已。Dell 在 1982 年時也注意到：與其說是系統「不
要改變」，倒不如把它看作一種「配合」或是適應環境的情況。Hoffman 在
1981 年時就看到這樣的限制，因此她跳脫以自體平衡來解釋伴侶或家庭系統
要保持其穩定且不願改變的看法。她認為系統的發展是用一種演化的方式，
在不同的時間點隨機出現一些變動；有些甚至可以幫助系統避免瓦解且再平
衡。因此所形成的歷程就會變得更統整，系統的模式也會變得更複雜，而模
式的組織也會變得更穩定。這種假設說明了系統還是可以改變的，但是改變

就會產生某些模組（patterned entities），而這些模組後來又會反過來對事件造成一些影響；所以，為什麼一個系統的運作看起來會是那個樣子，是因為有某些持續因素所造成的。

活的系統的本質

可不可能發展出一套了解伴侶及家庭系統運作的方法，但不必提到影響運作因素的必然規律呢？這個方向似乎是不可能的：觀察者如何界定這個持續在進展、改變且深深地存在生活脈絡當中的實際歷程？事實上，很多看到這種與觀察方法並存的家庭治療理論家都建議：目前並沒有什麼好的替代方案，能用的只有這種不太精密的觀察法（Cousins & Power, 1986; Doherty, 1986; Ricci & Selvini-Palazzoli, 1984）。

然而，Dell（1982, 1984, 1985）卻建議以不同的方式，他使用 Maturana 對活系統（living systems）本質的研究。這個方法以系統的形成原則為基礎。Dell 曾說：當檢查活系統的本質時，可將不同系統的運作所產生的另一新系統來做比較。結果發現：一個有機運作的系統與連續運作的系統，在根本上是有所差異的。前者是一個實際的系統，其運作像是一個有機體，是一個連續的、維持連貫性的組織，而後者的連貫性則是來自於實際系統間的互動，以便創造出一個互動性的系統（Dell, 1982, 1985）。而個體就是以實際的有機體系統的形式而存在，也就是說：人是一個時、空連續結構的生命。一個連續運作的系統並不會消失，除非系統瓦解了；相對地，一個互動的系統有可能會被終止而產生不連續的運作與不連續的改變，但卻又能重新組織起來（Dell, 1985）。

運用到伴侶與家庭治療時，這樣的看法會產生一個非常驚人的概念：個體的運作是主要的系統，以此產生次要的伴侶或家庭系統的一致性（Dell, 1982）。一個伴侶或家庭系統的發生，是存在於家庭成員間互動歷程的運作；用 Maturana 的話來說，一個互動系統被創造成實際的系統，其中包含把不同的媒介作為有結構的配對（Dell, 1982）。

第四章 伴侶與家庭系統內經驗整合的歷程

　　Maturana 的研究是重要的，因為它處理的是系統持續且有固定模式的存在，但又不需要持續的特性。基於他在活系統生物學研究，Maturana 說：系統的運作是在「結構上」被決定的，不論從哪個角度來看，活的系統或稱為有機體系統都有一種結構性的存在；而這個結構決定了它如何與它的媒介配對或是互動（Maturana, 1978; Maturana & Varela, 1980）。Maturana 使用**結構**一詞並不意謂系統是靜態的。實際上，結構所指的是在任何時間點，有機體都在時、空中存在，只是存在的形式取決於它在那個時間點時是如何運作；當有持續不斷的互動或配對發生時，一個系統會不斷被重建。事實上，一個系統的結構會透過重建不斷地演化；因為它不斷地與所處的環境有所關聯，所以不管在任何時刻，當我們說一個系統存在時，那不僅是一個歷史，而是指在那個時間點時所演化出來的最新結構；甚至，一個活的系統看起來就像是一個互動系統的一部分，或是根植於互動系統之中。因為活的系統會透過存在於這樣的媒介之中，發展出自己的結構來，而且還要依賴這個媒介才能真實存在（Maturana, 1978）。

　　以上簡要說明 Dell 和 Maturana 的研究，對於家庭治療的系統理論家奮鬥已久的一些矛盾，提供了一個新的思考方向。家庭治療理論家假設可以用系統來描述一個家庭如何隨著時間變動而運作，也可以透過已發生的模式、規律、波動（oscillations）及運作的循環來定義這個系統；Maturana 的概念指出：系統是以立即的結構和運作的狀態而存在，所以應將焦點從系統的界定移轉到系統的歷程，思考系統歷程如何在一瞬間就自然發生了。此外，針對家庭治療理論家認為：系統只有在把家庭當作一整體時才能看得透徹，在個人運作時，就會造成線性的因果（linear causality）。Dell 和 Maturana 的想法幫助我們去欣賞個人的運作如何能夠被當作一個系統來看，個人系統和伴侶或家庭系統的特性有何不同，以及伴侶或家庭系統是如何以次級互動的現象來看待。

經驗的整合

完形治療的理論中有這樣一個概念，那就是：個體的運作是一個與環境發生持續不斷整合的歷程（Kaplan & Kaplan, 1982, 1985）。完形的人類運作理論與上面所介紹的觀念是一致的；這種關聯性會讓讀者感到非常驚訝，因為曾有人認為完形治療是一種經驗導向的治療方法，而非人類運作的理論。但早期的完形治療理論家，像 Goodman、Perls 及 Hefferline，就曾描述人類的運作就像是一個持續不斷的經驗歷程所形成的系統（Perls, Hefferline, & Goodman, 1951; Perls, 1969）。他們假設人類有機體的運作是整體性的：一個統整的組織歷程包含了運作中的自我維持（self-maintaining）。以此為出發點，不同人格功能運作的區辨——或稱之為「部分」，都被視為不連續歷程的「幻覺」，因為不連續的歷程實際上已附屬在整個連續不斷的組織歷程之中。

雖然早期完形心理學家並不傾向於發展取向的，但對我們而言，他們的想法如果套用到發展進程的框架，就會比較容易了解。發展進程看起來像是一個經驗性整合（experiential organization）的整體歷程；發展心理學家假定：個體的演化就是一個不連續功能運作的分化與整合（Flavell, 1984）。他們同時也假定這些功能之間彼此互動，進而成為協調一致的狀態。這些不連續的功能運作是有知覺的組織，且具有知覺的恆定性；它亦是一種能力，能夠去專注並維持注意的廣度、運動的協調、關係與因果的概念化，以及分化自我概念等。

差異比較大的發展觀點則是：這些運作是在已經界定好的研究情況下而呈現不連續的情況，但是實際的運作卻是一種整體演化的歷程；此歷程的發展是因為有連貫性的經驗出現。在重新建構歷程中，個體的有機系統是沿著經驗連貫性這個路徑而發展。透過與環境的不斷互動與建構，其進展讓人類擁有更複雜的經驗整合歷程，使有機體更能維持其自我經驗的整體性；從這樣的角度來看，有機體的運作如何變得更有組織，與維持統合的整體歷程是一樣的；也就是人們能夠讓他或她們自己體驗到「連貫性」，這種個體的連貫性透過經驗整合的歷程，創造個人經驗的穩定又持續不斷的能力。

Maturana 認為知覺功能的發展，奠基於持續不斷的有機結構整體的分化歷程（Dell, 1985; Maturana, 1978）。這裡所展示的立場是相似的，但卻把經驗的整合描述成「控制的」，或至少變成由結構所決定的運作的中心概念，這樣做是因為它可以用來創造經驗的連貫性、連續性，及整合經驗的穩定性。

成形的歷程

在完形治療的觀點中，經驗整合的發展會演變為更分化的成形（configuration）歷程：一個是有關係的焦點歷程，另一個是當作背景的非焦點經驗活動（Kaplan & Kaplan, 1985; Perls et al., 1951）。有機體發展一種能力去創造經驗的整合，也因此得到對關係上的焦點注意與非焦點的脈絡性活動的能力。焦點注意的發生時機是當有機體這個系統能恆定地發展出一種整合經驗的能力，因為這樣做才可以創造出客觀的經驗，以及它的現實性。有機體與它自己建構的客觀現實，或稱為線性的現實，是一種一致且持續去完成經驗的工具。人們所認定的、關心的與界定的穩定性與線性，是他們自己所建構的，而實際上，這些建構卻是被當作是一個由非線性所創造而能持續不斷的整合歷程。

成形的歷程並不是要說明人們如何創造他們自己的「客觀現實」，因為客觀的現實就如同一個幫助經驗穩定運作的「錨」一樣，而成形的歷程也不是在解釋或界定經驗現象是如何的運作，因為經驗現象的界定實際上已存在。相反地，整個成形的歷程之中：人們關心、公認與界定的事物所構成的焦點歷程，總是在整個成形的情境下運作與被修正。舉例來說，在觀察一個木製的紅色方塊時，我們可以將視覺的紅色作為焦點，木頭與方塊或其他的特性就成為經驗中不被辨識的背景；相反地，如果我們把眼睛閉上，去感覺木頭與方塊，紅色或其他特性也就成為背景。這種界定出來的圖像，是一種非線性活動情境下的線性建構；當我們維持圖像的組織時，就是在維持經驗的穩定性。

當人們集中注意時，他們就在創造對不連續成分的認定；這種認定是一種線性的建構，實際上並不存在於他們所創造出來的客觀形式當中，不連續運作的區別與特性其實都是人為的。在現實生活中，並沒有什麼心或身，或是不連續的運作像認知、記憶、知覺或是情緒這樣的東西存在；相反地，建構的本身就已構成了它們自己所認定的經驗。人們創造或規範這些歷程，發生於他們知道他們是如何運作的那一刻，用 Maturana 的概念來說：他們目前的運作是如何被結構性地決定了。

當人們創造出一個跟他們自己有關的「在那邊」的客觀線性時，他們也同時創造了自己的經驗。他們的經驗和他們創造出來的客觀現實是有關聯性的。舉例來說，當一個人認定另一個人是「溫暖且友善」時，其實這是體驗者自己所創造出的經驗，並和別人的溫暖與友善形成關係，這種客觀的認定經驗則是奠基於持續不斷的整個成形的歷程，而這個有組織的整體，則構成了一個人立即的辨識或非辨識的個人經驗（self-experience）。

這裡有一個重點，就是與背景有關的焦點歷程，代表的是一個人經驗運作的全部，那跟情感、認知，或是心、身的關係是不一樣的，因為那些都是線性的區別；而焦點歷程則是人們如何去整合自己的經驗，以創造出對事物或事件的客觀感受。這種認定的經驗實際上是存在於整個持續不斷的經驗活動歷程當中。這樣的角度可以和以線性的概念作為基礎的經驗取向方法做比較。Johnson 和 Greenberg 在 1987 年為重要互動經驗現象的區辨，提出了一個很精密的模型，其概念假定：不連續的感覺、情緒和認知是因連續出現的現象被注意到，且加以焦點化才會存在的。

在創造一個焦點歷程時，何種事物會被整合成為焦點、歷程又是如何發生？這些問題就如同是：個體如何在一個立即的時間向度內運作，以及他或她如何同時體驗自己一樣。舉例來說，當一個人「正在看」及「正在聽」一部電影時，他或她就是正在創造一個焦點的、客觀意義（objectified meaningful）的組織，同時擁有創造者與出席者兩種身分。這個人可以轉移他注意的焦點，例如：轉移到身體的不舒服或是發現自己正在看電影，這時候，「電影」就不再是焦點而變成背景了。這種自我經驗的改變是以注意力

的焦點如何被引導到不同的方向而產生的，然後一個新的焦點經驗客體就成為一個不同的經驗成形。雖然這個個體轉移了他或她的經驗組織，但在同一個時間，他或她還是以身來轉移主導者的角色，維持其自我經驗的連續性，這種對成形做修正或轉移的歷程，就是實際上得以維持連續性的歷程。

伴侶與家庭內相互支持的運作情形

當個別的、主要的、有機的系統進行互動時，他們就創造出互動的伴侶與家庭系統，伴侶或家庭的成員可以被當作是有關係的運作。在其中，他們的運作是協同的，而每個人所創造出來的「現實」，都可能被彼此的體驗而支持。在家庭運作中所觀察到一些規律與模式的出現，則是可以歸因為家庭系統在經過一段時間後，展示自己，並將其定位為人們持續參與，並且相互協調的互動歷程。每次他們創造及維持個人經驗的組織歷程時，就創造出彼此間的熟悉度，以及預期適合那個立即情況的相互支持歷程，這些協調歷程的運作，是要維持個體成員內經驗組織的穩定性與持續性。

要如何描述這種運作呢？假想有一個情形，有一位母親在批評她十來歲的女兒，因為媽媽發現她的女兒有很多行為是不好的，女兒就為自己辯護，並且怪媽媽不尊重她。這時候，爸爸完全不理會這件事。治療師看到這樣一段簡短的敘述，認為這應該是這個家庭常常出現的模式，可以被當作這個家庭系統的一個描述。不過，所謂的模式也可以是最近在家庭成員間建立出來的支持歷程，像是他們所認定與期待的熟悉度、被期待的運作等；因為要關注的是每個人如何運作，而不是整體的模式。有人就注意到這些成員運作的特色，這些特色可以反映出在與別人互動時，每個人是如何謹慎及短暫地去整理自己，以維持自己並讓自己的存在是持續的。我們注意到，有一瞬間，這位媽媽似乎失去了力量、猶豫，並且朝她的先生看，但先生並沒有反應，甚至沒看到這個動作。於是她轉向她的女兒，嘆口氣，然後說：「我似乎沒有辦法隨時在你身邊，我覺得你沒救了。」這位媽媽的行為或許可以被解讀成她只有在瞬間做努力，想要從武斷的情況重新組織成不確定與猶豫，伴隨

著無助的感覺並且想要求助。這種情況可以說是短暫自我整合的轉移，一種為了改變而謹慎尋找可能的支持，以及在缺乏有回應的支持情況下，回到最熟悉的支持方式。

家庭常常被形容成被絆住或是「被關在裡面」（locked in），指的是存在一個時間不間斷的系統；更正確的說法，通常是指在高度熟悉的相互協調下運作（Kaplan & Kaplan, 1982）。舉例來說，一個家庭成員被困在相互支持的系統中，讓經歷這種經驗的他或她變得脆弱，而且還要忍受彼此的責備。一直要等到這個高度熟悉的支持環境對他們目前的經驗整合產生認可，家庭成員的互動歷程才會被創造出來。家庭成員會期待這樣的歷程到來，而且這些歷程其實早已完成只是需要再活化。當家庭成員進到這樣的歷程中時，他們已很難從這種熟悉的支持歷程中跳開，而家庭也在這樣的運作下，得以保持穩定且受到妥善的保護。

觀察經驗整合的歷程

在任何時刻都有很多的運作在發生，每個人的經驗整合歷程奠基於互相支持的歷程是如何被認可。可以明確觀察到的是：經驗整合的規律如何在個體與整個互動系統的運作中同時明顯的出現。下面列舉的情況將呈現這些同時的歷程，而且也將展現如何能以不同的協調方式在家庭情境中運行。我們將以同樣的歷程套用在一對伴侶的互動系統上。

情況一：一位父親正嚴厲地批評著他十來歲的兒子，他告訴兒子，他發現了兒子的那些行為讓他這麼生氣。幾分鐘後，媽媽插話進來，並為兒子辯解，並且間接暗示父親太過苛責了，父親對此的反應是變成生悶氣。

情況二：在同樣的情況下，當父親在說話時，可以看到媽媽出現痛苦的表情：她的臉看起來很煩惱，而且在她要插話為兒子辯解，並批評她的先生前，她很不舒服地在座位上動來動去，而父親後

來的反應和情況一相同。

情況三：同樣的情況，媽媽同樣看起來很痛苦，只是這次她深呼吸，把頭抬高，然後以一種微微顫抖的聲音說話。她告訴其他的家庭成員，發生這樣的情況，她覺得很沮喪及難過，父親的反應則是對她的感覺表示關心。

情況一和情況所二所描繪的家庭運作方式，治療師通常會把它們認定為「系統的維持」（maintaining the system）；雖然在情況二出現一些變動（fluctuation），但是它並沒有正式地被確認，而且這個模式仍然依程序進行。這個被稱為變動的事件，可作為讚賞這位媽媽的一個指標——讚賞她能使用支持歷程而有試探性轉移的整合歷程。她可能沒有辨識出她正在探索一種不同的體驗性經驗（experiential experience），或是她沒有體驗到別人提供足夠讓她改變的支持，在缺乏對改變的支持下，她的變動就流失掉了，她及其他的家庭成員就繼續走熟悉的、期待中的路線，就好像變動從來沒發生一樣。

但情況三中描述這個媽媽漸漸向不同的經驗整合移動，她改變了平常她如何規範的自己，而且產了了功效。她這樣做在某種程度上提供了對別人的不同支持，並打開一條讓別人可以表達他們跟以往不同支持的路。這個家庭的成員現在開始走往不同的方向，那個方向是支持改變的，在這樣的改變中，他們彼此有所關聯並且一起運作。

相互支持歷程的特質

當一對伴侶或家庭系統被看成是透過參與成員持續不斷的相互支持歷程的運作而存在時，我們就有可能發現系統在不同時刻是如何運作。我們不是去界定出規律且有模式的事件，而是去觀察一個持續的歷程；這個歷程所展現的是：在環境的支持下，每個成員如何透過一個所謂「改變規律的整合歷程」（change-regulating organizational process）來運作，整體又是如何透過一個符合相互支持歷程的系統來進行運作。在支持歷程中，我們可以觀察到以

下三個特質：關係穩定之協調歷程、在歷程中轉移，以及對持續不斷歷程修正的支持。

1. 當家庭成員體驗到彼此高度熟悉與高度協調的方式後，會支持他們以「非常了解」（know well）的運作方式繼續進行。此時，這個相互支持的歷程已經進入關係的穩定階段。在這種運作下，治療師經常看到的是規律與模式，家庭成員自己也能辨識這種運作方式，雖然他們不會用治療師的方法來講明白或解釋。前面我們提到一位媽媽在批評女兒，而先生卻漠不關心的例子，說明這個家庭都非常了解這個「模式」。當這位媽媽很小心地尋求改變的支持時，當她小心地作改變但不被認可時，她很快就放棄這樣的努力，但整個支持歷程卻仍是穩定的。

2. 歷程中的轉移發生在熟悉且關係穩定的支持有所讓步的時候。家庭成員快速地從一個非常熟悉的「模式」轉移到另一個模式。不過，這樣的循環並不是持續的原因所造成，而是以關係穩定的形式，逐漸的或是以別的方式，朝著不穩定的方向來移動，產生另一種熟悉又相互支持的形式。於是，再度穩定（restabilization）的情況就發生了（Kaplan & Kaplan, 1982）。

3. 對於整合經驗做修正的支持是支持性運作的第三種特質。在這個歷程中，家庭成員能夠將他們自己與他人從熟悉的支持形式中釋放，讓他們可以探索不同的或是沒有試過的組織歷程，進而統合新的經驗。家庭成員期待得到支持，以跨越已知與安全的自我組織方式時，這樣的歷程就會發生了。當他們敞開自己來運作，這個歷程稱之為「個別化歷程」（a process of individuation）。

伴侶與家庭系統內經驗整合的歷程　第四章

家庭的成員會試著避免去運用不確定與不熟悉的支持歷程，因為他們會預期在經驗整合的持續歷程中，會有失去支持的風險。不過，每個人不同的地方不只在他們如何整合自己，還有他們在離開了熟悉、可預期的安全方式之後，他們預期有怎樣的危險會出現。某些情況下，人們會害怕失去那些已

經穩定、整合好的經驗,有些則是預期會掉入脆弱、丟臉、被孤立,或是失控等等。人們用這種有限制且規避風險的運作方式,不僅是因為他們不喜歡或是預期有傷害或痛苦伴隨著改變出現,同時也是因為他們預期會「變成」這些經驗。

治療的方法

在支持歷程的特質中有關變數的討論,幫助我們看到一位治療師如何協助一個向著有危險的、但卻有發現的家庭,去探索不同運作的支持來做修正。這些方法跟完形治療的方法是一致的,都是處理此時此刻的經驗運作——促進覺察,不過我們在這裡會傾向於使用影響運作發生的支持歷程(Kaplan & Kaplan, 1982)。在辨識出互動支持歷程在一瞬間有所運作後,治療師們可以使用促進改變的支持之方式介入。他們注意到伴侶或家庭系統的協調支持的歷程是如何運作,但是主要的關注點在於可以反映出(本文前面曾提到的)試驗性的、謹慎的或探索性的改變的努力,在這個持續不斷的支持系統中,治療的焦點是放在可以反映出維持或改變歷程的活動,我們將透過簡短地描述一個家族治療的開始來敘述這個歷程。

有四個家庭成員進來,看起來輕鬆愉快,但坐下來之後,就變得嚴肅,而且看起來像是等誰先開始。爸爸看著媽媽,好像在期待什麼一樣,但是她卻把頭轉過去。治療師就說了:「Jim,我看到你在看Rose,你是想跟她要什麼東西嗎?」Jim回答:「嗯,她在車裡說很多話,我不明白她在這裡為什麼這麼安靜?」治療師又說:「所以,你的意思是你要她說話,而她卻沒有?」Jim看起來不舒服地說:「我覺得有點挫折,我不了解她現在為什麼不說了?」在這個時候,他把頭轉開,看起來有點垂頭喪氣的。治療師針對他把頭轉開進行評論,然後問他為什麼這樣做?他說:「我不喜歡批評Rose——也許她覺得在這裡說話會緊張或是什麼的。」他又再次看著他的太太,這時候,她把頭轉向他,於是他問她:「嗯,你覺得是什麼?」Rose

回答:「你是對的,我會緊張,我知道我在車裡說了很多,但那不一樣,我想我現在覺得比較好一點了,因為你問我覺得如何,而不是堅持要我說點什麼。」這個媽媽現在看著其他的家庭成員,他們安靜地坐著,但是似乎很注意地在聽。治療師就她看著她的小孩做了評論,接下來她表示,她在意小孩們對她在車裡所說的感覺如何,以及她在這個治療中可以如何開放自己。

這個簡短的敘述,指出了治療師如何在嘗試修正的關鍵點上,支持這個持續不斷互動的系統支持,去進行促使改變的關鍵方法。當他們針對支持歷程去整合自己時,治療師把焦點放在成員嘗試性探索的運作上。在這段敘述中,重點不在父親談論的內容,也不在他對太太有何感覺,而是當治療師注意到他有嘗試轉變而給他支持時,他是如何整合自己,並修正自己的整合歷程。這樣的運作下,治療師並沒有等家庭成員向高度穩定的支持歷程移動,而是立即將注意的焦點放在修正自我整合歷程的實驗上,並提供鼓勵和支持。

伴侶治療師如以經驗整合歷程作為其治療取向,那他們就會注意到伴侶與家庭運作所出現的規律、模式及主要話題;但是他們會將這樣的運作概念化,而為成員目前如何相互發展,並恪守自己所熟悉的整合方式。治療師關心的主要焦點,正是在那個當下,成員是如何體驗到自己的,特別是如何體驗到自己對於其他成員的支持。其他成員也包括治療師;這種運作假定是可以反映出對於另一人實際且持續不斷所創造的整合歷程。當治療師關心且將注意力指向何者可以明顯引發改變的歷程時,伴侶與家庭成員就會被一種明確且專注的態度所支持;而當成員們修正他們的運作方式時,這些修正也會反過來影響在這互動系統中的其他成員體驗到支持。當把注意力放在目前整個系統的運作時,個體如何運作也會成為相同的觀察焦點。

用這種方法看伴侶與家庭運作的治療師會看出:一個能區辨出他或她自我經驗的人,會冒著跳脫被認可為熟悉、安全的支持風險,而且要有想要去探索這種已預期相當不安全情況的意志力。治療師由這樣的觀察所衍生的治

療方法，就是要協助家庭成員創造出相當安全的經驗而願意去冒險的想法，且期待會有不斷的支持。所以使用這種取向的治療方法，治療師不但展現知識和專業技能，他們還必須提供家庭成員去體驗到真誠的支持關係。

結語

這篇文章一開始，我們就描述了系統思考運用於伴侶與家族治療時所發生的困難，這樣的困難很明顯，可能是因為這個系統處於連續不斷的狀態而造成的。伴侶與家庭看起來比較像是一個有很穩定界限的歷史性實體。但這樣卻誤導了治療師與理論家，他們因而假設：有些事件之所以一再出現，反映出一種實際且既存的運作模式，這是一個持續不斷系統的特性。這種持續反覆出現的特性需要一個架構來解釋。

同樣的議題出現在人類經驗的運作上。如同伴侶與家庭系統的運作，我們在古老的智慧以及對自己個人感覺的引導下，讓我們歸納出一個想法：我們的心理運作是會持續不斷存在的；但在伴侶與家庭系統及個人運作脈絡下，有關造成反覆出現與穩定性的持續因素，仍然缺少一個必備的系統原則來加以解釋。

想要進一步了解伴侶與家庭互動的運作如何成為一個被創造出來的次級歷程時，Dell 和 Maturana 的研究提供一個可以將這種持續又變化不斷的歷程概念化的基礎，並且能將其來龍去脈及關係整合成一個實際的系統。也因此，伴侶與家庭系統的運作就可以成為個人系統化運作的媒介。這樣的看法幫助我們在描述人類經驗運作時，可以明確地以時間作為辨認且加以組織的方法。也就是說，人們實際的運作是持續不斷的改變、自我經驗整合的歷程；但當運作時，他們會整合這些持續的經驗歷程，並創造出客觀的線性經驗。事實上，人們是被「建構」出來使用這種運作方式的（Maturana 覺得建構是目前的存在與運作）。因為人們為了目前的存在，已經發展出以環境作為媒介，並依賴他們與環境的關係而加以運作。

這種對個人與伴侶或家庭運作的描述，確認出人們如何在彼此有關係

的情境下，維持他們持續有組織的歷程，而彼此間的關係則是一個對等且相互支持的歷程。這個歷程的進行，看起來似乎是造成事件反覆發生及有模式運作的因素；而事實上，這個歷程是以一種非常獨特的方式來創造，就像是個體在當下運作一樣；但那些持續不斷的相互支持卻是與系統一樣的存在與運作。實際改變的是支持歷程的改變，以及個人如何存在與其經驗的真實轉變。治療師如果用這樣的觀點來介入，就要注意：當改變發生的時候，風險是如何造成影響，協調的相互支持系統是如何做修正，系統運作中的改變又是如何一起發生的。

附註

本章節的譯本最早是在〈心理治療〉（*Psychotherapy*）（Fall 1987, Vol. 24, No. 15）發表。

參考文獻

Bateson, G. (1975). Some components of socialization for trance. *Ethos, 3*, 143–156.

Bavelas, J. (1984). On "naturalistic" family research. *Family Process, 23*, 337–345.

Bogdon, J. (1984). Family organization as an ecology of ideas. *Family Process, 23*, 375–388.

Cousins, P., & Power, T. (1986). Quantifying family process. *Family Process, 25*, 89–106.

Dell, P. (1982). Beyond homeostasis: Toward a concept of coherence. *Family Process, 21*, 21–41.

Dell, P. (1984). Why family therapy should go beyond homeostasis. *Journal of Marital and Family Therapy, 10*, 351–356.

Dell, P. (1985). Understanding Bateson and Maturana: Toward a biological foundation for the social sciences. *Journal of Marital and Family Therapy, 11*(1), 1–20.

DeShazar, S., & Molnar, A. (1984). Changing teams/changing families. *Family Process, 23*, 481–486.

111

第四章
伴侶與家庭系統內經驗整合的歷程

Doherty, W. (1986). Quanta, quarks and families: Implications of quantum physics for family research. *Family Process, 25*, 249–263.

Flavell, J. (1984). Discussion. In R. Sternberg (ed.), *Mechanism of cognitive development.* New York: W.H. Freeman.

Ford, F. (1983). Rules: The invisible family. *Family Process, 22*, 135–145.

Hoffman, L. (1981). Foundations of family therapy. New York: Basic Books.

Johnson, S., & Greenberg, L. (1987). Emotionally focused marital therapy: An overview. *Psychotherapy, 24*, 552–560.

Kantor, D., & Kupferman, W. (1985). The client's interview of the therapist. *Journal of Marital and Family Therapy, 11*, 225–244.

Kaplan, M., & Kaplan, N. (1982). Organization of experience among family members in the immediate present: A Gestalt/systems integration. *Journal of Marital and Family Therapy, 8*, 5–14.

Kaplan, M., & Kaplan, N. (1985). The linearity issue and Gestalt therapy's theory of experiential organization. *Psychotherapy, 22*, 5–15.

Keeney, B. (1979). Ecosystem epistemology: An alternative paradigm for diagnosis. *Family Process, 18*, 117–130.

Maturana, H. (1978). Biology of language. In G. Miller & E. Lenneberg (Eds.), *Language and Thought.* New York: Academic Press.

Maturana, H., & Varela, F. (1980). Autopoieses: The organization of the living. In H. Maturana & F. Varela (Eds.), *Autopoiesis and cognition.* Dordrecht, Holland: D. Reidel.

Perls, F. (1969). *Gestalt therapy verbatim.* Lafayette, CA: Real People Press.

Perls, F., Hefferline, R., & Goodman, P. (1951). *Gestalt therapy.* New York: Julian Press.

Ricci, C., & Selvini-Palazzoli, M. (1984). Interactional complexity and communication. *Family Process, 23*, 169–180.

Schwartzman, J. (1984). Family theory and scientific method. *Family Process, 23*, 223-236.

親密花園

完形取向伴侶治療理論與實務

第五章
再婚伴侶的心理治療

Patricia Papernow　著

張廣運　譯

　　當我們提到「家庭」的時候，大多數的人想到的圖像是一個母親、一個父親以及他們的子女。但事實上，在 2000 年以前，繼親家庭（stepfamily）就成為美國的主流家庭。所謂的繼親家庭就是夫妻的一方或雙方帶著他們前一段婚姻所生的子女再組織一個新的家庭（Glick & Lin, 1986）。而在歐洲各國的離婚率逐漸升到每三對夫妻會有一對離婚的同時，繼親家庭的數量也逐漸在增加當中；因為大多數的離婚夫妻會有子女，而且大多數的人會選擇再婚，所以在下面兩個案例中，我使用再婚（remarried）這個名詞來泛指所有選擇再結婚的人，不論他們前幾段婚姻是否美滿。剛開始進入繼親家庭生活的人常充滿了緊張、複雜和困惑，這會使得他們求助於臨床工作人員，但很可惜的，這些專業人員目前還未準備好提供適當且有效的協助。

案例一：「單」（single）繼親家庭（由親子組成的一方，與沒有子女
　　　　的另一人所組成的）

John 和 Regina 在結婚兩年後來接受婚姻治療。這是 Regina 的第一次婚姻，而 John 則是再婚。John 有一個九歲的女兒叫 Tammy，他用很不耐煩且強烈的口氣告訴 Regina，他覺得她在晚餐時太退縮而且表現得不恰當，Regina 焦慮地問他：「你什麼意思？」「你希望我怎麼做？」John 說：「你應該多參與，加入我們，你坐在那裡像一灘爛泥。」Regina 沉默，之後小聲地回答：「但是你的女兒根本覺得我是不存在的。」John 回應：「那太好笑了，你已經是個大人了。」聽完之後，Regina 肩膀下垂，變得完全沉默。John 交叉雙手，他的臉和身

體緊繃，他說：「我覺得好挫折，如果你不跟我談的話，那我們能怎麼繼續下去呢？」Regina 臉色變得慘白，她的肌肉和嘴巴暗自出力，而 John 則是跌坐到椅子裡，這段談話就在沉默中結束。

案例二：「雙」（double）繼親家庭（再婚的雙方都各自有子女）

Sheila 有兩個男孩，一個十三歲，一個十歲；Aaron 則有兩個女兒，一個十一歲，一個九歲，他們交往兩年後，現在已住在一起。他們打算在兩個月內結婚。但是，在他們過了一段有活力且滿足的生活之後，他們來接受婚姻治療，因為他們為了「任何事情」都可以吵起來。

Sheila 幾乎從治療的一開始就哭，而且話講得很快：「你是怎樣的父親，你居然連為我的兒子們買他們上學穿的衣服都不願意，他們也因此產生困擾，你實在太讓他們失望了……。」Aaron 很快地反擊：「我不是他們的父親，所以你希望我能怎麼做？而且你的兒子們連坐下來吃東西都不會，他們就站在冰箱旁邊吃，像流浪漢一樣。」Sheila 很生氣地回答：「那你為什麼不試試看在工作一整天之後還要煮飯呢？為什麼飯都是要我煮？」Aaron 也很生氣地回答：「因為我做什麼菜你都會嫌。」

和 John、Regina 或是 Sheila、Aaron 這樣的伴侶坐在一起，就算是一位十分有經驗的治療師也會被他們弄得很焦慮。在本章節中，我們將引用完形的理論和方法來幫助我們和這樣的繼親伴侶接觸時，將我們所看到的、聽到的以及感覺到的一些東西清楚地組織起來，並且試著找出一個介入的點；用完形的語言來說，本章將協助我們從一個充滿引人注目及衝突的背景裡，建構出可能的圖像來。

在這裡讓我們暫停一下，先來界定一下這個關鍵的完形術語：圖像（figure）與背景（ground）是由早期的完形實驗描述且確認的，指的是在一般的知覺歷程中，可以允許一些特定的想法、影像、感覺或目標物突出於背

景或是具體化。一般人會自然而然就這樣做，而完形的理論與方法就是立基於這樣的發現。在正常運作的情況下，圖像的正確及清晰與否，和我們組織自己經驗的能力有關；而正確且清晰的圖像可以增進我們行動的效率。但是很多東西會干擾或影響這個過程，比如說，如果一個人過去想要獲得注意或關愛的需求沒有得到滿足或是造成羞恥感，就會造成自我責備或感覺麻木，進而使得界定正確需求的過程被打斷。又比如說，和現實不符的期望也會扭曲這個過程：如果我和他人建立一個新關係前，就先認定這個關係終究會失敗的話，那我連非常小的批評都會去注意，且完全不理會別人有多少支持我的表示。而一個極為混亂或是極度充滿不信任與批評的環境，會讓圖像的形成更為困難。

圖像如果界定不清的時候，人的行動就會找不到清楚的焦點；而太多同時出現進行競爭的圖像，又會造成不停變動與沒有效率的行動；無法形成任何圖像則會造成麻痺；重複形成一樣的圖像又會產生不適宜的行動。

至於**背景**則是指所有背後讓圖像得以突出的事物。像在我的辦公室裡，背景就包括了在桌上所有的東西，還有透過我的窗戶看到的外面的景象；背景還包括了昨晚所做的夢，早上和我女兒的對話，以及我童年時希望我將來長大可以創造的歷史，還有想要再喝一杯的咖啡。我選擇何者作為圖像的原因，不僅僅決定於我在一團混亂的事物中，如何找出焦點，還關係到這團事物的內容及如何地被組織。像我現在著手寫出這篇文章作為圖像的歷程就簡單多了，因為外面是灰暗的冬天，我書桌上的東西都排放整齊，我目前只有一個計畫在下週前完成就好了，而且我有信心可以準時做到；但是，如果外面是美麗的春天早晨，而且我的書桌堆滿了過期且未完成的計畫，然後我又得想盡辦法讓我的女兒上學去，再加上我又有一個能力一直比我強的兄姊，那我就很難確定哪一個是圖像了。

雖然所有家庭都有一些共同的事物，但是繼親家庭的歷史、結構、發展過程，以及進行心理治療上的挑戰，都和首次組成的家庭有很大的不同；用完形的話來說，讓「圖像」得以形成的「背景」在繼親家庭有明顯的不同。就像很多組成繼親家庭的人一樣，在我們前面提到的兩個案例中，當事人所

帶來的背景無法讓他們妥善組織現在的經驗。結果在一般家庭中可能只是一個簡單且正常的爭議，在繼親家庭中竟然演變成痛苦且緊急的事件；在一般家庭用來有效處理這些爭議的能量，在繼親家庭竟然被誤導為責備。不幸的是，大部分的心理治療師把繼親家庭所出現的問題當作首次婚姻家庭（first-time family）的問題來處理，而讓狀況更為惡化。如此一來，界定圖像的過程被無法挽回地扭曲，結果讓當事者雙方都極度的不滿而造成一場大災難。

　　所以我們的首要工作就是先說明繼親家庭和首次婚姻家庭有什麼不同，一旦我們深入了解繼親家庭的結構對當事人有多大的影響，我們就可以把前面所舉的兩個案例中的背景描繪完整，並且找出其中的動力；這樣一來，我們就能對所看到的東西更有感覺，同時幫助我們的當事人更敏銳。接下來，我們要談到四個面向，這四個面向能幫助完形治療者在面對上述動力時界定出圖像來，我們將會以前面的案例來做說明。

背景：繼親家庭和首次婚姻家庭的不同

　　如果前面兩個例子裡的人成為我們的鄰居，他們表面上看起來和一般的家庭沒有什麼不同，都是由雙親和子女共同組成的；但是如果深入了解的話，我們會發現他們有一些差異，而這就足以讓家庭的成員與治療師好好加以運用。為了明瞭前面兩個案例內所共有的特性，我們首先必須了解繼親家庭和首次婚姻家庭的不同在哪裡。

　　繼親家庭的由來是因為這段關係中的一個或兩個成人帶著他們前一段婚姻關係所生的小孩，而前一段關係可能是因為分居、離婚或配偶死亡而結束，這個事實在我們前面的兩個案例當中，對當事雙方的互動模式有非常廣泛且重要的影響。

　　在首次婚姻的家庭中，兩人開始生活在一起，一起經歷雙方的相同點，並且探索對方與自己的不同點。當第一個小孩來臨時，不論這個小孩是親生或是領養的，伴侶雙方和這個小孩的連結是平等的；他們也繼續一起經歷如何處理哭鬧的小孩，如何一起佈置耶誕樹，如何傳誦踰越節（Passover）的

故事；當第二個小孩來臨時，很多事物會隨著再改變，但大多數已在這個家庭成長的過程中奠基，互動的準則與模式早已在經年累月的相處經驗中建立好了，就像是在所有的組織體系中一樣，雖然有些準則和模式是很清楚地被公告周知的，但絕大多數是不言自明且強勢運作的。

分居、離婚或配偶死亡則戲劇性地改變了一個家庭的組成，小孩現在成為單親家庭的一份子，而大部分的單親家庭則是擁有兩個小孩的，如此一來，由於單一家長在紀律上的要求比較難以貫徹，親子之間的界限也就較為鬆散。而小孩子在面對這麼多的鬆散和改變時，最常出現的就是明顯的退化，已經可以控制大小便的小孩又開始得使用尿布，一個五歲大可以自己穿衣服的小孩又重新需要他人的協助，在這樣的情況下，維持規則就沒有提供同理與溫暖來得重要了。

在這個新生成的單親家庭中，過去是由成人所做的或是爭執的一些決定，現在變成由還留下來的那個成人與其小孩共同來做決定了，像是看哪一部電影、晚餐要吃什麼等等。過去兩個成人會一起過的時間，現在也只能用在孩子上了，於是單親媽媽在星期五的晚上和她的小孩們一起窩在電視機前面吃晚餐，週一至週五的晚上，單親爸爸會和女兒一起窩在主臥房的大床上讀書。很快地，單親家庭就會建立出自己的節奏和儀式來。

也就是因為這樣，當單親的爸爸和單親的媽媽再度結合在一起的時候，這個新來到的繼父母就處在一個和原來的父母不同的地位。在正常的首次婚姻家庭中，「外人」（outsider）和「自己人」（insider）的角色常常會變換，有時大人們會聯合在一起，把小孩排除在外；有時，一個小孩和一個大人會連成一氣，把另一個大人排除在外；有時，兩個比較小的小孩會和雙親結盟，把第一個小孩排除在外。

相反地，在經過單親家庭早期發展的階段後（Papernow, 1993），外人和自己人的位置就會固定住了，繼父母相對於原生父母來說，就會變成完全的外人，因為原生父母和他或她的小孩間在日常生活的互動上會有共同的節奏，對某些事物會有不言自明的默契。比如說怎樣的音量是很吵；哪種玉米片是好的，是有糖或是無糖的；把外套放在餐廳的椅子上是可以的還是沒禮

貌的。從一開始，原生父母在繼親家庭裡就是自己人，因為他或她跟任何人
——小孩、繼父母、前配偶——都熟。這種固定住的自己人與外人關係在首
次婚姻家庭內是被視為不正常的，不過在繼親家庭或是親子關係先發生於配
偶關係的家庭中，卻是必然的結果。

　　在第一個案例中，John 和他女兒 Tammy 形成一個自己人的組合，
Regina 則是一個固定不變的外人，當 Tammy 在餐桌上和他的父親講話時，
這是一個正常的父女對話，但是對 Regina 來說，她是完全被排除在外且無法
參與的；而 John 這個固定的自己人，雖然同時和 Tammy 與 Regina 都有親密
的關係，但是卻只能讓她們兩人保持在陌生人的關係。以首次婚姻家庭的背
景來看這個狀況，John 會認為是 Regina 有什麼問題：為什麼不參與這個家
庭？同樣地，一個不合格的治療師也會責備 Regina 為何不參與。但如果對一
般繼親家庭的動力能有較深入的了解，見到這個狀況時就會問：「作為一個
外人，Regina 需要怎樣的支持來面對已經擁有親密關係的這對父女？」「夾
在當中，John 可以獲得怎樣的協助？」「Tammy 如何比較容易地面對餐桌上
的這個陌生人？」

　　在第二個案例當中，我們則可以看到兩組親子共同生活在一起時會
發生的情況，這樣的家庭被研究人員稱為「複雜的繼親家庭」（complex
stepfamily）。這時候，通常會有一組親子是永遠處在自己人的位置，在這個
例子裡是 Sheila 和她的小孩，因為 Aaron 和他的小孩是搬進她們家住，所
以 Sheila 和她的小孩對家庭內的環境有完全的熟悉度，從所有的器具放在
哪裡，到客廳裡的椅子要怎麼擺才對，都了然於胸；此外，Sheila 的小孩還
小，大多數的時間都待在家裡，而 Aaron 的孩子比較大了，在家裡的時間就
很少。在其他複雜的繼親家庭中會看到的情況是，如果有一組親子講話比較
大聲、動作比較快，那這組親子就會主宰所有的事物，從電視要看哪一台，
到要吃什麼，無一倖免；而另一組較安靜、動作較慢的親子，就總會滿臉錯
愕，一團混亂。

　　對小孩子來說，進到繼親家庭和進到首次婚姻家庭中是完全不同的，
雖然對小孩的父親或母親來說是多了一個伴，但是一個新的陌生人對小孩來

說，卻是另一次無從選擇的改變與失落。離婚或分居已經讓孩子失去與原生家庭的連結，在完全成為單親家庭之前，小孩的生活節奏已經劇烈地變化很多次，而這些都是無從選擇的：家人已經不會在星期天的早晨一起吃鬆餅了，家裡的家具可能少了一些，爸爸也不會再回來吃晚餐了。在家庭重新建立之前，小孩可能會失去他們的朋友、鄰居，甚至是學校；在這同時，媽媽還會變得很容易累而且常發脾氣。

大多數的單親家庭都會建立起新的常規與儀式，舊式的貴妃椅可能會被充滿抱枕的二手長沙發所取代，爸爸會在每週一次的潛水活動後跟孩子們一起吃中國菜，媽媽可能會在星期五的晚上和小孩們一起在床上邊看錄影帶邊吃爆米花。

大人們的再次婚姻可能代表苦日子的結束，但對小孩來說，那可能會是更多苦日子開始的一個信號。媽媽會花更多的時間和男友在一起，而這個男人並不歡迎小孩一起和他們在床上吃爆米花；爸爸會和他的新太太一起在廚房煮菜，但不許小孩參與；剛開始熟悉的舒適長沙發和抱枕可能又要被換掉了；這個新來的人有不同的味道、不同的感覺，對紀律也有不同的要求。完形理論告訴我們，我們經驗場的改變，特別是無從選擇的改變，會對成人產生困擾及無所適從；對小孩來說，由於他們的認同還無法從他們成長的系統中分開來，離婚或配偶死亡之後伴隨而來的再婚所產生的巨大改變，更是令他們難以承受。

同樣重要，對小孩來說也總是很痛苦的就是：新的繼父母會引發忠誠情結（loyalty bind）：如果我喜歡我爸爸的新女友，那我就是背叛我原生的媽媽。當日常生活中，大人們不斷批評彼此的時候：「你爸爸是個混蛋，他離開我們而且不再愛你了。」這會讓忠誠情結變得更難以處理：「如果我不跟新媽媽問好的話，她會氣死；但是如果我這樣做了，生我的媽媽會氣死。」

於是，對這個新的繼父母來說，每當小孩走進房裡的時候，原生父母、繼父母和小孩自己都會有一些不同的深刻體驗。小孩通常只看著他或她的原生父母，並且和他或她說話，畢竟他們之間還是有親情的連結，但是繼父母就會被視為外來的侵入者，小孩會自然而然地直接向原生父母發問及對話，

第五章 再婚伴侶的心理治療

但是被小孩視為侵入者的繼父母，就會被冷落或是遭受到直接的敵意；結果，原生父母就會覺得被拉扯、被占用、被關切，這樣的互動卻會讓繼父母覺得有距離、被拒絕、嫉妒或憎恨。同樣地，當一個哭泣的小孩第五次打斷大人們的對話時，小孩的眼淚對原生父母來說代表的是非常心疼，但是對繼父母來說，他們通常會覺得那個行為是假裝的而且會很生氣，要求被原生父母更注意的信號對繼父母來說就是更多的限制。John 和 Regina 為了能順利地對話，他們必須先認清一個事實就是：他們創造出不同的圖像，對完形心理學家來說，我們很清楚知道，兩個人會對一個事件建構出不同的經驗，理論上來說，經驗並沒有對錯，但是「我」的經驗總是比「你」的經驗來得實在且易懂。要更注意的是，雖然這種差異在人際相處上是種必然，但是繼父母在遇到一個已經和原生父母建立深厚關係的小孩時，會更快遇到這種情況；對一般繼親家庭的動力有稍微了解的夫妻比較會去看到雙方具有的不同背景，也會看到雙方關注焦點的不同，但如果夫妻雙方並不知道這個情況的話，彼此間的隙縫就會在很小的議題上，以很可怕的速度擴張。

Heinz Kohut 在 1977 年和其他幾位自我心理學家（self psychologists）提醒我們，人類有一個基本的需求叫作「鏡映」（mirroring），指的是別人可以很清楚了解我們內在經驗的一種感受。Kohut 也提醒我們，這種需求會一直伴隨我們到成人。如果一個人每天的經驗只是不斷地打破這個鏡映的話，那麼再健康的人也會開始感覺焦慮。如果把 Kohut 和完形結合在一起的話，就表示擁有共同背景和圖像的兩個人是比較容易有鏡映的；但兩個人的覺察若是大不相同時，那他們之間要有鏡映就很難了。在這裡就出現了一個弔詭的難題：那就是如何在繼親家庭的夫妻建立穩固的關係前，先減少彼此因為層出不窮且引發焦慮的事件所造成觀點上的差異。

這個任務看起來極不可能，因為「鏡映」會被不同的親子連結破壞得更嚴重，繼親家庭是來自兩個已經建立的「迷你家庭」（Keshet, 1980），每一個都擁有自己的文化（Papernow, 1987）；對一個家庭來說是很自然的情況，對另一個家庭卻可能十分怪異。在我們的第二個案例裡，Aaron 和他的小孩已經習慣坐下來吃飯，但是他們卻搬進一個家庭，這個家庭裡的母親和小孩卻

習慣站在冰箱前面，而且直接拿東西出來就吃。在第一個案例裡，Regina 習慣在早上好好地洗個澡，作為一天美好的開始，但是卻發現她的新丈夫與新女兒習慣把用過的溼毛巾順手丟在浴室的地板上，雖然這只是一件小事，但卻可能對我們好不容易建立的存在感產生威脅。這個存在感是由很多「固定的完形」（fixed gestalts）所組成的，對我們來說，那就是「現實」（reality）；大多數的時候，我們對這些完形是沒有察覺的，但在繼親家庭生活開始後不久，就可能對他們產生威脅。

在第一次遇到這樣的情況時，我們可能會有說不出來的生理感覺，覺得震驚或是被傷害。對某些人來說，這樣的感覺會轉變為沮喪，就像第一個案例裡的 Regina，他們覺得自己竟然因為沒有辦法調適這樣的一點小事，就因而變得很沉默。有些人會把起初的震驚和無助轉變為驚恐，然後快速地變成震怒，就像第二個例子裡的 Aaron 和 Sheila，他們會認為：「你們怎麼會這樣吃飯呢？」這個時候，「你是什麼意思？」這樣的回答也可能會是使另一個人震驚的答案，然後最可能出現的回答就是：「我們平常都是這麼吃飯的，你憑什麼說我們不對？」如果這對再婚的夫妻希望兩家人婚後可以快速地融合（blended）在一起的話，那他們所受到的震驚和驚恐會更強烈。

上述的反應很難再轉回到緩慢的再了解彼此的觀點，對雙方的差異充滿好奇地進行探索、了解和滿足變得不可能；因此，這就是完形治療師要協助繼親家庭夫妻完成的重要工作，完形治療師的最大功能就是幫助我們專注在此時此刻。但就算是很厲害的完形治療師，只有這樣做還是不夠的；因為在面對這些我們剛認識的夫妻時，我們還需要去了解他們之前所組成家庭的背景，以及這些經驗對繼親家庭內的每一個人，包括小孩及夫妻所產生的影響。也因此本章一開始就提供治療師和當事人需要獲得的資訊，這樣才有辦法幫助他們建立一個成功且和樂的繼親家庭。

在進行再婚夫妻的心理治療時，有幾個重要的面向要考慮：(1)我們要直接處理繼親家庭的事件；(2)我們要建立共識，也就是說，我們要幫助每一個家庭成員找到他們足以表達自己經驗的語言和聲音，同時讓成員對彼此的經驗有所了解，這樣一來，共同的背景才會增加；(3)我們必須捕捉到，在此時

第五章　再婚伴侶的心理治療

此刻，夫妻雙方有什麼互動是有助於或是阻礙共同形象形成的；(4)我們也要試著去發現，有什麼未完成事件會阻礙目前的溝通。我們接下來會描述每一個面向，看看每一個面向如何改變前面兩個案例裡當事人的關注焦點，以及他們彼此間的互動。

事實上，繼親家庭的心理治療與我們其他類型當事人的完形治療工作並沒有什麼不同：我們也是直接處理議題、提高彼此的共識、尋找系統的動力，為了了解未完成事件可能對目前形象的形成有什麼妨礙，我們也會探索過去和現在的一些互動情況。

但是差別主要是在繼親家庭中有特殊的現象，從這四個面向我們會獲得一些不同的觀點，如何巧妙地分開或是組合從這四個面向獲得的資料，還有就是治療師和當事人如何在刺激不斷出現的繼親家庭生活中，形成正確的圖像。

面向一：繼親家庭的根本

雖然我們面對其他類型的當事人時，會有比較多教導性的治療方式；但是面對再婚伴侶時，治療師需要先清楚了解一般繼親家庭的動力，這樣才能正確地在充滿一堆混亂形象的場域中，決定將注意力放在哪個焦點上。

一般來說，治療師的第一項工作就是告訴這對充滿困擾的伴侶，他們的情況並不罕見。我們可以想見，John 或 Regina 都不知道，他們在餐桌上的互動並不代表彼此間缺乏關心，或是關心不夠，而是他們的家庭歷史與結構所帶來的必然結果。同樣地，在第二個案例中，我們也可想見，Sheila 與 Aaron 決定成立繼親家庭時，一定充滿了很多的幻想（Papernow, 1993），他們會認為彼此可以過得像首次婚姻的家庭一樣，結果任何一個新的或是沒有預見的事件都會讓人覺得家庭沒有在運作。對一個面對兩歲大發脾氣小孩子的新手父母來說，發展心理學會提供他們一些正確的指導來讓能量流暢地運作，那就是把大叫的兩歲小孩帶離超市，而不是試著理智地告訴他不要生氣；同樣地，上述那兩對夫妻都需要知道一般繼親家庭的動力，以便讓他們

可以把能量從責備別人或自己，改用到避免一發不可收拾的情況，並且試著去相互了解，而且一起管理接下來的正常發展歷程[1,2]。

完形治療的原則讓我們在提供教導時能做得很好，因為它提醒我們要去注意當事人能承受的量有多少：一次兩到三個項目比一大堆資訊會來得好消化吸收。相對於正常家庭，在已經充滿一大堆要留意的東西的家庭系統裡，這個原則是重要的。完形心理學的原則也提醒我們要尊重界限，在進行晤談前，要先詢問當事人是否喜歡獲得一些資訊。早期由完形治療師所提出的口述影像（oral imagery）原則則提醒我們（Perls, Hefferline, & Goodman, 1951），囫圇吞棗並不代表學到東西。所以我們要協助當事人對我們提供的新資訊進行整合，我們要問他們這些資訊是否有用？並且要請雙方面對面來談彼此的家庭經驗有哪些是相近似，而哪些是不相同的。

要注意的是，把無計可施的伴侶要求別人指導的請求當作「內攝」是絕對不公平的。對再婚伴侶提供好的協助，通常要把我們的教導角色延伸為提供更特殊的行動，其目的在於希望他們能更有效率面對生活在那樣的家庭系統中所產生的挑戰；一些好而簡潔的「勸告」，會幫助再婚伴侶將他們的能量從用在絕望的行動上，轉而用到尋找可能的改變點上。不過，通常治療師所提供的建議都是錯的，因為那些都是來自與首次婚姻家庭的治療經驗累積，還有來自家庭可以快速「融合」的幻想；這些幻想包括可以很快組合成緊密的伴侶關係、可以訂出單一的常規、可以公平地對待彼此的小孩、可以像一個家庭一樣度過所有的時間等等，這樣所造成的結果是非常糟的。下面提到的行動步驟是大多數再婚伴侶不會想到的，但對繼親家庭的發展有很好的支持效果。

第五章　再婚伴侶的心理治療

一對一的時間

急著要把彼此「融合」在一起的想法會讓新的繼親家庭規劃很多全家人一起活動的行程，這會造成很不快樂的結果。事實上，與其把精力花在「融合」上，倒不如把精力花在「區分」（compartmentalize）上會來得好些（Papernow, 1993, p. 390）。足夠的一對一時間在任何家庭都是重要的，尤其

在繼親家庭更是重要；因為當所有家人都待在同一個房間裡時，自己人和外人的議題以及忠誠情結會被增強得更厲害，而已經建立好的事情應該是如何運作的完形，會被打擊得更嚴重。夫妻需要時間獨處，避免被小孩打擾，或是被各自已經建立親密關係的小孩拉扯；繼父母和繼子女需要時間獨處，避免被原生親子較強烈的關係所拉扯；原生親子間也需要有時間獨處，而不用考慮去適應陌生人。

在我們的案例中，一對一的相處時間有助於 Regina 介入 John 和 Tammy 所擁有的自己人的關係，也讓 Tammy 或 Sheila、Aaron 各自的小孩能與自己的原生父母有足夠的互動時間，也讓繼父母們能夠更了解這些小孩，而不用擔心原生父母的干擾。在這兩個案例裡的原生父母需要時間和他們的子女獨處，而不會讓他的新伴侶有被拋棄或被攻擊的感覺，同時也可以有時間與他們的伴侶獨處，而不用考慮孩子們的需求；另外他們也需要時間來和前配偶針對小孩的情況進行溝通，而不用考慮占用到新配偶的時間。

打破文化

完形的原則告訴我們，良好的接觸需要分化，這對大多數人所建立的「家庭」圖像是相互牴觸的，因為一般人會覺得家庭就是一個有共同價值和儀式的地方；不過這會幫助再婚的夫妻想起，他們第一次婚姻裡的常態，事實上是經過很長的一段時間，一點一滴逐漸累積起來的。實際上最常經驗到差異的時間，來自早期的繼親家庭生活，那常常讓人覺得沮喪和挫折，但卻是兩個不同文化組合在一起時的一個正常過程。要求任何一個家庭把他們的特性很快地放棄掉會引起反彈，所以我們的目標是將再婚伴侶想要形成單一家庭文化的能量轉移到彼此了解。

這個工作是很不簡單的，像 Sheila 和 Aaron 這樣的夫妻可能需要一些協助來幫助他們先對少許的事情建立形象，而把大部分的留在背景裡，等到他們有足夠的共識和能量時，再來處理。不要設定時間表，一次討論一個議題，從最簡單的地方開始做些許的改變，允許差異存在，這樣才能讓歷程比較可控制。

在像 Regina 這樣單身的繼父母在進到一個已經建立的原生親子系統時，我們會鼓勵他或她去挑選兩到三個他或她最想要改變，而且改變後會讓他或她覺得比較舒服的事情來下手。太多的改變對小孩是很困難的，但是改變太少會讓外人一直當個打不進系統的陌生人，而讓人覺得有些不公平。如果是兩個系統合在一起的時候，就像 Sheila 和 Aaron 這樣的情況，那他們最多只能挑四到五個家庭運作最重要的規定來進行，而讓其他的差異暫時留著，至少一段時間；共同的規定如果只有兩到三個需要大人或小孩去配合改變時，會運作得最好，而且大人和小孩都要公平地去調適。小孩在配合新的規定時會有困難，主要是因為太多的改變或失落，以及忠誠情結所造成的，而不是行為能力差。像 Sheila 及 Aaron 的孩子們的年紀，都已經大到可以參與這個角色規定建立的歷程之中了；至於年紀比較小的小孩，可以先詢問他們覺得怎麼做比較簡單，怎麼做比較困難，不過最後的決定權還是在父母的手上。

在 Sheila 及 Aaron 的家庭中，可以訂一個規定，就是每一個小孩都要洗自己的碗盤，不過吃飯的方式則是可以規定成，固定有幾天像 Sheila 家的，有幾天像 Aaron 家的，有幾天就各自按自己家的方式吃飯。

在面對差異時經常會引發焦慮，所以如果治療師可以幫助新的繼親家庭建立更多彼此事實上擁有很多共同點的形象時，面對差異時就比較不會那麼困難了。像 Aaron 和 Sheila 兩個人都喜歡玩，兩個都是因為前一段婚姻沒有什麼樂趣才結束掉婚姻的，所以鼓勵他們兩個人抽空脫離孩子，好好狂歡一下，這樣就能再建立彼此的共同點。而 Regina 的繼女 Tammy 很想學游泳，這就提供 Regina 這個游泳冠軍一個機會來教她。在繼親家庭的早期階段，伴侶兩人非常需要一對一的時間來經驗共同點，避免強烈的血緣關係來進行競爭，一旦繼親的關係比較穩固了，一對一時間就會比較不那麼需要了。

小孩

在繼親家庭中，小孩的教養是一項複雜的工作，通常也會引發再婚伴侶的許多問題。如果抱持幻想，認為繼父母可以很容易成為一個稱職的父母親

的話，結果通常是令人挫折與焦慮的。「我們已經不知道現在的情況是怎樣了！」這時候，治療人員可以適時地說：「你們想聽一下我的看法嗎？」

在小孩和繼父母對彼此都了解之前，紀律最好還是留給原生父母來要求；如果原生父母不在場的時候，繼父母只能依照原父母的規定來做。一開始，繼父母的角色會定位在比較像是叔叔、阿姨或是保姆的角色，繼父母就像一般大人會做的一樣，只有在原生父母不在的時候，才負責來教養小孩，他或她只是執行家庭裡大家同意遵守的規定，這包括之前提到的由繼父母所要求的那兩到三項新的規定。就像在所有新的不熟的情況一樣，通常不會有太多的指導方針可以參考，此時腳本（scripts）就很好用了。伴侶們常問的問題，像是如果小孩對他們說：「不過你又不是我的媽媽」的時候，該怎麼回答他們呢？繼父母可以回答：「沒錯，我不是，不過現在的情況對我們所有人來說都有些改變，你的媽媽永遠是你的媽媽，你和我可能要花很久的時間才會彼此了解，也許我們會愛對方，也許不會。不過在這個時候，我是唯一可以負責的大人，現在是你上床的時間了，就跟你平常固定的上床時間一樣。」

所有關於離婚與繼親家庭裡小孩適應情形的研究都指出，如果伴侶一直處在衝突的情況，那麼小孩的適應是最差的（Hobart, 1987; Johnston, Gonzales, & Campbell, 1987; Kline, Johnston, & Tschann, 1991）。所以當大人可以也必須離開，並和前配偶分開住的時候，小孩還是會永遠在心理與情緒上跟他們的原生父母糾結在一起；如果伴侶其中一人或是雙方都無法避免在孩子面前吵架，或是對前配偶或新伴侶惡言相向的話，小孩的情況會快速惡化。這時一個明確的態度是必須、同時也是可以指出重點的是：事實上要你的小孩拒絕他們的親生父親，就像是要他們放棄自己的一部分一樣，就像是要他們把自己的心切掉一塊，他們不可能這樣做而不流血至死。放鬆孩子們的忠誠情結，同時別利用小孩來傳遞令人不愉快的訊息：「告訴你爸爸，他沒有給我們足夠的錢。」這樣的工作對小孩來說絕對不是件好事，所以如果當事的父母做不到的話，那就是治療師要介入處理了。

在這裡還是要再次重提一下，在已經超載的系統內，別再提供太多超過

吸收上限的資訊。完形的原則告訴我們，要提供讓人覺得是目前所需要的訊息，而且這個訊息還有助於夫妻間進行統合：「這對你們有幫助嗎？你們一起告訴我。」「你們可以幫對方說明一下，什麼對你們彼此都有幫助，什麼是你們做不到的？」「我們可不可以一起來看一下，如果有別人幫助的話，你們可能還可以做些什麼呢？」

我們也要記住，雖然提供繼親家庭無法運作得像首次婚姻家庭一樣這個事實，可以減輕一些人的負擔，但是對某些人來說，卻是很令人洩氣的消息；對有些伴侶來說，讓他們知道大部分人發生的情況，可以提供這個家庭一些新的空間，並因而能運作得更成功；不過對有些伴侶來說，要他們放棄掉已有的完形是非常痛苦的。完形的原則告訴我們要尊重別人的抗拒，畢竟我們的文化裡存有所謂「真正的家庭」（real family）的圖像，我們不可能期待我們的當事人很快就省悟，不再去做那樣的夢想。不過要鬆動這些根深柢固的期望，最困難的地方在於那不是一種頑強的抵抗，而是一種深沉的哀痛，所以我們要去探索到底他們會失去什麼：「你想像的是什麼？你知道你什麼時候開始這樣想的嗎？你可以告訴你的伴侶那是什麼嗎？」我們也會去支持那個伴侶：「你的任務就只是去傾聽，而且充滿好奇，如果你可以做到的話。」我們創造出一個可以安全表達出因為現在的家庭狀況並不如自己所預期，而產生失落和沮喪感的環境；而且我們透過讓他們知道，很多的伴侶再次結婚時也懷有同樣的期望，而把「有這樣錯誤的想法是很丟臉」的感覺去除掉。

面向二：「我」與「你」的覺察

作為一個完形心理治療師，我們知道，已經全然發展共享的覺察會對美好關係造成障礙，這對再婚的伴侶來說更是如此。因為我們所受的完形訓練告訴我們，要特別去注意夫妻如何覺察對方在相同的事件會有非常不同的體驗。上面的話可以化約成一個雙重的任務：借用 Buber 的話來說，就是「我」（I）任務和「你」（Thou）任務。「我」任務指的是任何家庭成員為他

或她自己在繼親家庭內所扮演的特殊角色發聲；而「你」任務則需要眼睛和耳朵來看、來聽，進而了解其他家庭成員的體驗。

我們要做的工作就是去傾聽，了解繼親家庭內的每一個成員是不是都能描述他或她的體驗，如果有人做不到的話，我們就要給他或她支持。繼父母可能需要我們的協助，以便找到適當的說法來描述他或她作為一個外人的體驗：「我沒有辦法形容這種被邊緣化的情況。」「當你的小孩在的時候，他們沒有人會看我，或是跟我講話。」原生父母可能需要我們支持他或她身為一個自己人但是卻進退兩難的處境：「我覺得被拉扯。」「每個人都想要我的一部分。」「但是我沒辦法平衡所有人的需求。」一般來說，家庭成員需要幫助來說出他們的失落。對繼父母來說，可能是：「我希望我能把這個孩子當作是我親生的來愛。」或是：「我本來以為你的孩子們會歡迎我，但是我很痛苦地發現，情況並不是如此。」對原生父母來說，則可能是：「我很難過，這個家庭竟然沒有辦法像首次婚姻的家庭一樣。」小孩們可能需要協助，讓他們說出在他們眼中，離婚和再婚究竟是什麼：「我很驚訝。」「當我和爸爸在一起時，我失去／想念媽媽；但是當我和媽媽在一起時，我又失去／想念爸爸。」孩子尤其需要找到表達他們忠誠情結，和他們生活中所有改變的話語來：「當我媽媽說我爸爸壞話時，我覺得很討厭。」

當所有的家庭成員都可以說出他們的體驗時，這就很值得慶賀了，雖然這時大家可能還沒辦法去傾聽別人的話，但是這已經是繼親家庭發展裡的一個重要里程碑了；因為大家可以談論情況到底是怎樣，所以如果沒辦法做到的時候，就是我們第一個要先完成的工作，我們會透過加強繼親家庭內的「覺察」來完成這項工作。同時我們也知道會有很多的阻礙讓這個工作困難重重，沒有人喜歡確認或是說出一些感覺，像是嫉妒、沮喪、恐懼和不滿足等等，承認這些感覺會讓人覺得很羞恥。所以我們會看到，在再婚伴侶的系統裡，鏡映或是同理的表現是比較不可能出現的：「哦！我知道那種感覺，好像你變成了隱形人一樣，大家都看不到你，是這樣嗎？」因為這樣會加深覺察，但也會引發羞恥感。很常見的是，大多數的伴侶會把他們在第一次婚姻所建構的影像和期待，完全帶到背景裡來，這會讓他們處在一個很有趣的

情況，就好像是在一個全新的地方找路，但是卻拿著一張過時的地圖一樣；同時路標還會扭曲並和現在的經驗混淆。這些期待，像是父母必須無條件地愛他們的子女，會讓繼父母在體驗到嫉妒、被分離、不滿足時，覺得像是轉錯了彎，而不覺得那只是在建立一段新關係前所必經的碎石子路；結果隨著覺察加深，面對差異的痛苦變得更敏銳了，伴侶必須一同經營他們的生活。所以在每一個治療過程內都會看到抗拒，通常是因為感到痛苦或羞恥。

完形的原則告訴我們，好的治療通常包含提供適當的支持以促進健康的進程，下面是一些可以支持再婚伴侶自我覺察的方法。

1. 來自治療師和伴侶的支持是不同的，是一種全面且非防禦性的**關注**（attention），當別人的圖像搶著要被注意的時候，自己是非常難找到明確的話語來形容與表達自我的。在繼親家庭中，治療師是唯一可能對家庭成員的內在感受（inner sensation）提供全面性關注的人，而這些關注還要持久到讓他們足以覺察自己內在負面，甚至尚未成形的感覺。透過治療師充滿同理與感興趣的問話：「Regina，當 Tammy 不跟你說話的時候，那種感覺像是什麼呢？」一個身為繼父母的當事人可能有辦法找到話語來形容他或她的體驗；而她內藏焦慮的先生可能會這樣問：「天啊！你到底是怎麼了？」這種問話會讓她變得沉默而沒有支持。

2. 對覺察的支持可能會延伸為**提供性的語言**（offering language），目的是為了讓當事人將不舒服的生理感受轉變成心理感覺，並說出來：「我在猜，你太太沒有辦法像你一樣跟你的女兒好好互動，這個情況會讓你覺得很痛苦？」「你曾經覺得被他們拉來拉去？」「你曾經覺得你被夾在中間嗎？」「『被忽略了』這個詞可以確切形容你的感覺嗎？」身為完形治療師，我們不能擅自推論說，我們了解當事人的經驗或是他們行為的「真正意涵」（real meaning），我們必須告訴他們我們的猜測，並且對當事人的主觀經驗完全尊重。

3. 跟所有的治療師一樣，我們強調：「那一定很痛苦。」「我猜，聽到那樣的話，是很不舒服的。」我們的關注和同理會提升（heighten）這些感

第五章　再婚伴侶的心理治療

受，就像是用棉被幫病倒的人打氣一樣，讓這些感受可以找到一個空間來放。

4. 我們所受的完形訓練告訴我們，我們提供的全面性關注不僅僅是在言語上的，而且還要關切到當事人整個的**生理機能**（whole physical organism）；尤其是在談到繼親議題的時候，非言語的線索也許可以幫助當事人找到他或她的聲音：「我注意到，當 John 剛剛那樣說的時候，你的肩膀整個癱下去了，我在想，那個時候你的感覺是什麼？」

5. 要關心痛苦和**羞恥感**。這兩個感覺一定要在繼親家庭內界定出來，說清楚，而且要被聽到，雖然平常我們比較難承受和聽到這些感覺。羞恥感常常會讓人扭曲覺察，並且讓溝通停止。我們可以想見，Regina 很難去表達她感受負面的部分，當她終於決定要說，她覺得像個隱形人的時候，我們可以猜想 John 會怎麼用批評諷刺的話來回答她：「真是太好笑了，你已經是個大人了。」結果會加深 Regina 在這個新家裡的不舒服所產生的沮喪、羞恥感和痛苦的循環，再加上被 John 的反應所羞辱，Regina 只好沉默，但是這樣一來，又會加深 John 的沮喪。

   我們可以透過對每一個伴侶的內在心理歷程全面且接納的關注，來打破上面所描述的惡性循環。對 John，我們可以說：「當你聽到 Regina 說，她覺得像是個隱形人的時候，你內心的感受是什麼？」「我在猜你是不是覺得傷心或沮喪？」對 Regina，我們可以說：「當 John 說你已經是個大人了的時候，你內心的感受是什麼？」「你覺得那麼傷心會讓你覺得丟臉嗎？許多繼親家庭裡的人都有和你一樣的感覺，聽到我這樣說，你會很驚訝嗎？」然後我們要確認他們是不是有聽進去：「我那樣做有幫助到你嗎？」

6. 上面所提出的互動，其內含的意義是，當我們在進行個別治療工作時，**保持整個體系**（remain systemic）的完整性是很重要的。單獨責備一個伴侶，或是將焦點完全放在其中一個伴侶身上，而忽略另一個人的作法，對再婚夫妻的發展是沒有幫助的，這個觀念在處理再婚伴侶中的一人，或是在處理整個家庭時，都是對的。

上述所有的支持方法都沒有什麼副作用：提供全面性的關注、同理、提升非語言的經驗、注意痛苦和羞恥感、不要責備伴侶中的任何一人。而且再提供一些在早期繼親家庭生活中逐漸消失的鏡映，增加的鏡映會降低焦慮，如此一來，就會打開個人與共同覺察的管道。

「我」覺察強調的是每個人對自己內在心理歷程的注意，而「你」覺察則需要彼此想要且能夠注意到**別人的**體驗。家庭成員如果能做到這樣，就會注意到：「我發現你在晚餐的時候並沒有說太多的話。」他們也會對別人的掙扎感興趣：「你發生什麼事了呢？」他們會以充滿好奇和尊重的方式來回應別人：「那一定很辛苦，多說一點讓我知道。」而不是責備：「你怎麼搞的，為什麼那麼安靜呢？」或是反駁回去：「那太好笑了，你已經是個大人了。」

在繼親家庭裡，我們傾聽自己人和外人所說的體驗，也傾聽大人和小孩所說的體驗，這樣一來，他們會開始了解，同樣一件事情在另一個家庭成員的眼中是什麼樣子。如果繼親家庭可以好好這樣做的話，不管是持續或是間歇的，我們都要恭喜他們，而且要突顯並支持這重大的進展，因為他們已經向成功的繼親家庭生活邁出一大步了。

當他們做不到的時候，我們就要找適當的時機來教他們怎麼做：「這個家庭裡的每一個人似乎都很願意表達，而且表達的能力也很好，這讓我的印象很深刻，不過目前的情況有點糟，我想那可能是因為在傾聽的這個部分沒有做到，你們清楚我在說什麼嗎？」「你們看，就是那個部分。」然後，我們要提供具體且立即的資料給他們，以便讓我們的介入可以跟這對夫妻在這次晤談中的實際體驗能夠結合在一起：「Sheila 說……，然後 Aaron 說……。」

在建立個人或是共同的覺察時，完形的理論和實務方法告訴我們，要注意這對伴侶的每一個人是否都是用可以和別人產生連結的方式在說話，直接的要求會比間接的諷刺溝通更多訊息。「你向來連看我一眼都沒有。」這句話提供較少的訊息，而且比較像是平述句，而這句話就不同了：「不管你的小孩有沒有找你，我在你眼中沒有什麼不同。」提供連結也包含了提供支持，當一個伴侶並不理解另一個人的話時，我們就要不斷設法讓他或她能夠了解。對 Regina，我們可以說：「你覺得他了解你在說什麼了嗎？你要不要問

他到底了解什麼？」

　　了解繼親家庭的動力：自己人和外人的角色、經驗的明顯差異、不同的親子連結，會讓我們在幫助像 John、Regina 及 Aaron、Sheila 這樣的伴侶時，可以開始更完全地彼此連結，「我—你」的覺察及個人與相互理解的重要性，提供我們一個治療歷程的視框，並幫助再婚伴侶完成這些重要的發展任務。

面向三：配偶的歷程

　　對一些再婚伴侶來說，如果能提供繼親家庭動力的正向資訊，再幫助他們界定自己的感受，然後支持他們在痛苦和焦慮中互相聽到對方的聲音，就足夠把結打開，並且能促進更進一步的發展。在對這些伴侶進行諮商時，一開始的重點會由治療師回答他們所提出的問題，並且實施個別會談，然後再讓他們彼此對談。不過對大多數的伴侶來說，困難的不是在於缺乏好的資訊，而是他們*如何*（how）一起來面對當前家庭結構所產生的挑戰；在更糟糕的繼親伴侶中，我們常常看到伴侶間會出現一種互動模式，讓他們的狀況更為惡化。

　　在我們上面的兩個案例中，所描述的是非常普遍的伴侶動力，兩個案例也都會讓具有挑戰性的繼親動力更加嚴重。在第一個案例中，有一個人似乎掌控全局而另一個人則已經崩潰；在第二個案例中，伴侶雙方都是高度動員，火力全開。在這兩個案例中，我們都會要求伴侶雙方面向彼此，而且進行對話，如此一來，我們才能發現是什麼讓他們陷入這麼麻煩的情況；我們也經常會看到，個人覺察度的提升有助於彼此互動的進展，反之亦然。

　　在第一個案例中，John 一開始就展現出比較有力量的聲音，而 Regina 則是很難找到話語來表達，而且她的聲音也很難被聽見；我們可以想見，就算 John 和 Regina 是第一次結婚，狀況也是一樣。但目前的事實是，John 是處在已經比較有掌控權的自己人那一邊的大人，而 Regina 在這個家裡則是一個沒有支持的外人，這樣的情況會讓衝突更加深。我猜，不論 John 或

Regina 都不知道，他們在餐桌上的動力在組成繼親家庭的早期是正常的情況；不過在這個案例裡，我選擇先讓這對夫妻的互動開始進行，到後面才告訴他們這些一般常見的情況，其他治療師可能會有不同的作法。我的假設是，如果 John 和 Regina 的焦慮可以降低一些，而且如果他們的頻率可以更接近一些，那他們會想要知道更多有關一般繼親家庭動力的資訊，而且他們的能力有辦法吸收那麼多。

　　我會從我比較喜歡的方式開始進行，那聽起來會像是：「你們兩個人都具備每一對夫妻互動的技巧：說話和傾聽。John 很擅長說話，而且很會描述並要求，Regina 很擅長傾聽並且發問，一個問題接著一個問題，你們有注意到嗎？」（而且我還注意到，John 的「說話」並沒有提供很多他感覺如何的訊息，不過我打算讓他保持這樣，把焦點繼續放在不平等的動力上，等到後面再跟他們一起探討他們獨特的互動方式，跟他們繼親家庭的動力有多相同，而且這兩項還能彼此增強。）他們兩個都猛點頭，然後我要求他們跟彼此對話一下，談談他們理解到什麼。很快地，John 又開始敘述因為 Regina「缺乏主動性」而造成他的挫折感，而 Regina 又開始問起問題來。我中斷他們，說：「猜猜看怎麼了，你們又開始了！你們有注意到嗎？John 說而 Regina 問。」他們大笑了一下，然後我針對這個情況談了更多，身為一個完形治療師，我們第一件有興趣做的事就是提高覺察：幫助這對伴侶覺察他們獨自一人及和伴侶在一起時做些什麼及如何去做。

　　一旦他們可以把焦點放比較多在他們作為一對伴侶的歷程上時，我就可以停下來，告訴他們一些關於他們的「自己人」與「外人」角色的訊息：「你們知道，你們現在發生的一些事情，不管你們生活在怎樣的家庭，總還是會發生在你們身上的。因為你，John，當你很煩的時候，你是一個很會表達且提出要求的人；而你，Regina，當你很煩的時候，你是一個很會發問且自我抑制的人。再加上目前發生的一些事，是跟你們現在生活在**繼親家庭**裡有關。在這樣的家庭中，有所謂的『自己人』，這樣的人彼此了解，也知道很多事情該當如何的規則；也有所謂的『外人』，這樣的人不知道遊戲的規則和參與遊戲的所有人，當然更不可能對彼此有所了解。所以如果是自己人

的時候，你說的話可以很容易被人聽見，但如果是一個外人，那就很難。因此我們現在有兩個層次在同時進行，這讓情況變得很麻煩。」

作為一個完形治療師，我們有興趣提供我們的當事人一些工具，讓他們在此時此地能做一些不同的事情。有時候單單提升覺察就足以讓伴侶們或是其中一個人增加他們對自己行為的控制力，進而設法讓事情變得比較好。在這同時，很多人對新的事物需要有實際的經驗，之後才能夠改變他們的行為，我們稱這個新的行為叫作**實驗**（experiment）。就像這個章節前面談到的許多名詞一樣，這個詞的意思就如同字面上所提示的：讓我們這樣試試看，看看我們可以學到什麼。然後我們還要試著去設計一個符合參與者程度的實驗，這樣才不會太簡單到讓人覺得無聊，也不會讓人覺得太難而完全不想嘗試。

一對伴侶的情緒習慣常常是互補的，而且還可能一輩子也改不掉；因此，如果夫妻平常在互動時的情緒表現就過於極端，再加上繼親家庭的結構本來就容易強化雙方的情緒表現，結果就會形成一種讓人特別無法承受的動力，就像 John 和 Regina 的情況這樣。現在，這對伴侶已經將焦點放在他們**如何**互動上了，他們因此有足夠的注意力和共同的能量來嘗試一些新的東西，不過他們並沒有資源來自己發明新的事物。這時候就可以進行小實驗了：「我注意到你們兩位各自擁有兩種能力之一，再加上你們現在生活的繼親家庭結構，已經分別強化了你們各自擁有的那一種能力，你們有沒有興趣再學習另一種能力呢？」他們很用力地點頭。

「John，你要不要試試問問題而且傾聽？在這個實驗當中，John **只有在他聽到、看到或了解 Regina 的意思時，才可以說話**；不過，他只能重述 Regina 說的東西，不能自己添加新的東西進去。而 Regina 的任務則是**敘述**她想到什麼？感覺到什麼？或是看到什麼？她不可對 John 問問題，你們想試試看這樣做嗎？」在這個實驗中，我們感興趣的事情是去教 John 和 Regina 一個「非直覺性」（nonintuitive）的能力，那是一種他們沒有自然而然就帶進關係的能力。這種能力對跟有 John 和 Regina 一樣動力的夫妻來說，是重要且值得擁有的；再加上他們又生活在繼親家庭中，這也會對這個家庭的發

展有關鍵性的影響。因為身為外人的繼父母如果能夠獲得足夠的聲音，那更多的訊息就會進到這個已經建立好的親子系統當中；至於身為自己人的原生父母，有這種能力後，會讓他或她能夠張開耳朵與心胸來面對那些新訊息。

　　John 和 Regina 是很想嘗試做這個實驗的，不過 Regina 一開始用猶豫不決的聲音，而且很不容易才擠出一些字來敘述當她坐到餐桌上，看著她的丈夫和他的女兒不停對談時的感覺是什麼。我們被 John 打斷了很多次，因為他放下他應該做的鏡映工作，然後嘗試勸告 Regina 不可以有那樣「錯誤」的感覺，於是 Regina 就崩潰而再次把她的注意力移回 John 的身上。當我們持續在進行伴侶互動這個層次的諮商工作時，我也要讓我們關心的面向一直「很有系統」地維持著。我們在做回饋時，每次一定都要對當事的伴侶雙方同時進行，而不是責備其中任何一人；而且我們要一直讚美他們妥善完成的事情。我們很驚訝地發現，看起來那麼簡單的實驗，在他們實行起來卻是那麼困難，我們注意到他們是如何努力嘗試一些新的事物；我們也留意到，雖然 John 說他要讓 Regina 把話說出來，但是卻「偶爾不小心」地變成要她閉嘴，我們留意到 Regina 似乎也允許他這麼做。

　　面對有足夠內在連結的伴侶，我們可以從伴侶層次回到個人層次上去工作。當 Regina 第三次退回到沉默時，雖然現在的情況是 John 已經能夠完全注意到她了，我還是問她：「你剛剛那樣是怎麼了？」在處理像 Regina 這樣身為繼父母的當事人時，要記住一件很重要的事就是：他們和新伴侶的親密時光會重複被小孩打斷，這些小孩和原生父母在一起比較久，在某方面來說，也有比較親密的連結。所以，在注意到 Regina 緊閉的嘴唇和下垂的肩膀時，那時她可能的感覺是：嫉妒、孤單、不滿足及憎恨；雖然這是被人排除在外時會出現的正常反應，但是沒有人會喜歡那樣的感覺。對生長在「自私」是一種罪過的家庭中的 Regina 來說，那些感覺會更讓她有羞恥感，所以她需要治療師給她一些支持，讓她可以繼續表達自己而不是退到羞恥感之中。支持的方法可以是教育（對這種類型的角色來說，這些感覺是很常見的），或是支持她的覺察工作（協助 Regina 自己描述，或是幫她描述，她看到及聽到什麼真實的事情，讓她覺得自己像是個外人）；或是在下面我們會

談到的，對「未完成事件」來進行個人的諮商（界定出她在哪裡學到「自私」的定義，並且將現在和過去明確地劃分開來）。

這時很重要的事情是回到這對伴侶：「你可不可以告訴 John：『當你和 Tammy 只跟對方說話時，你沒有看著我，我覺得……』」當 Regina 多說一些東西時，John 傾聽了一陣子，然後他又緊張起來，而且再次開始嘗試告訴 Regina，說她不應該有那樣的感覺，結果 Regina 又再次沉默。為了平衡我們的介入，我們轉向 John，要他加深他的覺察，去看那些時刻他的內在發生了什麼，而且提供他一些支持，幫助他停留在聽 Regina 說話這個「你」工作之中。

現在，Regina 有比較多 John 認為他想要聽到的聲音了，這時候我們就可以問他，有沒有覺察到他常常阻擋她的發言，只因為他聽到他認為他要的聲音了：「我對那個情況很感興趣，你呢？」現在，伴侶諮商工作需要一些個人的覺察工作才有辦法進行了，所以我們會指導 John 向內探索自己，我要他思考在他**開始講話之前**（just before），發生了什麼事；一開始，他可能會「緊張而且挫折」。再次地，身為一個完形治療師，我們要對當事人的界限保持尊重。在介入之前，我會表現出讓 John 自己來到他自己的「門」的興趣，然後讓他自己決定是否讓我進入門內，而不是以專家自居，強行進入。如果他還沒準備好，或是他口頭上說可以，但是身體的姿勢卻表達出另一個意思的時候，我們就會把注意力放在這個未完成的支持上，先進行新的自我覺察：「什麼東西打斷你對現在進行的事的興趣呢？」「你需要準備好什麼東西才能來談論這個話題呢？」「如果我們真的談的話，會發生什麼事，你認為你的感覺可能會是怎樣呢？」

以我們對於繼親家庭的認識，加上我對 John 的了解，我們會猜那是因為身為一個在這個系統中的原生父親，John 現在被迫面對由固著的自己人的位置所引發的感覺，感到不滿足、受打擊，而且必須為這個家庭的「沒有運作」（isn't working）負責，感覺被拉扯，而且想要每個人都彼此相愛，並對目前走到一條死路感到絕望。我們同時可以猜測這些無助的感覺，對像 John 這樣一個「實踐者」（doer）來說，是會讓他感到特別羞愧的；我們可以猜

想：對 John 來說，在他和 Tammy 親密的親子關係存在的情況下，讓 Regina 沒有辦法感覺或真正做個自己人的這個事實會讓他很受不了。所以每次在 Regina 開口時，其所遭受 John 像攻擊一樣的回應，實際上是 John 想要透過修正某些事情來減輕 Regina 痛苦的表現，但是那些事情在目前他所在的繼親家庭內是無法修正的。

　　所以和 Regina 在一起時，我們可以提供一些不同層次的支持，可以是教育性的：我們可以告訴 John，處在新的繼親家庭的那樣一個位置，他所擁有的感覺是很正常的，我們可以引導他的覺察往有希望的方向走，因為大部分繼親家庭的成員會急著去修正無法修正的事物，治療師需要將這些能量從強硬且逼迫性行動轉化到比較柔軟的覺察工作；同時還別忘記稱讚及尊重他們急著要行動的想法。我所說的「希望的言語」（the language of wishing）在這裡是有幫助的：「你是多麼**希望** Regina 能更容易地進入這個談話。」「你很**希望** Regina 可以像你一樣愛你的女兒。」「你是一個實踐者，對你來說，與……同坐一定很難受……」或我們可以回到過去，看看 John 怎麼會那麼急著去修正，又是什麼限制住他；如果他無法修正的話，他害怕的是什麼？再次地，從過去找現在的原因。此外，因為 John 和 Regina 的關係動力持續在進行當中，我們就會有很多的機會來介入這個議題，而且我們可以選擇不同的時間來進行很多次的介入。同樣地，如果這對伴侶已經準備好了，我們就可以針對一般正常的自己人和外人的動力，來提供一些基本的資訊。

　　不管我們選擇怎樣的個人介入，治療最重要的還是要回到伴侶雙方一起：「你能不能告訴 Regina，你對她的角色和你的角色有什麼更多的了解？」「你可以告訴 Regina，你有多希望她像你一樣愛你的女兒？」「你能不能夠告訴 Regina，當她告訴你她覺得被排擠的時候，你心裡的感覺是什麼？」

　　現在我們來看看我們的第二個案例，我們可以看到，Sheila 和 Aaron 這對伴侶的優點是他們都很活潑、很健談，而且很有熱情；不過他們所欠缺的就是傾聽，而且他們會抓對方說話裡極端的部分；還有，他們兩個都很會責備別人而比較少提供訊息，而且對於進到他們覺察的每一項事物都是全力以

赴。也因此他們的表達並無助於更多的了解，而且他們又使用無法解決事情的方法來處理每一件具有高度衝突性的事物；更嚴重的是，每次的互動只會增加更多的緊張和焦慮。提高這對伴侶的極端化，再把它有意識地放在已經多到不行的生動形象堆裡，對任何伴侶來說，這都是一個很困難的生活。在繼親家庭裡，如果人跟人每次的接觸都會提高大家關切，而且加深潛在的極端化形象，而這些形象不是人可以吸收的話，這樣的伴侶會發現他們真的是承受不住了。

我們再次對這對伴侶用正向、肯定的回饋來作為開始：「你們兩個人都擁有一些能建立健康伴侶關係的重要特性，你們的聲音都很飽滿、強壯，這是不是你們熟悉且用來互相評價的特性？」對 Sheila 和 Aaron 來說，這樣的引導開啟了一段令人驚訝地，溫馨且甜蜜的對話，他們談到如何在研究所的課堂上相遇，並且開始傳紙條給對方，他們談到過去和十分沉默的伴侶結婚，但是當他們碰在一起時卻是如何的有趣。

現在我們可以進一步地談：「你們對相同的事感到興奮是一件好事，不過問題就是，當你們之間出現差異的時候，你們卻不互相傾聽，你們有注意到這個情況嗎？你們有沒有興趣來看看這個情況？」當他們在探究這個問題時，居然又出現另一個新的爭論：「你們兩個人都**很會**抗議，當你們沒有住在一起時，那是 OK 的，不過現在你們有一大堆事情要處理，這讓你們的生活很難過，我這樣說對嗎？」對這對伴侶來說，他們習慣快速的動作，所以花時間來吸收彼此所提供的新訊息是很重要的。

現在這對伴侶開始慢下來，而且至少會去傾聽我的聲音：「你們所缺乏的，就是『參與』或是相互研究，我有個提議，你們有興趣嗎？」他們猛點頭。在我提供實驗給他們之前，我需要他們把全部的注意力都放在我身上：「我想，接下來會是一個真正的挑戰，你們還有興趣嗎？」他們再次點頭。「你們想不想看看，如果在你們回答你的伴侶**之前**，你們就能在他或她所說的話中，找到**一兩件你可以了解的事件**的話，情況會變成怎樣呢？了解和同意是不同的，你也許不同意，但是這個練習的重點在於你添加任何新的東西之前，找出你**了解什麼**，你們想不想試試看？」

對 Sheila 和 Aaron 來說，這也許不是一件困難的工作，他們只是需要比較多的支持和指導，以便在他們隨口回答之前停下來，並且說看看他們了解到什麼；我們花了很多時間在思考這個練習有多難，偶爾也笑一下。不過這個練習保證能成功提供一個架構，在當中的每個人都會給對方一些缺少的鏡映，也有少許的資訊可以被聽到。當他們覺得有比較多了解時，緊張的關係會減緩，而且更能掌握對彼此有更真確認識的片刻。Sheila 和 Aaron 在「你」的工作上開始踏出了一小步。

對這對伴侶來說，慢慢來需要持續不斷的注意和自我控制，讓他們知道一般人在經歷夫妻都是再婚家庭裡的多重「文化衝擊」（culture clashes）時的情況，會讓他們減輕很多不滿的感覺。讀一篇有關這個方面的文章，保證對他們兩個人都很有效（Papernow, 1987）。我們已經發現，Sheila 和 Aaron 兩個人結束第一段婚姻的原因，都是因為他們的配偶雖然穩定且可信賴，但是對他們來說都太無趣了，我衷心祝福他們這次選擇完全不同的伴侶。「現在的工作就是管理因為有很多事可以興奮所引發的那麼多的能量，這對一般人來講不是很容易，對你們兩個人來說更是困難。」

在同樣的考量之下，有一個簡易但是很有挑戰性的練習，就是在每次晤談時，計算他們想要談多少議題：「你們知道，我們是如何形容開始生活在繼親家庭所遇到的文化衝擊嗎？那會有很多你們料想不到的差異。因為你們兩個人是那麼的活潑，所以你們很容易一次就談很多的議題，所以我們可不可以算一下你們已經談過幾個了？」再次地，因為他們感興趣，所以我可以做個實驗：「你們可不可以試試一次只談一個？」如果做了之後發現有困難的話，那我們就需要回頭去做覺察的部分，而不是繼續試下去：「你們知不知道，你們剛剛又多了一個議題？」「讓我們停下來一下，我們可不可以只*增加*（add up）那些你們現在願意談的東西？」

也許他們自己沒有辦法做到，所以我們在每次增加一個新議題的時候，就需要提醒他們一下，因為這個實驗對這對夫妻來說是很困難的，但是卻可以幫助他們跳脫目前各說各話的情況。我們可以做一張大字報，把他們這次要談的議題寫上去，這樣他們每次來的時候都看得到；我們也可以在飲料罐

第五章
再婚伴侶的心理治療

上放一枝鉛筆，每當他們又增加一個議題時，就敲出聲音提醒他們，當然也可以由他們自己來敲：「又來了哦！你們沒有注意到嗎？」或更好的是，我們可以要求像 Sheila 和 Aaron 這樣的夫妻在每次回應同樣的主題（on the same subject）時，做個註記，就會發現，數目會多到像兩個會打排球的小孩，把球打過來打過去的數目一樣。

身為完形治療師，對身體的全面關注，也會幫助我們適時介入來協助他們慢下來：「你們有沒有注意到你們是怎麼呼吸的？你們有沒有感覺到身體內的緊張？當你們感覺到的時候，向後坐，然後深呼吸，不要繼續向前，然後摒住呼吸。現在就試試看，看看會發生什麼情況。」跟之前一樣的，這個工作是要協助 Sheila 和 Aaron，覺察他們是**如何**管理在他們面前那麼多的繼親家庭議題，而且給他們一些行為，讓他們做起來比較像是一對一起努力的伴侶。

完形治療師在面對再婚伴侶時，會注意下面的東西：這對伴侶互動的韻律如何在繼親家庭的結構所產生的衝突中，支持他們完整地發展出個人的覺察和良性接觸，同時又產生怎樣的干擾。恐懼和鑽牛角尖在婚姻生活中都是致命的傷害，因此治療師在所有系統性的工作中要遵守下面的準則：要**公平地**描述每一個伴侶的貢獻，而且要先描述什麼事情做得**好**（well）。然後治療師再找找看有沒有 Sonia Nevis 和 Joseph Zinker 在克里夫蘭完形學院提出來的所謂「容易受傷的軟肚子」（underbelly），以檢視哪些是還沒做好的部分（Zinker & Nevis，見本書）。

面向四：未完成的課題

在一個基本上還算健康的繼親家庭中，正確的資訊、對伴侶此時此刻（here-and-now）歷程的關注，再加上一些有用的建議，就足以解決大部分的困難。就像所有的治療一樣，如果我們面臨到很強烈的抗拒，那就是因為現在進行的繼親家庭動力引發了過去痛苦的未完成事件。如果一個繼母在她成長的家庭中，就是處在一個「被排除在外」（left-out）的位置，那麼提供一

般繼親家庭動力的資訊，就不足以支持她因繼母角色的挫敗及不連結所引起如夢魘般的痛苦。一個在混亂的酒鬼家庭長大的男人，比起一個在衝突都能順利解決，沒有人會受到傷害的家庭長大的人來說，繼親關係裡全新且不完美的情況所引發的焦慮，在前者會多很多。

我有一個「感覺性的舊傷理論」（the bruise theory of feelings），可以讓個案有一個圖像，以便了解這個概念——當你的手臂不小心撞到桌子時，被撞到的肌肉部位就受傷了，如果那裡本來就有舊傷口的話，那受傷的情況就會不同了；如果傷實在太嚴重的時候，痛的感覺反而會麻木消失。家庭生活也是像這樣暗藏危機的，繼親家庭會更多，尤其是在一開始的時候，而如果你有舊傷的話，身在繼親家庭中的你就有很多機會再去撞到它。

當我們在看繼親家庭中的未完成事件時，要特別留意，別過度病理化（pathologizing）當事人的行為，因為**繼親家庭早期的生活會讓正常人也變得十分瘋狂**。所以，我們**常常**在開始進行前，都要先處理因繼親家庭生活所引發的正常而強烈的感覺，像是沮喪、嫉妒及煩躁等，我們提供他們**一般人都會發生**的情況的資訊，以及一些合適的行動步驟，幫助我們的當事人確認是哪些繼親家庭常有的事件引發他們的情緒，然後幫助他們彼此對話而且傾聽，以便讓他們有連結而比較能解決問題。只有當繼親家庭的成員執著於建構和目前現實不符合的經驗時，那才是我們開始尋找「未完成事件」及介入的時間點。

我們的第二個案例是一個很好的例子，雖然我們提供一般繼父母和子女間常出現的狀況的資訊，也做了很多伴侶歷程的工作，不過 Sheila 對於 Aaron 不能完成父親角色的失望仍然不斷轉變成生氣和責備，而且 Sheila 和 Aaron 一直因為 Aaron 的繼父角色而衝突不斷。Sheila 堅持：「Aaron 就應該像個父親，他不應該是不能信賴的。」但是 Aaron 似乎就是一點也沒辦法同情 Sheila 所感覺到的困難之處。缺乏 Aaron 的支持，加速了 Sheila 加強語氣說「應該」，但這卻讓 Aaron 更加僵硬。由於現實的情況並沒有辦法引發那麼大的衝擊，所以我們猜想，那是因為現在的事件撞到了舊傷口所造成的，由於那些經驗「並沒有完成」，所以就會擾亂 Sheila 和 Aaron 的能力，讓他

第五章 再婚伴侶的心理治療

們無法接受建立功能良好的繼親家庭這個挑戰，所以我們需要做個人的諮商來幫助 Sheila 和 Aaron 探索這些舊傷口。

我的喜好是，無論如何都要夫妻一起都在時，才進行這項個人的治療工作，而不是單純地進行個人的治療，因為這樣才能讓伴侶對另一半的困境有更多的了解。重要的一點是，每個人的治療時間要公平，就是說先利用一次的治療時間針對一個人做個人的治療，下一次就針對另外一個人做個人治療，因為我們的目標是讓夫妻的功能增強，所以很重要的是還要再回到現在，教導這對夫妻如何一起察覺彼此的脆弱點。

事實上，進一步的探索就會找到 Sheila 和 Aaron 因生活在繼親家庭中所撞到的過去經驗裡的痛苦舊傷口，這些傷口會扭曲他們目前的體驗，除非我們能找到這些痛苦是從哪些舊傷所引發的。我們這次先從 Sheila 開始，我們要她去注意一下，當她說：「Aaron 應該像個父親一樣時。」她心裡的感覺是什麼？她回答：「非常痛。」然後她又再說了一次：「事情不應該是這樣的，Aaron 應該像個父親一樣的。」

我對她說：「我能問你一些事情嗎？你可不可以告訴我，你生長家庭的情況呢？」我們這才知道她的父親是個賭徒，因為房子買了又輸掉，她在五年當中讀了七所學校；她的父親曾經承諾要買給她一部腳踏車，不過那部腳踏車只出現一天就不見了，幾個禮拜後，那部車就被拿去抵債了。現在，「無法信賴」（unreliability）這個主題就浮現出來了，我們因此很清楚地看到，Sheila 是被一個不能信賴的父親破壞而不是她的兒子；於是我們知道，Sheila 透過第一次的婚姻，選擇一個平實且可預測的男人來解決這個問題，雖然這段婚姻帶有治療性與平復性的功能，但保證一定是很沉悶而且缺乏熱情的。對於 Aaron，Sheila 做了一個很有挑戰性的選擇，Aaron 比較溫暖而且比較有吸引力，不過這樣的特質也讓他比 Sheila 的第一任丈夫難預測，再加上他的繼父角色的結果，這讓 Sheila 更觸碰到她過去的失落感。所以 Sheila 需要別人的協助來平息過去因為失去一個穩定且可信賴的父親所造成的傷痛，因此 Sheila 要對她的父親而不是 Aaron 說：「你應該像個父親一樣。」我問她：「妳可以在心中想像妳父親的樣子嗎？」雖然他已經過世了，但她還

是可以描繪出來，「我想，他現在已經不用再處理每天的瑣事了，他可以好好聽妳說話，妳認為妳可以跟他說說話嗎？妳認為妳可不可以跟他說：『我需要你像個父親一樣。』」現在 Sheila 開始去結束一些她和她父親間的「未完成事件」，當她被鼓勵去告訴她的父親，說一個小女孩跟一個賭徒父親生活在一起是什麼情況時，她邊說邊哭。

因為這是項夫妻共同的工作，所以探索個人的未完成事件還包括協助夫妻彼此連結在一起。Aaron 看著 Sheila 的個人工作，可以清楚地看出來他被打動了。「你能告訴 Sheila，當你看到她這樣做的時候，你心裡的感覺是什麼？」Aaron 告訴 Sheila，對她來說，那一定很痛苦，而且他為她覺得很難過、很生氣。「你能不能夠告訴 Sheila，當你對她說，你沒有辦法做一些父親該做的事時，她的內在所發生的事情，你有更多的了解了。」Aaron 溫柔地對她說：「那一定很傷人。」然後 Sheila 被要求告訴 Aaron 當他那樣對她說話時，她的感覺如何，她說：「好喜歡哦（so loved）！」

當我們回到現在的時候，Sheila 也需要協助，以便將她過去的傷心事和現在的經驗分別開來。事實上，Aaron 是非常值得信賴的，他在她兒子的足球隊當教練、煮飯、打理日常生活瑣事，而且幾乎是說到做到；他對 Sheila 的孩子們有很真誠的興趣，這讓他們覺得很舒服；此外，他並不想完全替代父親的角色，而讓孩子們減少了和他們原生父親有關的忠誠情結。

Sheila 對繼父角色的限制感到沮喪，這個情況也打到她無法信賴自己父親的舊傷口，所以她需要協助，以便從舊傷麻木掉的痛苦當中，找出她可以在哪些地方依賴 Aaron。我們幫助 Aaron 和 Sheila 達成一些協議，就是他可以提醒她，他是可信賴的，就算他做了讓她沮喪的事。然後我們要在本次晤談結束時註明一下，今天是輪到 Sheila 來做一些個人的探索，下次我們會有同樣的時間來探索 Aaron 這邊的情況。

不過很確定地，在接下來那次的晤談裡，Sheila 還是感到恐慌而且不斷訴說有關繼父的議題，這讓 Aaron 的僵硬又回來了。因為要小心地平衡雙方的治療工作，如同我們對 Seila 的痛苦感興趣一樣，這次我們改對 Aaron 缺乏同情心和他的嚴厲感興趣。我說：「你們兩個人好像都忘記了，那是一個

第五章
再婚伴侶的心理治療

你們被打到的舊傷所引發的信號。」然後我對 Aaron 說：「當 Sheila 開始恐慌，而且開始逼迫你的時候，你的內在發生了什麼事情？」他說：「我只是關機（shut down）。」「你可不可以告訴我，你是如何學到當你感覺到壓力的時候就關機呢？」

Aaron 的過往是這樣的，他是一個有氣喘病的小孩，所以他在玩的時候有很多的限制。他的父親是一個很有距離而且難以親近的人，他的母親則是一個很強人所難而且要求很多的人。當 Aaron 是個小孩子的時候，他不太能說出自己的需求，而且他不可以說「不」，所以他經歷過的衝突和對別人的要求是相當有限的；他的恐慌、攻擊或是退回到沉默的行為，來自於 Sheila 給他的壓力增加，這就讓 Aaron 變得更僵硬。「你可不可以多告訴 Sheila 一些，當你和你的母親意見不合時，會有什麼事情會發生？」這一次我們探索過去的方法，不是把它當作一種治療師和夫妻其中一人的個人治療工作，而是在夫妻之間的對話中進行：「你可以告訴 Sheila 一件關於你媽媽逼迫你的時候所發生的事嗎？」「Sheila，你可不可以告訴 Aaron，你在他身上學到什麼？」

所以現在我們很清楚地看到，Aaron 的過去如何影響他對於和一個活生生的女人衝突時的認知。像 Sheila 一樣，Aaron 的第一次婚姻就是透過選擇一個被動而非常知足的女人來迴避這個問題；我們也注意到，像 Sheila 一樣，這樣的舒服生活過了好幾年，但是當 Aaron 和他的太太都更成熟一點的時候，這段婚姻就變成彼此的限制了。

和 Sheila 在一起，Aaron 有機會學到一些新的技能，但是他需要別人的協助來提醒他，在這段新的關係中，他已經有自己的聲音了。所以我們給 Aaron 一個「經文」（mantra）：「我在這段關係裡已經有聲音了，Sheila 愛我，而且就算她忘了一些事情，她還是願意傾聽我的聲音。」我們試著幫助他去告訴 Sheila，在他關機之前，他是覺得很害怕的；而且我們要幫助 Sheila，要她向後坐，深呼吸，而不是更進一步地逼迫下去。

現在我們了解介於 Sheila 的恐慌和 Aaron 的僵硬之間不幸的「鎖」（lock）。Sheila 同意，如果 Aaron 說他需要停下來的時候，她就要後退，直

到他告訴她，什麼時候可以讓他來完成這場對話；另一方面，我們試著幫助這對夫妻更善於管理他們的「引爆點」（trigger points），提高他們覺察自己什麼時候開始緊張的，幫助他們向後坐，深呼吸，而不是向前傾而且再加速。

將兩個活生生的家庭結合在一起所造成的混亂、衝突和失望，對任何人來說都是一項挑戰。而像 Sheila 和 Aaron 這種活力很強的夫妻的互動情況，也許在他們談戀愛的時候處理得還不錯，但是組成繼親家庭後的生活，能量就會太多了；再加上潛藏的過去個人所受的傷害，都會讓如繼父角色這種本來還可能成功的繼親家庭議題變得深不可測。就算他們不是生活在繼親家庭中，Sheila 和 Aaron 還是比較容易被困住，因為 Aaron 會自然而然地引起 Sheila 對不可信任感的恐懼；而當 Sheila 感到害怕時，又習慣指控和施壓，這會引發 Aaron 變僵硬的舊習慣。不過這邊要再說明一下，所有的婚姻議題對首次婚姻的家庭也一樣有挑戰性，只是在繼親家庭中，比較容易變成令人無法承受，或是幾乎無法管理。在 Sheila 和 Aaron 當中，一般的繼親家庭議題、痛苦的個人議題，以及富有挑戰性的夫妻歷程，都會彼此增強。在這樣的伴侶當中，所謂的成功就是開始慢慢朝向現在正在處理的繼親議題，深入個人的動力，並且處理他們的夫妻歷程。

結語

完形心理治療基本上強調直覺，而且有很多層次的歷程，繼親家庭的治療工作尤其是如此，我希望這個章節可以對加強我們的基礎有所貢獻，並且可以提供一些完形治療師如何進行工作的線索，讓他們知道，當我們和像 John、Regina 及 Sheila、Aaron 這樣的再婚夫妻在一起時，如何從我們看到、感覺到及聽到的東西中挑出一些重點來。

最後在結束之前，我們再次提醒大家，做好繼親家庭治療工作所需要的技巧並不特別，也並非只有在繼親家庭可以使用；雖然做好再婚伴侶的治療工作的確需要知道這個特殊的家庭形式所衍生的特別動力和發展任務，但是

我們在這裡所討論的技術，對任何好的治療工作都是基本的，而且進行再婚夫妻的治療工作需要我們拿出最好的一面來。

比如說，我們需要保持很有系統；隨時要能綜觀進行中的工作裡所有的力量；不要責備任何一個成員，包括不在場的前配偶，以免破壞一個已經極端化的家庭；在維持我們全面的覺察力時，還要平衡我們要試著去介入與教導他們的想法，並尊重抗拒；我們要去確認哪些引起強烈感覺的力量是由目前的繼親家庭結構所產生的；同時我們還要去調整過去所受的傷，否則只將焦點放在現在是無法讓繼親的爭議獲得解決的；當我們面對痛苦和羞恥感的時候，我們深入覺察的能力也受到挑戰；當家庭生活喚醒過去的傷痛時，我們需要提升我們的創造力來教導夫妻共同合作來彼此幫助。像 John、Regina 及 Sheila、Aaron 這樣的夫妻在我們進行夫妻治療時，在很多方面都提供我們類似飛行訓練的經驗，專注的努力，在個人能力適合的層次做好工作，在必要時提供指導，這些都會提升我們的活力，加強我們的力量，甚至對我們具有啟發性。

> 幾年之前，當我搭飛機快到目的地時，坐我旁邊的人轉過來，並且問我要去哪裡。我回答：「去參加一場有關繼親家庭的國際會議。」他說：「聽起來好像有點無聊。」我回答：「一點也不會。」因為消失在可預測和安全感之中的，不僅僅是增加興奮和提升家庭生活的活力而已，事實上，健康的繼親家庭生活需要全心全意地朝著活得好來努力，因為這樣做充滿很多希望，也因此我才覺得做這個工作是值得的（Papernow, 1993, p. 380）。

附註

1. 目前任何關於繼親家庭成員的治療工作大多會被轉介到美國繼親家庭協會（Stepfamily Association of America）及所屬的分會，地址是 212 Lincoln Center, 215 So. Contennial Mall, Lincoln, NE 68508，電話是（402）477-7837。而地區刊行的文章包含了會員的資訊，以及向 SAA 通信資料的註冊單，對繼親家庭的成員和專業人員來說，這些是極為有用的資料。地區刊行的文章通常是每月印行一次，裡面有提供教育課程，以及和其他支持性的繼親家庭的聯絡方法。英國也有很活躍的繼親家庭協會，其他歐洲國家現在也開始有文章印行。

2. 大多數的繼父母都比較喜歡文字的資料，因為他們可以按照自己的步調來閱讀，必要時還可以回去再看一次，我的個案稱這個叫讀書治療（bibliotherapy）。1989 年出版的《繼親家庭向前走》（*Stepfamily Stepping Ahead*），可以在繳交美國繼親家庭協會的會費時獲得，或是向他們購買。這本書對初階的人來說，是一本很優秀的基本教材，可以提供很多在繼親家庭早期生活中所消失的鏡映〔詳細的說明可見 Papernow 在 1984、1987、1993 在《繼親家庭通訊》（*The Stepfamily Bulletin*）所寫的文章，或是美國繼親家庭協會的書單〕。

親密花園 完形取向伴侶治療理論與實務

參考文獻

Glick, P. C., & Lin, S. G. (1986). Recent changes in divorce and remarriage. *Journal of Marriage and the Family, 5,* 7–26.

Hobart, C. (1987). Parent-child relations in remarried families. *Journal of Family Issues, 8,* 259–277.

Johnston, J. R., Gonzales, R., & Campbell, L. E. G. (1987). On-going postdivorce conflict and child disturbance. *Journal of Abnormal Child Psychology, 15,* 493–509.

Keshet, J. K. (1980). From separation to stepfamily: A subsystem analysis. *Journal of Family Issues, 1*(4), 517–532.

Kline, M., Johnston, J. R., & Tschann, J. M. (1991). The long shadow of marital conflict: A model of children's postdivorce adjustment. *Journal of Marriage and the Family, 53,* 297–309.

Kohut, H. (1977). *The restoration of the self.* New York: International University Press.

Papernow, P. L. (1984). The stepfamily cycle: An experiential model of stepfamily development. *Family Relations, 33*(3), 355–363. Also available in monograph from the Gestalt Institute of Cleveland, 1588 Hazel Drive, Cleveland, Ohio 44106.

Papernow, P. L. (1987). Thickening the "middle ground": Dilemmas and vulnerabilities for remarried couples. *Psychotherapy, 24*(3S), 630–639.

Papernow, P. L. (1993). *Becoming a stepfamily: Patterns of development in remarried families.* San Francisco: Jossey-Bass.

Perls, F., Hefferline, R., & Goodman, P. (1951). *Gestalt therapy: Excitement and growth in the human personality.* New York: Julian Press.

Stepfamily Association of America. (1989). *Stepfamilies stepping ahead.* Lincoln, NE: Stepfamilies Press.

Zinker, J. C. (1977). *Creative process in Gestalt therapy.* New York: Brunner/Mazel.

第六章
男同志的完形伴侶治療：
擴充覺察的療癒基石

Allan Singer　著

張碧琴　譯

　　本書中能有一篇獨立討論男同志完形伴侶治療的章節，可說是性別意識革命的持續展現，不僅映現了同性伴侶的真實存在，且於社會文化中占有一席之地，也意謂男同性戀逐漸被認可為親密關係的形式之一。受到男同志、女同志和雙性戀者權利運動的影響，社會已越發無法否認同志議題的存在。文化中的同性伴侶意識總是以非常緩慢的速度提升。既然整個社會都要被迫接納男同志伴侶，治療界也必須預作準備，增加自己對此議題的了解，而心理衛生工作者在發展同志臨床理論與實務時的態度，也正映照出整個社會的趨勢。在過去數十年間，心理衛生界看待同志的理論模型，已經從病態觀改為承認性取向有個別差異的存在。這種臨床觀點的轉移，反過來亦足以蘊養推動革命，促使社會認可男同志。本文擬在男同志伴侶的背景架構下，加入親密關係與伴侶治療的相關文獻回顧，期能擴充完形的觀點，以了解在男同志伴侶的脈絡中所隱藏的複雜理路。

愛的冒險：坦誠會心的共同背景

　　首先，我要發表一項反聲明：我認為完形伴侶治療無論對男同志（或女同志或雙性戀）及異性戀，其治療形式並沒有太大的差別。就本質上而言，伴侶就是伴侶（a couple is a couple is a couple），不論他們的性取向是什麼。但不論其性別組合如何，每對伴侶都是獨一無二的，而其內心深處亦都具有人類渴望親近、歸屬於某人的需求。再者，不論其配對的性取向和情感取向

為何──同性或異性戀，其與配偶的結合都是去提升並轉化兩個不同意義的系統。它是一個從兩個「我」去創造出「我們」的偉大實驗，同時仍能在彼此的連結中去維持彼此的獨立性（separateness-in-joining）。伴侶彼此結合的前提是，雙方皆有在愛與被愛之中坦誠會心（encountering）的意願。

因此，接下來的問題是，愛是什麼？同性之愛和同性伴侶結合的核心本質，與一般的愛有何不同？若從浪漫的、詩意的角度來看：不論性別為何，愛都是神祕的，但也不會是化約論者（reductionism）所宣稱的「愛是盲目的」。另一方面，愛其實有各種不同程度的視力敏銳度（optical acuity）。有的伴侶似乎比較能找到彼此，能如同導熱飛彈般（heat-seeking missiles），鎖定了對方的情緒死角與裂縫（雖然此圖像頗具陽剛與戰鬥性）；或者借用一位同儕所描述的，「像夜裡的蝙蝠一樣」。不論男同志或戀者，尋找配對伴侶可能是出於命運的偶然，或出於機緣巧合，或個人意志下的渴慕追求，但我認為配對成功的前提是：雙方都必須想和別人發展相互歸屬的承諾。在發展承諾時，一般說來，會經驗到被對方的個性、外形、嗜好，以及／或是價值強烈吸引，我們常會配合對方的願望、目標和個人能力發展出信念，鼓舞著自己要與對方更接近。我們對伴侶的信念可能充滿著經驗性的資訊，或者只是自己深層渴求的誇大投射；但無論如何，都被我們當成寄望對方達成的意象。長久不變的是，越能增加對對方實際的了解與同理，就越能支持對其福祉的關心。到最後，不論其性別為何，尋覓配對伴侶的動作都出於相同的信念：我們能給予，也希望接受來自對方的給予。這種施與受的循環能增進彼此的生命，進而帶動一種相互的承諾感（並忍受不舒服、不盡理想的代價）。

無論雙方對承諾的認知為何，每一對共同參與實驗的伴侶都會抱持珍貴的許諾感及其對關係的冀望、面對雙方差異所帶來的重大挑戰，也因此偶爾造成情緒與人際關係的緊縮。同樣地，親密關係中的兩人也會帶著各自的情緒與關係的構想藍圖（blueprint）進入關係，並在關係持續進展期間，因歷史回溯的影響而情緒紛亂，這就是個人早期議題所產生的影響。因此，不論其性取向為何，尋找配對伴侶都是個大冒險──有時像在亮晃晃的、充滿希

望的深水區；有時卻又似沿著差異的礁石巡航；有時行經意料中或意料之外的情緒與關係的地形時，又必須承受衝擊甚或擱淺。

雖說伴侶們為其愛情打地基時都差不多是一個樣，然而男同志伴侶不免有些差異且有其特別之議題。最能區辨男同志、女同志與雙性戀伴侶的是，其少數族群被邊緣化、污名化（stigmatized）的社會文化經驗。由於完形治療特別重視圖像（figure）的意義如何從脈絡與背景（ground）之關係中成立，男同志在成長過程中開始覺知並確認自己為男同志的意涵就是：要生活在一個充滿負面信念與態度的複雜世界，並且在發展過程中，無可避免地會對這些負面事物作內攝（introjected）與內化（internalized）。若治療師不能了解這種複雜性，將會使其於理解男同志伴侶的特定潛在張力與衝突時，產生完形「兩極」（polarities）概念的嚴重誤讀。此外，既然偏見仍是重要的背景因素，出櫃及隨之而來的男同志伴侶認同，難免會滋長出若干防衛與接觸抗拒等必要的生存策略。這些對外的生存策略被刻意強化發展時，同樣也會在伴侶的雙人互動中發揮影響力。在本章後段，我會更深入討論臨床上處理的考量，但在此我要先邀請讀者在考量男同志伴侶和其他形式伴侶的相同時，也同時注意到男同志伴侶身分隱含的差異性。我相信不論治療師是否為完形取向，惟有先了解一對男同志伴侶所處的背景，才能對其主體經驗有更豐富的體驗，也才能將其後治療師個人內在浮現的主題，置於更細緻的背景肌理中。

完形概念簡介

什麼是完形治療？在處理伴侶特別是男同志伴侶時，此取向可以如何支持治療師？有鑑於閱讀本章的讀者對完形理論基本概念的理解可能參差不齊，以下將列出完形治療師在解讀與介入任何親密系統時，藉以形成其根基的基本概念。簡單地說，完形治療是一種系統化的治療方式，特別關注此時此刻的接觸品質。自我與他人之間要能發生有效的接觸，表示自我必須從肢體敏感度、認知及情緒覺察，到興奮、驅動及有效的行動之間持續不斷地流

動,接著從接觸撤退以消化此經驗,並為下一個接觸重新定位。但此順序很容易被打斷或遭遇抗拒,可能影響個人覺察與接觸循環的因素來自各種不同的系統,包括生理、基因、個人歷史和信念系統,也就是生理、心理、社會、文化整體的影響。此脈絡會形成個人的自我認同,對內在需求、渴求、欲望和驅力的覺察,對世界的看法,以及與世界互動時衍生而出的個人建構。

個人覺察的能力及致力於需求滿足的能力,會持續在其覺察範疇內產生「興趣的圖像」(figures of interest),並導引我們到自己的內在狀態,對環境的覺察,以及當下對渴求的覺察。當下的覺察則意謂必須整合這些內外在知覺。以完形的語言來說,這種整合就是自我的整合(integration of the self)。完形治療師特別強調當事人對此刻經驗的覺察,此刻能辨識的主要渴求,以及在追求滿足與目標達成的行動中如何進行接觸。由於完形治療的基本任務之一是增加案主的自我覺察,支持其有更高的選擇能力,以更能鎖定目標的有效動員,所以完形治療師也特別關注於當事人如何、何時、何地**阻斷自己**(interrupt themselves)的接觸[1]。

接下來讓我們探究一個完形的兩極:伴侶如何配對是個謎,不過配對還是可以被分析了解的。身為完形治療師,我們以現象學的態度來看伴侶互動與當下情境,以了解資料、知覺、介入所形成的圖像與背景。當一對伴侶出現在治療室時,往往意謂他們無法有某種形式的接觸,因此導致其不滿與衝突。許多伴侶環繞著問題而互動,或帶著一組症狀前來,所謂的問題可能是廣泛的陳述,例如:「我們無法溝通」、「我們老是爭吵」、「我們不夠親密」。他們可能特別關心某項議題或症狀,例如性關係不滿足,或因為對財務管理看法不同導致關係緊張。他們也可能認定某個人要為此症狀負責,例如:「他老是發脾氣、挑剔我」。同樣地,距離的規則也是常見的伴侶議題,這對伴侶如何處理關係中親疏遠近的需求、界限維持、家務分工(誰去倒垃圾),以及權力和控制的協調等,這些都還未涉及其性取向。雖然任何衝突的內容都是這對伴侶的主題,完形伴侶治療最關心的主題仍是其接觸的過程,我們的治療任務將從欣賞其接觸時的主要優勢開始,也就是促使個人充

分投入當下，並「活躍」（alive）於施與受交換過程的那些特質。

同樣地，我們也關注伴侶彼此間的接觸如何、何時與何地轉弱、停滯或完全被干擾。在伴侶間仍帶有高度興味與好奇時，這種介入形成治療性**實驗**的基礎。這個「實驗」可以是讓他們能對以往視為理所當然的接觸有更多的認識，或是以擴大接觸範圍為目的，創造一個嘗試新行為的機會。

我深切期望透過介紹完形親密系統的理論架構，不論是同性與異性伴侶配對的共通處，能有助於替男同志伴侶去邊緣化。從這個角度進一步來看，同性伴侶配對正處於人性舞蹈（human dance）的中心點，因為如果人性之舞的主旋律是渴望與另一個人親密相屬，以及在看見他人時也同時被看見，在輕掬彼此之心時自然地相互施與受，那麼同性伴侶就是珍貴且重要的變奏。

總之，回歸本章的原始主題，男同志重要且最獨特的特性為何？首先本章所述內容對於男女同志或異性戀其實一體適用，然而為了行文之便，除非另有所指，以下所謂同性戀皆意指男同志伴侶。此外，某些論點可能只適用於部分伴侶，而非盡可類推。最後，如同每對伴侶都是獨特的，每個治療師的觀點也是，在此所列者盡為作者個人意見，而你在閱讀本章時也正建構著自己的觀點，本文僅期望能加入一些新的觀點與想法以豐厚（enrich）之。

男同志伴侶之特徵

男性的性別規訓

首先，最明顯可見的是（從最顯明易見處開始一直是完形治療十分有用的原則），這是**兩個男人要共同相處**；這兩人都接受過相似的性別規訓，分享著文化中包裝好的男性必備的價值觀、信念與態度。男性在早期發展階段就已學到，某些特定的感覺和表達方式是被文化（至少是西方文化）接受的，某些卻是不被接受的，像「男孩子不能哭」、「娘娘腔的人才做那種事」等，屢見不鮮卻又滑溜狡獪的內攝，往往導致情緒與表達之麻木或限制。至於較「軟性」的情緒，或是文化冠以「女性化」的情緒，也多半會與公開情緒、易受傷的脆弱性，以及悲傷、受傷、恐懼、失望等連結。許多男性會排

除表達軟性情緒，或乾脆麻痺此類感受經驗，並將其從覺察中排除，同性或異性戀男性皆然。

不少人假設男同志已經從這些男性規訓的包袱中「掙脫」（opting out），實際上，某些自我定位為異性戀（straight）的男士也真的認為：男同志在情緒敏感度以及／或者行為表現上可能「比較像女人」，可以比較容易拉近與其他男性或女性的關係，因而對男同志頗有欽羨之意，或是感到憎惡。對於某些人而言，這種男同志較敏感的刻板印象確實為真，但弔詭的是，也有不少男同志長期試著將自己「鑲嵌」（fit in）入文化裡的男孩規範。即使原生家庭未施加壓力，多數男孩在遊戲場上就被鼓勵使用迴射（retroflection）、分裂的自我情緒覺察等生存調適策略。在還是小男孩的時候就學會：表現出柔性議題要冒著被標籤為女性化、「像個娘兒們」的風險。男性社會化的另一項共同經驗內化包括要有權力、要掌控、要獨立（或稱為反依賴）等訊息，並用一夫獨大、位高權重、「山巔之王」等競爭文化堆砌起自尊。我們學到的是：若看見並承認自己有依賴需求會感到不安，是不夠男子氣概的，於是，許多感覺就遁入較能被文化認可的情緒之中，例如：生氣。接著，男性王國更強調對快速採取行動的讚許，在足球場被認可的特質直接被轉譯到關係領域裡，被內攝（未經咀嚼即吞食）的性格特質，包括攻擊性、主導負責、解決問題與快速行動，而非鼓勵反思的、容忍不確定性、猶豫不決與焦慮等價值。

當然，傳統刻板印象中的男性特質可能既是助力也會是阻力；被歸為女性特質的同理、傾聽、人際敏感度高也是如此。當性別特質是以如此僵化地、極端地方式內化時，其實都冒著壓抑個人的危險，進而減少伴侶間創造性的表達與問題解決能力。也因此治療師在面對男同志伴侶時，當然不能忘記他們是男同志；但同時別忘了，**他們也是男人**，所以要被點醒其已內化的男性文化。從第二順位的影響力（second-order effects）來看，這個議題不僅代表兩個人受到性別限制而無法充分接近自己的內在經驗，也代表兩個人的互動會出現問題。例如，當男性對某個經驗深感焦慮與羞愧，而且限縮其自我表達時，在互動中就會更加極化彼此的反應。再次地，男同志雖能與同性

發展親密的性關係，卻不代表他們總能從性別兩極化的文化中解放。重新檢視文化中的性別角色框架，應有助於伴侶治療中的角色解構。

透過採用完形治療中的引導實驗，我們或許可以鼓勵伴侶們去擴充既有的角色行為，我們可以協助同性伴侶學會清楚地以口語表達個人需求與渴求的基本技巧，提升其在互動當下對自身潛藏情緒的覺察，教導其表達情緒的語言。例如：「我很難過，我要你抱著我」，或者「我很失望聽到你這麼說」。既然男同志是男性，早已熟稔如何突顯個人特色與個別立場，因此我們會希望讓他們能多體驗同理的方式。例如：我們將鏡映（mirroring）當成實驗的技巧之一，要每個人練習只去反映他聽到伴侶說了什麼，藉機練習傾聽與表達了解的技巧。不用急匆匆地自我辯護，不需「解決」問題，更沒有不請自來的、不受歡迎的建議；伴侶們可以試著容忍一種允許傾聽和了解的經驗，而非奪得地位的過程。相反地，對高度融合（confluence）的伴侶而言，主要的實驗當然就是要學會如何表達差異與各自的觀點。

「出櫃」的個別差異

即使是男同志伴侶中的兩人，也會有不同的「出櫃」（out）或公開程度，因此他們對於要隱藏多少伴侶身分的看法不同，對於表現親密肢體行為（例如公開親熱）的自在度也有所不同。一個人可能在看電影時要兩手交握，另一人可能對此行為頗感焦慮；可想而知，他們對朋友、家人或同事公開自己性取向的程度也會不同。

155

其實對同志伴侶兩人來說，多少都會有內化的恐同症（homophobia）、未覺察的迴射（retroflection）或固著（hold in）的議題。是否要出櫃、何時要或怎麼出櫃，是每個男同志一輩子都要面對的問題，再加上性本身就蘊涵複雜的情緒、想法、吸引力與幻想，而出櫃又可能會引來排斥和社會撻伐，迴射就成為調適所必需的防衛。因此，即使這對伴侶只是對再平常不過的事做某個決定，都會刺激其自我揭露（self-disclosure）的焦慮。例如：「我要不要帶情人去參加公司的聚會？如果要，要怎麼向別人介紹他？他對這件事會覺得如何？」「有家人來探訪時，要假裝我們只是『室友』嗎？要迴避親

密動作嗎？要做其他遮掩的動作，例如藏起兩人合照嗎？」當面對來自社會系統的壓迫時，身為治療師的我們可以自問，有多少關係能禁得起以沉默的共謀（collusion）和偽裝的折射（deflection）來面對社會與家人的貶損？

承諾的表達與確認

在異性戀的配對過程中，當一對伴侶跨過約會階段進入認定的承諾時，其親友的反應多半是慶賀，訂婚照或訂婚宴、禮物、祝福等支持更強化連結的架構；但對同志伴侶來說，當他們向原生家庭坦露其關係時，這代表進入另一層次的「出櫃」階段，而家人的反應多半不會是毫無保留地擁抱喝采。戀人／伴侶／配偶／男朋友／另一半的存在，往往可以打破家人對其性取向的否認；知道你兒子是同志是一回事，親眼目睹他和戀人並肩而站又是另一回事，更不用說看見兩人一起回房的畫面了。

此外，臨床心理學家 Betty Berzon（1990）還指出同志伴侶的預期失敗心理。多數異性戀伴侶開始戀愛或進入婚姻時的期待是長相廝守，但對男同志來說，其傳統卻是伴隨歷史文化而來的過渡性、祕密性及匿名性的承諾，更別提在旁虎視耽耽的曝光威脅。如同 Berzon 所述：「處於同性關係時必須經常保持警覺，要運用策略思考與欺騙。」（p. 10）。 身為完形治療師，我們要能了解內攝、迴射、折射、投射與融合對男同志在其人生經驗過程上之貢獻，甚至有時是讓過程得以順利的要素。然而難能可貴的是，縱使身處如此劣境，面對如此仇恨，長期的同性伴侶依然能存續，而且仍保有情緒和精神的旺盛存活力，以及對連結的渴望與需求。

完形治療既然關注接觸界限的澄清，以及圖像與背景的區隔，具有覺察力的治療師就會注意到同性伴侶如何界定其承諾。他們會用描述性的、傾向揭露身分的界限自稱為情人、另一半、伴侶、重要的人等其他相似的名稱，或用較隱諱模糊的、傾向於偽裝的名稱，如「室友」或「朋友」？同樣地，他們會用什麼方式來認定與慶祝其關係承諾，是象徵的、儀式性的或聲明的形式？直到最近，男女同志才開始在從戀愛或同居進展到相當於異性戀的結婚承諾時舉辦紀念活動（marker events）；伴侶先不論其他可能的意涵，異性

戀婚禮就形同合法化一對伴侶的界限，也公開聲明這個關係在未來會持續。近來男同志已自行創造其承諾的儀式，有時甚至是在宗教組織的脈絡下舉辦，有的會交換戒指，有的則以開始同住、同租公寓或買房子那天為週年紀念日。

從主題來看，在此討論的是不同的認可（validations）形式。例如：這對伴侶在其人際網絡內的被認可度為何？他們有多連結或多孤立？除了他們自己營造的接受度和穩定度之外，外在的支持援助是否足夠？他們有共同的朋友與各自的朋友嗎？那些尚未「出櫃」的伴侶可能會看似融合度較高，但治療師必須能看到這種「融合」（fusion）並非個人的病態，而是此伴侶與較大環境的實際界限狀況。以下將更深入討論情侶內在與外在界限的互動關係。

從文化層次的認可來說，男同志伴侶要尋找的角色模範可說是一片空白（dearth）。電視、電影、音樂與主流文學中，幾乎找不到男同志伴侶存在的痕跡，更不用說男同志藉此學習處理維繫長期關係時所遭遇的衝突與差異。此外，男女同志伴侶都沒有異性戀伴侶在婚姻制度中所享有的法律與社會支持。缺乏法律認可的男同志關係，意謂他們無法享有保險津貼、減稅、配偶減稅，以及其他鼓勵婚配的獎勵措施。從歷時短短一小時異性戀婚姻中所能獲得的權利和特權，遠比同居二十年的同志伴侶所享有的多上許多。因此，身為一個完全處於「背景」的完形治療師，我們不能假設這對伴侶已經妥適地安排法律的保護。再次地，社會結構傳遞出的潛藏訊息是：同性戀伴侶是少數的、過渡性的、不需認真看待或給予同等尊重的，因此，治療性的介入必須包括去討論這對伴侶是否曾為彼此考慮法律和經濟保護的需求？我們可以問：「他們曾考慮立遺囑，以便使配偶的權益能在自己罹病時得到保障？尤其當其原生家庭可能有反對意見時，他們曾執行財產安排以確保其配偶能得到保障嗎？」

學習雙人之舞：共舞與獨舞

如前所述，協調關係之親疏遠近是任何伴侶都要持續發展的雙人舞，在此所謂任何伴侶當然包括同性與異性伴侶。有時這種舞蹈看似像和諧悅耳的、相互引導的華爾滋，即使偶或互踩對方腳趾仍無傷大雅；有時又像跳著急躁的探戈，動作戲劇化外加突兀改變方向，過程中更是情緒滿溢；有時又好似狂野、喧鬧的饒舌嘻哈音樂，只聽到連串平板的敘述，卻聽不出來到底在吵什麼。不論實際的演出為何，關係中的距離調節是伴侶配對過程中必經的、富創造性的有機成分。而且，如同前段所述，這兩個男人早已深受社會化影響，崇尚獨立與自主的「男性價值」（male values）（再次被轉譯為反依賴）。同時就個人發展的過程來看，由於長期習於遮遮掩掩、偽裝、壓抑、掩飾（sublimating）他們真實的欲望與願望，男同志往往在一對一或是群體的關係中發展出所謂的「客體飢渴」（object hunger），或可稱為渴望親密與歸屬於另一個人，伴隨著揭露親密渴望時的互諾（concomitant）焦慮。男同志伴侶的雙人舞就在渴望有意義的親密歸屬，與維持適當個人自主與自我定義之間不斷拉扯，充滿張力的過程，也可以稱之為對被吞沒（engulfment）或被糾纏（enmeshment）的恐懼。

此外，如同劍橋家庭研究學院（Family Institute of Cambridge）的 Sallyann Roth（1989）的描述，同志伴侶內的個別界限調節（boundary regulation），與其所處異性戀社群脈絡之間的互動其實頗為複雜。因此，若延伸 Roth 對女同志情境之論述：當男同志伴侶試圖界定其關係的連結，卻未得到回應或回應不如預期時，雙方就會試圖去鞏固彼此的關係界限，以確保其整合性；但因過度補償卻又逐漸形成了封閉的伴侶系統。由於這種封閉系統容易混淆（融合）個人界限，為了避免過度親密或混合，個體就會使用各種疏遠的策略（例如：固定由一位伴侶扮演疏遠者，或兩人輪流；公開的衝突；或引入第三者而形成三角關係，這個第三者可以是偶發的外遇或逐漸加入兩人之間）（Roth, 1989, p. 288）。因此，本來是每對伴侶皆會遭遇之關係調節問題，對同志伴侶而言，卻為了要因應所處的異性戀世界對其連結的

未確定（bond-invalidating）而更形惡化。此外在封閉或極端私密的伴侶關係中，「任何溢出伴侶界限之外的行徑（excursion）都會對另一人造成威脅」（p. 13）。例如：試圖在伴侶關係之外發展的友誼，尤其是同性情誼，都可能引發懷疑或嫉妒。

再次地，如果要運用會談中所呈現的伴侶互動現象，我們可以鼓勵他們覺察自己如何在融合中的推與拉（pull toward and/or push away），就能藉機釐清他們對於獨立的恐懼與渴望。簡單的實驗可以增強個別化與自我的感受，例如：以「我」取代「我們」的語言；也可以用另一項實驗，讓一人用「我要」開頭的句子對其伴侶表達要求，同時讓其練習用「是」或「不是」來回應，以此增強其對接觸界限的覺察。透過要求兩人進行蒐集資料，或嘗試接觸男同志社群、團體或活動等家庭作業，引導這對處於封閉系統內的伴侶擴大其對社會的知覺。理想上，這對伴侶在治療中應能增強其對「關係之舞」的覺察，提高其覺察界限的敏銳度，並更能看清楚哪些需求能被滿足、哪些卻不能。透過治療性的實驗，兩人都能經驗到改變舞步就能帶來改變，同時在了解對彼此的影響後，學習在現有方法之外協商的新路子。

性別角色與性：兩極、投射與刻板印象

即使是最敏感、世故與聰明的人，其思考也會瀰漫著對男同志與同性伴侶的刻板觀念或投射，植基於兩極性別角色與性的文化信念影響深遠。例如：男同志普遍被當成「女性化」或娘娘腔（effeminate）。如果有機會參與男女同志／雙性戀尊嚴遊行（Pride Parade），就可以打破這種狹隘的觀點，男同志的裝扮與行徑反映了各種的性別角色類型，包括典型的「陽剛型」到刻板印象的「女性化」，以及介於兩者之間的各種變化。此外，有些人妄自揣想男同志為了形成配對，必然會自行分配兩極的性別角色，這當然不是真的。如果考慮到歷史文化的影響，老一輩的男同志伴侶在兩性角色的刻板行為不見得會更多。尤其在當代女性主義運動的影響，以及個人對男女性別角色的選擇空間日漸增加之下，現在的關係標準會是更彈性的角色行為。換句話說，來諮商的同志伴侶長期以來已經隨著其個別差異、優勢，以及在進行

或擴充行為實驗時的好奇心，一次又一次地協商其角色。然而受到兩極化性別角色刻板印象的影響，戀愛中的男同志者確實偶爾會顧慮自己在關係中的角色表現，擔心因而損及其男性化的認同（masculine identification）。

我相信身為治療師，基本上要十分注意自己對同性戀、性別角色與性行為的內攝或未經檢視的信念。畢竟刻板化的投射會阻礙我們自己「全然接觸」（contactfulness）與看清眼前伴侶的形貌，以及判斷他們是否正在經驗滿足彼此行為的能力。完形治療模式尤其能加強對現存投射的覺察。當我們讓一個人看清楚自己的投射時，就能藉此邀請他們重新考慮，如何處理其於伴侶關係中展現的那些被丟棄的（disowned）、分裂的（split-off），或者被壓抑的自我面向。在完形的思考裡，重新覺察個人投射的前提是，自我主體發展的越完整，其關係接觸的表達、活力與彈性就會越發豐富。

如同所有的伴侶關係，男同志伴侶的性可能是關係議題之一，當然也可能不是。性議題是以症狀的方式外化（acting out）各種折射的衝突與情感的迴射，例如：憤怒。伴侶會隨著時間而改變其性頻率與強度；在需求程度、興奮度與親密感的經驗上也會有所不同。如同異性伴侶，理想上，男同志伴侶要協商出滿意的性生活，包括要願意明確表達個人感官、情緒、欲望與期望，以增強伴侶用彼此都能滿意的方式反應。如同你我所知，這種「理想的」過程不見得總能在伴侶生活中發生，但卻有可能在治療室裡冒出來，因而獲得關注與討論。對男性而言（包括男同志），提起性話題或性需求不滿足往往引起羞愧或尷尬。極端的男性性別角色觀念，包括要負責、控制與在被需求時有所表現等，往往導致對自我、對他人的不實際期待。對有些人來說，性行為特別會勾動男性像不像個男人的內建（embedded）焦慮。

男同志的性行為會隨其過去經驗的歡愉與否而有所差異。簡單地說，其中一人喜歡的，另一人可能喜歡，也可能不喜歡。以體諒與了解為基礎的協商當然是最佳的解決之道，前提是伴侶必須能夠共同以有效率的方式來參與。男同志的性行為，包括（但不限於）親吻、擁抱、愛撫、揉擦（rubbing）、口交、肛交與互相自慰；有的人偏好在接受者的角色（一般稱為被動者或零號），有些人則偏好「主動的」、「獨斷的」或「一號」[2]，有些人

則兩者都喜歡。另有些人則頗受特殊的、有性道具（fetishistic）的挑逗方式吸引，例如，S/M（虐待／被虐）、B&D（鍊條與皮鞭）或穿特定服裝（皮革、異性裝扮）。異性戀者當然也會從事這些性行為，或許再加上陰道性交與口交。

　　為何我要仔細描述這些性行為？首先，既然在此討論投射與兩極，我認為身為治療師的我們也必須接觸自己的這些觀念。在未與男同志個案討論之前（如果他們願意談的話），我們不能假定自己知道他們最喜歡的性行為是哪些；反之，除非此伴侶表達其性生活的某個主題或症狀，我們可能永遠無法（也不需要）得知其細節。但另一方面，我們必須對**同志的性議題**保持覺察，並能以自在的態度討論，才能支持案主去討論他們關心的性議題、差異與禁忌。以完形的語言來說，我們關心的是案主如何擺脫迴射、折射或其他干擾，表達其需求。我們也會關心其各自表述的投射，並檢驗這些投射是否基於彼此的實際接觸。再次強調，我們不只著眼於伴侶溝通的內容，更要看他們**如何**教育對方，如何告知對方自己享受與不享受哪個部分，哪個部分有助於性興奮。

　　此外，我們也要覺察自己對於一夫一妻制與多重伴侶制度的假設、價值與投射。我們要捫心自問：「我是否有偏見？」「男同志伴侶就像異性戀、女同性戀及雙性戀伴侶一樣，對關係契約的安排各自不同——包括完全的一夫一妻制，或者單一方是多重伴侶，到雙方皆有多重伴侶——我能尊重這個部分嗎？」要能認可這些選擇，甚或轉而對這樣的安排何以行得通感到好奇，是很不容易的。但我確實相信：祕密的背叛往往是侵蝕信任關係的潛在有毒議題。再次地，我比較在乎的主題是：這對伴侶如何去溝通其對一夫一妻制的價值、對彼此的性期待與其中蘊涵的情緒狀態，而非最終要不要選擇一夫一妻制。何況在愛滋病盛行的年代，更需要開放地討論兩人關係之內與之外的性生活，並且與安全和相互保護的議題做連結，否則便無法建立信任的基礎。同樣地，我們會注意這對伴侶在討論「安全性行為」時有多自在，他們各自如何界定安全與可接受的風險。

HIV/AIDS

HIV 和 AIDS（愛滋病）成為我們每個人生活中的一部分的這個事實，當然會影響男同志，同樣也會對我們產生影響，這是與性取向無關的。當然這個主題值得用一整章的篇幅大書特書，在此我只想簡單扼要地說：當我們與男同志伴侶工作時，這是無可迴避的議題。1990 年代的男同志幾乎可說每個人至少認識一位 HIV 感染者，或因其併發症而死亡者。就深層的意義來說，整個男同志社區都活在哀悼的氛圍中。男同志伴侶經常會面臨失去某個「視若親人」的重要友人，同時也失去他對此伴侶們極珍惜的支持。當伴侶之一感染愛滋時，要直接面對的議題更多，他們在應付 HIV 時會經歷不同的感染階段，從毫無症狀到偶爾出現的短期症狀，到急性或慢性的隨機感染，這也是愛滋病進程之特點。愛滋對此伴侶的影響可能會以主題的方式出現，或在其討論生活安排時變成背景；一如往常，這種主題／背景會隨著討論者的每個當下而改變。

即使因處於不同之感染階段而略有差異，一旦某人確定感染愛滋之後，他會因為對死亡的急迫感，對歲月有限又如斯飛逝嗟歎珍惜、伴隨現實而來的高度不確定與焦慮感，而有所改變。由於社會對男同志感染愛滋的污名化，愛滋感染也意謂男同志與其伴侶關係的第二次出櫃危機：該告訴誰、怕被排斥、家人會如何反應、什麼時候宣布此消息；內在恐同症與羞愧再度被喚起；如何尋求社群內的支持。這些都是必須且不得不面對的考量。由於這些議題皆來自於恐懼與焦慮，以及冀望被支持。在一對特定伴侶之間可能會以症狀化的方式呈現，例如：緊張升高、性生活改變，或強迫性的決定行為。

以我曾協助的一對伴侶 Steve 和 Dave 為例，他們兩人都是愛滋帶原者。Steve 一向較保守，但在逐漸體悟到時光流逝的同時，他開始有要完成些什麼的念頭，而且想要花錢買些「奢侈品」；Dave 雖然也很想要那些東西，但卻認為仍必須留點錢以備未來不時之需。即使同為愛滋帶原者，Steve 已經出現症狀，Dave 則仍維持著未發病。雖然對於彼此的用錢觀念都頗感氣

憤，一旦他們能看到潛藏的恐懼，就能夠稍微軟化並較能傾聽對方，透過引出較廣的了解基礎，Steve 和 Dave 較能找到彼此妥協之處。

我曾帶領過一個由愛滋病帶原者及其未感染的伴侶（HIV-discordant couples）所組成的團體，每一對伴侶都表示深受孤立之苦，而參與團體則大大釋放了這種痛苦。當時除了對自己的配偶之外，沒有任何成員是出櫃的。在這個深具特殊性的聚會中，未帶原的伴侶皆表示，當他們聽到對方罹病的宣告時，想著的卻是自己的需要，但卻又為此深感罪惡。當然，不論是否兩人皆為帶原者，伴侶們都會將對方納入各自的恐懼、希望、憤怒、哀傷及歡愉中。他們也要確認自己如何能感受到被對方支持，對方能否同意在必要的時候向外尋求支持。身為完形治療師，我們接受有機體的觀點，即生命的主題無法獨立於環境而存在，我們都得吸收與消化來自環境中對生命的支持。在協助一對同性伴侶面臨威脅性命的疾病如愛滋時，這是一個需要特別深刻考量（poignant consideration）的方向。

成癮行為

我要簡略提一下這個議題。一位訓練充分的治療師必須調整自己的狀態來看成癮行為（Addictive behavior）的可能性，包括酒癮或性強迫症。某些研究指出，男同志當中有藥物濫用與藥物依賴問題的比例高於一般人（Finnegan & McNally, 1987, p. 31）。在面對社會敵意或個人內化的恐同症、低自我價值感時，酒精經常成為調整壓力源的手段。此外，男同志常在男同志酒吧裡宣告出櫃，免費供應的酒往往能抵消焦慮。而男同志就和一般男性一樣，是先學會性才學會如何親密的，而社會不認可公開的同志關係，使得他們都有不得不保密的過去。性強迫症可能以不間斷卻又無法真正滿足的一夜情或是露水姻緣（anonymous encounters）的形式出現，有時候還會發生在危險的情境下，這成為對抗一整掛各形各色焦慮感的頑固防衛方式。再強調一次，同志伴侶不見得會出現成癮行為，但考量到加諸於同志的社會烙印與壓力，我們還是要保持警覺並仔細傾聽。

尋求結束

　　雖然我很想完整呈現與男同志工作相異及相似於其他族群之處，在此仍只能大略描繪主要議題的輪廓。尚未被討論到的議題，包括已有子女的，或想要有小孩的男同志伴侶要面對的處境，以及不同種族、人種、宗教或階級背景裡不同的男同志結合過程，和這些差異如何影響其結合。我已盡量告知我個人對男同志所肩負的各項挑戰的認識，以及在追尋自我認同和成為伴侶的過程中所摸索出的解決方法的理解。在運用完形理論觀看此議題時，我也試著指出，當社會開始非常緩慢地重新評估對性取向的立場時，男同志伴侶何以要運用接觸防衛作為調適策略。身為完形治療師，我們要再次體認男同志伴侶遊走於害怕同性戀與異性戀世界的經驗中，內攝、迴射、折射、投射與融合等策略的貢獻。

　　我也試著傳達某些完形伴侶治療取向的概念運用在男同志親密系統時的獨特貢獻。完形治療既著眼於現象學，關注這對同志伴侶如何為獲致親密而努力接觸彼此，故特別能讓他們一起觀照實際互動的過程為何。這樣的觀照，這樣從現象學上尊重的立場，其實隱含著替男同志達到「去羞恥」（deshaming）與被認可（validating）的效果，因為他們就如同所有的伴侶一樣，都掙扎著要描繪與建構自己的經驗、關係與生活。完形治療師充當其努力的見證人並鼓舞之，使他們也能清楚看到此過程，並提供機會協助其擴充發展施與受的技巧。當然，沒有任何學派是「唯一可行的」，完形伴侶治療也無法保證最後的結果盡如人意。然而，男同志身處自我否定（self-denial）的社會文化背景既是如此強大，能在此時此刻被仔細檢視，並隱約感受到努力被欣賞的經驗，無庸置疑地，必會是一個充滿愛的體驗。

附註

1. 接觸干擾（interruptions）與抗拒，包括投射、內攝（introjection）、折射（deflection）與融合（confluence）。對抗拒更進一步的討論，請參考 Erv Polster 與 Miriam Polster（1973）所著《整合的完形治療》（*Gestalt Therapy Integrated*），或 Wheeler（1991）的著作。

2. 這種語言隱含了文化賦予的性別角色偏見。

參考文獻

Berzon, B. (1990). *Permanent partners: Building gay and lesbian relationships that last.* New York: Penguin Books.

Finnegan, D., & McNally, E. (1987). *Dual identities: Counseling chemically dependent gay men and lesbians.* Minnesota: Hazelden.

Polster, E., & Polster, M. (1973). *Gestalt therapy integrated.* New York: Brunner/Mazel.

Roth, S. (1989). "Psychotherapy with lesbian couples: Individual issues, female socialization, and the social context. In M. McGoldrick, C. Anderson, & F. Walsh (Eds.), *Women in families: A framework for family therapy.* New York: W.W. Norton.

Wheeler, G. (1991). *Gestalt Reconsidered.* New York: Gardner Press.

第六章
男同志的完形伴侶治療：
擴充覺察的療癒基石

親密花園

完形取向伴侶治療理論與實務

第七章
女同志伴侶的完形伴侶治療：
運用於女同志之理論與實務

Fraelean Curtis　著

張碧琴　譯

Jill 和 Mary 是一對女同志伴侶，她們已經在一起兩年了，Jill 是第一次進入女同志伴侶關係，Mary 則已是第三度了。Mary 三十三歲，在當地女同志社群內相當活躍；Jill 二十五歲，仍處於出櫃的初期階段，她只告知姊妹與少數親密的女性友人。雖然 Mary 越來越認定這段關係，Jill 仍頗感矛盾，於是她們共同前來尋求伴侶諮商。由於她們所住的區域少有女同志治療師，即使有，也多半是 Mary 認識的人，因此她們決定找異性戀的女性伴侶治療師。

Jill 與 Mary 在初次會談時，肩並肩地坐在治療師對面的沙發上。在簡短的寒暄致意之後，Mary 握著 Jill 的手，下背靠向沙發並深吸一口氣，看著治療師說：「我坐在這裡時覺得很可怕，因為我知道你是異性戀，而我不確定我能不能和你一起工作。」她來回摩擦自己的上臂，好似在安撫自己，再深吸口氣接著說：「我擔心你不了解我們的關係。」Jill 在這段時間一直向下看，她很高興 Mary 如此直接，但她自己無法直視治療師。她蹺著腿並且不斷晃動著，時而清清喉嚨，但仍不發一語。

治療師感受到室內的張力，而她自己也覺得緊張。她想要安撫這對伴侶，保證自己是個勝任的伴侶治療師。她輪流與兩人視線接觸，並透過眼神傳達善意，表示自己會用與異性戀伴侶工作時同樣的方式來面對她們。她微笑著，相信自己已透過「正常化」其關係來支持 Jill 與 Mary。雖然仍感受到室內的張力，但她仍不斷地說著，企

167

圖以話語來讓對方與自己感到安心。她告訴這對伴侶自己會尊重並
看重其關係，並附帶說明她認為不論其性取向為何，她們的議題和
別人是一樣的，但是她能感覺到自己仍未與 Jill 或 Mary 取得連結。
當她仍在構思接下來要說什麼時，Mary 打斷她：「我真不敢相信你
剛剛竟然這麼說。」Mary 可以感覺到自己脖子僵直著，心裡想，這
個治療師真是一點也不了解女同志的生活。Jill 緊緊握著 Mary 的手，
同時眼淚盈眶，感到失望與無助，心裡打算怎麼找到另一位伴侶治
療師。她傾身靠向 Mary，悄悄地說要離開這裡了，Mary 點點頭，
心裡也有同樣打算，卻覺得頭重重的、下巴緊繃，無法說出口。因
此當她聽到 Jill 直接告知治療師時，頓時覺得鬆了一口氣。

治療師來回看著 Jill 和 Mary，覺察到自己的失望。她說，對於她倆
急著走感到很困惑，Jill 看著治療師身後的門，只簡單地說她們真的
必須離開了，於是她們全站起來，而這對伴侶離開了。

治療師坐了下來，搖頭感慨著與女同志工作實在很令人困惑。她在
腦海裡回憶剛剛發生了什麼事，但還是搞不懂究竟為何自己無法成
功地說服這對伴侶，證明自己有足夠的技巧與良善的企圖。

　　這位治療師確實用心良善，而不論一對伴侶的性取向為何，也確實會面
臨共同的議題，例如：有問題的溝通風格、依附與自主議題、個人過去歷史
中的創傷與傷疤、兩人各自表達情感的不同方式、不同的性偏好、酒癮與上
癮、養育小孩的壓力等等。無論如何，女同志關係仍有其特殊性，治療師若
漠視這些議題，也就錯失與女同志伴侶連結的管道。若她宣稱會以與異性戀
伴侶工作時一樣的方式來對待女同志，其實無意中也宣布自己在此領域缺乏
經驗，並具有異性戀的偏見。而 Jill 和 Mary 聽到的則是，這位治療師會用
異性戀的觀點為參考架構來進行伴侶治療。

　　可惜這位治療師並非採用完形的工作模式，否則她會認可這對伴侶關心
的焦點，以好奇的態度探問她們對於治療師認同異性戀的擔心是什麼，並能
看到、指出並詳加描述此時存在於空間中的緊張，如此將能使伴侶與治療師
三方皆在共同的覺察主題之上加入討論，這也是運用完形模式的重要起點。

在完形模式中，治療師對這對伴侶基本資料的認識稱為背景，包括其文化、社會化與生活經驗等，總是會影響治療師決定採取哪些材料作為工作焦點，也就是此次會談的主題。Jill 和 Mary 直覺地感受到了這個部分，因而即使上述例子中的治療師滿懷善意，他們仍然覺得無法與之共事：她們相信，治療師未經檢驗的異性戀基礎，會使她們個人與伴侶的圖像被蒙上色彩或被扭曲。

太多異性戀的臨床治療師沒有接受過正式的訓練，以了解男女同志、雙性戀案主的需求，故雖然他們動機良善，卻未能面質其無法避免的、存於其內心深處的偏見。社會認為同性戀是變態的訊息是普遍而有力的，異性戀治療師必須與男女同志或雙性戀者同等努力般，去化解其內化的對同志之負面訊息。若未覺察此種內化訊息，即使企圖高尚的治療師，在會談中也只是在反映個人偏見而已。

異性戀主義

透過 George Weinberg 之著作《社會與健康的同志》（*Society and the Healthy Homosexual*）的流傳，異性戀主義（heterosexism）一詞正逐漸取代**恐同症**（homophobia）。恐同症本意指對同性取向與同性戀的高度非理性恐懼與害怕。Finnegan 和 McNally（1987）指出，如今其意涵已擴大到所有對同性戀的歧視態度或感受（p. 32）。

異性戀主義一詞更精確地傳達了**恐同症**的內涵，因為它指出了異性戀的偏見，而非辯論個人對同性戀的恐懼是否合理。異性戀主義透過社會主流制度持續崇尚異性戀的生活方式，同時貶抑其他的生活方式，卻完全植基於無的放矢的偏見，如同種族主義與性別主義的偏見一樣。當我們的制度有意識或無意識地執行這些偏見、有意無意地據此而行時，異性戀主義就會開始發生作用。

我們同住於尊崇異性戀主義的異性戀社會，女同志、男同志與雙性戀的治療師在出櫃時，往往（而且至少）要能去除自己的負面異性戀訊息，並

且學習看重自己的性取向，尤其當我們的社會經常在強化對同性戀的負面訊息，這種復歸（recovery）的動作或許再怎麼做都不嫌多。

當治療師要與女同志伴侶工作時，心中必須覺察到異性戀主義的力量、女同志的生命經驗，包括女性的社會化等議題，這些背景會影響女同志伴侶，而形塑與男同志或異性戀伴侶不同的工作歷程。

完形伴侶治療

完形治療師在單次的伴侶治療時段中會注意的現象，就是她或他立即經驗的組織、「此時此刻」的資訊：視線接觸、音調、表現出來的情緒、動作行為。治療師在對此伴侶系統形成清楚的圖像之前，會持續觀察累積上述資訊。一旦形成主題之後，治療師會描述她或他觀察到什麼，以期提高這對伴侶對兩人之間動力的覺察，此時治療師可以建議一些實驗，讓這對伴侶能欣賞並運用此時此刻的資料。透過實驗，伴侶可以在探究與調整其互動過程中扮演主動的經紀人。

因此完形治療的獨特性在於強調個人就在治療情境中調整其行為。當系統性的行為調節是由個案自行發展出來時，我們稱之為「實驗」。經驗是經驗式學習的墊腳石，它能將言詞轉化為行動，將陳舊的往事與理論化為能充分動員的想像力、能量與喜悅，使我們能全然活在當下（Zinker, 1977, p. 123）。

治療師若能具備對女同志生命經驗的理解，將能允許更豐富多元的實驗出現。缺乏同樣豐富背景的伴侶治療師要對女同志進行治療時，將因缺乏足以支持其工作的理解，而使其處於不利的位置。

女同志伴侶和異性戀伴侶之間存在許多差異。Falco（1991）認為，這些差異主要來自兩處：未能支持認可女同志關係為有效的關係形式（其中涉及生活於烙痕陰影下的各種相關議題）；兩個女性配成一對時，會將其獨特的心理條件與性別動力（以自己的方式）帶入關係中（p. 106）。以下我將透過案例逐一討論，並且描述完形治療師如何運用自己作為改變媒介。

缺乏支持與認可的女同志關係為一有效的實體[1]

　　我們的社會過度傾向異性戀了。Markowitz（1991, p. 29）曾說，多數男同志和女同志必然會帶進治療的負荷之一就是羞愧、祕密與被揭穿的恐懼，對男女同志、雙性戀者的暴力仍然持續升高，想要公開地以女同志身分自豪地存活於世，仍然是件冒險的行為。許多女同志過著雙重生活，以異性戀的方式低調行走於世，除了某些時候難免因為吻合女同志或女同志伴侶「應該像什麼樣子」的刻板印象而受到矚目。為了要生活在一個充滿敵意的異性戀社會，在有意識的選擇之下以異性戀的方式生活，可以說是健康的，是為了自己的利益所採取的自我保護措施。女同志應付世人的方式有很多種，可能是在租房屋時向房東宣稱兩人是室友；與同事或親戚提到伴侶時將「她」（she）改為「他」（he）；必須攜伴的社交場合找男性友人陪同出席；讓自己的打扮融入周遭女同事之中。

　　然而，一旦應付的行徑變成僵化的防衛方式，也不再是在充滿覺知與主動選擇的狀態下而為，問題就來了。舉例而言，女同志可能持續表現得像異性戀者一樣，並和可靠的男同志成為同僚；有些女同志則生存在過多的曝露恐懼中，以致於她們失去了區辨何者是安全情境，何者是不安全情境的能力。女同志會為了扮演異性戀者而付出代價，即使那是一個帶著覺察所作出的必要決定。

　　即使是為了存活下來而否認自己的核心自我，仍然會造成羞愧與低自尊。例如，有些研究發現男女同志比異性戀更易有物質濫用的問題。Finnegan 與 McNally（1987, p. 31）曾指出，即使目前對於男女同志酗酒的發生率仍有爭議，但就一般針對美國男女同志的研究數據看來，其中有酗酒或酒精濫用問題者約占三分之一。若對照全國人口僅十分之一為酗酒／酒精濫用者，這個比例實在太高。

　　多數上癮問題專家相信，男女同志社群中如此高物質濫用比例的原因，來自異性戀主義的壓迫，有些人主張女同志的壓力更甚於男同志，因為她們還同時受到性別主義的壓迫。同理可證，有色人種的女同志可說是物質濫用問題的高危險群，因為她們同時面臨著異性戀主義、性別主義與種族主義的

壓迫。

　　以異性戀者身分生活還可能造成女同志在界限與關係上的困擾，其中可能發生的界限問題之一，就是這對伴侶無法以獨立的關係單位與外界互動，由於其界限穿透性過高，使得她們經常無法抵擋不請自來的外人干擾，而引發無助感、憤怒、羞愧與低自尊。對於伴侶來說，這些情緒實在超過其能負荷消化的。

　　幸而從異性戀主義中復原是可能的，第一步通常是出櫃，在出櫃的過程中，被烙印的認同能夠轉化為正向的、自我肯定的認同。要以女同志的身分出櫃，是個持續自愛與自我肯定的過程，同時也要追求與認同一個自我肯定的社群。這個過程始於自身，及於他者。以完形的語言來說，只要能與環境維持清明的接觸，改變自然會發生。

　　女同志伴侶的出櫃過程其實與個人的出櫃相同。然而這對伴侶當中，可能因其中一人的出櫃程度高於另一人而造成若干衝突，尤其當她們對於要向誰公開、何時是安全的公開情境有不同看法時。

　　出櫃是需要同志社群的支持與鼓勵的，男女同志皆然。不論個人在平日生活中有多公開其同志身分，為了保護自己不受語言與肢體之攻擊，伴侶可能會想在公開場合控管或減少其親密關係的線索，此時社群就可以扮演安全的防護罩。社群也可以提供角色模範、友誼與志同道合者，對伴侶與個人來說，都具有認可其正當性的效果。處於孤立位置是很難以致無法克服異性戀主義的，面對其他植基於羞愧的制約機制亦然。

　　在治療關係裡，如果一對伴侶未全然向治療師公開其同志身分，治療師不知道或沒興趣追蹤此議題，也未教育這對伴侶出櫃的重要性，必然會延誤從羞愧復原的療程。這也是何以與同志伴侶工作的治療師必須擁有豐厚背景的原因之一，她或他可能需要分享各種不同的資源，例如同志的新聞出版品，或是能支持這對伴侶的社區資源；此外，治療師或許也要告知其自保所需的法律行動。Berzon（1988）就特別強調女同志要謹慎地採取法律行動以保護其共同財產，以確保在法律授權下代理對方財產處置，或在對方住院時有探視權。當然，治療的目標不是逼著她們（或她）出櫃，而是要促使其針

對出櫃與否進行有意識的、明確的決策過程。

Carol 和 Mirium 兩人都是祕書。兩人於二十年前因工作結識，此後同居逾十八年，共同撫養 Carol 的兩個女兒，目前已分別是二十三歲與二十七歲。即使兩人之間一直維持有性生活，卻從未以女同志伴侶的眼光來看待彼此的關係，而比較認為這是「一份特殊的友誼」；反之，她們也說從未和別人浪漫地交往。在 Mirium 的堅持之下，她們聯袂治療。Mirium 說，她花了數個月的時間說服 Carol 一起進入治療，最終還是以終結這份「友誼」相逼，Carol 才勉強同意來「試個幾次」。Mirium 說，她最近遇到一位已向親朋好友出櫃的同事，並深受她吸引，但同時又很怕她。在和這位同事聊過幾次有關出櫃的話題之後，Mirium 確定自己是女同志，並且也想讓 Carol 同意這點，特別希望兩人向幾位朋友出櫃。Carol 被 Mirium 的轉變嚇壞了，兩人也為此爆發過幾次爭吵。

> 剛開始第一次會談時，Mirium 和 Carol 並未看向彼此。我直接指出，我注意到這個現象。Mirium 瞥了我一眼說：「我不想看她。我已經一輩子都在否認自己是同性戀，如今我想要公開地、如實地呈現我本來的樣貌，但她卻不讓我這麼做。」她瞥了 Carol 一眼，再轉而看往自己搭在大腿上的手。
> Carol 直視著 Mirium，滿臉通紅，雙拳緊握，說話的音調聽來因憤怒而高漲：「我不是女同志，妳也不是。」我彷彿看到一個圖像是她不屑地吐一口口水。
> 我看向 Carol 並傾身面向她，告訴她我看到她雙拳緊握與臉漲紅了。
> Carol 越過我看向窗外說：「女同志很噁心。」
> Mirium 掩面哭了起來，幾分鐘後她放下手，並將頭向後靠著椅背，以平靜的聲音說：「我不噁心。我才不要又回頭想自己噁心這回事，但是我實在很怕你會要來說服，讓我相信自己是噁心的。」

在觀察她們兩人互動時，我發現幾件事。首先，她們並未真正聽對方說話，沒去問對方的感覺或信念，說話時也沒看著對方。我內心漸漸看到一個

圖像，就是她們無法互相傾聽。

當我看著她們的同時，也試圖描繪二十年前當她們初相逢的樣子。當時同性戀仍無法見容於世人，她們也還沒有現今的這些文學、社區與政治方面的相關知識，同志解放運動和女性運動都才剛萌芽，如果讓別人知道她倆關係的真相，Carol 的女兒很可能會被帶走。一想到她們日日須面臨的恐懼，就令人覺得她倆能相遇、承認對彼此的欲望能勇敢地表現於性行為，真是個奇蹟。所以我猜，她們需要很多很多的支持，才能安然度過現今出櫃的危機。

就在這些思緒圖像閃過我心上的同時，我也覺察到自己對於她們偽裝成異性戀所付出的代價感到難過。她們付出了自尊、彼此親密的能力、友誼與家庭生活，長期處於孤立的、缺乏社區力量來支持她們的成長。我覺察到自己想讓她們去欣賞彼此的故事，包括她們從中所獲得的、所失去的，以及她們確實存活下來的事實。我也想讓她們能聽聽因為身為同性戀而來的種種恐懼，同理地探索彼此的背景。她們可以扮演彼此的主題與背景，也都能提供對方所需的寬容之地（receptive field）。

完形理論的教誨是：生命就是不斷與環境接觸以求成長與改變。也就在此接觸時分，我與非我（not-me）相遇，改變水到渠成。然而要隨時對環境開放與保持接觸並不容易，尤其當我們預期會被排斥與虐待時。

為求自保，每個人就會各自發展接觸的干擾與抗拒。抗拒與心理動力理論中的「防衛」相似，被視為阻礙良好功能的障礙，或者說是為求生存與成長所採取的能量調整方式。一般說來，當個人未覺察地使用這些抗拒時，問題才會出現。

女同志也和別人一樣，會向所處外在環境尋求接觸。如果她公開承認自己是女同志，常常會在生活中覺得受排斥，或者會將過往被排斥的經驗投射到新的情境中，而阻礙了自己接收新資訊的機會。她可能會小心翼翼提防危險，而當真有受傷的危險時，她會採取迴射隱藏自己（藏起女同志的那部分自我），並加以偽裝，以異性戀的面貌示人。當有人一味探看，可能會帶來曝光的威脅時，她學會使用折射（改變主題）。她的自尊因負向內攝（負

面的異性戀訊息）而受損。有時，當異性戀者說出多多少少傷人的評論言詞時，她還要融合於其中（不反對）。

Carol 總是以異性戀的方式行走於世，因此也沒想到可以自行發展能承認自己與 Mirium 是女同志的安全情境。她對每種情境都投射出危險訊息，因而也順道迴射或保留了她愛 Mirium 的事實。由於她未覺察地投射與迴射，即使不需這麼做時也這麼做了，因此個人成長就受到限制。Mirium 最近開始看到自己其實不需隨時藏匿自己的同志傾向。為了與環境有更多的接觸，反而動搖了她和 Carol 歷時二十年的伴侶基礎。

由於內攝了異性戀的觀點，她們的生活封閉狹隘得可以。她們幾乎照單全收社會對同志的看法，也毫無覺察地接受了內攝的信念。Carol 說同志很噁心時，就是阻礙她好好傾聽、向新經驗保持開放的負向內攝。

伴侶系統有著共同的抗拒，也會在彼此之間來來去去。伴侶治療師的任務就是去觀察伴侶的互動過程，並注意這些抗拒限制了些什麼。

兩個女人構成的伴侶系統

由兩個女人組成的伴侶系統動力可能與兩個男人組成者、一男一女組成者殊異。縱然近年來性別角色對兒童發展的影響略見衰退，但大人仍會教導男生女生應該有哪些適合其性別的行為，男生仍被期待要比較獨斷、獨立、自我肯定、具有攻擊性、知識豐富；女生則要較依賴被動、尋求他人肯定、注意並回應他人的需求（Vargo, 1987, p. 63）。

Vargo 曾引用 Brovermans（1970）有關心理衛生專業人員臨床診斷之經典研究指出，臨床工作者在診斷判別病患健康與否的標準，深受男性化與女性化的刻板印象所影響。當男性表現出競爭、果斷與攻擊性時，會被視為正常成人的行徑，但同樣行為展現在女性身上，卻被認為是不健康的。可想而知，女人要想既「正常」又能符合「標準的健康行為」簡直難如登天（Vargo, 1987, pp.161-162）。

Jean Baker Miller 在 1970 年代末期陸續發表的《新女性心理學》

（*Toward a New Psychology of Women*）引發連串以女性為中心的心理學革命。Miller、Carol Gilligan、Janet Surrey、Julie Mencher 等人以植基於女性經驗、女性詮釋觀點所發表的文章、書籍與研究，大大不同於以男性虛構的標準來度衡正常與否（很可能連多數異性戀男性都不適用這些標準）。

Surrey（1991）指出，《新女性心理學》的核心論述是「女性自我乃相當程度建立在能否建立與維持親密關係」（p. 52），此論述衍生自史東中心（Stone Center at Wellesley College）的關係理論（relational theory）。如同 Surrey（1991, p. 52）認為：「我們對於關係中的自我（self-in-relation）的理解，包括去承認：女性最重要的經驗就是關係，也就是說，自我是在重要關係的脈絡之下組織發展出來的。」用完形的話來說，就是自我是在與他人交會的界限處發展出來的。

依據關係理論，女性要在關係脈絡下才能持續成長，其自尊也與其建立並維持情緒依附的能力有關。這樣的觀點與強調成長就是要分離與個別化的傳統論述，恰成鮮明對比，尤其在多數心理學文獻仍以自主與分離為成熟的同義詞時，自然會以自主與分離為評量女性發展的標準，而形成不少對女性的誤解。Carol Gilligan（1982）有關女性發展的著作正能破除這些誤解。

能看到這些新的研究文獻不僅相當令人高興，而且它們還相當實用，即使是出於異性戀者的觀點，仍無損於其價值。如同長久以來用男性觀點看女性時，女性被看成是較病態的，女同志伴侶的關係也比異性戀伴侶更容易被認為是病態的。

事實上，女同志伴侶所展現的關係與親密樣貌，其實大不同於男同志或異性戀者。Falco（1991）在回顧文獻後指出，在探討女同志的性行為時，要特別強調情感依附的層面（p. 81），尤其女同志更會將關係置於其生命的中心，對關係的渴求凌駕其他事物之上，也多半認為要有愛才能有性（pp. 9, 10）。同樣地，Berzon（1990）視男性受社會制約成能夠區隔愛與性（或至少偶爾會如此），女性則被制約成需要有愛才能表達其性渴望（p. 210）。

在男同志伴侶的關係裡，這兩個男人主要仍是透過分離與自主來獲致成長與自尊，異性戀關係的生命經驗則略有不同：女性可能傾向於透過關係而

成長，男性卻偏好透過分離與自主提升自尊。而在女同志的關係裡，則是雙方都經驗到透過關係來成長與增長自尊。

Mencher（1990, p. 2）指出一項相關研究中的現狀：許多研究者是帶著男性的分離自主觀點看待女同志的關係，因而將其觀察到的親密互動型態評斷為病態的「結合」（fusion）。她接著指出，在過去十年間為數相當有限的女同志伴侶文獻中，至少就有十四篇將結合當成女同志關係的主要議題；要找出沒有視結合（合併）為女同志伴侶關係特性的文獻還真不容易（Burch, 1982, 1985, 1986, 1987; Decker, 1983-1984; Elise, 1984; Krestan & Bepko, 1981; Lindenbaum, 1985; Lowenstein, 1980; Pearlman, 1988; Roth, 1985, 1989; Schneider, 1986; Smalley, 1987）。Mencher 觀察到這些文獻裡對結合的共同定義為：

> 結合是一種心理統一感（psychic unity），指的是一個人的自我界限與他者交會，而且兩個人都經驗到合一感。在結合的狀態裡，個人的肌理羅織於關係脈絡之中，在自我和他者之間的界限是不明確的……（Karpel, 1986）。
>
> 文獻指出，女同志相當重視親密融入的感受，反之，若無法在關係中體會到此感受，就會覺得關係遇上阻力，結果往往導致過度執著於這段無法滿足的夥伴關係。文獻裡的女同志圖像彷彿是窩在親密的懷抱中，重視認同、相互了解與接納，並且有共同的信念、行為、目標與願望。她們害怕伴侶之間有所不同，無所不用其極地否認彼此有所差異；迴避衝突，或多半置之不理（Mencher, 1990, p. 2）。

Mencher 也指出女同志關係中結合的其他指標，例如：

> 她們偏好一起消磨休閒時光，只和少數的共同朋友社交互動。她們共同運用各類專業服務者，例如醫生、律師、治療師與資產規劃師。金錢統一管理，分享衣物財產，一旦兩人分頭行動時，即使只是平常各自上班，也會頻頻通電話（Mencher, 1990, p. 3）。

雖然異性戀與男同志伴侶之間也會出現某些結合的元素，但 Mencher
（1990）認為，若將這些結合的特徵綜合起來，即可呈現出文獻中典型的女
同志關係風貌。

總之，根據當前女同志心理學文獻中之證據顯示，女同志伴侶親密模
式與異性戀、男同志的關係並不相同，而且這些差異往往被視為病態般地稱
為結合，更暗示此名詞背後的不健康意涵。然而若從新女性心理學的角度觀
之，女性本具有滋養關係的能力，也同時期望關係能提升其成長與自尊；從
這種新的觀點觀之，應說女同志具有與人親密的能力，而非視之為有問題
的。

完形理論則稱結合（fusion）為**融合**（confluence）。融合被視為抗拒接
觸的防衛之一，因為不清楚的界限會損耗接觸的經驗。然而，即使是完形理
論擁護者也不免落入異性戀模式的思考，而貶低融合的價值，忽略了其實融
合也是接觸的一種形式（詳見 Wheeler, 1991）。

在具有融合特質的伴侶關係中，雙方都會認同對方的情緒、願望與渴
望，視之如親。許多女同志伴侶認為，融合或混合是很正向的、愉悅的經
驗，既然美國文化仍未將女同志伴侶關係視為合法，融合所帶來的關係穩定
性反而很適合拿來作為迎戰異性戀主義炮火的工具。換句話說，有些不是出
於意識覺察狀態下、不知不覺跳入融合陷阱的伴侶可能真的會遇上麻煩；也
有些伴侶會經常卡在自己的需求和伴侶的需求之間，這類伴侶相處的困擾相
當能從治療中獲益。

Judy 和 Rose 已交往七年。最初對彼此關係感到不滿並提議要接受伴侶
治療的是 Rose，她直言自己仍愛 Judy，但有時會覺得已迷失了自我。Judy
則是出於 Rose 的懇求才前來會談，因為即使 Rose 否認，她仍深信 Rose 已
決定要分手了。

Judy 和 Rose 各自坐在我對面的椅子上，我先前已要求她們必須對著
彼此說話，而非對著我說。
Rose 調整一下坐姿，盯著 Judy 身後的牆壁說：「我很怕今晚說出心

中的話。」她很快地瞥了 Judy 一眼，再將視線移回牆壁。Judy 將手置於頸後，說：「你不必開口，我就知道你怎麼回事，不過我要你自己說。」Rose 蹺起腳並把玩著鞋帶，安靜幾分鐘後說：「昨晚我很氣你，但那時我不敢告訴你。」Judy 將手放在大腿上：「我知道你昨天晚上在生氣，我看得出來。」她的兩手抱胸，兩眼注視著地上，口氣聽起來也帶著火氣。滿室沉寂中，我感覺到她倆之間的暗潮洶湧。持續一陣子之後，我讓她們知道我覺察到的緊繃與沉默。Rose 一邊前後搖晃著椅子，一邊說：「如果你知道我生氣了，為何你什麼都不說？」Judy 仍雙手抱胸，先看看 Rose 再看向窗外，略提高音調說：「你明知我看得懂你的感覺，你可以自己提出來啊。你也知道，如果你自己來和我說說你的感覺，我會好過一些。」Rose 繼續前後搖晃著椅子，一邊以手指耙梳著頭髮：「我知道你希望我多配合你，但有時我實在沒辦法，很抱歉。」

當我觀察 Rose 和 Judy 互動時，我心中也形成一個主題。我注意到 Judy 相信自己很知道 Rose 的想法感受，也期待對方能如此對待她；於是當 Rose 不知道對方的內在經驗時，她就會覺得對不起 Judy。一方面她會覺得讓對方失望了，另一方面又有被困住的感覺。她們似乎都同意：雙方都應該隨時知道對方的想法和感受。因此她們之間不再有神祕感，變得毫無覺察地融合，也未注意到她們正在消去彼此的差異；隨之則是將自身處境投射到伴侶身上，認定對方的狀態就是如此。這種扭曲的融合和投射都是在其意識之外的，也帶來焦慮與不滿足。

在我看來，這個融合和投射的主題正可以作為實驗的素材，帶領她倆覺察到彼此的差異和個別性。當我在腦中構思著實驗方式時，我回想起 Rose 和 Judy 曾提及她倆短暫的追求過程。在同居之前，她們只約會過三次，當時她們才剛和前任的同性伴侶分手，都覺得自己是被拋棄的一方，也深深感到被排斥、不被愛，因此兩人都從這段關係得到療癒痛苦的力量。我表達對於她們如此急切要維繫關係的欣賞，也看到她們認為將對方的情緒、期待和欲望當成自己的，來作為自己愛的表現。

同時我也覺察到，身為女性，她們將自尊繫於與他人建立與維持關係的能力；我知道女同志之間的融合比其他關係持續更久，也被認為是珍貴的、愉悅的。但問題不單單只是她們的融合，而是變成毫無選擇地去融合，結果犧牲了兩人間差異所帶來的驚喜火花。當我這麼想時，我驚喜地注意到，或許她們可以重新發現彼此的不同處。我分享了截至目前為止對其互動過程的觀察，特別強調她們的敏感優點，但同時也可能因為太習慣而弱化了表達差異的能力，繼而損害對彼此的熱情。因此我建議一項簡單的實驗：當一方說自己的感覺和經驗時，另一方要針對該主題問幾個問題，但不可以提出假設（投射），而且要兩人輪個數次。她倆顯得有點興趣缺缺，但至少願意試一試。

以下節錄的並非她倆首次跌跌撞撞的嘗試，而是在 Judy 和 Rose 試驗數週之後，在擴充對對方感受經驗的覺察與欣賞之後才發生的對話。

> Rose（深吸一口氣並看向 Judy）：「當妳在我上班時打電話來，要求馬上和我談一談時，我覺得被困住了。」
>
> Judy（顯得很訝異地蹺起腳）：「我一點也不知道！為什麼妳會覺得困擾？」
>
> Rose（傾身向 Judy）：「我覺得好像不能說我很忙，好像不管我在做什麼，都得馬上停下來和妳說話，否則妳會覺得受傷、覺得被拒絕。」
>
> Judy（清清喉嚨）：「妳說得對！我是會覺得被拒絕，但那是因為以前我和自己家人的關係所造成，妳沒有責任要去做任何補救的。妳也無法保護我，讓我不再被那些感覺所傷，即使我希望妳能夠。我其實可以打電話給別人，只是找妳說比較容易。」
>
> Rose（一邊哭著）：「我討厭讓妳有被拒絕的感覺，但如果我真的沒空時，能知道妳會去找別人，會讓我覺得好過點。」
>
> Judy（搖著頭）：「我不想再讓妳覺得被困住了。」

她們交握著雙手，微笑著注視對方。Rose 看著我說：「我那時是自願握

著她的手，我沒有被迫這麼做的感覺。」Judy 說：「我也是。」我問她們此刻的感覺，Rose 先回答，能說出自己對 Judy 來電的感覺讓她鬆了一口氣，也覺得兩人更靠近了一點。Judy 說，她起先嚇壞了，因為和 Rose 說話總能讓她感到穩定（grounding），但是她知道，她還能找到別的朋友。她也感覺到與 Rose 更親近了。

伴侶治療進行到此階段時，Rose 和 Judy 已能容忍並欣賞彼此的不同需求，也認可自己無法永遠滿足對方的需求。雖然無法每一分每一秒都如此清明柔軟，也不是兩人間的問題都解決了，但而今她倆之間的界限已越發清楚、較少模糊曖昧的地帶，兩人也能自在地、出於意識抉擇遊走於清楚的接觸與融合之間。

結語

由於本文聚焦於異性戀主義、女性發展與女同志伴侶的形成過程，仍有若干與女同志生命經驗相關的議題無法在此詳述。任何治療師，不論是女同志、異性戀者、雙性戀者或男同志的治療師，若想要能有效地與女同志伴侶工作，都必須再去深入了解以下議題：女同志與物質濫用、女同志懷孕與扶養孩子，以及與一對伴侶有關的法律、經濟、性、種族與階級等議題。以上議題皆構成女同志經驗的重要基礎，並且也在女同志形成伴侶關係的過程中構成某些主題，而會在治療時段與伴侶生活的脈絡中顯現出來。

我認為與女同志伴侶進行治療，本質上是政治的行動，因為我支持要讓系統發生改變與成長，而這些都是社會寧可忽略甚至摧毀的。完形治療支持運用完整的自我，包括我自己的女同志自我，以便在彼此互有差異的情況下仍能彼此相愛，仍能維持女性的社群感。完形伴侶治療的力量與驚喜處，就在於能將這種參與的機會帶給伴侶們。對女同志伴侶來說，以往她們彼此溝通與創造親密系統的努力，甚少被看見與重視，因此完形伴侶治療也會是個很有效能、很有療癒性的經驗。

附註

1. 雖然在本章所提到的很多議題同時也適用於男同性戀者的經驗，但在本章節我特別強調女同性戀者的經驗。

參考文獻

Berzon, B. (1990). *Permanent partners: Building gay and lesbian relationships that last.* New York: Plume.

Dahlheimer, D., & Feigal, J. (1991). Bridging the gap. In *The family therapy networker* (pp. 44–53). Washington, DC: Family Network.

Falco, K. (1991). *Psychotherapy with lesbian clients: Theory into practice.* New York: Brunner/Mazel.

Finnegan, D., & McNally, E. (1987). *Dual identities: Counseling chemically dependent gay men and lesbians.* Center City, MN: Hazelden.

Gilligan, C. (1982). *In a different voice.* Cambridge: Harvard University Press.

Gilligan, C., & Brown, L. M. (1992). *Meeting at the crossroads: Women's psychology and girls' development.* Cambridge: Harvard University Press.

Heyward, C. (1989). *Touching our strength: The erotic as power and the love of God.* San Francisco: Harper & Row.

Karpel, M. (1986). *Family resources: The hidden partner in family therapy.* New York: Guilford Press.

Markowitz, L. (1991). "Gays and lesbians in therapy. Homosexuality: Are we still in the dark?" *The Family Therapy Networker,* Jan.–Feb.

McGoldrick, M., Anderson, C., & Walsh, F. (1991). *Women in families: A framework for family therapy.* New York: W.W. Norton.

Mencher, J. (1990). Intimacy in lesbian relationships: A re-examination of fusion. *Work in Progress, No. 42.* Wellesley, MA: Stone Center Working Paper Series.

Miller, J. (1976). *Toward a new psychology of women.* Boston: Beacon Press.

Nevis, E. (Ed.). (1992). *Gestalt therapy: Perspectives and applications.* New York: Gardner Press.

Rabin, C. (1992). The cultural context in treating a lesbian couple: An Israeli experience. *Journal of Strategic and Systemic Therapies, 11*(4), 42–58.

Roth, S. (1989). Psychotherapy with lesbian couples: Individual issues, female socialization, and the social context. In M. McGoldrick, C. Anderson, & F. Walsh. (Eds.), *Women in families: A framework for family therapy* (pp. 286–307). New York: W.W. Norton.

Sandmaier, M. (1992). *The invisible alcoholic: Women and alcohol.* Blue Ridge Summit, PA: TAB Books.

Surrey, J. (1991). The self-in-relation: A theory of women's development. In *Women's growth in connection: Writings from the Stone Center.* New York: Guilford Press.

Vargo, S. (1987). The effects of women's socialization on lesbian couples. In *Lesbian psychologies* (pp. 161–173). Chicago: University of Illinois Press.

Weinberg, G. (1972). *Society and the Homosexual.* New York: St. Martins.

Wheeler, G. (1991). *Gestalt reconsidered: A new approach to contact and resistance.* New York: Gardner Press.

Woolley, G. (1991). Beware the well-intentioned therapist. In *The Family Therapy Networker* (p. 30). Washington, DC: Family Therapy Network.

Zinker, J. (1977). *Creative process in Gestalt therapy.* New York: Brunner/Mazel.

第七章
女同志伴侶的完形伴侶治療：
運用於女同志之理論與實務

第八章
處理再婚伴侶系統

Isabel Fredericson、Joseph H. Handlon　著

張廣運　譯

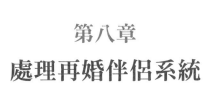

　　大多數的人都願意承諾婚姻。在美國，十個人中有九個會結婚，而且很多人不只結一次婚。事實上，美國有三分之一以上的婚姻是再婚（Wright, 1987），這顯示人們希望能追求到婚姻所象徵的快樂，即便是處在很惡劣的環境當中。看看電影《辛德勒的名單》（*Schindler's List*）中的場景，一對年輕的情侶在集中營那種非常沮喪、恐怖且難以存活的環境中，仍然舉辦了一場婚禮，互許終生。進入婚姻，舉行婚禮，也就是進入過去宗教儀式所認可的一個步驟。不論婚禮中的新人身上穿的是多現代的衣服，他們對未來都有一種信念，相信可以和另一個人完成夢想中的快樂。這種希望在再婚伴侶身上會更明顯，不管前一次的婚姻是如何失敗，也不管喪偶是如何悲痛，或是離婚帶來多大的身心打擊，人們還是會再試一次看看。

　　除了再次燃起希望，再婚的伴侶也有很多獨特的因素，除了再婚的頻率外，很令人驚訝的是，這些特性及其相對應的治療方式，在文獻中竟然很少被提到。在一般有關婚姻的研究中，常常未能將首次婚姻與再婚的研究對象分開，卻把它們都當成是已婚的族群；或是以離婚對孩童的影響、繼父母的難題、兩個家庭結合的困難等，作為研究常見的主題（Wright, 1987），這方面甚至有專門的期刊〈離婚與再婚期刊〉（*The Journal of Divorce and Remarriage*），但卻很少見到有關再婚伴侶關係的論述。雖然從常識及研究（Crook, 1991; Martin, 1990）來看都指出，伴侶關係的好壞是新組成家庭穩定度及幸福的決定因素，新組成的伴侶在發展健康與令人滿意關係的能力，還是要看他們是如何處理過去婚姻中未能解決的議題。這種「未完成事件」也就是過去經驗的未完全解決，及後續所造成的，誤將對某一人或情況的情

緒錯置於另一人或情況之上，還有後來的錯誤知覺（misperceptions）、投射及誤解，都會導致伴侶間缺乏健康的接觸，並造成彼此間的距離感和嚴重的疏遠。通常這也是再婚伴侶來進行治療的原因，治療師的任務就是去幫助個案區辨出過去和現在的議題，並且協助他們解決那些過去的議題。

由於社會並沒有將再婚界定得十分清楚（fully institutionalized），且家庭內的角色也很模糊與富有彈性，但首次婚姻的家庭關係是受到習俗、法律和語言所支持的，而再婚家庭則不然（Grizzle, 1990）。我們的語言對這種新的家庭必須再次運作充滿負面的隱喻（connotations），像繼母（stepmother）這個字最常聯想到的，就是童話故事中的後母，那些人通常是邪惡且不道德的；而繼子（stepchild）這個字代表的是不完全的一個小孩，在美國許多州，繼子和繼父母間沒有法律權利，就算是繼父母從繼子女很小時就開始養育他們也沒用，像繼承法就是其中一例。由於這樣缺乏社會的常模可依循，很多再婚伴侶在試著使用不適切的核心家庭的概念於再婚家庭時就遇到了困難（Vanderheide, 1992）。在這些案例中，完形治療師可以協助這些伴侶拓展他們對角色選擇的覺察。

另一方面，雖然有上述的困難存在，但是角色的模糊和富有的彈性，也讓較少刻板印象的情況得以存在，比如說，家務分工就比較少以性別來進行區分。所以我們發現，在再婚家庭中，先生做比較多的家事，像煮飯、洗碗、購物、洗衣服及打掃家裡（Ishii-Kuntz & Coltrani, 1992）；他們也比首次婚姻家庭內的先生做比較多的讓步（Hobart, 1991）；而二度婚姻的太太比起首次婚姻的太太，做事也比較出自於自己的興趣，而非別人的興趣（Smith, Golsen, Byrd, & Reese, 1991）。

首次婚姻與再婚的界限改變得非常大，而這個界限除了環繞在伴侶每個人周遭外，也環繞在整個系統。通常進入再婚系統的人會先經歷過一段單身生活，也因此對他們自己的定位、需求及期待有更清楚的認知，不同於首次婚姻中的年輕伴侶會把融合（fusion）視為一種福氣（bliss），獨立已久的再婚伴侶卻會在面臨依賴（dependency）或相互依賴（interdependency）時出現困難。個人所擁有的錢、車子、財產會視為一個人自己所擁有的，而不是

共同擁有的資產。結果很弔詭的，當個人的界限很難入侵（impermeable）時，系統的界限卻是很鬆散的。整個系統通常包含了小孩、繼子女、前祖父母、新祖父母、叔伯舅、姑姨及堂表兄弟姊妹，以上的人會構成新婚姻所形成的新親戚族群。Ellen Goodman 多年前曾經在一個報紙的懷舊專欄上寫過一篇文章，文章內描述小時候坐在她父母親的感恩節餐桌的賓客，及現在坐在她假日餐桌的賓客有哪些不同：她小時候的賓客是一對伴侶，就是她祖父母的後代，還包括她的兄弟姊妹、父母、叔伯舅、姑姨及堂表兄弟姊妹；而她現在的賓客則包括她自己的小孩、她先生的小孩、現在的姻親、過去的姻親、繼子女的堂表兄弟姊妹、她自己孩子的堂表兄弟姊妹及其他朋友等，所以圍繞在再婚伴侶的系統變得比較大且複雜多了，這是作者必然碰到的情況。因此治療師在處理再婚伴侶時，必須覺察到這種情況會帶來的複雜性和困境。

這篇文章的目的有二：第一，我們要探討再婚伴侶系統的眾多獨特之處，這些獨特之處對治療師來說是一定要知道的，而且通常會隱藏在伴侶之所以來求助的那些問題之下。第二，我們要描述一個完形心理治療師如何接近及處理這些問題，以及小心那些可能犯的錯誤。

第二次有什麼不同嗎？

在處理再婚伴侶時，身為不是再婚系統一分子的治療師，可能犯的一個錯誤是：不知道再婚系統和傳統的、首次婚姻的系統是有差別的。這會讓治療師很輕易就做出不適當的假設，那就是「一次婚姻等同於另一次婚姻，又等同於另外一次婚姻」，而所有婚姻的困擾大多都是出自於相同的人際互動背景，這會讓沒有弄清楚狀況的治療師在面對有問題的再婚議題時，處於相當不利的地位。

以下列出一些首次婚姻與再婚的重大差異，伴侶治療師必須牢記在心：

1. 最重要的差異可能也是最明顯的一個事實：對再婚系統的一個或兩個成

員來說，最近這次婚姻並不是第一次經驗，所以這對伴侶必然會以過去的婚姻來審視最近的這次婚姻。有了過去的經驗，特定的假設和期待，不論是明說還是暗藏，都會被建立起來。

因此不論是好或壞，和前一任伴侶的比較就是免不了的，於是現在的伴侶可能會在某些項目領先但卻在某些地方落後，這種比較會造成的壞處是：因為和前任伴侶的比較總是在暗地裡進行，所以現在的伴侶可能會一直擔心他或她是否被另一半所評量。這會讓人過度謹慎，而無法讓自己很輕鬆地做「真實的自己」（my real self），結果因為怕比不上對方前一任的配偶，而造成一種像不斷行走在雞蛋上的恐懼。

另一種經歷過前次婚姻的結果——尤其是離婚，就是再婚系統內的一或兩個成員決定「這次要做得比上一次好」。雖然這種想法很好，而且就常識來推斷，「這次應該會做得比上一次好」，但從現有的研究來看，情況並不總是如此。Woods 在 1991 年發現，第一次與第二次結婚的人，在婚姻衝突的過程中，其衝突的數量與主題、婚姻衝突的策略或溝通型態上並沒有太大的差別；但若其中一人是第一次結婚，而另一人是第二次婚姻，就會出現差異：第一次婚姻的**配偶**會使用比較封閉性的溝通方式，也比較會經驗更多的婚姻衝突。

因為有過婚姻及後來的離婚，這暗示可能會出現對婚姻的恆定性（permanence）承諾比較弱的情況（MacDonald, 1992）。舉例來說，曾經離過婚的人可能比較不會抑制自己再做一次這樣的決定，因此就會比較不願意去忍受不好的情況，而且也比較不會不計代價地生活在一起以「設法解決問題」。

2. 再婚系統內伴侶特性的差距可能會比首次婚姻來得大。第一次結婚的人年紀會比較小，比較沒有債務或家累，但比較沒有成為穩定伴侶一分子的經驗。這種相當缺乏婚姻經驗的壞處，會對婚姻建立出十分不符合現實的期待——常常是一種我們流行文化所支持的浪漫想法，就是婚姻的喜樂是無窮無盡的；倘若沒有成為穩定伴侶一分子的經驗，則意謂還沒有獲得一種為了維持穩定的伴侶關係所必需的施與受的妥協能力。而再

婚系統內的成員至少在婚姻中「打轉過幾次」（been around the block），不會再天真地以為只要努力就可以建立親密的關係，所以很多再婚的夫妻來接受伴侶治療的時候，都不會對「天造地設的婚姻」（a marriage made in heaven）需要「地獄般的辛苦奮鬥」（work like hell）才能發展出穩定而又令人滿意的關係感到驚訝。再婚的人可能會發現，過去一些舊的人際互動模式會一再重複，但是也有一個遙遠的機會存在，讓彼此都為了可以在一團混亂當中找到自我而負責任，明白地來說，這就是治療師在一開始可能的施力點所在。

3. 既然再婚系統內的伴侶都有點年紀了，他們應該也都發展出一套複雜的習慣來構成他們獨特的生活型態，所以如果再婚要能夠成功，必須將這兩個獨立的生活型態結合在一起。這種結合不可能自然發生而沒有產生壓力，因為比起首次婚姻的人來說，再婚的雙方通常已經獨自生活更多時間了，將兩個獨特的生活型態的易衝突因子結合在一起，需要一些特別的協商技巧。不過很可惜的，大多數的伴侶沒有這樣的能力，就像所有的協商一樣，有捨才有得，但人總是很抗拒放棄過去生活型態的一些元素，因為這些東西是他們長久以來一種安全感的來源。所以對治療師來說，要能教會再婚的伴侶針對生活型態的結合來進行協商，可能是一大挑戰。

4. 相對於第一次的婚姻，再婚的人可能比較不會依賴他們的伴侶而比較自主（autonomous）。一般來說，他們不會把婚姻單純地視為一個雙方核心家庭的延伸體（extension of their nuclear family）。某種程度的依賴是適當且被另一半所鼓勵的，但在經歷過第一次婚姻之後，不管那次婚姻有沒有發揮該有的功能，當事人都會學到發展出一定程度的獨立和自由度，因為他們了解，完全依賴另一半是行不通的。所以再婚的一個重要戲法（trick）在於如何保留一定程度的獨立和自由度，讓伴侶雙方都能覺得這個新系統是好的，但還要能組成一個統整、相互依賴且運作良好的系統。

對治療師來說，在處理再婚伴侶時，最特別的挑戰在於伴侶其中一方是

再婚，而另一方卻是第一次結婚，這樣的伴侶在自主和依賴上對彼此的需求會出現相當程度的不平衡，這會造成特定的困難。比如說，讓我們假設有一對伴侶，先生是再婚，在前次婚姻的經驗中，他在日常家事的處理上已經養成了一定程度的依賴習慣；再假設他的新娘是一個沒有婚姻經驗的女性，而她已經獨自生活好幾年了，她沒有需要依賴別人，而且對家事是非常的自主，她對這段婚姻有一個祕密的願望，她希望可以不要「做所有的家事」。很明顯地，在這個新的婚姻系統中，對於家事的責任歸屬這個議題會出現機會不小的可見衝突，而系統內的每一個成員對新角色的定位也會感受到不小的壓力。

5. 每個再婚系統的伴侶都會從前次的婚姻系統帶來一定程度延伸的「行李」（baggage），這些行李可能包括小孩、孫子女、領養的子女（former in-laws）、交往一段時間的朋友（abiding friendships）、和別的伴侶持續很久的關係等等。新系統的每一個人都要學著去處理這些「行李」，這不是一件容易的事，因為別人帶來的行李可能是一個伴侶產生競爭、嫉妒或其他干擾性感覺的溫床；而更困難的是，在一段關係中，這樣的感覺是不會被明確承認的，因為被指控的人會把這些負面的感覺埋藏在心裡，尤其在試著讓這段婚姻運作順暢的時候。這些不適當的（untoward）感覺雖然非常自然地會產生，但必須被承認、被觀察而且被處理，因為要避免它們對再婚系統產生傷害性的效果，甚至有可能摧毀它。

6. 最後，在財務這個範圍，再婚系統的每個成員在過去都已經累積相當數量的個人財產，所以他或她大多都會希望各自分開，而不是將兩人的財產合在一起成為「我們的收入」，這個情況和首次婚姻有非常大的不同。因為首次婚姻從一開始就會很強力地將兩人的資源合在一起，以作為兩人「在一起」（togetherness）的指標。可能造成如此差異的動機因素，在於再婚伴侶分開處理自己的財產，可以確保自己在前次婚姻所生下來的小孩，在未來有一筆可以運用的財產繼承。

如果伴侶雙方只有一個人有這種想要分開運用財產的想法時，就算沒有

爆發明顯的衝突，也會變成雙方關係緊張的一個可能原因，尤其是雙方因過去的不同經驗產生不同期待的時候。再次地，這種再婚系統內的議題，是根源於過去數年不同的生活型態所產生不同的需求與期待，而且還加上我們對於錢財的獲得與運用各自特別的感覺，以及錢財在我們文化中的象徵意義，這些加起來會讓這個議題成為伴侶間特別容易爆發衝突的一個區域。

不是所有的再婚系統都是一樣的

　　如果心理治療師必須熟悉首次婚姻系統與再婚系統有哪些不同的**特性**，那他們也必須對不同再婚系統間所出現的重要**差異**有所覺察。很明顯地，在很多方面，每個再婚系統都是獨特的，以下列出的，伴侶治療師必須牢記在心，以構成每個再婚系統的可能差異：

1. 前次婚姻在什麼情況下結束，可能成為再婚夫妻是否必須處理議題的重要差異。一場由於離婚而結束的婚姻，與一場由於配偶一方死亡而結束的婚姻，就有很大的差別。在後者，死去的前配偶會被理想化（idealization），而這種理想化通常會造成現在的配偶進行自我評量：「和他或她的前任配偶相比，我的得分是多少？」但在離婚收場的婚姻中，前任的配偶會被惡魔化（demonization），再次地，這種惡魔化會在目前關係出現令人沮喪的憤怒時發揮作用，因為她就會怪罪先生「就像前任丈夫一樣壞」。

   在這兩種情況中，由前一場婚姻所造成的單方或雙方的投射影像，會造成對目前婚姻期待的扭曲（distortion）：如果前一場婚姻是因離婚而結束，可能出現的決定是「讓這次的婚姻有所不同」；相反地，如果前一場婚姻是因為配偶死亡而結束，那麼活下來的這個人會希望這次的婚姻跟前一次幾乎相同。不論如何，這次的系統就必須承擔前次系統所產生的期待。

2. 在前一次離婚的結局中，是由哪一方先提出結束婚姻，以及是否「友善

191

第八章 處理再婚伴侶系統

地」結束或是突然地被拋棄，都會造成一些假設及期待。提出離婚的一方對再婚的進展會比較有權力與控制感，因為至少在某個程度，他或她知道如何結束這種令人無法忍受的情況；相對地，如果一個人把自己看作離婚的「受害者」，不論是被拋棄或是被說服的，他或她就可能考慮比較多有關再婚是否會再出現相同命運的情況。這兩種不同的期待就會影響到一個人如何看待再婚，及如何對待新的伴侶。

3. 很明顯地，一個雙方都是再度結婚的再婚系統，與一個只有單方是再婚者的再婚系統，其動力會有很大的不同。當只有一方是再婚者時，會有性別上的差異，特別又加上有小孩牽涉其中，一個帶著小孩再婚的女性，她對這段婚姻的假設和期待，會跟一個沒結過婚的男性有非常大的差異。

4. 這個主題要討論的是「融合家庭」（blended family）的全體動力，一般我們看到的文章所寫的都是這個系統常見的現象，包括「他的」、「她的」及「我們的」小孩（Papernow, 1993），以及成功與失敗的家庭融合各有哪些必要的因素。事實上，再婚系統有一個重要的明顯特性，就是前次婚姻所生的小孩是否能參與（involvement）及其參與的程度，都具有非常大的變異性。比如說，如果再婚伴侶的年紀比較大，而他們單方或雙方的子女都已經長大成人，而且獨自過自己的生活了，這樣「小孩」的影響性，將非常不同於年紀較輕的再婚伴侶所生的未成年子女的影響性。

5. 在許多的再婚系統內，伴侶間的年齡通常有很明顯的差距，通常是先生比太太的年紀稍長，以下的情況可能會造成伴侶間的衝突提高：先生已經快退休了，他希望可以開始過一些平靜的生活，而在此同時，太太得到她被延宕已久的工作，她恢復了雄心壯志，而且急著要開始她的工作，不管工作地點是在何處。

相反的模式也很值得被注意，如果有一個未曾結過婚的男性，與年紀比他大，而且結過婚並且有小孩的女性結婚的話，在這種情況可能會出現一個

議題，那就是要不要生小孩，因為先生可能急著要有自己的孩子，而太太卻很排斥，因為她不想重複母親的角色，再帶一群新的孩子。

避免掉進反移情的陷阱中

任何治療人員所能運用的最基本工具就是自己：不論是其理論基礎和技巧，還是個人歷史、能力與興趣，或是更重要的情緒、聯想、幻想與感受。事實上，是最後這個因素讓治療師能夠指導當事人增加覺察，提升能力及完整的功能（fulfilling functioning）。

然而，治療師的情緒、聯想、幻想與感受是一把雙面刃，當治療師的內在世界失去平衡，當其按鈕被個案所啟動，對現有情況的反應不適當時，治療師雖然沒有引起災難，但卻可能掉入一個陷阱當中。這種治療師本身的心理機制所造成的不適當反應，通常我們稱為「反移情」（countertransference）。

對一個完形治療師來說，了解並察覺是否發生了上述情況是特別重要的。因為比起其他種類的心理治療來說，完形治療師和個案的關係是比較個人化與非正式的，而完形治療師也比較常會去自我揭露一些個人的事情，治療師大多依賴自己對此時此刻的知覺，並且迅速做反應，並決定下一個治療的介入。

在處理再婚伴侶的時候，很有可能因為觸動了治療師舊的情緒「按鈕」而引發反移情的議題；這些「按鈕」會再活化（reactivate）個人從早期家庭經驗中所產生的感覺，包括孩童與成人時期。如果一個治療師可以試著回答下列的問題，這些感覺的來源是可以很清楚地被了解的：治療師的雙親有沒有離婚？他們應該要離婚但卻沒有？治療師本身有沒有離婚？治療師是再婚伴侶的小孩嗎？治療師現在是已婚狀態？是再婚嗎？移情議題的力量來自非常早就出現的內攝（introjection），以及持續很久，沒有檢查過的投射，那是因為我們對於家庭系統的常模與價值觀，在生命很早的時期就建立了，所以它們藏在我們每天日常生活的覺察裡。

所以治療師在處理再婚伴侶時，可以問自己下列的問題：我對「神聖」
（sanctity）婚姻的早期未檢查（unexamine）的內攝是什麼？對適合離婚的原
則又是什麼？對婚姻中「正確」的性別角色呢？對同性伴侶的承諾關係呢？
對多次婚姻呢？對於同居但不結婚的呢？接下來，治療師必須問自己更根本
的問題：這些很久的內攝，目前的情況是什麼？它們是否已經被「咀嚼」消
化，現在成為一組深思熟慮後的價值觀，還是從孩童時期開始，它們就一直
沒被檢查地放在那裡？

如果這對尋求協助的再婚伴侶，過去的歷史是單方或是雙方離過婚，那
就特別可能會引發反移情的衝突而需要仔細地監控。太太是否「辯解」自己
為了和她的前夫出去，而把小孩放著不管？先生是否對他拋棄慢性酒癮的前
妻，卻不管她罹患了長期而致命的生理疾病的行為提出「修正」？這些想法
和感覺都能為治療師的知覺、行為增添色彩，而且最終能對他或她開始協助
這個再婚系統處理它的問題有所幫助。

既然治療師沒有辦法做任何事情，讓反移情的歷程像變魔術般消失不
見，最好的辦法還是謹慎地監控這樣的歷程，並且持續地問：我的感覺、態
度、信念和價值觀如何對我目前處理這對伴侶的工作造成影響？這個問題的
答案將協助減輕反移情對治療工作所造成的不良影響。

現在的治療師能做些什麼？

完形治療師同時使用兩種不同的視框來進行觀察，一面是廣角鏡，觀察
的內容包含個案的歷史、家庭背景、目前家庭的結構等等。這些不同的因素
所構成的背景和脈胳，就是醞釀引發再婚伴侶來進行治療問題的地方。另一
個觀察的是立即的經驗，可以看到、可以聽到或可以學到什麼東西，這是治
療師可以獲得的所有現象學的資料，包含自己的情緒、聯想和幻想。

完形治療師在處理再婚伴侶時，比較感興趣的是，他們如何看待對方、
他們如何跟對方說話，以及他們如何跟治療師說話，誰先講、誰講最多、他
們選擇如何靠近或遠離對方而坐、他們是否有接觸，以及任何長鏡頭可以擷

取到的資訊。不論是哪個議題讓一對伴侶來進行治療，治療師透過專注於他們在治療時間的表現，一切都清晰可見，任何伴侶都無可避免地會把他們的議題展現出來。

處理再婚伴侶的理論與方法跟處理其他伴侶的並無不同，但是議題的特殊內容就會有所不同了。在處理現在的小孩或是前任配偶的問題時，作為一個判斷什麼該在這次婚姻出現，而什麼不該時，前次婚姻的經驗總是會出現，不管它自己要不要跑出來，或者它是隱藏在背景中的。而且有很多的界限問題需要處理，因為可能會出現一個很大且很複雜的家庭系統，這系統包含了繼子女、親生子女及一群因前次與本次婚姻所出現的親戚，這些林林總總的，都會以一些再婚伴侶不熟悉的方式加重壓力在他們身上。另一個再婚伴侶所要面臨的挑戰，就是重建信任感，前次婚姻所造成的失落經驗會嚴重地影響他們，讓他們做不到，但如果他們要成為一對真正的伴侶，又一定要完成這件工作（Kvanli & Jennings, 1986）。

> Addison 夫妻是一對再婚伴侶，他們正在處理一些再婚伴侶特有的困境，他們在一起已經超過十年了，他們彼此同意不生小孩，但一起養育 Addison 先生在前次婚姻所生的四個女兒，目前他們都長大成人了。Nora Addison 四十歲出頭，是一個獨特的、迷人的、亮麗的、口齒清晰的、小康的女性，在她二十多歲時有過一次短暫的婚姻。她的臉可以看出很多種情緒，不過她的身體似乎看起來有些脆弱，行動似乎有所限制。從另一方面來說，John 似乎是那種健康一族，雖然五十好幾了，他很自豪的是他精力充沛且從不生病；但是他的情緒就掌控得很嚴格，他的內心世界很少表露，不管是言語或行為上。
>
> Addison 夫婦有一筆不小的財富，那是 John 從母親那裡繼承來的，雖然如此，他們表面的問題還是跟金錢有關，John 認為 Nora 消費的習慣太隨便，而 Nora 則厭惡 John 堅持完全掌控家庭的財務。
>
> 一進到辦公室後，Addison 夫婦坐在互相垂直的位置，而不是面對面

或是靠在一起，他們的個人界限看起來很僵硬，但是作為一對伴侶的界限卻又很難看見。在一開始的自我介紹和背景歷史的介紹過程中，Nora 提供大部分有關他們兩人的資料，而 John 則很少補充或修正。為了開始協助這對伴侶覺察到他們是一個系統，治療師說：「這對你們來說可能不是什麼新鮮事，但是我注意到 Nora 回答我大部分的問題，所以由 Nora 代表你們兩人發言是你們經常的模式嗎？」

進到辦公室後，這是第一次，John 臉上帶著些微的笑意，直接看著 Nora 並說：「她總是有很多話要說，她在文字上很在行，這也是她一開始吸引我的特質之一。」而 Nora 對此回應：「你太慢了，如果我要等你回答的話，我就會睡著了。」再次地，John 沒有說任何話，但是他臉上的微笑消失了，而他的嘴閉得更緊了。治療師注意到這個夫妻系統的「互補性」（complementarity），就是 Nora 的能量如何造成 John 的被動性，反之亦然（Zinker, 1977）。

治療師又談到：「你們兩個好像都從這個模式得到一些好處，我好奇的是，為什麼你們說的話又好像正在抱怨它。」

Nora 很快地回答：「我不喜歡這樣！我希望 John 可以多說一點，當我們出去吃飯的時候，如果我不說點什麼的話，那我們兩個人看起來會像是一對不快樂的老夫老妻，沒有什麼好跟對方說的。你說『好處』是什麼意思，什麼『好處』？」

「你可以總管一切，可以被傾聽、可以被注意，而 John 可以安全地躲在角落。」治療師回答。

「那是事實，沒有人注意到我，甚至是 Nora。」John 打破沉默地說。

「喂，沒有人叫你不講話，是吧？別拿你的感覺來怪罪我！」Nora 插嘴說。辦公室內的氣氛像是粗糙的砂紙一樣，很顯然地，關係一開始具有吸引力的部分居然變成了火藥桶。

治療師突然間發現，她想起她自己的雙親在吵架時所說的病態話語，以及當時還是小孩的她如何閉上她的耳朵，躲在遮蔽物之下，嘗試從那些聲音逃開，還有那種從胃的深處發出的令人做嘔的感覺。她常常想，如果她的母親能少說一點的話，一切都會變得好多了。

「注意！別把你的感覺投射到這件事上！看著這個系統，想想這個系統。」治療師警告自己，「他們兩個都正在這樣做，不管你怎麼做，別選邊站。」

治療師對自己發問：「為什麼他們要這麼做？這種苦澀的感覺從何而來，而且為什麼要這樣表達？」

在接下來的幾個禮拜，在他們繼續的處理下，原因變得明顯起來。在John前次的婚姻中，他允許他的太太做所有財務的決定，他覺得她在這個領域比他專門得多，而且他也不想在這方面多傷腦筋，所以他也不太注意他的錢是如何被運用的。後來看起來，這實在是一個不明智的決定，因為他的太太並沒有他想像中的專門，而她也沒有思考太多，再加上他的允許，最後造成了很嚴重的損失。發現這個情況的John所體驗到的創傷，是讓事件最後導向離婚的主要原因，由於害怕再發生這樣的事，這次John決定要跟之前完全不同，就是全然的控制。但是Nora在兩次婚姻之間已經獨立生活了很多年了，她覺得自己的財務管得非常好，至少，她想要被認為是個完全且可信任的伴侶，但由於在這個方面使不上力，Nora就攻擊John，用的就是她在行的語文。她反過來也讓John覺得無能為力，這樣做的結果只是讓John更不信賴Nora，而決定更進一步控制讓他具有權力的事項，這就是金錢，如此一來，他們之間的信任就慢慢被侵蝕掉了。所以他們互動的情況就是因缺乏信任所造成的痛苦與危險。

當Addison夫婦慢慢清楚他們影響對方的方式，卻造成雙方都不樂見的結果時，他們個人的界限慢慢被瓦解了，但他們作為一對伴侶的界限卻漸漸成形。John學到，當Nora能控制一部分的時候，她在金錢方面是很負責任的，在這一方面，她並不像他的前妻一樣；而Nora也學到，用亂花錢來作為一種反擊的方式是沒有用的。

在他們的治療快到結束的時候，治療師說：「你們要不要跟對方說說看，對方現在看起來有什麼不一樣？」

Nora還是第一個說話的人，坐在John的沙發邊，伸手過去握住他的

手，把臉整個轉過去看著他說：「我很喜歡你現在會在我們的財務方面詢問我的意見，你現在對待我像一個伴侶而不是敵人，你現在會告訴我更多事，我覺得跟你之間有比較多的連結，你常微笑而且大笑，這讓我也跟著一起微笑及大笑。」然後她很快地用很大的微笑來展示她所說的話。

John 也對她笑，點點頭表示同意，並說：「我很高興你看到這樣的情況，因為我現在快樂多了，所以我常微笑與大笑。我覺得你現在看起來更健康且更放鬆了，你不會再像以前用話當成飛鏢來攻擊我，所以我知道現在沒有理由不信任你。」

看著他們兩個人，治療師下了個評論：「我已經看到你們所敘述的情況了，我對你們的努力與所能做的改變由衷地感到高興，你們現在是一起合作而不是互相攻擊對方了。」

Miller 夫婦是一對非常不同的再婚伴侶：年輕、貧窮，而且雙方都帶著前次婚姻所生的小孩。他們曾經有過一年很浪漫的遠距戀情，在那段時間，他們每週末見一次面，輪流住在對方家裡，而他們的小孩就交給前任配偶去帶，他們因此可以將注意力專心地放在彼此身上。當他們決定要結婚時，先生 Howard 選擇搬到太太 Pat 住的地方，因為她媽媽住在附近，而他們也都認為 Howard 要在一個新地方找到工作會比 Pat 簡單多了。但是在結婚和搬家後幾個月，他們發現 Howard 並沒有辦法找到他所預期的工作，而當 Pat 負擔越來越多的金錢開銷時，情緒就爆發出來了，事實上在他們來見治療師前，Pat 已經準備結束這段婚姻了。

雖然 Miller 夫婦已經都三十好幾，不過他們的外表看起來年輕許多，他們讓治療師相信，他們的小孩相處得很好，每個人都喜歡家裡有別的小孩可以做伴，雖然他們之間發生了這樣的事情，Miller 夫婦還是希望可以不要破壞這段關係。治療師的評論是：「嗯，你們必須為此做一些對的事，好事是不會自己發生的。」Pat 和 Howard 看著對方

但卻沒說什麼，Pat 不願意忍受艱困的情況是其來有自的，因為她覺得她待在一段不好的婚姻太久了，她的前夫是一個酒鬼，而且只偶爾工作；而 Howard 面對 Pat 對未來的不確定感，他的反應是害怕、驚慌，而且有些麻木。

他說：「有什麼用？我放棄了那麼多來到這裡，結果她卻不能相信我。」他似乎受傷比生氣來得多，而且覺得被 Pat 的沒有耐心所背叛。背叛在 Howard 的心裡是一個很敏感的點，很容易就會被觸發，因為他的前妻跟很多人有過外遇，也因此他心中那種被背叛的感覺變得有些擴大。

治療師做的是協助 Miller 夫婦分辨他們現在發生的事，和他們之前婚姻所發生的事是不同的，並將他們感覺的強度跟現有的情況分隔開來。

「三個月沒工作又不是三年，」治療師指出，「Howard 正在盡力，而且他沒有沾上酒癮。」Howard 也開始去了解 Pat 的生氣是有理由的，不是背叛。作為一對伴侶，他們更實在地去處理現實的情況，而且更有活力去運用一些他們之前沒有看到的資源。

這裡簡單呈現的兩個例子，只展示眾多再婚伴侶在一起建立新生活時，所面對的複雜矛盾其中的極少幾項，而且可能只是一些過去常見且已經妥善處理的。在每個例子裡，完形的模式所強調的都是對現在的覺察，以及主觀場域的動力組織（dynamic organization of the subjective field），支持伴侶的完全接觸，更有活動的新互動，帶來更多的自我；當接觸更多且更紮實時，伴侶會發現目前問題的解決之道，常常是他們自己或是治療師在沒有豐富且穩固的接觸前無法想到的。

我們用這個領域另一個作者的意見作為結尾。Messinger 在 1984 年就認為：一個人在想到再婚伴侶諮商時，可能會犯兩種錯誤——第一個是假設他們跟一般的伴侶都一樣，第二個是假設他們是有所不同的。在我們的經驗中，作為再婚伴侶的治療師，以及身為一對再婚伴侶，這兩者都是對的。

第八章 處理再婚伴侶系統

親密花園 完形取向伴侶治療理論與實務

參考文獻

Crook, J. (1991). An exploratory investigation of stepfamily functioning (marital relationship). *Dissertation Abstracts International,* 53/02-B, 1057.

Grizzle, G. (1990). Remarriage as an incomplete institution: A critical examination of Cherlin's theory. *Dissertation Abstracts International,* 51/12-A, 4287.

Hobart, C. (1991). Conflict in remarriages. *Journal of Divorce and Remarriage, 15*(3–4), 69–86.

Ishii-Kuntz, M., & Coltrani, S. (1992). Remarriage, stepparenting, and household labor. *Journal of Family Issues, 13*(2), 215–233.

Kvanli, J., & Jennings, G. (1986). Recoupling: Development and establishment of the spousal subsystem in remarriage. *Journal of Divorce and Remarriage, 10*(1–2), 189–204.

MacDonald, W. (1992). The relative instability of first marriages and remarriages: The effects of incomplete institutionalization and commitment to marital permanence. *Dissertation Abstracts International,* 53/12-A, 4487.

Martin, R. (1990). Factors associated with marital adjustment in remarriage. *Dissertation Abstracts International,* 52/02, 1124.

Messinger, L. (1984). *Remarriage: A family affair.* New York: Plenum Press.

Papernow, P. (1993). *Becoming a stepfamily.* San Francisco: Jossey-Bass.

Peterson, S. (1983). The new dyad: Older women and younger men. *Dissertation Abstracts International,* 45/10-B, 3322.

Smith, R., Goslen, M., Byrd, A., & Reese, L. (1991). Self-other orientation and sex role orientation of men and women who remarry. *Journal of Divorce and Remarriage, 14*(3–4), 3–32.

Vanderheide, L. (1992). The reinstitutionalization of remarriage? *Masters Abstracts,* 31/03, 1096.

Woods, K. (1991). A comparison of conflict and conflict management behavior and their relation to marital satisfaction in first and second marriages. *Dissertation Abstracts International,* 52/10-B, 5553.

Wright, M. (1987). The quality of remarriage as related to perceived differences in spouses. *Dissertation Abstracts International,* 49/12-B, 5575.

Zinker, J. (1977). *Creative process in Gestalt therapy.* Cleveland: Gestalt Institute of Cleveland Press.

第九章
完形伴侶團體 [1]

Mikael Curman、Barbro Curman　著

陳雅英　譯

身為人類，我們需要愛以生存。我們需要被撫觸、被肯定，去感覺我們能在情緒上接觸到另外一個人，並有一個收受者來接受我們的禮物。對嬰兒來說，這是攸關生死的事：如果父母親的愛不足夠，孩子有可能會歸咎於他或她自己。長大以後，當我們遇見了另一個人，他如果願意且能給予我們孩提時所渴求的愛，並準備好要接受我們本來的樣子，我們就會感到安慰與喜悅。我們不會去瘋狂追求此種經驗，畢竟這樣的經驗發生在這世界上是有可能的。但同時我們的痛苦、遺憾與生氣，所有我們孩提時所錯失的，可能開始被喚醒，或甚至壓倒我們。由此所產生的憤怒與對渴望已久的溫暖的失望，也會使伴侶感到驚訝，因而使雙方的關係備感威脅。

在愛中，每件事都被誇大與增強：不論是需求與歸屬、過去與現在、害怕與負向感受。我們學到舊的生存策略來保護我們真實的自我（authentic self），來對抗一個不具接受性，或壓倒性的環境，以保持存活。在此刻，親密關係中的互惠性，對每件事都失能（dysfunction）了，而這些舊的策略與防衛好像也被放大了。用相同的證據來說，若我們對這些問題與動力有越大的能見度與評估力，則意謂成功回饋給伴侶治療並助其成長的可能性也越大。

伴侶工作的特殊脈絡

伴侶治療的設置（setting）是為了成長的獨特環境而設計的，在某些方面，這樣的設置甚至比個別治療的設置，可能更具力量。因伴侶治療在達成

某些同意下，每個人可選擇要顯現多少自我給治療師知道；比起他們在其他設置中，面對某一既定的治療師時，其表現與感受會有相當的不同。當伴侶進來，他們不可能有相同的觀點與選擇：他們的舊策略如他們與其他人接觸時的障礙一樣，此部分在治療中是明顯且可運用的。用相同的方法，比起在個別治療中所做的，團體治療工作更能直接地轉移到治療以外的生活中。畢竟夫妻是要一起回家的，所以他們在治療與家中的生活，更是一個無法打破的過程整體。

伴侶治療的型態還有其他的可能性與優點：假如人類的健康與成長是更多真實自我與環境互動的發展與表達，作為完形模式的維持，親密的伴侶關係的確提供了一個獨特可供成長的設置；當個人的議題出現，他們無可避免地在伴侶的設置中工作，在那裡，親密夥伴將會目睹另一半的希望、渴望、害怕、失望與痛苦。同時，每個伴侶是直接涉入（involve）對方對於這些問題和痛苦的新策略和新組織，也就是說，同時涉入對方新與舊的部分。個別治療最麻煩的部分是，當一位伴侶的成長太快，超出（outgrows）了兩人共同發展的策略與模式之外（以經營他們的接觸與生活），就有可能讓進行中的伴侶關係失衡且受到干擾。

最後回到上述有關放大（enlargement）的主題上，伴侶治療打斷了某種渴望、期待與害怕的不好循環，而這些是伴侶關係本身容易產生的。愛的關係對我們而言是非常重要的，而且我們在兒時越感到痛苦的經驗與不滿足的渴望，我們就越會在目前關係中的生活與快樂層面感覺重要。此重要性提高了我們對失去關係，或可能感到受傷或不滿足的恐懼；如此一來，這又會刺激與提高我們兒時習得的舊生存與經營策略。如我們有了孩子，孩子又可能會提醒我們更多自己成長有關的痛苦經驗。因此我們雖然渴望治癒這些舊有的傷害，但害怕再度受傷或失去關係的恐懼會被放大，此可能會使我們打破目前關係失功能的循環，並使我們冒險嘗試任何新事物的可能變得更加困難。

在治療中，縱是相同的結果，但如果帶著支持，案主將可以轉入一個自我增強的獲利循環（self-reinforcing beneficent cycle）。在那裡，新的策略與

新的行為會導向新的療癒。當一位伴侶目睹另一人在過去痛苦議題的掙扎，並學習處理在伴侶關係中，自己過去的議題與目前議題，並回頭導向新的自信和更高的期待，並降低新的傷害與被遺棄的害怕與憂懼——這些害怕與憂懼會使得嘗試與運用新的行為變得困難。伴侶關係的功能能帶來治療性的支持，成為一種安全與親密的**選擇性事實**（alternative reality），於是存在與接觸能以更自由、更開放的方式來嘗試；且因此能對世界、對伴侶關係，以及蘊含在其中的可能性，做出新的、更有希望的結論——以完形的字眼來說，就是再次去整合經驗場，使伴侶得到更滿意的接觸，使經驗場成為更具支持性、更有可能性。

完形模式

在完形模式中，接觸同時是治療的目標也是治療的方法。但我們所稱的真正接觸（genuine contact）意謂什麼呢？我們都生活在環境中，並與我們的環境進行一種不變的、持續進行的互動。為了經營並完成此種互動，我們必須從環境中形成知覺（其意謂整合感官與思考的資料——外在與內在的，然後形成一致的「完形」覺察，即：彼此一致的「完形」覺察），用字眼或行動表達這些反應（首先是內在，然後是行為），並停留在互動以面對新的情境，再合併或解決我們互動中的所需與所能；然後進入到結束揭露（closure）階段（用完形的字眼，則稱我們在那個點上經驗到個人的界限），並統整我們曾經看過、做過和學習過的。這些是接觸的必要階段，並一起構成一個完整的接觸循環或片段，如此我們會隨著情境，帶著更多或更少的滿足。

在伴侶的互動中，此接觸的過程採取了一種親密對話的形式——Martin Buber 稱之為「我－你」（I-Thou）的關係形式。完形伴侶治療的目標是建立並支持伴侶間正在進行的「我－你」對話過程，其能夠進行互動的過程——同意、不同意、合作、衝突、目睹、自我表達等等，如此個別與伴侶的互動與成長才可能會發生。

三種接觸的「界域」

Perls、Hefferline 和 Goodman（1951）與其他作者提出三種接觸的型態或「界域」（zones）──進入接觸循環（contact cycle）組織的三種經驗性資料來源：

1. 外界（outer zone）──發生在環境，外在於「我」的界限，且能夠透過我們的感官直接知覺並組織（看、聽、觸、嗅、感覺）。
2. 內界（inner zone）──發生在我們個人界限的內在，包括不同種類的身體感覺，並組成我們稱之為情緒的身體狀況（舉個例來說，憤怒的眼淚、愉悅的眼淚、憂愁的眼淚是不同的。我們放在同樣的身體中，其意義卻是不同的）。
3. 中界（intermediate zone）──我們的想法、結論、記憶、幻想、夢境、計畫、希望、判斷、概化（generalization）等等。

「內在」與「外在」的界域有較多「是什麼」（what is）的品質，那是指什麼被給予，雖然這裡也是知覺的表現，其本身即是一種主動的建構，而不是被動的資料輸入。相反地，「中間」的界域是「關於」（about）事情，其不必是即時地在當下（present），或即時地根植於（ground）感官的覺察。充分覺察與接觸的範圍，意謂評估所有三個覺察的界域。相反地，對任一界域的有限評估意謂運作上有某些扭曲：

1. 帶著有限「內在」覺察的「外界─中界」評估，是西方文化中許多男性所展現的類型，其特徵是：理性與智性的控制，伴隨很少的身體覺察、感覺與「較柔軟」的想要（want）與需求。在治療中，重要的是協助他們：停止並重新聚焦於身體的狀態與立即性的感覺，以重建一種全範圍的接觸。
2. 帶著有限「外在」覺察的「內界─中界」評估，是一種「歇斯底里」的類型。其特徵是強烈的身體狀況與感覺的覺察能力不足，但帶著強烈的

想要，讓感覺化為行動。在治療上的一個立即任務就是：聚焦於周遭的世界，問：「現在你看到什麼？聽到什麼？」等等。

用此方法聚焦在「接觸界限」，我們能覺察此人是如何組織並處理他或她的生活——他或她有多少行動是由真正的想要與需求所導向與發動，又有多少訊息是來自此時此刻的「真實世界」（real world），並進入他或她的接觸方向與風格中。舉例來說：當我們看到一個人處於一個強烈的情緒反應，卻沒有配合的外在理由，我們可假設他處於「內在一中界」的傾向，在那裡，感官知覺與感覺是由想法與幻想所組織，但沒有從環境中輸入此時此刻的修正訊息。有麻煩的伴侶通常在覺察界面上會呈現不相合的情形，如此他們真的無法說同一種「語言」。底下我們將會討論團體情境，即是一個特別有力的媒介物，可用以反映並強調每個人的「接觸風格」；且對伴侶而言，可被看見或看見彼此在哪裡遺漏了對方，且在哪裡遺漏了全然的接觸經驗。

逃避覺察與接觸的策略和理由

雖然我們說覺察與接觸總是令人期待，但事實上，生活中可能有許多理由，我們比較喜歡不去覺察或傾向減少接觸。接觸會帶著我們真正的目的和感覺。舉例來說，接觸可能會帶我們去面對伴侶關係中無法解決的衝突。像我們上面所討論的，如果我們害怕失去關係，將會不惜任何代價堅持留住關係；然後我們可能偏向避免去覺察這些麻煩的事，並限制自己和我們的伴侶進行全然而分化的接觸（在界限上探索差異性）。

另一方面，若我們不願意放棄全範圍的接觸，包括分化或衝突的接觸，則我們必須願意在關係中冒險，堅持自己，堅持我們所感受到與看到的，並有勇氣去與伴侶會心（encounter），讓其成為她或他原本的樣子。這意謂在我們自己的信念與知覺中冒險，因為我們的伴侶也將會如此面對我們。而我們的地位、假設與策略的某些部分可能反過來（turn out）成為「內攝」——對關係刻板的對或錯、男、女、角色、婚姻與家庭等等。在這裡，團體是有

用的，可以讓這些成為探索的鏡映與脈絡，同時提供支持與挑戰。

　　當我們個別的生存策略在伴侶關係中有所衝突或牴觸時，結果通常是極端化。在其中，每對伴侶的成員會變得在既有的位置上更極端，並使對方感到威脅。追求／保持距離是常見的兩極，其他類型則包括爭吵／逃跑、歸咎／罪惡感、領導／跟從、照顧／被照顧，以及人格「類型」像是內省／外省。在每個案例中，每位伴侶都維持在他或她有限與不完全的發展中，因為每個人都堅持不同的位置（pole），且依賴另一方供應他所缺少的（當堅持它時）。

　　同樣地，有兩種策略對伴侶相處可能是有問題的。舉例而言，若因為伴侶太相像了，兩人可能很容易進入熱戰，但沒有人撫慰（對方）、拉回，或調節這些互動；或兩人可能非常壓抑——用完形的專有名詞即是「迴射」（retroflected），這樣的關係是沒有活力的，且沒有任何事情會發生。在這些案例中，有一個好的理由來說明人們為何逃避與另一半和世界的全範圍接觸——因為此會有某些冒險或危險，當人們可以知覺到此，就會產生移向新策略與新接觸的可能。當這些理由與知覺在夫妻間被探索，新的存在與行事方式就會一起展開。

再次獲得一個更全然接觸範圍的反向策略（counterstrategies）

　　完形伴侶治療就像完形個人治療一樣，關心如何修補或建立一個全然範圍的接觸策略與技巧，用一種拓展能力的興趣來處理生活並改變狀況和挑戰。如我們上述所討論的，伴侶治療的不同是兩個人都在現場；在個別治療情境裡，當治療師與案主間出現伴侶關係議題時，很少或沒有需要討論「有關」的問題，要不就透過幻想、對話與缺席的人間接工作。完形伴侶治療的工作進展伴隨著討論的每件事：聚焦在覺察，追溯每個人，並去評估三個覺察界域中的每一界域，支持伴侶間真正的對話，其可能是他們收回的真正想法與感覺（即使來自他們自己），探索每個使他或她阻礙或壓抑某些他們接

觸的策略，澄清在關係中冒險或不惜任何代價要在一起的議題，把內攝的理想與形象帶到表面，指出雙極性，讓對方來主導某些重要生活功能的部分（然後為此憎恨他或她）等等。

這些工作的所有部分都包括去面質恐懼──恐懼失去關係，恐懼提起舊議題，恐懼無法處理新情境，恐懼自己不夠好，恐懼自己受傷或傷害對方。因此在設定伴侶需求時，需要有某些覺知：此改變的進取心是否值得？他們共同基礎堅固的程度如何？其共同想望（want）與渴望（desire）的基礎，會使其關係是值得的，並能創造出關係中大部分的意義嗎？在完形中，我們維持所有基礎的行動，以導向一個令人滿意的結果，此必須建構在覺察想望、需求、感覺，與對世界知覺的清晰基礎上。形成一個清晰可分享渴望的圖像，對伴侶或治療師而言，是辨識並建立共同背景的重要第一步。在這個過程中，有些議題需要被強調與探索：

1. 尋找火苗（Look for the fire）！我們第一次評估一對伴侶共同背景的優勢，開始於夫妻「此時此刻」關聯彼此的方法。我們有興趣於目前他們之間能量的量與質（是否被完好組織，以進入令人滿意的接觸），以及他們之間在一開始的能量與火花──當他們第一次相遇並發現彼此有吸引力時，對這些時光，他們的記憶是什麼？他們當時的夢想和幻想是什麼？和目前相較是如何的不同？是什麼發生在原來的火花上？當他們現在看到彼此時發生了什麼？他們要看到什麼？他們真正要說的是什麼？

2. 亮出底限（Lay out the bottom line）。假如有一些問題是關於伴侶間的能量是否足夠建構，我們會問他們之中的每一人，什麼是他或她要從伴侶關係得到的？對他們之中的每一人，什麼是稱之為「愛的要件」所要求的？這些要件對他們而言是相同的、不同的、平行或矛盾的？他們現在有得到這些東西嗎？或者他們想有一個真實的可能來得到這些東西？「希望」通常是進一步工作的基礎，沒有它，我們就會在一種情境下冒險工作：一方或雙方都已放棄且只是將問題懸著，並藉此逃避此議題。

3. 有一種兒時角色與經驗的相符性嗎（Is there a match of childhood roles

207

第九章
完形伴侶團體

and experiences）？伴侶間的生存策略是否相互牴觸？對每一個人而言，生存策略都是兒時經驗的自然結果。這些是他們發展出來，以一種較多或較少困難的經營和成長方法。這些策略喚醒並威脅到另一伴侶嗎？伴侶對另一位伴侶的接觸風格與策略來自哪裡，有真正的覺知嗎？為何他對此如此敏感？為何他對那件事是如此防衛？每一個伴侶在經歷兒時經驗的某些事情時，另一半能帶著同理與悲憫嗎？或他們會在防衛與威脅中被鎖住？

4. 情慾與性感（Sensuality and sexuality）：身為一個具有情慾的人類，他們的個人經驗是如何？與對方共處又是如何？他們感到滿足與不滿足的部分是什麼？他們會公開談論、探索並協商這個部分嗎？性感、情慾或其他面向，對成為一個男人或女人有何種作用？他們發現對彼此或其他人的吸引力是什麼？再次重申，作為探索此類主題的設置與資源，團體是有價值的。在團體中，多元的觀點和經驗使得此非常私密的領域得以公開。我們當中有許多人並不會去詢問我們自己習慣性的存在與接觸的方法。

5. 處理人生意義的問題（Deal with the question of meaning）。在我的生活裡，什麼是最重要的？如果我剩五年可活，我會做些什麼？如果是五個月？五天呢？在我剩下的生活裡，我要如何過呢？非常常見的，伴侶不會去探索這些基本的生死及人生意義的問題，因這需要每一位伴侶帶著代價去接觸與滿足對方。未來的十年我會在哪裡？二十年？三十年呢？再次地，如果兩位伴侶在生活中無法往相同的方向前進，且這些不同的方向無法相容，我們開始工作前就開始協商了。對伴侶而言，害怕挖掘所有這些困難的議題，可能會是他們逃避更深更廣接觸的首要理由。假如這是他們的選擇，在治療工作開始前，最好能將其公開並帶著覺察。

為何是伴侶團體？

我們已經開始了解一些視團體為探索伴侶議題為有價值設置的理由。

我們自己對接觸策略最原始的學習，畢竟都來自一個團體——家庭的初始團體，並在當中學習什麼時候用與如何使用這些生存策略。在那最早的場景中，就某方面而言，我們並不是能自由的去冒險表達所有的真實自我；取而代之的是去學習某些面具和策略，以逃避全範圍的接觸。就某種意義而言，正如上述所發展的，現在在新的團體中，我們仍以原本的策略來生存，而這些策略已經過時了——這些策略的供應，已經沒有我們在愛的關係中所要的感覺強度。正如我們在伴侶關係中做的，我們的新方式可能被看見且被實驗，由我們自己、由他人，並有當下的見證，至少我們的另一半會見證到。這團體就像伴侶本身，是另一種「選擇性的真實」，在那裡我們可以驗證我們為了達成或避免各種接觸的假設與策略。當我運用了一種策略或另一種，團體的歧異性意謂將會有某人挑戰我，某人支持我（也許是我的另一半，成為我的防衛！），某人在那裡看見並了解自己，也許某人被我的行為所警告或威脅；有人可能被我正在採取的冒險所鼓舞，另一個人將會在我的位置上看見他或她自己（或他或她的伴侶），並獲得一個新的觀點。我們所有人都在互動中學習，當伴侶中的某一方在這個特定的互動中，可能無法直接去影響，但將有一個機會看到我如何帶著更多的支持；對另一半而言，在那當下特定的時刻，會比起兩人處於相同的戰局中，所付的代價少。

身為治療師，我們的工作是提供一種安全而支持的氣氛，在那裡活出較為「真實的自我」——這些是我們兒時壓抑的感覺、想法和聲音，以及我們渴望在伴侶關係中和目前其他地方所希望聽見與讚賞的。我們支持較少強烈情緒基礎的表達方式，並帶著安全的規則與承諾，沒有人會因冒險嘗試新行為而被遺棄或責難。在團體中運用我們真實的知覺，我們示範感覺反應的分享，不是「只為我們自己的議題工作」，那可能是不恰當的，但我們會支持語言的成長性。在那裡，我們所有人都能知道更多我們自己、我們的伴侶，以及彼此。

見證者的出現轉換了一對伴侶的互動，在見證者的覺察反映中，變得更能覺察他們自己和彼此。在個別治療或伴侶治療中，這通常是真實的；但在團體中，它甚至是更有力量的真實。大部分的伴侶在他們私人生活中是孤立

的，見證者讓他們知道：我們是社群的一部分。

同時，見證者可作為一個事實的檢驗者。我對另一半心電感應的力量是不是做了一個神奇的假設？我清楚地活著嗎？我有聽到對方正在對我訴說嗎？大部分的時候，我的方法是正確的嗎？那是唯一看見且建構情境的方法嗎？每一個團體成員真實感覺（genuine feeling）的反應，是無比的現實導向（reality orienting）並具撫育性的。在許多伴侶維持距離的接觸風格中，不是用攻擊或抹殺對方的特質（assassination），才是有用的；反而是從有關伴侶的真實陳述，才是有用的。這是完形團體的長處與矛盾處：分享你在何處，盡你所能的真實；對另一人而言，比起分享你對他或她自己「中界」的想法與解釋，前者是真正比較有方向與撫育性的。一旦團體成員能夠學習到以此相待，他們便較容易將此方式轉換到伴侶關係的困難挑戰中，並做上述相同的事。

我們如何和團體工作

再次地，我們已經開始討論「如何和團體工作」這議題，這不是在討論什麼特別技巧，而是在討論一般的立場。我們的假設是用「是什麼」（what is）與另一人真實會心，此本來就具有療癒性與促進成長的功能。這是「我一你」的對話，主體對主體，此就是我們為每對伴侶工作，要建立完全、無壓抑的接觸（full, uninhibited contact）。為達成此目標，再次地，我們開始清楚「覺察」的議題。跳出「界域」之外，是個人在此片刻的陳述，且是一種覺察，那是現在這個人要到哪裡，或伴侶嘗試要去哪裡（我們需要知道的是我們的伴侶感覺如何，或只是要知道她或他的觀點與判斷）所需要的。在每一個片刻，我們所注意的形象有多強烈與清晰？此形象透過我們上列的知覺、反應、表達、共處、解決、完成與統整等階段建立了嗎？或某些階段經常遺失或停止了？他或她的覺察與溝通建立在這些階段上嗎？若不是，對伴侶而言，一個令人滿意結果的改變是微乎其微的。

團體的材料像上述討論的那麼多，每個人在生活、現在、未來、伴侶關

係中要什麼？伴侶是感到滿足或不滿足的？他們要改變什麼？他們在改變中希望並相信什麼？他們性別與性的互換是具撫育性的嗎？若不是，他們要聆聽彼此的需求，並試著為這些需求做些什麼嗎？什麼樣的想像與期待是他們自己的或他們伴侶的？在他們的想像與期待中，哪些真的是我自己的，有哪些是未經檢驗的「內攝」？他們在兒時的世界是如何的？且是如何進入他們兒時的求生策略，以達成或避免當下某類的接觸？對他們而言，在生活中什麼事情最重要？他們要如何度過餘生，是要一起度過或有其他的選擇？

在伴侶團體的開始，信任或不信任的議題是很多的，就像在任何團體一樣。這些人是誰？我在這裡做什麼？他們會接受我、拒絕我嗎？傷害我或被我傷害？我在這裡可以如何開放自己而不感覺羞愧？或使我的伴侶不會感到被背叛？在此階段，我們總是需要清楚的結構，以目標、規範和大綱的形式引導我們自己，並確認每一個人在一開始的新環境裡，至少是夠安全去嘗試新行為的。

然後像在任何團體一樣，伴侶團體走過建立連結的階段，對某些事會朝向更分化的狀況。我們是如何的不同？在這裡對我們意謂著什麼？某些人將會被聽見嗎？而哪些人不會？我的伴侶將如何進展？我需要保護或制止他或她嗎？就像在任何團體一樣，這是與權威爭戰和力量議題的階段，此團體與其他團體有些差異，這裡總會有一個雙重聚焦（double focus）：某人的議題與這位或另一位團體成員有關，而這與發生在伴侶生活的議題是一樣的。這也是一個次團體的階段，在異性戀的伴侶團體中，一種自然的次團體是男人與女人，但還有其他種類的次團體：多話與安靜的成員、「感性」與「理性」種類的成員、照顧者與藉此感到完整的人。在伴侶團體中，次團體的一個特別特徵是：一對伴侶通常在團體中分屬不同的次團體與聯盟，這會形成一種支持每個人經驗和觀點的組織結構。

隨著團體更多的分化，會帶來更豐富的接觸與更多（害怕）親密的可能性。團體中的吸引力與聯盟可能會使伴侶導致嫉妒，不只在性方面，也環繞在親近、親密與更多了解的議題上。再次地，團體為伴侶提供了活生生的機會，來探索現在在他們的關係中，什麼遺失了，而且每個人從另一半那裡渴

求什麼。親密的伴侶團體變成成熟的內容，在那裡每個個體都能夠成長發展成一個人，並成為伴侶成長與力量的基礎。

每個人都適合在團體中嗎？

對伴侶團體接觸的可能與要求，帶著不同界限與忠貞的逆流，對某些人而言，其強度可能是無法抵禦的。在危機中的人可能無法做伴侶工作，更難在伴侶團體中工作，在那裡，氣氛總是個議題。有些人不適合待在團體有其他的理由——舉例而言，過度防衛，以掩蓋失去自我凝聚的恐懼。除此之外，伴侶團體中可能還有更大的困難。例如，一些團體的溫暖與接觸，可能對治療節食者而言太多了，此會造成團體退回尚未準備好要處理議題的狀態。我們的伴侶團體大多是一個豐富且具回饋性的設置，就像一般的伴侶治療，是用來探索關係和自我成長的。

附註

1. 此章是由 Mikael Curman 和 Gordon Wheeler 從瑞典文翻譯過來的。

參考文獻

Perls, F., Hefferline, R., & Goodman, P. (1951). *Gestalt therapy*. New York: Julian Press.

創傷倖存者與其伴侶：完形的觀點

Pamela Geib、Stuart Simon　著

張碧琴　譯

Jim 和 Eileen 這對夫妻結婚已逾十載，育有兩名子女，他們之所以在兩年前開始伴侶治療，是因為當時 Eileen 突然回憶起童年性虐待的往事。那年，她的女兒剛滿六歲，正是 Eileen 的父親第一次侵犯她的年齡，這個時間點喚起了她的回憶。

對於Jim來說，接受治療也是很不尋常的意外事件。深受沮喪和反覆折磨之苦的Eileen，一向會在Jim下班回家時，向他尋求情緒支持，Jim也總視自己為她的堅強靠山，並以此為傲。但這回，他卻覺得被激怒了。他憤怒地指責Eileen太過依賴、要求太多。他尖銳地抱怨自己的需要不受重視，而且對自己是否能再繼續提供她所需要的支持深感懷疑。Eileen因他的情緒發作感到受傷、害怕，也不敢再信賴他；Jim則覺得羞愧而困惑，而且承認自己仍然很氣Eileen。他倆都知道，自從Eileen開始心理治療之後，他們的婚姻就開始波折不斷。

213

當一對伴侶初次進入治療時，我們總要張大眼睛，以清明而無偏見的觀點來看待即將展開的旅程。完形治療聚焦於現象學的情境資料，並著重觀察伴侶之間互相接觸的能力；所謂接觸，是指伴侶能真誠分享彼此的興趣。例如，我們會看是否每位成員都能關心對方的情緒和想法，或至少了解對方看待世界的方式。我們也會觀察這對伴侶能否形成共同的目標，並聚焦於如何參與彼此的生活、如何找到並達成特定的共同目標。完形理論將這種由當下背景所共同醞釀、滋長出主題的過程，稱之為「形成共同圖像」（the formation of joint figures）。

　　本章意圖呈現一對伴侶中有人處於**創傷復原危機**（crisis of trauma recovery）時，其接觸能力如何以特有的方式妥協。倖存者試圖恢復的受虐史代表一個「未完成的完形」，意即創傷事件尚未被完全同化到倖存者的背景裡，於是這段過去的創傷會主宰並扭曲當下的伴侶關係。此過程混淆了過去與當前現實，所以會限制伴侶接觸的能力。既然倖存者的**創傷**復原危機是造成這對伴侶失去接觸的原因，治療師就必須了解創傷理論，尤其是創傷後壓力症候群（post-traumatic stress disorder, PTSD），才能從初始就積極建立治療過程的結構。本章將針對此過程詳加說明並示範。

　　為了建立討論治療的架構，本章第一段描述創傷復原對倖存者及其伴侶，以及倖存者／伴侶系統的影響，亦兼論及治療師進入此系統時所受的影響。第二段則是有關介入方法（intervention）的討論，並將依循 Jim 和 Eileen 的治療療程，以使討論聚焦。首先說明治療師如何支持配偶，協助其了解創傷的影響；其次會說明當伴侶一方為倖存者時，關注其接觸界限的重要性。

　　接著是我們認為倖存者／伴侶雙人組中的重要核心：虐待如何成為未完成的完形。我們會提出協助伴侶區隔過去和現在的技術，並依序呈現以完形觀點建構治療工作的具體例子。其次強調若將倖存者視為「認定的病患」，此系統往往會失去平衡；為了使系統恢復平衡，我們會協助配偶探索自己在系統中擔任的角色。最後則是看如何透過個別成員既有的改變來締結新的關係。

　　另要說明的是，本章之措辭是出於對性別、性取向及婚姻狀態考量之後的選擇。性虐待與童年創傷當然並不是只發生在特定性別的人身上，同樣地，前來尋求治療的伴侶也包括了男同志、女同志、異性戀者，以及結婚或同居的情侶。但由於在此呈現的伴侶案例是已婚的異性戀者，因此以下行文的人稱措辭統一如下：

1. 提及伴侶中的倖存者時會用**她**來表示。
2. 倖存者的伴侶則用**伴侶**（partner）或**他**。

3. 泛指治療師時以**他**或**她**。

4. 而呈現個案討論與計畫提要時，則以**我們**來突顯聯合工作的治療架構。

在此也要簡單補充一下完形對創傷與虐待的看法。所謂**創傷**（trauma），是指當下的個人受事件影響，以致無法使其感官功能組織出具有建設性的意義或行動。例如，當孩子被性侵犯或成年女性被強暴時，她的身心都被打垮了，以致其最初的反應可能是解離（dissociating），而後即使她試圖建立某種結構，也充滿了羞愧、自責與自恨；若未立即接受治療協助的話，其感官可能日漸僵化，或者會經常以創傷後的眼光看待未來的事件。而所謂虐待，則是指某人利用其所處位置之權力，造成他人生理、性與情緒的創傷。

創傷復原之效果

倖存者

身為治療師，我們已經知道倖存者在康復之前，往往會先覺得自己走下坡。治療的復原過程可說是再經驗並逐漸與虐待達成和解的過程；這意謂原先被壓抑或縮小化的虐待還原成其原始的份量與恐怖時，倖存者必須正面面對並加以探索。因此「復原」會暫時使人陷入低功能的憂鬱狀態，削弱連結的能力，連恐懼也變成一團模糊的衝突情緒。以完形的術語來說，倖存者憂鬱與低能量的慣性自我整合（habitual self-organization）已被解組，但仍未能重新建立穩定而可靠的結構。

我們可以從幾個不同的現象觀察到此過程，創傷影像的重現（flashback）會暫時抹滅當下的現實，此現象是常見的。當倖存者面對童年被虐事件中潛伏的背叛時，她可能會經驗到不信任和過度警覺（hypervigilant）。即使明知虐待為事實，她仍會擺盪在相信和不相信的循環裡，並一再經驗到從無助到憤怒的情緒循環。隨著治療進程，有關虐待的記憶逐漸浮上檯面，倖存者可能開始解離，原本已出現此症狀者也許會升高頻率。進入解離狀態意謂她無

第十章
創傷倖存者與其伴侶：
完形的觀點

法全然活在當下，特別是過去被侵犯的經驗，可能使得她無法忍受性接觸，甚至任何碰觸都很難承受。由於此過程的牽引作用，倖存者在家中或工作上皆可能出現較低功能的狀態。

伴侶

倖存者的伴侶自然也會受到這些改變的影響。當倖存者變得在身體、情緒層面較少回應其伴侶時，對方可能經驗到孤單、難過、失去陪伴的沮喪，而且失落可能展現在各層面，例如：長期無性生活，或是完全沒有肢體接觸。

由於倖存者經常心不在焉，倖存者的伴侶普遍無法再得到以往熟悉的陪伴，例如：從事共同的休閒活動、在苦惱時獲得支持，或單純地只是有人關心工作順利與否。雪上加霜地，他可能覺得倖存者有時間精力去陪別人；更具體地說，他可能覺得被排除在倖存者／治療師的雙人小組之外，或被倖存者的朋友圈或支持團體成員隔離。以完形和傳統家族治療的術語來說，這對伴侶的界限已經擴大並改變了。

即使倖存者的伴侶以前能接受家務分工的方式，此時也可能因為包辦了日常家庭瑣事而感到生氣、精疲力竭，而伴侶自己對倖存者記憶的反應更會複雜化其經歷感受。如同倖存者一般，其伴侶可能會否認或壓抑對加害者的憤怒，但由於缺乏適當的支持，他只能壓抑上述感受，遂顯得更加孤立。

倖存者的伴侶通常不了解什麼是創傷後壓力症候群（PTSD）（參考 American Psychiatric Association, 1987），自然也無法真正了解倖存者的行為，因而使得其陪伴與夥伴關係的失落感更形強烈。尤其他在面對倖存者的退縮時，必定會解讀為對他的拒絕，若再加上被額外的日常瑣事淹沒，自然會認為倖存者太自我耽溺了。而倖存者古怪而易怒的行徑，特別當她吐露出自殺的念頭時，更讓他受到驚嚇與困惑。上述這些行徑及伴侶自己的反應，往往使伴侶更憂慮倖存者的健康和福祉，並更關心伴侶之間的未來。

系統

伴侶治療師必須要注意的不只是系統內個人的經驗（如同上節所述），也要觀察系統動力。在復原引起的危機中，會有幾項系統的變項加入。

系統觀點裡的重要面向是權力。在倖存者／伴侶的雙人組中，權力往往是既不平衡又複雜的，就某方面來說，倖存者因其症狀、低功能與不時發作的憂鬱而被視為病患，使其處於較弱勢的一方，「非病態」的伴侶則被視為較有權力的、握有控制權的一方。在稍後討論治療介入時，我們將呈現如何將倖存者「去病態化」（depathologize），並且邀請其伴侶審視自己，藉此平衡其權力的不平等狀態。

吊詭的是，事實上在面對倖存者**伴侶**的改變及連帶受影響的關係時，伴侶反而處於完全無助的位置，因為他無法控制或影響她復原的速度或進展。所以我們的工作也包括認可其無助，並協助他決定他能夠向妻子要求什麼，或能夠自己面對自己內在的哪些議題。

另一個與伴侶動力有關的面向是距離調節（distance regulation），或所謂接觸界限（contact boundary）的互動。例如，當伴侶中一方卡在疏遠的位置，另一位變成執著的追逐者時，這個伴侶系統就變得兩極化（polarized）與僵化。由於倖存者／伴侶雙人組所處的特殊困境，界限更容易變成戰場。當倖存者仍受苦於過往被侵犯的知覺時，可能會同時認為伴侶在侵犯她的界限。而當倖存者一天打好幾通電話到丈夫的辦公室時，丈夫也覺得妻子正侵入他生活中的每個角落。或者正相反地，當界限圍籬過高、過厚而無法穿透時，個人的接觸需求無法獲得滿足，兩人或其中一人就會覺得孤立。因為非預期的變動阻礙他們得到想要的接觸，故其議題往往混合了憤怒、傷心與困惑。換句話說，其關係的穩定基礎受到嚴重干擾，以致於形成共同主題的過程變得遙不可及。

治療師

從一對伴侶進入治療之初，治療師就以某種方式參與（join）其系統。在面對倖存者／伴侶雙人組時，治療師更要敏感到參與此系統對自己的影

響。如同其伴侶，治療師也要了解以往倖存者發生了哪些可怕的事件，並接受她在療癒創傷旅程上的能力限制。由於這對伴侶帶來強烈的情緒，治療師極易陷入強烈的反轉移，維持系統完整這項任務顯得相當耗力，故治療師必須了解倖存者復原經驗的強度，及其生活發生戲劇性變化對另一方的意義。

介入

心理教育與支持

Jim 和 Eileen 開始治療沒多久，我們就發現，Jim 的憤怒其實是經由「厭煩」惡化而來的。起初 Jim 透露他對 Eileen 來回擺盪的心情、古怪行徑和過度依賴感到不耐，但幾次會談之後，Jim 就了解其挫折和憤怒主要是來自復原遙遙無期的感受。雖然試著同情 Eileen 的磨難，但他認為兩年的治療應該要能見到顯著的成效。偶爾，當 Eileen 看來好些時，他會覺得較有希望，然而當她再度攪亂一池春水引發症狀時，他就越發困惑和挫折。事實上，他開始疑惑 Eileen 是否有痊癒的一天，也不知自己的生活是否能回歸正常。

即使 Jim 從未直接和 Eileen 討論到他的挫敗感，她卻能覺察對方漸增的不快樂。而這點嚇壞她了，於是她有時變得更依賴，有時則從 Jim 身邊抽離，轉而依賴她的朋友與支持團體的成員。當 Eileen 向我們描述這段過程時，Jim 打斷她說，他完全看不懂 Eileen 的治療過程，他既看不出其中的因果邏輯，更不了解為何仍看不到具體成效。

從以上這一小段速寫可以發現：伴侶發生衝突的重要關鍵來自伴侶的困惑，尤其是對創傷後壓力症候群與復原歷程的不了解。當一對伴侶開始治療時，臨床工作者要特別注意另一方對創傷和治療的了解程度。重要的是，一開始治療師必須認可其伴侶在關係中經驗到的困難，接著才透過教育主動擴充伴侶的了解。

除了缺乏對創傷症狀（影像重現、過度警覺、解離、對觸碰敏感）的相

關知識之外，倖存者的伴侶也對復原歷程的起伏大惑不解。如同 Jim 不了解復原的循環本質，他也不知道復原會是如此漫長又曠日費時的過程。

> 在發現 Jim 真的不了解創傷復原的過程之後，我們告訴他這個過程在本質上是螺旋般的、不平均的。我們解釋復原通常是混亂的、甚至看似沒有結果的過程。當 Jim 知道過去的恐懼會蓋過眼前成人的現實感時，他顯得鬆了一口氣，也才明瞭復原其實是非線性的進展，有時倖存者會覺得更陷於過往的虐待事件，因此其成人自我的功能會呈循環發展。我們向他說明週期性地擺盪於過去虐待事件會一再發生的原因，並保證其頻率會逐漸減緩。我們也協助 Jim 了解他在工作上慣用的問題解決取向，只是可以協助倖存者的方法之一而已；重要的是，能以較寬容的眼光看待 Eileen 上下起伏的過程。我們同時確認當 Jim 聽到這些復原的艱難挑戰時，能同樣感受到被了解與支持。

上述教育的過程提供幾項助益：透過了解倖存者的行為，伴侶可以冷靜下來，並且透過使他成為「專家」的一分子，也能加入妻子的生活，進而增進其權能感。此外，透過使伴侶了解創傷後壓力症候群不是心理疾病，而是對極端與恐怖事件的正常反應，能使倖存者從「病人」的位置解脫出來，而導正關係中的不平衡。

界限的介入

伴侶治療師的訓練著重在觀察一對伴侶如何建立並尊重雙方的界限。一般來說，我們會運用觀察所得以提升個案的覺察，並由此帶動改變。然而在與一對倖存者／伴侶工作時，治療師會在協助其建立與維持界限上，扮演較主動的角色。

就本質而言，性虐待侵犯了孩子的界限。性創傷兒童在成長過程中的自主感是脆弱的，他們在辨認需求且不帶矛盾地表達需求時，往往顯得很戲劇化，遂使得倖存者遭逢各種不同的接觸困境。當被侵犯的恐懼鋪天蓋地而至

時，他們顯得過度警覺、激烈地保護其界限；當被拋棄的恐懼來襲時，又會輕易地向他人的需求投降。此外，當倖存者確實感到被侵犯時，又會引發自己與伴侶都不歡迎的創傷影像重現經驗，這使得簡單的碰觸都被當成侵略，而性接觸的提議則被當成強迫。

在與 Jim 和 Eileen 工作時，我們很快就發現 Eileen 很難維持界限，而 Jim 的反應又是如何影響著彼此。

> Eileen 和 Jim 的性關係在過去兩年間顯著減少，但由於 Eileen 的痛苦很明顯，Jim 多半還可以忍耐。反而他們最近嘗試恢復性生活的結果，卻是一場災難。在治療時，我們發現 Eileen 之所以同意和 Jim 做愛，原來只是為了取悅他，因為她開始擔心自己讓他失望了，但卻因此忽略了自己的內在訊息，並在事後生氣。當下一次 Jim 想再和她發生性關係時，她就爆發怒氣，並指控 Jim 完全忽略她的痛苦。
> Jim 對這些反反覆覆的變化自然感到困惑又受傷。當談起上一次做愛時，他承認自己隱約感覺到 Eileen 可能只是想取悅他。然而當他第二次提議做愛而遭指控時，他又感到憤怒與被催毀。

很明顯地，Eileen 很難辨識自己的需求，維持界限，並依此發展真誠的接觸；而且由於她的極端反應與以往完全不同，Jim 也遭逢界限的困擾。此外，由於他缺乏對創傷的了解，Jim 就像其他倖存者的伴侶一樣，順理成章地將 Eileen 的一舉一動都當作是衝著他而來。

當一對伴侶正處於界限危機時，或許並不適合先將介入目標放在增加他們的覺察。此時治療師需要較積極地協助他們建立互動的結構，即暫時接管其界限與設限的功能。例如，當治療師有理由相信，即使增加這對伴侶對界限相關議題的覺察，也無法使他倆合作保護倖存者的界限時，就要建議他們暫停任何的性接觸。

治療師在保護倖存者界限的時候，必須記得其伴侶也需要被協助，因為他們往往也將自己的界限困擾帶入關係中。Jim 在伴侶治療中反常地乍然爆發怒火，就是個絕佳的例子。在事後回想時，Jim 發現，其實這怒氣早有徵

兆，尤其當他一再忽略自己早就被「照顧者」角色榨乾的訊號時，就已透露出他無法維持自己的界限，特別是無法回應自己需被滋養的需要，在此時已種下非預期怒氣的前因。

提升對未完成完形的覺察：將虐待納入三角關係

當然每對伴侶都會因轉移、投射、投射性認同（projective identification）而混淆過去與現在；但在倖存者／伴侶的組合中，過去會特別強力地侵入此時此刻。以 Jim 與 Eileen 會談的片段為例：

> 即使 Jim 看似越發挫折，有時幾至抓狂，他對婚姻的承諾倒是始終不移，事實上，他還深以自己的穩定與整合為傲。也因此，當他費盡唇舌再三保證或抗議，仍無法成功說服 Eileen 相信他不離不棄的承諾時，自然深感受傷。Eileen 則被他的挫折嚇到，反而更深信他會遺棄自己。除了因為「不信任投票」而感到受傷之外，Jim 還對自己最初的發火感到罪惡。他從自己的原生家庭學到表達不舒服或憤怒是會帶來嚴重後果的；而 Eileen 的被遺棄恐懼雖然沒有現實基礎，卻正好應驗了 Jim 的父母訊息。這對伴侶就這麼週而復始地在此議題上打轉，Jim 對關係的堅持始終無法安撫 Eileen，而他自己也一直覺得未被感謝，甚至懷疑是否做錯了什麼。

這對伴侶顯然需要有人幫他們從過去與現在的糾結中脫勾解套，而既然過去的侵入如此強大，相對地也必須以強力的介入回應之，我們將此回應概念化為「將虐待納入三角關係」（re-triangulating the abuse）[1]。首先，我們試著了解創傷經驗如何形成扭曲的信念，這意謂我們要仔細檢視倖存者的故事。其次，我們將虐待命名為伴侶系統中的第三者（a third presence），以便突顯此負面現象的源頭，其實是過去的創傷；並且常以空椅代表虐待事件，以呈現戲劇性的效果。透過這項介入，治療師明確表達其對伴侶當前困擾的看法，即不論從個人或關係層面而言，並非所有伴侶遇到的困難都是他們自己造成的。而且不論是透過內化或投射機制，他們所經驗到的「壞」

（badness）都會與當下重現的虐待歷史共同降臨，並製造出創傷與不幸。而如果能將虐待具體化，並在當下擁有一席之地，就能具體指出其在伴侶經驗到的混亂痛苦中所扮演的角色。如此一來，自然就能強調伴侶也只是過往（past）虐待事件的間接受害者，而且兩人其實是站在同一陣線的。

在此例中，我們要求倖存者檢視她自己或伴侶的負面經驗是否為真，或者其實是虐待經驗使得她以訛為真。在此空椅可以被作為參考點（point of reference），或以心理劇的方式（psychodramatically）來呈現。這兩項技術源自完形理論與 Michael White（請參考 White, 1989）。雖然傳統上完形理論是將空椅當成辨識與再整合投射的過程，在這裡則被當作區隔虐待與伴侶當前現實的界限。White 的問題外化（externalizing the problem）則示範了如何將症狀（symptoms）外化。在此例中，要外化的當然就是虐待事件本身。

治療師要特別注意的是，必須仔細觀照倖存者對其伴侶的感知是否為真，就如同處理其他伴侶抱怨時，同樣地仔細觀看。當然，同時仍要避免其伴侶藉此大做文章，意圖淡化或削弱倖存者的意見。接下來要處理的則是將當前的現實與因虐待而產生的恐懼扭曲脫勾。

> 在處理 Jim 和 Eileen 膠著的系統上，我們的介入頗具成效。在仔細傾聽 Eileen 的故事時，我們發現 Eileen 在童年早期，因為媽媽的疏遠冷漠而依附爸爸，兩人間的關係是頗溫暖的。可以想見，爸爸對她性侵害一事，使她覺得突然被拋棄，信任感與安全感也都被破壞了。她心裡常有個來自受虐經驗的聲音在說：她是註定會被拋棄、被背叛的，遂使她無法接收到 Jim 明確的承諾。Eileen 的故事裡清楚地迴盪著一個訊息：「看似關心你的男人是會背叛你的。」我們以空椅法引入虐待事件，並且幫 Eileen 好好地區分 Jim 與她爸爸。而當 Jim 看見「無法成功說服 Eileen 相信他的忠誠」其實不是自己的錯，也大大鬆了一口氣。此外，共同面對傷害他倆罪魁禍首的經驗，也使得他倆之間出現了連結的感覺。

平衡雙人動力

　　即使倖存者的極端症狀是促使其尋求治療的主因，但其實每次的伴侶互動都是一個系統事件；也就是說，雖然倖存者的復原歷程是舞台的焦點，但治療師也不能忽略伴侶在系統中所扮演的角色。會談中納入探索伴侶的成長史、優勢、在其原生家庭形成的引爆點時，可以達到替倖存者去病態化（depathologizing），並保持以互動為焦點的系統特性。但在開始以伴侶為焦點的對話之前，治療師要先明確表達「伴侶也是虐待的次級受害者」，因為他倆都必須應付這個既不是自己要求或創造出來的處境。當伴侶能感受到自己不會被怪罪的保證之後，再進行探問其個人成長經驗如何呼應當前危機，就會極有幫助。

　　當我們發現，Jim 被自己在這段非常時期爆發的怒氣嚇到並深以為恥時，我們開始談到他的成長史。在探問之下，其原生家庭的圖像逐漸浮現：Jim 是兩兄弟中的老大，他從小認同父親，在他心目中的父親是安靜的、強壯的、固執而情緒疏遠的；而他對母親的印象是沉默而憂鬱的，常常無法做好理家的工作，遂由父親沉默地補位。但他父親從未抱怨自己的負擔過重，也從未對妻子明顯的不快樂提出任何評論。在畫家族圖時，有鑑於 Jim 的祖父常會突如其來地爆發憤怒，我們認為他很可能曾酗酒。透過引導，Jim 猜想他父親的固執和情緒疏離，可能來自於立志不要像自己的父親那樣可怕。由此不難了解 Jim 所學到的不成文規則：(1)憤怒是危險的，安安靜靜做好該做的事就對了；(2)男人就該照顧女人，但是遇到麻煩時不要大聲叫嚷。

　　對 Jim 來說，這種了解成長背景的方式，既有趣又有解脫的效果。我們發現，只要 Jim 不忽略自己的需求和限制，那麼承繼自父親的照顧能力會是他的優勢，而他也明白自己對憤怒的反應其實是學來的，因此憤怒不必然會是毀滅性的。Eileen 全程專注地聆聽，並且逐漸能看見在此之前她所認為的「她的問題」當中，哪些是 Jim 的優

勢與限制。就一對夫妻而言，他們逐漸能覺察到 Jim 在目前系統中
所扮演的角色。

這種伴侶對話有幾項治療性的目標，其一是雙人組（dyad）的平衡（如
上所述），其二是協助伴侶了解到：雖然有很多事他都無法控制（他無法消
除已發生的虐待，也無法掌控妻子復原的速度或路徑），但是他能精熟自己
個人的反應並從中學習；就算他是虐待的受害者，也不會是個被動的受害
者。因此危機反而提供一個機會，讓他能仔細思考自己的過去與現在，並得
以療癒。

新的婚姻、此時此刻的接觸

當一對伴侶能預測倖存者因復原衍生之危機時，虐待終能自台前退場，
讓當下每日的真實關係推至前景。用完形的術語來說，就是已能較不聚焦在
虐待，甚至讓其退而成為背景。能走到這裡，他們才能開始感覺到治療工作
即將完成了。然而在結案之前，治療師必須幫這對伴侶覺知到：他們已無法
回到事件先前的狀態了，當初訂下承諾的兩個人都已經改變了，他們已各自
變成不同的新人，有著新的需求與期望。此時治療師可以幫助他們調整，以
適應在新情境下的生活。

此階段常出現的另一個差異是：倖存者和伴侶對過去的回憶往往不同。
伴侶對復原前的回憶可能是一種懷舊之情，但倖存者對往日的印象卻是呆板
而機械化的，這個現象一部分來自於後者經常在回憶、自恨和恐懼間奮力保
持平衡，一部分則是壓抑虐待事件而形成的假我（false self）狀態。

不論是誰的真實都需要被確認。為了要能迎接新生，為不可重來、無可
挽回的部分哀傷都是必須的。如此新的自我才能被看見，也才能協商新的角
色。

Jim 和 Eileen 很驚訝地發現：兩人在此過程中都改變了。以前他們認
定問題出在 Eileen 身上，因此是她要改變，如果她學會「算了」（get
over it），生活就可以回歸正常。因此，當 Eileen 發現 Jim 改變之後的

驚訝與恐懼，就開啟了有關新婚姻的治療性對談。Jim 的信念已轉為自己可以說出挫折感與難過，並且真的付諸行動，雖然 Eileen 很喜歡他在關係中展現較多的情緒，但卻還沒有準備好去面對他新生的自我肯定能力。此外，既然 Jim 避免陷入他父親「負責但私下痛恨」的角色，Eileen 也害怕會失去一個穩定的支持來源。

透過討論這些變化，Eileen 發現雖然 Jim 不會再像以往百依百順地照顧她，卻會是個更稱職的丈夫。

至於 Jim 則必須面對一個事實：當 Eileen 越能覺察自己的界限時，就越能拒絕不想要的性與肢體碰觸，而當他們真的做愛時，Eileen 較能夠真的投入，而且她是真的在仔細地觀看自己的內在訊號，不只是出於討好或安撫的敷衍而已。隨著 Eileen 復原歷程的進展，她開始投入宣導兒童虐待問題，並為此募款的志願服務；雖然這些新的勝任感與獨立都是 Jim 曾經期待的，但他卻要面對自己的定位困擾，因為他形同從以往的角色中退職了，而這份「工作」曾經是他自在與自尊的主要來源。

當伴侶治療工作進行到尾聲時，Jim 和 Eileen 已能夠欣賞彼此不同於以往的真誠接觸方式，對於會增加彼此分化度的改變沒那麼害怕，也越能接受一項事實：增加覺察與活在當下，意謂他們偶爾會有更直接的衝突。

摘要

當一對伴侶如同 Eileen 和 Jim 般，由於過往創傷浮現，並嚴重干擾、扭曲當下關係，而求助於治療時，由於伴隨創傷復原歷程而來的危機和混亂，治療師往往要扮演主動與特定的角色，包括教導其配偶有關創傷的影響；關注其接觸界限的互動，有時也要幫忙建立其架構；辨識未完成的完形，並將虐待納入伴侶系統，形成新的三角關係；而後則是透過納入伴侶的工作，以重新平衡雙人的動力。

最後，為了要使治療成功，這對伴侶必須真的改變。改變是倖存者個人復原工作的必然結果，其伴侶會被改變，系統也會隨之而改變。為了使關係持續並維持活躍，治療師必須協助這對伴侶調整新角色與期待，以及可能需要學習新的接觸技巧。

如同其他涉及創傷的治療工作，這段過程是困難而令人耗竭的。它要求我們與猛烈的情感、可怕的故事同座，還要替這對伴侶組織成能受管控的架構。為了能完成此任務，我們必須擴展自己知識的廣度，包括了解創傷的破壞性、創傷復原的過程、伴侶面對這些議題時的痛苦掙扎等錯綜複雜的系統。我們必須保持彈性，能運用許多不同的實務技巧，例如：同理的傾聽、提升覺察、支持、教育，有時也主動建立伴侶互動的架構。

即使有這麼多困難，我們仍深深覺得這項工作是值得的。因為正處於危機中的伴侶雖然帶來巨大的痛苦，卻也呈現了許多療癒的潛能。也正因為創傷會在很基礎的層次發揮影響，運用倖存者／伴侶雙人組的伴侶治療能帶來重要的成長機會，並能帶給治療師深深的滿足感。

附註

1. 在此**虐待**將取代實際「施虐者」一詞，因為倖存者在復原過程中，會對施虐者經驗到不同的感受。有些人會試著接受施虐者曾經有、或現在也有好的那一面；有些人會嘗試與之形成一種新的關係。因此我們透過抽離虐待，將完全負面的部分元素和施虐者分開，以藉此來表達可能的尊重。

參考文獻

American Psychiatric Association. (1987). *Diagnostic and statistical manual of mental disorders* (3rd ed., rev.). Washington, DC: American Psychiatric Association.

White, M. (Summer 1989). The externalizing of the problem and the re-authoring of lives and relationships, *Dulwich Centre Newsletter*.

第十一章
伴侶的羞愧感：被隱藏的議題

Robert Lee　著

張碧琴　譯

　　第二次治療一開始，Tom 直挺挺地坐著，拉長著臉怒責 Claire：「我實在很氣你今天遲到了，難道你就不能偶爾表現得讓人放心一點嗎？」Claire 沒看他，一副煩透他吹毛求疵似地回嘴：「為什麼你老是對時間斤斤計較？我才晚到個十分鐘而已，你就不能放鬆點嗎？」

　　我選擇此時介入，否則我深信他們可以一直如此地持續下去。Tom 也許會回答：「你就是這樣子，老是把自己的不守信用怪到我頭上。」Claire 也許會回他一記：「你就像你爸爸，死板板硬得跟木頭一樣。」接著 Tom 也許會說：「至少我不像你們家的人那樣不負責任，我努力履行我的義務，我也不是敗家子。」Claire 大概就這麼接腔：「你的意思是說，我也跟他們一樣？那你說的是你吝嗇到沒法出去吃飯看電影的那一夜囉？」Tom 則如此反擊：「你就愛花錢，你以為我們是王公貴族嗎？」Claire 或許會回擊：「你就是膽小鬼，不敢像個男人一樣去要求加薪，讓我們過更好的日子。」口角至此，或許雙方其中一人會開始大吼大叫或憤而離開會談。

　　當然以上所述情節只是可能導致 Tom 和 Claire 關係惡化的數種互動之一而已，其他可能的發展是其中一人變得退縮、控制、蓄意懲罰、有強迫傾向或其他症狀等等，這些現象常見於有關係困擾的配偶之間。有些治療師可能會使用結構或策略學派的干預方法，或者運用系統觀、歷史發展觀點來詮釋，但眾人深知一旦遇上這種會將衝突急速白熱化的伴侶，這些夙見成效的取向卻往往會敗下陣來。這是怎麼回事？到底是什麼因素促成他們用破壞性的態度使得互動急劇失控？

　　就 Tom 與 Claire 伴侶的狀況，以及其他同樣被卡在倏忽爆炸衝突的案

例，如果他們能慢下來，並將互動——分解的話，其實可以發現底層潛藏未表的動力是羞愧感（shame）。羞愧感使得他倆總是彼此數落，而非談自己，也使每一次指控的勁道越形強硬，非要羞辱到對方才罷休。在別的案例中，羞愧感也會使人縮回自己的內心世界，或訂下銅牆鐵壁般堅不可摧的規條以圖控制，甚或衍生肢體攻擊、專制獨裁或暴力。

處理羞愧感議題的困難在於它通常不會直接展現；相反地，人們為了遮掩或逃避羞愧感而發展的防衛行為卻會先被突顯出來，某些極端的方法（包括暴力）就是人們為了轉移自己難以忍受的羞愧感，將之投擲到伴侶身上而發展出來的。透過了解羞愧感在這類極端情境或其他較不戲劇性案例的動力，往往有助於解開看似神祕又糾結不清的伴侶互動。

個人的羞愧感

什麼是羞愧感？為何它對我們的影響如此大？羞愧感經常出現於人類經驗中，並反映在眾多不同的名目上：害羞、尷尬、惱怒、羞辱、低自尊、被嘲笑、出醜、不自在、困惑、陷入難為情的處境、沒尊嚴、被公開羞辱、強烈的恥辱（mortification）、被貶低、自我意識過盛、洩氣、罪惡感等等，這張清單還可以一直延長下去（Kaufman, 1989; Lewis, 1971; Retzinger, 1987）。雖然歷來有許多理論觀點都涉及羞愧感議題（例如，Jordan, 1989; Lewis, 1971; Lynd, 1958; Nathanson, 1992; Nichols, 1991），但以 Kaufman/Tomkins 理論（Kaufman, 1989; Tomkins, 1963）最適合與完形理論結合運用，因其理論架構清晰，且以現象學為基礎，正可與完形的有機體（organismic）、強調背景脈絡（我／你）的世界觀相融合。

Tomkins 指出，羞愧感是人類的九種自然情感之一，也是每個人自出生即擁有的生存工具之一。他認為羞愧感的功能在於規範興趣／興奮和享受／歡愉：「當欲望逾越充分滿足時，勢必會經驗到羞愧感以調整興趣而非摧毀之。」（Tomkims, 1963, p. 185）。因此，型態最單純的羞愧感，例如害羞和尷尬，可以視為一種迴射或退回的自然過程，並提供了保護生命的功能。它防

守著我們的隱私，其中包括友誼、愛情、靈性、性、出生與死亡，也對持續的自我整合過程提供一層保護的屏障（Schneider, 1987）。然而完形理論對羞愧感的一般保護功能略有不同的詮釋。由於完形主張個人會在內外世界間的界限上進行協商、共同建構與探索，因此羞愧感也被當作自我與所處世界之間的界限受威脅或可能受侵犯時，個體所發出的**連結狀態**（state of the connection）訊號。如此一來，羞愧感可以如同 Tomkins 模式主張般，令個人撤退，或使「我」注意其他人，亦或注意他人對我有何需求，可能暫時壓抑個人的自我表達〔故完形以一種創造性的方式描寫羞愧感和共依存的連結：身為共依存者（codependent），我的注意力幾乎是強迫性地置於其他人身上，催逼他或她來接受我，並且經常習慣性地壓抑個人的自我表達〕。

大抵而言，這是羞愧感有功能性、健康的一面，但是當它內化成**羞愧感束縛**（shame-binds）的形式時（Kaufman, 1989），就變成失功能甚至是有毒的了。雖然這種轉變可能發生在生命中的任何時期，但通常始於童年期。倘若孩童的主要撫育者未能注意、接納，並適當回應其特定需求、情感或感官標的，一般的羞愧感反應能讓孩子從與此需求相關的接觸退回，但若此過程一再重演或造成相當程度的創傷，就會在特定需求、情感或感官標的（sense of purpose）和羞愧感之間會形成內化的連結或束縛（Kaufman, 1989）。撫育者之所以無能或不適當地回應孩童的需求，可能源於撫育者自己內化的羞恥，甚或可能來自於撫育者與孩童兩人在氣質（temperament）與能力的根本差異所形成的誤解。然而不管原因如何，往後每當這個孩子經驗到特定情緒或衝動時，將同時自動經驗到羞愧感。既然隨著年歲增長會持續累積其他羞愧事件，如此孩子會逐漸失去對原始情緒或欲望的覺察，而只能經驗到羞愧（Kaufman, 1989），繼而失去部分自我存在的「聲音」。失去的聲音其實是對真實事實或「環境制約」的回應，亦即孩子感受到**沒有人會接收到我的聲音**，並隨之經驗到疏離與自卑、失去連結與無價值感。這種疏離與自卑感不只來自孩子認為自己的聲音是可恥的，不值得被聽見，也來自於另一項事實：當孩子無能為自己發聲時，往往也較無法向世界昭告他或她是誰，也就無法獲得隨之而來的同理傾聽，此即**內化羞愧感**（internalized shame）的完

229

伴侶的羞愧感：被隱藏的議題

第十一章

整樣貌。

從完形的觀點來看，失去自己的聲音或所謂羞愧感的束縛，就是負向內攝（negative introject）。內攝即個體對自我與世界、與接觸可能的既定信念或內化訊息。前項陳述反推時亦成立，即負向內攝就是羞恥的束縛，故了解羞恥將有助於我們更了解負向內攝之本質。

人的一生要完全沒有羞愧束縛是不可能的。例如，我們教養子女的文化就提供了孕育羞恥感的溫床，女孩子通常在發展勝任感時，會隨之產生羞愧感，「好女孩不能太積極」（Gilligan, 1982），男孩子則通常為挫折、沮喪感到羞愧，甚至還會因為丟臉的感覺而更覺可恥，所謂「大男生不能哭」（Balcom, 1991）。事實上，性別與羞愧感在文化中是如此緊密交織，以致**幾乎任何不符合性別標準（gender-dystonic）的感覺或行為都會被當成可恥的**。

當個人的情緒、欲求、生存方式經常被忽略、未被認可或以被尊重的方式回應時，即可能產生羞愧感的束縛。尤其在階層性的關係，例如親子、師生、教練／選手、督導／被督導者、雇主／受雇者、治療師／案主、醫生／病患關係等，當一方仰賴對方的照顧、保護或權力時，權力很可能被濫用，或未能在必要時同理地、有建設性地使用。另一種可能產生羞愧束縛的情境是經驗嚴重失落時，尤其是性虐待、肢體虐待、嚴重疏忽或失落、對抗等創傷，會引發最嚴重的羞愧束縛團（clusters of shame-binds）。也可以說，羞愧感與創傷後壓力症候群（PTSD）併肩而行。

我們對上述過程多多少少都有不自覺的認識，例如，當我們聽到某人被不當對待或受到損害時，通常會反應「真丟臉」（what a shame）。當我們能提高對文化中內蘊的羞愧敏感度時，就能發現其出現之頻繁，範圍涵括各種失落和苦痛，從芝麻綠豆小事到大悲劇，從趕不上公車到戰爭與壓迫的酷刑。我的一位案主曾經非常沮喪地發現，當時她剛開始交往的男士雖然在許多方面都與她頗契合，但卻總是用控制的方式來因應雙方差異，她將此歸因於該男士早年喪父之後衍生的無助感，及對母親煩躁混亂要求的回應。末了，我的案主歎口氣說：「那些錯過的真是可惜啊！」（That's really a shame！）這句話說得再貼切不過了。

在多重羞愧感束縛之下，與不同羞愧感束縛連結的意象、語言和情緒，會與個人人格的一般面向融合，進而影響其身體意象、關係、勝任感以及整體性格（Kaufman, 1989）。故在高度內化的情況下，羞愧感長期駐守，並且在舊經驗的映照下，新經驗**勢必**被重新詮釋以**再製羞愧感**（reproduces shame）。羞愧感被內化鎖定於負面影響的常見指標為表達自責、自我輕蔑、與他人比較時常自認為是劣等的一方（Kaufman, 1989）。但要記得，羞愧感往往不會直接呈現，反之，它多多少少會以極端反羞愧或其他防衛性的因應行為呈現，常見的包括貶低、指責他人、優越感、情緒退縮、麻木，或各種不同的「行動外化」（acting out），包括物質濫用、性上癮與暴力等等。

一旦羞愧內化生根，即使和煦無害的內外在事件都可能啟動羞愧感循環或「羞愧感上身」（shame attack）。這些事件可能是全然內在的（例如，個人內在感受到的、與羞愧感相連結的情緒或欲望），也可能是較屬於外來的，例如與他人溝通時，將某些非語言或語言的線索解讀為拒絕或貶低，甚或兩種意思皆有。另一個例子是在與朋友談話時，即使單單比較自己與對方在經驗、技術、能力或地位的差異時，就會啟動內在的羞愧感。

當羞愧感來襲時，個人可能會產生被羞愧和自恨感受淹沒的感覺，或者會瘋狂地試圖抵擋羞愧之潮。他／她可能恨不得「沉到地底去」，隨即經驗到「惱羞成怒」，但其實他／她一面生氣，仍一面覺察到憤怒是不恰當的，因此反而更增添一絲羞愧感，遂使得羞愧更被「封鎖」在由悲慘、自虐、虐待他人組成的自我惡化循環中（Kaufman, 1989; Lewis, 1981）。

一旦羞愧感鋪天蓋地（full-scale）而至，個人即難以理解或注意他人之需求和動機，系統全面亮起紅色警戒。用完形的術語來說，此時自我歷程——「整合個人與外在領域界限」的歷程——已全面崩解。在這場攻擊行動結束前，個人會一直強烈地感受到羞愧感的影響，而這段時間可能持續甚久，從幾小時、幾天到幾個月，甚至一輩子。

在美國文化中，感到羞愧本身就是件丟臉的事，因此人們多半不會輕易表現出自己的羞愧感，自然也很少表現出伴隨羞愧侵襲而來的憤怒。再次

第十一章　伴侶的羞愧感：被隱藏的議題

地，別人從外表只能看到他試圖掩飾或逃避個人悲慘的防衛與策略：退縮、憤怒、輕蔑、意圖掌控、隱微或赤裸裸的批評、完美主義、上癮行為、強迫行為、暴力，及其他型態的虐待等等（Bradshaw, 1988; Fossum & Mason, 1986; Kaufman, 1980, 1989; Lansky, 1991; Nichols, 1991; Retzinger, 1987）。由於內化的羞愧感實在太具破壞性了，經常感到羞愧的人往往學會否認自己的羞愧感，並且透過結合部分上述的防衛和策略進到**生命腳本**（scripts for living life）中，這會形塑出僵化的行為序列或固著的完形（fixed gestalts），以逃避或管理未來可能發生的羞愧感（Tomkins, 1979）。

不幸的是，如同 Kaufman 所指出的，這些腳本卻反而製造出更多長期的羞愧。例如，退縮引發更多疏離感；暴怒勾來尷尬以及／或者報復，產生被貶低與孤立的效應等等。這些策略不但引發更多外來的羞辱經驗，還會偽裝並孤立任何潛藏的、與羞愧感相關的欲求和情緒（此為個人潛在連結的元素），如此一來，反而削弱這些重要的自我成分與外在世界接觸的能力，並導向以羞愧感及其迴避機制為中心的生存方式（Kaufman, 1989）。

總之，內化的羞愧感與一般的羞愧情緒不同，因為單純的羞愧本身可以限制愉悅享受的情感，並保護個人的隱私，在完形的說法裡，稱之為將某人的注意力拉到與外在世界或建立和另一個人的關係。但另一方面，內化的羞愧感則會對認同之形塑有重要影響。當羞愧感與不同的情感、需求或目標形成更有傷害性的**內化連結時**（亦是負向內攝形成時），與各種羞愧束縛連結的意象、語言和情感會融入個人人格的其他層面，包括身體意象、關係、勝任感及整體特質。如此一來，羞愧感遂駐紮於心，並依過去經驗來映照、再詮釋新經驗，於是**不可避免地再製羞愧感**。內化羞愧感程度高的人很容易受內外事件影響而使恥感上身。由於這種羞愧實在太具毀滅性了，個人會試圖發展可茲逃避的防衛與策略，而且內化羞愧感的程度越高，個人的生活越是依循著意圖控制和逃避羞愧的方式而運行。

伴侶系統的羞愧感

　　當兩人相遇配成一對時，皆帶入其個人世界的歷史——興趣、希望、恐懼及有毒的情緒經驗，或者相反的正向經驗等等。受到環境與其個人之間的適配性、在自我表達時外界給予不同同理接納程度的影響，個人或多或少都會發展出內化的羞愧感。至於兩人內化羞愧感的程度（也許相似或相異；Lee, 1993），則與其相互選擇有關。例如，他們各自擅長的生存方式或許不為社會所容，卻是對方生存所需（Prosky, 1979; Zinker, 1983）；或者雙方皆面臨同樣由羞愧感衍生的問題；亦或其生命中重要他人內化羞愧感的程度與其配偶相同等等。

　　在個人歷來累積的內化羞愧感之上，會發展出 Kaufman（1989）所稱之**主控場景**（governing scenes），意義近似典型完形語言中的「固著的完形」（fixed gestalts），是構成未完成事件的相關動力之一。在完形的自我整合理論中（Kaplan & Kaplan, 1991），這些場景被稱為「經驗固定狀態」（experiential steady states），以當前自我整合理論的術語而言，這表示自我系統會朝向**自我整合**（autopoietically）的藍圖（Maturana & Varela, 1980）。與自我整合理論和心理分析理論不同的是，完形理論中有一個值得注意的概念——「強迫性重複」（repetition compulsion），意指個人會受到潛藏驅力的影響，而不斷尋找「創造性的調適之道」，希望能以新方法解決重複出現的情景。Tomkins 與 Kaufman 認為，這些情景皆可能蘊涵著新的創造性解決方案。

　　進一步探究主控羞愧感情景的內涵可發現，羞愧會與意象、情感、語言、肌肉動作等等形成動力的連結，這些元素可能只代表某些事件，也可能是促發不同羞愧感束縛的原始事件，爾後主導的情景會過濾新經驗以重製情景。在此，**情景**（scene）一詞頗傳神地表現出個人的經驗：當主控情景啟動時，個人彷彿被拋回舊情境中，再次體驗到病態而熟悉的、全面的羞恥感。

　　雖然個人的內化羞愧感程度不同，但其伴侶或多或少也具備強勢的主控情景及敏感的引爆點（或導火線），而有助於重新建構情景，並使全面的

羞恥感上身。此外，配偶的主控羞愧感情景可能環繞相似的需求、情緒或渴望，也可能相異；或者，兩人的主控羞愧感情景牽動整體人格領域（例如，身體形象、親密度、勝任度或整體性格方面）的程度相似，但也可能兩人之羞愧感牽動範圍不盡相似。

這種羞愧感迅速蔓延擴散成羞恥感上身的狀況，對伴侶系統會造成幾種傷害：經驗到羞恥感上身的一方，如同被丟回舊有的羞愧感情境，並喪失覺知目前實際狀況的能力，也可以說，正處於喪失自我功能或自我的邊緣性分裂，用完形的說法就是自我功能受限或者接觸功能消退。對於必須發展關係認同的伴侶來說，當然會造成困擾，因為他們仰賴認同以維繫其關係的持續性、建構對基本潛在需求的共識，並轉化這些覺察以發展更全面的目標與計畫。然而，羞愧感會以相當複雜的動力方式影響其伴侶系統。

受到個人內化羞愧感程度的影響，羞愧感侵襲和造成伴侶互動困擾的非自願行為之間，通常不是線性的因果關係，當然在最極端的情形下，這種連結還是會造成毀滅性的影響。雪上加霜的狀況是，雙方帶來各自的羞愧感議題交會後產生**系統性互動**（systematic interaction），並由此衍生痛苦而惡性的羞愧感循環。換句話說，當**一方**透過語言或非語言反應羞愧感經驗（由內在或外在事件所引發），並有意無意地誘發**對方**之羞愧感時，羞愧感即被羅織入系統運作中（Balcom, Lee, & Tager，出版中）。倘若接收訊息之一方也被拋入全面性的羞愧感侵襲中，並以牙還牙，其對基本束縛或雙方連結的傷害會更形惡化（Kaufmans, "interpersonal bridge," 1980）。

雖然不一定每次都能成功，但低內化羞愧感的伴侶大多能相當輕易地修復裂痕。首先，其經驗的羞愧感往往就是比較溫和的形式，例如害羞、感覺受傷或尷尬。其次，若與高內化程度的人相比，他們也比較能忍受溫和的羞愧狀態，因此就比較不需要訴諸防衛或策略，如暴怒、輕蔑、退縮、責難、控制或上癮等等，以逃避羞愧感。由於其伴侶的內化羞愧感也低，自然較少運用上述之防衛方式，繼而較不會以負向方式因應或逃避羞愧感。故當其伴侶經驗到羞愧感時，雙方都較不會承受使人失去平衡或羞愧感上身的危險；再加上雙方皆擁有較多資源以維繫具同理的、修復的正向循環，故能較快速

回復彼此的情緒安全感。

　　在這樣的低內化羞愧感系統中，羞愧感能幫助這對伴侶決定適合不同關係發展階段的冒險，在此冒險意謂敞開並分享自己，或主動接近對方，並調整其接觸〔請注意，在完形模式中提到**適合**（appropriate）時，一向意謂具**支持**性的，Wheeler, 1991〕。再次強調，如同 Tomkin（1963）的主張，羞愧感具有一種本然而健康的功能，就是當個人興趣或歡愉的強度超過其自我覺知，亦即可能使關係面臨失去連結的威脅時，羞愧感能使得個人自動調節其歡愉程度。據此，低內化羞愧感的伴侶以害羞或尷尬的形式表現其羞愧，提醒個人延緩自我揭露，並覺察到對方此時無法提供其所期待的接觸，例如安慰、情愛、陪伴、性、表達特定的個人或關係議題。

　　對內化羞愧感連續體另一端的高內化程度之伴侶而言，相同的經驗則會蔓延擴散成嚴重的羞愧感侵襲。任何失望都可能使高內化羞愧感者有被羞愧感淹沒之感，日常的伴侶互動也可能變成潛在羞恥感爆發的轉捩點。

　　我們可以依據完形的互動循環圈（Gestalt Interactive Cycle）（Papernow, 1993; Zinker & Nevis, 1981）來描述一個典型的伴侶互動序列，並清楚地呈現其互動情境。在完形的互動循環中（已有研究支持此互動模型，Wyman, 1981），伴侶互動的第一個階段是**覺察**（awareness），此時伴侶核對個人與對方的內在狀態，並探索其共同的需求、要求或欲望。在**能量／行動**（energy/action）階段，雙方共同的興趣已然產生，並開始從事可能滿足其共同需求之活動。在**接觸**（contact）階段則會產生共享需求之滿足。接著是**解決／結束**（resolution/closure）階段，此時伴侶會照顧其剩餘能量，並回顧剛剛經歷的過程。循環的最後階段是**退縮**（withdrawal），即伴侶將其能量收回轉向自己，直到他們準備好下一次新的循環時才又聚在一起。

235

　　然而對高羞愧度（high-shame）的人而言，在覺察階段時，光是被注意就會覺得暴露在他人眼光之下、感到被羞辱，甚或是侵犯或羞辱對方。在能量／行動階段，單純的提議被當作批評或能力不如人；而羞愧感更是經常出現在接觸階段的情緒。在解決／結束階段，進行事後討論可能被視為羞辱；在退縮階段，分離則等同於拋棄。高內化羞愧感的人太過於脆弱，以致於即

使正常而重要的伴侶互動階段也會發生羞愧的侵襲。

　　要記得，高內化羞愧感（high-internalized shame）的人為了因應並逃避羞愧侵襲，多半會訴諸防衛機制和策略（而且多半是不自覺地使用），而將焦點從羞愧經驗轉移或將其偽裝起來。惟如前所述，這些防衛機制和策略（暴怒、責難、蔑視、控制、退縮等）往往潛藏著對伴侶的羞辱。

　　倘若其伴侶具有低內化羞愧感（low-internalized shame），他或她或能化解高內化羞愧感伴侶的防衛，而不致小事化大，然而其基本信任感和情緒安全感仍會受到傷害，同時阻礙這對伴侶形成有關個人需求、欲望和目標等共識之能力。羞愧感來襲時，會限制高內化羞愧感伴侶自我表露的能力，更遑論其關注伴侶的表達。即使低內化羞愧感的伴侶有心討論某些關係議題，可能也會因為擔心高內化伴侶在羞愧感來襲時變得退縮、失去連結，也跟著三緘其口，逐使問題解決能力隨之減退，其採取的行動也較無法滿足伴侶之一方，甚或雙方皆甚感不滿（欲更進一步了解完形理論如何看待伴侶相互追尋目標的過程，可參考 Zinker & Nevis, 1981）。

　　在「高─低羞愧感程度」（high-low shame）配對的情況下，兩人能否對其需求、感覺、欲望和目標等發展出務實的共識，並付諸行動以滿足雙方，則有賴於低內化羞愧感伴侶的技巧：容忍對方防衛機制的技巧、解讀隱藏在其防衛之下密碼的技巧、營造安全參與形式的技巧。說實在的，這位低羞愧感伴侶要處理的問題也夠獨特的了：當高羞愧感的伴侶承受羞愧感侵襲時，要怎麼處理？要怎麼解讀密碼以了解事實真相？如何設立必要的限制以自我保護，但又不致羞辱對方？如何因應高羞愧感伴侶的失落？又要如何照應其需求？

　　當雙方都是高內化羞愧感程度時，這些本意要自保或逃避羞愧感的防衛機制和策略（例如暴怒、蔑視、責難、控制、退縮等），極可能反而激發對方同時或平行經驗到羞愧感的來襲。一方的羞愧感情緒可能逐漸累積加溫，衍生出種種防衛性的、惡意的操弄行為，包括羞辱對方、家庭暴力、嚴重損傷彼此的連結。根據此觀點，多數關係出問題的伴侶所採取的行動是為了去羞愧感或反羞愧感，即使這些行動看來沒那麼病態。在本章一開始 Tom 和

Claire 的例子中，他倆已開始試圖將焦點從羞愧感中轉移、透過指責對方來逃避被責備，見微知著，我們可以說他倆已開始走向惡化的歷程。當他們以**侮辱人的方式表達其情緒、需求和期望**時，如同 Tom 和 Claire 所呈現的，就是治療師要注意的徵兆。

不幸的是，既然這些策略只會製造更多羞愧感，自然註定是要失敗的。這對伴侶變得害怕親密，並祕密共謀製造出情感的疏離，以逃避危險而痛苦的互動；而其內化羞愧感更是雪上加霜，遂導至其孤立無援，只能獨自調適其生活困境。

目前研究已支持上述羞愧感對伴侶系統影響的主張。筆者在 1993 年的研究即發現，雙方皆低內化羞愧感程度的伴侶對關係**有相當的情緒安全感**，他們多半覺得在關係中提出自己深層的擔憂、情緒、欲望或問題是安全的；而且多半視對方為最好的朋友。他們具有好的問題解決能力，對彼此維持興趣，並具有高度婚姻親密感和滿足感。

相反地，雙方皆高內化羞愧感程度的伴侶則是沒安全感而且溝通不良的。他們多半覺得分享個人的深層憂慮、情緒、欲望或問題相當不安全，對彼此的期望較不明確，也不認為其友誼是親密的。根據其自我報告，其溝通多半是充滿侮辱、無法達成共識、以憤而離開現場告終、長期意見不合，而且不知如何停止特定議題之爭執。毫不意外地，高內化羞愧感程度的伴侶具有較低的婚姻親密感和婚姻滿足感。

237

這項研究也證實了內化羞愧感的確會限制婚姻親密感。在我從事伴侶治療的經驗中發現，內化羞愧感會限制個人自我了解的程度、阻礙了解他人或對他人產生興趣的可能性，形同傷害了親密關係的核心要素。具有內化羞愧感的人很難表露自己的情緒，無法決定何時適宜自我揭露，亦難回應其夥伴之情緒、表達自己欲望和偏好，或關心伴侶、面對並解決衝突、管理伴侶兩人間之差異，或容忍自己的與對方的限制。內化羞愧感程度越高，當事人在這些面向的困難就越高。

與伴侶系統的羞愧感工作：完形取向

　　上述研究特別點出一些進行伴侶治療時會遭遇的重要議題。首先，內化羞愧感會在舊關係的脈絡下產生並漸次開展，而這些舊關係往往是缺乏安全感的。治療內化羞愧感同時恢復羞愧正常功能的關鍵，在於能否於**當前**（current）的關係中發展出情緒安全感，而第一步就是從治療者與此伴侶的關係開始。

　　因此，治療者必須認識自己的羞愧感，直接表達出來，並且知道它會如何轉手透過**自己的治療風格造成案主羞愧**。此外，治療關係若要能為來談伴侶提供情緒安全感，最重要的基礎是同理與明確的治療師／案主接觸界限，包括會談時間、收費標準、付費方式、是否提供電話諮詢、取消的相關規定、自殺或特殊需求時的緊急支持等等。若未明確小心地範定，很可能暗示治療師「**看不起**」（down-weighting）這對伴侶，而複製其生命中的羞愧感經驗、降低其於治療中的情緒安全感。

　　然而該注意的不只是「不要看不起」案主而已，我們之所以要謹慎建議有關治療師／案主接觸之程序議題，是為了傳遞出一項正面訊息：案主是重要的、有效能的、值得被小心對待並考量其感受的（尤其羞愧感就是因為缺乏這些因素）。再加上治療一開始本就應該處理身體與情緒安全議題，倘若治療過程中發生有害伴侶任一方身心安全的狀況，甚或持續發生，則不僅無法協助他們處理其羞愧感，治療反而會變相成為幫兇（Balcom, Lee, & Trager，出版中）。

　　在此我要再次強調，處理羞愧感意謂要同時協助伴侶建立情緒安全感。深深潛藏在其防衛方式之下的是常相左右的羞愧感，及同時潛藏於下**對情緒安全的企求**。協助伴侶在第一次會談獲得情緒安全感，將有助於其獲致勇氣，並激勵其於後續療程中運用不同的方法面對其羞愧感。但為了促成暫時的情緒安全，伴侶們仍必須面對甚或暴露其脆弱感受、孤立、被照顧的需求，以及在乎對方的心情。這些都是其羞愧感的一部分，用完形的語言來說，就是其雙方生命共同的僵局（impasse）。所謂**僵局**（Perls 最喜歡用的字

眼），指的是**早期**為了因應不安全情境而**創造出來的解決方法**，雖然當時能多多少少應付過去，並繼續其生活甚或成長（完形的模式認為，成長的是這些創造出來的解決方法），但如今卻阻礙甚至扭曲了個體未來的成長。僵局的影響力之所以那麼大，是因為個體很清楚地知道此行為雖然病態，但卻是當初為了建立足夠的情緒與個人安全感而建立的。換句話說，治療師若要為案主建立情緒安全的氛圍，就要在一開始時協助他們先多多少少面對其羞愧感。

對於這項兩難任務，完形學派的 Zinker 與 Nevis 提出一套有創意的解決模式。此模式主張，治療師要先支持伴侶雙方直接對話，即使治療師偶爾會插入其互動，但稍後仍鼓勵這對伴侶繼續互動。如此做的好處是，當治療師看似閒坐一旁讓這對伴侶直接對話時，實則能觀察其接觸方式，觀看其親密、安全、自我表達與接納他人等**欲求之圖像**（figure of desire），看看會變成什麼，治療師將能很清楚地看見兩人之間的思慕之情，不論是試探性的或依然熾烈（此為兩人之共同興趣和歡愉），及其用以獲致或抗拒這些目標與思慕的方法（包括潛在的羞愧感指標）。例如，所謂試探性思慕（tentative yearnings）的線索包括用眼角餘光瞄視對方；追根究底、探查或搜查式的語調，身體姿勢則是一會兒前傾或顯得專注投入、不一會兒又消失，偶或迸出隻字片語流露出似乎想從對方那兒得到什麼，卻又一直不明說。Kaplan（Kaplan & Kaplan, 1987）一向主張治療師應跟隨這些渴望接觸的可能線索，並視此為伴侶「尋求支持以調整實驗性組織」的徵兆，也是伴侶渴望以不同方式行事或生存的線索。從羞愧感的觀點來看，這些暗示或徵兆也顯示個人興趣或歡愉的程度，因為當個人的欲求越高，得不到他人回應時的羞恥感相對也越高，遂使得個人會更小心地觀望他人之接受度。對低羞愧程度者而言，他們會把事情簡化成不好意思或尷尬而已，但對高羞愧程度者而言，停留在欲望裡則是岌岌可危的；只要他或她抓到一點點不被接受的蛛絲馬跡，不論是這些跡象是真實的，或出於自己的想像，或純綷只是因為太害怕了，都能使得他立刻抽回自己的欲求。其實通過羞愧感的方法之一是更去發展渴求或歡愉，並且透過尋求他人支持去實驗，以允許此興趣或歡愉得以成長。

但高羞愧感伴侶常面臨的處境是，不僅其欲求本身會偽裝，連他們的伴侶都因為深陷於自己的羞愧感而忽略了對方釋出的徵兆。此外，既然羞愧感的核心經驗與被觀看／觀看有關，對被觀看者而言，可能光是別人的注視本身就足以引發羞愧感的感覺了，於是雙方很容易忽略了各種可能彼此連結的小線索。完形治療有不少足以處理這些敏感羞愧感議題的技術方法，即使在執行的過程中並未明顯提到羞愧感這個字。這是因為完形模式的焦點就是**接觸狀態**（conditions of contact）和界限狀態（Wheeler, 1991），而這些都與羞愧感息息相關。

以羞愧感為討論焦點亦有助於了解完形治療師向來的工作重點，例如，Kaplan 很重視伴侶們脆弱的渴望；或者像 Sonia Nevis 指出的，與一對伴侶的首次會談應聚焦於其長處，故治療者應表達對其技巧、風格，與兩人對彼此之好奇等等。Zinker 很簡潔地解釋其原理：沒有人喜歡聽難聽的話。**壞**（bad）當然與羞愧感有關。首次來談的伴侶往往擔心一旦暴露自己之後，在別人眼中會變成沒能力的、較差勁的、表現不當的，甚至做錯了，因而引發其羞愧感（更何況與伴侶直接對話，要比對治療師說話、單方面陳述自己對關係的看法，更直接表露自己）。治療師為這對伴侶建立情緒安全感的方式之一，就是透過展現他或她對關係中正向特質的看見與欣賞。如此這對伴侶能不自覺地相信，治療師或許能夠接收到他們內在失去的聲音，而使得他們較願意透露出這些聲音的線索，並且最終能直接表達這些聲音。

同樣地，完形看待「抗拒」或「防衛」時，也強調這對伴侶的健康和創造力。若能重建原始羞愧感發生的背景，並協助他們找到自己的經驗和行動之脈絡，這樣的過程本身就是有去羞愧感作用的。完形在這方面可茲運用的技術不少，包括讓當初羞愧感部分的自我發聲、發展並探索隱喻、肢體與動作覺察，以及實驗。如此伴侶們可以逐漸熟悉自己的羞愧感情景，進而能與伴侶的羞愧感情景互動。當他們能從羞愧感情景脫勾，以撫育性觀察者的姿態觀看自己的羞愧感動力時，他們的情緒安全感自然隨之增加。但此過程並非直線進行的，伴侶必須被提醒：羞愧感侵襲雖會再度來臨，但每次都是讓他們更加了解其羞愧感的機會，尤其是在羞愧感底下潛伏的引爆點、促發因

子、情緒和欲望等。與此同時，問題解決的討論也是重要的，尤其是與自我保護、限制羞愧感循環有關的策略和資源，適時告知對方事情已經過火了、同意停止爭吵並等到治療時段再討論、兩人先分開（沿著街道散步一下）、打電話給朋友、運動、打電話給治療師等等。這些策略必須謹慎地長期使用，並調整為適合自己的方式，才能有效地限制個人的與關係裡的羞愧感，並將羞愧感對對方的影響減至最低。例如，某對伴侶之一方可能採用尊重對方的方式離開家，此反而觸動對方更深層的被遺棄恐懼，而將其擲回羞愧感來襲之處。但另一方面，離開家的舉動也可能是對方能處理的，而且對彼此都有撫育滋養的效果。

如果治療師毫不觸及羞愧感會怎麼樣？人在要改變之前，必須面對自己的羞愧感，因為羞愧感包藏住「固著的完形」、封住失落的聲音，只有在感到情緒安全的狀況下，人們才會停止否認自己的羞愧感並面對之。如果不處理羞愧感，人們無法相信自己終能通過羞愧感，而以為只能透過以往之防衛和策略來因應或逃避羞愧感，於是固執與責備、意圖控制或專權、突然退縮、遁入上癮行為等等行為仍持續，人們也就一直未能覺察其失落的聲音並為之發聲。

Tom 和 Claire 的案例

那天上午，Tom 和 Claire 進入我工作室的時候，Tom 剛下班，Claire 則從家裡過來，但可以說兩人皆處於其個人羞愧感來襲經驗的頂端。那一週他們剛遷入自己蓋的新家，並視此為關係重新開始的新契機；然而若他們的渴求未被對方接受的話，他或她很容易就又覺得羞愧（有時即使渴求被接受也會引發羞愧感），使得羞愧感有機會趁處而入。那次我選擇當下介入，因為我注意到 Claire 以眼角餘光瞄了 Tom 一眼，我猜那一瞥的意思是，她想從 Tom 那兒要到的，並不是現在正發生的事情。在我的探問下，她證實了她的確不希望 Tom 是這樣子的。我問她會希望 Tom 是怎麼樣的，以便更聚焦於這個渴求，她說她想要 Tom 像昨晚他倆在家聊新居時的樣子。她並說，自己

也知道 Tom 會怎麼反應她遲到這件事，所以她還比平常早半小時出門，不幸卻遇上塞車，所以她已經一路充滿罪惡感，又懷疑 Tom 平常數落她遲到時的那些話，表示她是個天生的壞胚子。我請她將剛剛這些話直接向 Tom 說，Tom 的反應卻是沉默。我問 Tom 他會怎麼回應，他說他不相信！這個回答其實有點狡猾，但當時他的眼睛卻透露一些別的東西。再次地，我聚焦於抓住真實渴求並猜想那可能是什麼，於是我平靜地說：「她對你很重要。」他點點頭並開始輕輕地哭了起來。他說，昨晚她說，眼前這些話都會如同以往般盡成過眼雲煙時，他其實不認為她是認真的。我請他直接對她說，他照做了。在柔聲交談了幾分鐘之後，他們已經兩手互握，用撫育性的、充滿情感的眼神看著對方。

接著，當我提醒 Tom 剛剛他所經歷的就是羞愧感來襲，並且解釋其本質時，他顯得鬆了一口氣，並說當他出現這些情緒或行為（生氣及攻擊）時，自己都很討厭自己。

在爾後的療程裡，Tom 和 Claire 一再回到此次所經驗到的情緒安全感裡。一開始，他們當然只能在我的工作室中體驗到，因此問題就變成：什麼樣的內在因素（負向的內攝）阻礙他們回歸到安全之地？更困難的部分是化解**基本**內攝（ground introjects）（對於接觸難易度的潛在信念）。例如，在他兩人的主控情景裡，都不相信別人會願意照料自己的需求。他們也不知道自己的基本假設是，要使別人注意自己需求的唯一方式是生氣。對於要以溫暖的態度提出自己的需求、向對方接近這件事，他們光想就會覺得丟臉和不恰當。事實上，他們前來求助時曾說，希望能「更好地因應處理」憤怒，而不必在生氣時還要去照顧對方。這句話檯面下的意思是說，他們都深深地渴望對方持續對自己保持興味、給予照顧，還很歡迎治療者去**辨識**（recognition）並支持這份渴望。

John 與 Susan

另一種常見的伴侶羞愧感型態其實與 Claire 和 Tom 的例子很相似，那

就是一方會抱怨或攻擊對方的行為，而另一方則因為變成關係中的「壞人」而退縮並／或防衛。會採取這種結構的伴侶，往往來自有代罪羔羊的原生家庭，以便能處理家庭的集體內化羞愧感。

要解開伴侶的羞愧感循環有兩個關鍵。伴侶在抱怨對方時就只是抱怨（即使他是對的），並未提供任何有關自己的資訊，這是因為此人通常對於揭露自己的需求、情緒（除了生氣和反對之外）或兩人之間共同的問題，並對由兩人共同建構出來的覺察感到羞愧。然而，抱怨者無法獲得他真正想要的關注品質，也無法獲得協助來解決真正的問題。同時，被抱怨者忙著防衛自己而忽略去看對方到底是怎麼回事，而且多半過去注意對方時反遭羞辱，因而只能屈居下風地改善自己的行為，或是為了反對改變自己而反抗。

John 和 Susan 即是這類型的伴侶。在會談一開始，Susan 首先發難訴說她有多氣 John（或者她如何被這份怒氣卡住），她怪他不遵守承諾、對她與前夫的女兒說話太嚴苛、浪費太多時間打高爾夫等等。在另一方面，John 則對這番批評提高警覺，並且不斷解釋他的行為，他會對自己偶爾失信道歉；他不知道該怎麼處理生活中該處理的事、他覺得被壓垮了；他必須以自己的方式來處理與繼女的關係；他要花很多時間才能找到足夠面對問題的力氣，而打高爾夫球最能幫忙他恢復能量，諸如此類。

我向他倆指出，我能聽到很多關於男方的生活經驗和問題，但卻很少聽到女方的，他們都在談他而已。我問他們是否能從另一個方向來對話：他對她的生活感到好奇，而她只要單純回答自己的經驗和問題就好。他們試了一下，但對他們來說實在很難，他忍不住會想像她即將批評自己而無法放下防衛。更重要的是，他對於聚焦於她比對聚焦於自己感到更不安全。等他好不容易能詢問一些關於她自己的問題，她在試著回答時，卻感到全然的脆弱和難為情，而這種感覺是她打從小時候就經常在不同情境中經驗到的。他倆皆表示喜歡用這種新方式連結的感覺。治療師用幾次會談的時間持續提供支持，使他們熟悉這種新位置。支持這種新的接觸結構的方法，包括追溯羞愧感的源頭，探索目前生活中也經驗到羞愧感的範疇，並且持續關注羞愧感再度浮現在兩人互動時的狀況。

243

傾聽並復原失落的聲音

一旦伴侶的情緒安全感逐漸增長，能了解個人和伴侶的羞愧感循環，就能停止羞辱對方的行為，並能夠辨識並修通曾被羞辱的情緒、需求和衝動，這些都是人類存活之道。此時也是重心轉移的開始：從注重安全轉為療癒、新的個人與伴侶成長。如今他們已能運用情緒安全感來探索更深層的議題。

Joyce 和 Glen 在結婚前開始治療，在此之前是一段為期二年、風風雨雨的交往過程，期間 Joyce 曾數度提出分手。他倆皆表示深愛對方，也想知道到底是什麼因素造成他們的不和。Joyce 比 Glen 年歲稍長，看似是個有信心、溫暖且握有控制權的人。她曾是亂倫與肢體虐待的受害者，父親患有躁鬱症，她的原生家庭經驗可說極度混亂，在她青春期時，一位妹妹曾被診斷患有躁鬱症。自小 Joyce 就是個麻煩精，她記得自己脾氣暴躁，常常惹事生非，也從不讓家人接近她。

Glen 則正處於工作轉型期，並為此深感迷惘與不確定。在他成長過程中，父親經常挑剔他，而且除了對他和他的兄弟吼叫之外，很少和他們討論問題，更別提分享情緒。在他三歲的時候，他弟弟出生了，從此他就搬到改裝的地下室去睡，在他的回憶裡，此後好多年他都是哭著入睡的。

在為期約一年的療程裡，我們發現一個典型的羞愧感循環並努力轉化之。他們常在週六晚上嚴重爭吵，起因通常是 Joyce 要 Glen 就寢，但他想要熬夜。只要 Glen 不就寢，她就會不停地以惡毒的話攻擊他；他要不是口頭上還以顏色，就乾脆退避三舍。透過探索他們的個人經驗，可以清楚地看見，她是出於羞愧感侵襲而採取暴怒與責難的防衛方式，以保護自己免於受丈夫拒絕同眠時浮現的羞愧感與無價值感。她的暴怒與責難則啟動了他的羞恥，使他覺得自己像個「壞男孩」，於是也用責難、暴怒或更退縮來防禦自己的羞愧感。這樣的反應，尤其是退縮，更增強她的羞愧感，於是這對夫婦的羞愧感螺旋不斷盤旋升高。

在處理這對夫婦的羞愧感螺旋時，我先聚焦於 Joyce。透過引導探索，Joyce 發現自己被丈夫拒絕時經驗到恐懼與被遺棄，而且這不是第一次在她

的憤怒之下浮現恐懼。看來 Joyce 有著羞愧感—恐懼連結，並且（總是）覆蓋住失落的**聲音**。她不惜一切代價以避免經驗恐懼〔請注意，**聲音和經驗是很接近的：所謂完整地去經驗內在之聲所企求的東西，即意謂一個不羞辱的傾聽者**（nonshaming listener）〕。一旦她了解到自己其實是害怕，反而覺得自己很可笑、很傻，甚至有點噁心。

為了協助 Joyce 恢復被恐懼綁架的失落之聲，我建議他倆在家進行一項實驗：我打算採取如同處理幼兒怕單獨睡覺的方法。Joyce 仍照她喜歡的時間就寢，而 Glen 也仍然可以熬夜，但他必須依規定的時間頻率，假設是每二十分鐘就去臥房陪 Joyce 五分鐘。此外，他必須在指定的時間就寢。他們每週六都要執行這項實驗，為期二個月。每週面談時，我們都會檢視上週六的進行狀況，並且在獲得共識後調整下週六的執行細節。例如，有一次 Joyce 說，打從 Glen 陪過她並且離開房間起，她就一直很清楚地覺察到他下次進來的時間，並且帶著既焦慮又期待的心情渴望再看到他。但是當他進入時，她卻假裝無所謂、不在乎他來不來的樣子。為了去除 Joyce 對於渴求 Glen 的羞愧感，我建議他們下週的實驗改為當 Glen 進房時，可以對她說：就算她沒辦法說出來，他也知道她很高興看到他。Joyce 也認為這樣做應該有用。

在完形的觀點裡，這項實驗不只是一個新的「試驗行為」，而是意圖**去除舊的創造性調適**（undoing of the old creative adjustment），使新的經驗群得以重新排列，以提供新的、更具滋養性的環境來發展更完整的自我。在這個案例中，舊的創造性調適會否認被安慰的需求、拒絕別人看見自己的恐懼。一旦將這些挪開之後，就能打開通道以接近所有的舊情緒和訊號，而且往往如同江水滔滔一洩千里，那些舊的調適再也無法管理或限制住。治療就是要支持並且處理這些困難的「新」材料，否則這些行為改變將只是練習而已。

在調整 Glen 進入臥房的行為之後，Joyce 做了一個被遺棄的夢。她的媽媽、爸爸和丈夫都出現在夢裡，她夢見屋裡發生一件可怕的事，她很害怕，她的父母在尖叫，而 Glen 則在前門敲門。雖然她知道那是 Glen，她卻無法讓他進來。接下來幾週，她回想到童年時夜裡的驚嚇，以及當時躲到床底下

去的經驗。

在實驗的過程裡，Joyce 記錄了她的夢境和回憶，並且在伴侶治療會談時分享。在我的協助之下，Glen 透過傾聽以了解她想從自己這裡獲得什麼，而且毫不意外地，多半能轉變成同理她的情緒、根據她的回憶了解究竟發生了什麼事，而不試圖去「導正」（fix it）。

當一年後他們結案時，Joyce 說那些實驗是她對治療印象最深刻的部分，而且當她害怕時，已經明顯地較不覺得可恥了，她多半能承受自己的害怕，如果她想要 Glen 的支持時，也會表達出自己的恐懼與其他情緒。

這是明顯由一方發起並維持羞愧感循環的例子（在此是 Joyce 的羞愧感與恐懼連結）。Glen 在這個過程中扮演的角色雖足夠維持循環之運作，但其個人議題仍未明確或夠強烈到被看見。他覺得自己像個「壞男孩」的性質比較是一般性的，而我處理的方式是讓他一直感受到自己對 Joyce 特別重要，並協助他獲得一份夠滿意的職業生涯（同時也探索這些感覺的過去根源）。治療過程中用以處理羞愧感的技術，包括主動傾聽、辨認羞愧發生的程序（sequences）、探索原生家庭中的羞愧經驗、運用日記、示範如何從自己的羞愧中存活下來，並幫助他們以較尊重、較滋養性的方式對待自己與彼此。

以上所述只是運用完形實驗的例子之一，其中多半是由 Zinker（1977）、Wheeler（1991），以及其他人在與伴侶工作的情境中發展出來的。要記得，最基本的伴侶實驗是**他們接受治療的新行為**，這是解除充斥恐懼、疑慮和羞愧感等動力的原有慣性結構的基礎。雖然這些調適之道會變成帶有羞愧感束縛的「固著的完形」，但舊有的創造性調適之中其實也涵容了意圖約束管理的希望和渴望。而今，原有的動力型態可以在新支持之下被釋放，新的創造性調適的過程亦得以被建構而產生。

結論

看似弔詭地，羞愧感在伴侶互動中可以扮演促發因子或限制因子。雖然**羞愧的效果**能監控並規約伴侶間的人際距離，使一方在無法依己所願接觸到

對方時、或對方不需要自己的關注時能全身而退；然而**內化的羞愧**也會導致羞愧侵襲、絕望地嘗試偽裝與去除恥辱，甚至嚴重地撕裂連結，以及造成兩敗俱傷的螺旋循環。

　　一旦我們能了解伴侶系統中羞愧感的精微動力，就能了解伴侶們在會談室內外看似莫名其妙互動之下所隱藏的驅力，這些互動事件包括缺席、不守信用、固執、無法道歉、暴怒、責難他人、被外界事物吸引占據心神、外遇、生病、完美主義、暴力等等。

　　在這些偽裝之下，隱藏著對連結的渴求（而且很可能未被覺察到）。內化羞愧感與自卑和疏離有關，也和要求歸屬（或否認有此要求）、成長有關，其也擔心任何「不當」的動作、想法或感覺，因為那意謂將被拒絕與失去支持。協助伴侶持續地面對其羞愧感，並同時建立安全的氛圍，將能解構過去所創造、如今已失功能的調適之道，並建立或恢復伴侶當下有效地回應彼此的能力。

參考文獻

Balcom, D. (1991). Shame and violence: Considerations in couple's treatment. In K. Lewis (Ed.), *Family therapy applications to social work: Teaching and clinical practice* (pp. 165–181). New York: Haworth.

Balcom, D., Lee, R. G., & Tager, J. (in press). The systemic treatment of shame in couples. *Journal of Marriage and Family Therapy*, 1995.

Bradshaw, J. (1988). *Healing the shame that binds you.* Deerfield Beach, FL: Health Communications.

Fossum, M. A., & Mason, M. J. (1986). *Facing shame: Families in recovery.* New York: W.W. Norton.

Gilligan, G. (1982). *In a different voice.* Cambridge, MA: Harvard University Press.

Jordan, J. (1989). *Relational development: Therapeutic implications of empathy and shame.* Wellesley, MA: The Stone Center.

Kaplan, M. L., & Kaplan, N. R. (1991). The self-organization of human psychological functioning. *Behavioral Science, 36,* 161–178.

第十一章　伴侶的羞愧感：被隱藏的議題

Kaplan, N. R., & Kaplan, M. L. (1987). Processes of experimental organization in individual and family systems. *Psychotherapy, 24*(3s), 561–569.

Kaufman, G. (1980). *Shame: The power of caring.* Cambridge: Shenkman.

Kaufman, G. (1989). *The psychology of shame.* New York: Springer.

Lansky, M. R. (1991). Shame and fragmentation in the marital dyad. *Contemporary Family Therapy, 13*(1), 17–31.

Lee, R. G. (1993). *The effect of internalized shame on marital intimacy.* Doctoral dissertation, Fielding Institute, Santa Barbara, CA.

Lewis, H. B. (1971). *Shame and guilt in neurosis.* New York: International Universities Press.

Lewis, H. B. (1981). Shame and guilt in human nature. In S. Tuttman, C. Kaye, & M. Zimerman (Eds.), *Object and self: A developmental approach.* New York: International Universities Press.

Lynd, H. (1958). *On shame and the search for identity.* New York: Harcourt, Brace.

Maturana, H. R., & Varela, F. J. (1980). *Autopoiesis and cognition.* Dordrecht, Holland: Reidel.

Nathanson, D. L. (1992). *Shame and pride: Affect, sex, and the birth of the self.* New York: W.W. Norton.

Nichols, M. P. (1991). *No place to hide: Facing shame so we can find self-respect.* New York: Simon & Schuster.

Papernow, P. L. (1993). *Becoming a stepfamily.* San Francisco: Jossey-Bass.

Prosky, P. (1979). *Some thoughts on family life from the field of family therapy.* Unpublished manuscript.

Retzinger, S. M. (1987). Resentment and laughter: Video studies of the shame-rage spiral. In H. B. Lewis (Ed.), *The role of shame in symptom formation* (pp. 151–181). Hillsdale, NJ: Lawrence Erlbaum.

Schneider, C. D. (1987). A mature sense of shame. In D. L. Nathanson (Ed.), *The many faces of shame* (pp. 194–213). New York: Guilford Press.

Tomkins, S. S. (1963). *Affect, imagery, and consciousness: The negative affects* (Vol. 2). New York: Springer.

Tomkins, S. S. (1979). Script theory differential magnification of affects. In H. E. Howe and R. A. Dienstbrier (Eds.), *Nebraska symposium on motivation* (Vol. 26, pp. 201–236). Lincoln: University of Nebraska Press.

Tomkins, S. S. (1987). Shame. In D. L. Nathanson (Ed.), *The many faces of shame* (pp. 133–161). New York: Guilford Press.

Wheeler, G. (1991). *Gestalt reconsidered: A new approach to contact and resistance.* New York: Gardner Press.

Wurmser, L. (1981). *The mask of shame.* Baltimore: The Johns Hopkins University Press.

Wyman, L. P. (1981). *The intimate systems research project: Report number 1.* Cleveland: The Gestalt Institute of Cleveland Press.

Zinker, J. C. (1977). *Creative process in Gestalt therapy.* New York: Brunner/Mazel.

Zinker, J. C. (1983). Complementarity and the middle ground: Two forces for couples' binding. *The Gestalt Journal, 6*(2).

Zinker, J. C., & Nevis, S. M. (1981). *The gestalt theory of couple and family interactions.* Cleveland: Gestalt Institute of Cleveland Press.

第十一章
伴侶的羞愧感：被隱藏的議題

親密花園

完形取向伴侶治療理論與實務

第十二章
長期關係中的親密與力量：
一種完形治療系統取向的觀點

Joseph Melnick、Sonia March Nevis　著

陳雅英　譯

在今日社會中，許多人視創造、經營和滋養長期親密關係的能力，是快樂與幸福的基本必備條件（Schaefer & Olson, 1981）。再者，越來越多的心理治療師與發展理論的學者，也視這種能力為個人成熟要素的另一同義詞。同時，我們高度的人際焦慮與悲慘的離婚率，也都反映了創造與維持親密關係的困難。

雖然親密的主題在大眾的出版中受到許多的注意（Lerner, 1989; Rabin, 1983），但在家庭治療領域中，這主題很少被書寫（Weingarten, 1991）。更令人驚訝的是，我們發現實際上沒有由完形治療師書寫有關於親密的討論。

我們的目的是開始修正這個缺失，在理論上我們將會用完形治療的觀點，聚焦於長期的親密（long-term intimacy）。長期親密是指維持長時間關係的二或多人。首先，我們將從過程的觀點來分析親密的概念，並列出我們的工作假設。然後，我們將會描述四種常見的關係型態，這些關係型態有時會被誤認為是親密。之後，我們會列出發展親密的重要元素，並介紹完形的經驗循環圈（Gestalt Cycle of Experience）。在結論的部分，我們則會聚焦在力量（power）的概念，首先描述力量與責任之間的連結，再來陳述如何在關係中經營這份力量。

在開始論述前，最後一個提醒就是：除非特別有註記，否則這裡指的**長期親密關係**指的是西方的、中產階級的異性戀關係。這是針對呈現內容而做的澄清，我們並無意把更高的價值擺放在這個形式的伴侶身上。

親密的定義問題

親密是很難定義的。有些專家描述親密是一種兩個人之間的親近度與深度，一種覺察對方內在深處的品質（Sexton & Sexton, 1982）。其他的學者則強調相互性及一種成熟普及性的態度：「親密是一種意圖性的行動，就像在創作品之間建構共鳴而無限沉默的宇宙。」（Denes, 1982, p. 136）。其他學者則採取存在理性取向（existential intellectual approach）的觀點，將親密定義為：「一種理解的狀態，與了解另一人的心理真實（psychic reality）有關。」（Mendelsohn, 1982, p. 39）。有些學者則強調片刻的整體感（wholeness），這種感受甚至可能發生在拳擊賽相互對抗的兩人中（Wilner, 1982）。最後，有些學者則視親密為一種個體間因人而異，所擁有的能力與特質（Mahrer, 1978; Weingarten, 1991）；而最近有關男女親密能力不同的問題也受到注意（Luepnitz, 1988）。

在達成有關親密意義一致性的困難，在於其喚起了我們被嵌入（embedded）的、有力量的感覺、影像以及原型。雖然我們可能不同意某種精準的定義，但當我們經歷或看見親密時，我們似乎能知道它。例如：一個人可以很容易地想像母親撫育她的新生兒；兩個愛人手牽手，沿著無人而綿延的沙灘散步；或是兩位年長的同伴溫和地並肩擺動。

在我們對親密定義的企圖中，將會嘗試一種不同的方向。我們的取向將會是**過程**的，那是一種深深嵌入完形取向的觀點。我們指的「過程」是一種描述會心（encounter）的現象，其強調經驗如何被組織，透過看見兩人系統間特定而習慣性的能量互換模式。因此一位完形治療師可能會對特定的特質或模式感到興趣，像是複雜性、堅固性、生動性、創造性和平衡性，除此之外，可再命名一些特質或模式。因為它純粹描述本質，此種過程的取向，允許我們去避免貶抑性或評斷性的結構和語言。就像**依賴**或**自主**等字眼，是依上下文決定，而且指的是兩人在系統中的某部分而言。

我們選擇了**力量**（power）這個概念作為組織和描述兩人間會心的主要方法。我們相信，長時間的力量平衡是親密繁盛成長的必要狀態。在持續定義親密之前，我們會列出一些假設。

基本的假設

A. 親密、力量和虐待等字眼，用來描述存在於兩人或更多人間關係的部分。

B. 所有的人都深深地渴望經驗到親密、力量與撫育。

C. 親密在成人的兩人系統中，是奠基於長期關係的內容與經驗力量的對等平衡。

D. 撫育是一種在親密關係中被發現的品質。撫育發生在正向能量（以食物、字眼、碰觸等等形式），在環境中被個體或較大的系統吸收。在一種有迴響的（vibrant）、平衡的親密關係中，兩個個體同時接收並給予撫育。

E. 虐待，一種心理的、情緒的或生理界限的撕裂（rupturing）；不幸地，也發生在所有的親密關係中。

F. 若一個人的力量關係到另一人力量的減損（diminish），有一方就會：
   1. 對接受撫育更為開放。
   2. 對被虐待更為開放。
   3. 擁有一份減損的力量，以虐待另一個人。

G. 若一個人的力量關係到另一人力量的增加，
   1. 對另一方虐待或撫育的力量會增加。
   2. 被虐待的機會減少。

H. 親密可能透過經驗互動循環圈的運用，被充分地描述（Zinker & Nevis, 1981）。

和親密相似的經驗

許多關係從遠處看的時候，本質上展現出來的是親密。然而，當我們靠近做檢核時，就會發現這些關係不是缺少了這種，就是缺少了另一種重要元素。在這部分，我們將描述四種常見的形式：親密時刻（intimate moments）、虛擬的親密（pseudo intimacy）、在兩人相處中的孤立（isolation-a-deux），與某些形式的接觸。

親密時刻

親密時刻（Intimate Moments）可能發生在兩人或多人間，在同一時間，對同一事物有相同程度的能量或興趣。在那個瞬間，他們經驗到一種了解與被了解的對等開放（一個溫和而親切的例子是，兩個陌生人發現他們有一個共同的朋友）。不像長期的親密，親密片刻不需要力量的平衡，但也可能發生在長期但力量不對等，或短期帶著不確定力量的關係中（如在相親中經驗到對方柔和的眼神）。

雖然這些片刻可能發生在任何時間，但它們通常環繞某些重要事件而發生，像是出生、結婚、生病與死亡。這些場合是社會各階層都會均等出現的，這些場合創造了一個強制而有力的圖像：暫時地保留了存在於人們之間傳統的界限與力量的差異。這些例子可能包括了父子之間，在目睹兒子的小孩出生時，他們愉悅地擁抱；或是治療師與病患，在病患宣稱他有癌症時一同哭泣。

親密時刻通常被經驗到有某事「就是發生」了，而且通常在人們的控制之外。雖然個人可以為了這些轉換的經驗所需達成的條件而努力（如在心理治療中，目標之一就是創造親密互動的可能），但它們通常不需要直接的努力。事實上，它們是一種驚喜、無界限（boundarylessness）或融合的感覺，並伴隨個人相連結（connectedness）與相互性（mutuality）的感覺。在親密時刻中，個人不會經驗到另一人是與自我分離或分化的。也就是說，自我與他人、圖像與背景，暫時融為一體。

這些暫時的（親密）互動是最好的救星與最佳的完整（completed）。然而親密對人們貢獻的意義與重要性並不常見，反倒可能導致悲傷與苦難。舉例來說，我們之中有許多人會錯誤地假定：在某個時候經驗到一見鍾情，那會是建立長期關係的必要條件。相似地，太多心理治療的病人面對治療師時成了受害者，因為他們過度高估了親密的時刻，而忽略了本來就有的分化力量（Melnick, Nevis, & Melnick，出版中）。當治療師卸下其職責的角色時（abdication），很不幸地，有時會造成對病患情緒與性的虐待。

虛擬的親密

第二種形式的互動，有時會在長期親密中混淆，稱之為**虛擬的親密**（pseudo intimacy）。虛擬的親密存在於個人在親密關係中不正確地經驗自己，因為他並未注意到欠缺了互動的相互性。因為另一個人並未經歷到對等的連結感或相連感（relatedness），此互動是單向的。因此被視為親密的力量存在於一方，而另一方則無。單戀就是一個明顯的例子。

虛擬的親密需要一種不正確的親密形象投射到另一人身上，通常伴隨著一種轉寰（turn away）的無能。某些正向移情的形式就會落在此向度，像是一般人對有名與有力量的人的想像關係。像這樣的關係可能有不同的目的，但它們通常不會是親密。

有一種最有力量的虛擬親密是單方面結束了親密關係。這可能發生在一個人的能量已到了尾聲，而另一人仍經驗到深深被照顧。這個仍「在愛中」的人會經驗到離開的無能，轉而去尋找另一圖像。上述狀況混合著對撫育關係不再執著，可能會導致許多孤單與痛苦。

在兩人相處中的孤立

第三種被誤認為親密的投入形式，稱之為**在兩人相處中的孤立**（McMahon, 1982）。很常見地，此亦出現在類似長期親密的關係中。然而，仔細檢查會發現此種互動有一種不真實的品質，從未穿越表面的深度。依據 McMahon，在這種類型的互動中，兩人移情的扭曲是很大的，其中一方很難在自己的權利中存活。此互動採取了一種強迫式的、不舒服的品質，且兩人對彼此或自我都只有狹隘的接觸。

接觸

在轉向更細節描述長期親密之前，有必要討論另一種互動——接觸（contact）。接觸包含了自我和環境（通常以另一種型態出現）在某個界限上相遇。雖然所有親密的時刻都包含接觸，但接觸不必然是指親密。親密包含了一種在兩人或多人間同調（syntonic）的經驗，然而接觸也可能發生在個

人與無生命的客體或環境成為一體時。這類例子如：讀一本書時深深受到感動，或是在森林散步時，感覺到一種寧靜的感受。

長期的親密

在我們的信念中，對長期親密的發展而言，最重要的因素就是：親密是在對等中產生。這意謂在兩個親密的個體間，存在著一個相互的、平衡的照顧與關懷的系統。長期關係的存活與成長，最後是基於放棄個人的需要比另一人更有力量（或更無力量）（Hatfield, 1982）的真正放棄（genuine relinquishing）；並對隸屬個人資源的系統有一份深刻的了解。

為了長期親密的發展，雙方都必須分享一種既非策略性、也非政策性的意志。因此每一方都同意對他所知的事實開放。隨著這種開放，最糟的就是彼此經驗到可怕的感覺，因為這會削弱可預期性與安全感（或安全感的幻覺），而這兩種感覺是在長期的接觸中，許多人所追求的。而最好的部分，是可能創造出有回應的、鮮活的、充滿活力，且能自我修正的（self-correcting）系統，以便統合新的訊息，並對廣大的環境做轉換。

誠如先前所述，時間是發展長期親密的一個重要元素。一個人需要用許多時間與另一人開始並發展親密。其中不只有連結的時刻，這些時刻必須是數不清的。進一步說，這些時段需要發生在廣泛不同的內容中。因此長期親密的發展，就是在親密時刻所經驗不同內容的範圍中日益增加。

因為在長期關係運作的能力包括了學習，因此伴侶在這些經驗中移進移出時，可能變得更務實。最理想地，是相信自我與另一人加入時，一種不需努力的節奏感似乎就會產生。

再次重申，長期親密是個體在重要的一段時間，經驗到一種廣大範圍親密時刻的結果。進一步來說，這些時刻具有循環性的特質，有一項定義的結構包括了開始、中段與結束。但矛盾地，這些時光也同時有無盡的變化性。每一個事件都帶著一種特別的獨特性。當一個人與另一人在不同時間向度：短、深、長、淺、快、慢中去經歷經驗的循環圈，長期親密就會增加，這就是我們接下來要談的經驗循環。

經驗相互循環圈與長期親密

　　透過關係中兩個個體的互動所創造出的經驗差異性，可運用「經驗互動循環圈」（Interactive Cycle of Experience）來調節並分析（Zinker & Nevis, 1981）。此互動循環圈是由克里夫蘭完形學院所提出的（Zinker, 1977; Melnick & Nevis, 1987）。此循環圈描述了經驗的連續性，開始於**感知**（sensation），並透過**覺察**（awareness）、**動員能量**（mobilization）、**接觸**（contact）、**採取行動**（resolution）與**消退**（withdrawal）階段來位移。

　　因為每個個體要通過此循環的移動都是獨特的，就像指紋一樣，任兩個人的循環通常都是不同的。這些差異是經過了許多變項的作用，包括所花的時間，與在每階段所投注的精力。當一個人與另一人透過許多循環位移，以習慣的方式，就像是跳舞一樣來發展。理想上，每個人需要學習調節自己的節奏，以創造出使雙方都感到滿足的相互一致性（mutual synchronicity）。

　　一個簡單的例子，是由一對伴侶決定在餐館吃晚餐開始。假定這對伴侶能達成相互都滿意的決定，一整個新的循環系列便開始了。當他們進入餐廳，選定桌子，並決定座位的安排，在接受菜單時，他們可能發現他們的選擇風格是不一致的。先生可能喜歡在決定前先建立概略的了解，此可能包括完整地讀完菜單，回頭看一下鄰近消費者的食物，檢查一下食物項目的卡路里，並列出一些問題來詢問侍者。另一方面，太太可能是一位知道自己喜歡什麼的人，所以她並不需要投注心力在此感官覺察的階段；她很快地做了決定並等待點菜，而他先生才開始思考要吃什麼。假如侍者在此時出現，她動用的能量可能會轉為不耐煩，而他未完成的覺察也可能轉為焦慮。在一個運作良好的系統裡，他可能要學習加快他的過程，以去除變得不情願的可能；而她可能要學習放慢下來。進一步地，兩個人可能都要學習，要以要求侍者稍後再返回的方式，來創造環繞在侍者外在刺激的界限，且貫徹到整個晚上。最後，當先生一邊正在啜飲他所喜歡的一杯晚來的茶，一邊批評服務品質時，他需要以伴侶的角度，考慮太太的需求是：「吃飽且要離開」了。

　　因此一個親密的經驗可能發生在一個人與另一人的某一節奏上，能以

安置（placement）的角度來看待循環，**或能覺察此時存在於雙方的差異**。此相互覺察與連結提供了支持親密經驗的背景。此外，還有其他典型的因素，像是個體對一致性時刻的覺察，正如同其分享經驗的了解一樣（通常是口語的，但有時是視覺或觸覺的）一樣的重要。此相互的了解，支持了分享「中間背景」（middle ground）的循環發展能成功地達成（Zinker & Nevis, 1981）。

　　最後，親密在分享的形象上，比起聚焦在能量耗費「質」的部分，我們較少處理有關能量耗費「量」的部分。就先前所討論的，若兩個個體堅持要在他們的系統中展現不一致的能量，一種力量的差異性就會被創造出來，且親密的可能性就會下降。這就是我們轉而要討論的力量議題。

力量與親密

　　力量的概念已被當代美國社會流行化並過度簡化。媒體在陳述力量時，將它當作是具體的字句，反映在所謂的**力量早餐**（power breakfast）、**力量西裝**（power suits），甚至是**力量書桌上**（power desks）。此無辨識性地使用這個字，忽略了它過程的意義。**力量**是一個過程的概念，描述兩個或更多個體間，在分享的興趣創造上有相關的影響。在一個兩人系統中，一個人在某個時刻展現出較大的影響，就被說是較有力量的；而另一人展現較少的影響，就被說是較無力量的。

　　影響一段關係可能有許多方面的因素：性、智能、政治與情緒等。使用力量最重要的是創造一種願景，一個過程的觀點（process perspective）說明了系統比它的溝通層面包含了更多。它可能包括一種希望系統變成什麼樣子的投射景象，以及一份健康的關係，未來會是如何的預測。此願景如何被創造，它的影響力如何被應用，提供了一份關係的價值、規範（norms）及健康程度的藍圖。

　　力量的差異存在於任何系統，不管是蓄意的或其他原因，因為個體會帶著不同的能力（competencies）到關係中（例如：一人比另一人擅長烹飪）。

在親密系統中，焦點是經常流動的，所以力量也是經常不同的。在任何時刻，覺察的人知道的比較多，也比另一人更能著根於地（grounded）。

然而此不對等不只是真實（real）與實體上（tangible）的差異，通常也從個人所涉入的歷史（共有的與分別的）所創造出的共有迷思而來。這些迷思典型地被一種投射性的合約（projective contract）所維持，在那當中一方擴大或縮小了他或她的力量，而另一方則支持這種扭曲。

在關係中，當相關的力量增加，那是一種能力或投射的功能，所以那是一種撫育或虐待的能力。最常見的虐待形式發生在生理或情緒界限的決裂，例如摑巴掌或虐待的言論。然而越難捉摸的型態，不當的對待也越容易發生。例如，不當的對待可能包括有力量的那一方，對力量的差異保持沉默且不予注意。在力量差異（不管是情境與暫時的、或是永久與固定的）存在的同時，力量增加的一方要伴隨著責任的覺察，並承諾要增加責任，以維護雙方的關係及另一個體。此和力量有關的責任議題是非常重要的。

力量與責任

在關係中，較具力量的一方有許多責任。首先，必須知道個人的行動加諸較無能力者的結果（對較無能力者的定義是：他們比較無法保護自己免於受傷）。因此即便是沒有覺察，有能力者的責任就是存在著。雖然對個人行動的苛責（culpability）程度會隨著覺察的程度而有所緩和，但有力量者對其投入的行動必須負責，無論其是有意識或沒有意識的。

在法律的領域有關「責任的鉤」（hook of responsibility）有許多例子。例如，一個遵循稅務法律的人，不管他是否了解，他都必須負責。最近一系列法律的決定，命令治療師要打破保密的合約（confidential contract），並對不完全了解的部分採取行動。如果他懷疑病人可能嚴重地傷害自己或他人，在此狀況中，治療師必須在兩種可能的負向結果中選擇：要病人住院，或讓他有可能去傷害他人或自殺。

伴隨力量而來的責任，把個人的覺察延伸到個人的興趣之外。底下的例

子可用來說明此兩難困境：一位男性病人迷戀上一位天真、已婚的女性。因為他先前有婚外情的經驗（由經驗而生的力量），他有（或應該有）這個智慧知道外遇的可能結果，同時也知道此位女性的婚姻狀況，並知道會牽涉到另一人。比起為他自己的興趣採取行動，他沒有其他的義務嗎？或他的責任有往前擴張一些嗎？若他明確地警告此女性外遇的可能後果，他的良知是清明（conscience clear）的嗎？或即便是如此，他一定要執意前進嗎？他會為了這段懸而未決的關係負責任，直到這位女性重新獲得平衡，並現實地衡量可能的結果嗎？他在倫理上負有義務，他要為了另一人的利益，來剝奪自己嗎？最後在他或她與病人不對等的關係中，治療師的責任是什麼？此治療師是該毫無評價地面對病人，同理他的苦境，或執行他臨床工作者的工作，去面質病人居然未顧及力量的差異，盲目地處在迷戀中，且將倫理與道德也牽涉其中？

在倫理的暗示中保持沉默，其虐待的可能性就會很大。虐待一旦被認可（committed），就很少會在雙方關係中去設限。上例中，虐待的漣漪可能影響到這位女性的先生、小孩、父母、姻親、工作環境等等。就像是病毒從一人傳給另一人，在初始行動變數的影響下，虐待是很難被制止的。

力量在不平衡的長期關係

力量的差異可能是一種相當持續而固著的差異，存在於許多親密系統中。進一步來說，當個體透過生活而成熟，力量的擺動將會越來越落在他或她界限的這一邊。在先前的部分，提高責任與力量可能被誤用的情形，已被清楚表達。接下來，力量在不平衡關係中的正面部分會被討論。

妥善運用的力量能產生一種豐富而保護性的互動文化，在當中，弱小者能夠學習與成長。有效能的父母因此能為孩子提供保護、一致和必要的安全感，以使其無阻礙地發展成人式的考量與議題。相似地，堅強的老師負起監督學生的責任，創造示範，並使觀念價值能內攝的環境產生。最後有能力的治療師會創造一種設置與氣氛，讓病患在其中能根本地統合更多負向自我的

部分，而這些部分是先前被病人所遺棄與拒絕的。

　　透過這篇文章，隨著個人責任的增加，力量也就更顯著。不幸地，當一個人的力量增加，一個人必須放棄在關係中維持現狀的可能。因此當個人越來越在關係中成熟，在撫育和物質的需求面向上，是給予而不是接受。

　　Morris（1982）討論他名之為「平衡」和「照顧給予」關係的差別，他指出愛是「相互調節」（mutual regulation）與「情緒安全感」兩者特徵化的結果。然而在照顧給予的關係中，孩子只是被期待給予他需要的暗示，而照顧給予的角色就是隨時符合他的需要。Erickson（1950）在他性心理發展的理論中指出：此部分的生產力，成人能取代原先的那一位。Batson（1990）在最近對利他主義（altruism）（賦予價值的能力和以追求另一人福祉為終極目標）的回顧，說明了實驗的研究在一份照顧的關係中，支持這些特徵。

　　如果個體註定要生活在世界中，「成熟」意謂他們漸進地在物質上給得越來越多，且接受得越來越少，至少在他們的照顧關係中；然後愉悅就會在這些關係中，透過其他的方式產生。有一些價值包含榮耀、藝術的修養、博愛慈善、宇宙的連結和人性，能替有力量者的滿足作為傳達的媒介。榮耀的經驗貢獻給另一人的發展，就是一種這樣的價值。例如，教孩子騎腳踏車，並與孩子第一次單獨出遊的興奮經驗共樂，這是永難忘懷的經驗。

　　第二種形式的愉悅是與撫育有關的藝術性滿足，那是一種在關係內容上美學地（aesthetically）修正。此貢獻的滿足，包括對另一人漸進自主性的成長。能適當地「捕捉」、面質與會心，一位成熟的病人將會是良好治療中感覺苦樂參半的一員。

261

　　慈善的支持將能自由地給予，它包括了沒有繩索包裝和不需了解的禮物贈予。因此對另一人福祉的持續關心是最基本的。

　　還有許多伴隨慈善部分的撫育，那裡產生一種無遠弗屆（far-reaching）的關懷關係，那份撫育超出了對鄰近伴侶的關懷。它以連結更高力量的形式展現，不論是家庭、社會、世界或上帝。因此它包括了一種任何時刻前進到未來的影響，以及倒退至過去的了解。要給予個人改善他人的能力，遠在個人的立即影響之外，其最高的力量就是善用慈善的力量。

除了上述，一個人如果幸運的話，他會有日益增加的人性關懷與普同感，伴隨著個人日益增加的力量而來。因此我們需要接受的事實是：不管好或壞，我們都是脆弱、不完美的生物。為說明這部分，Becker 在 1973 年就已提出：我們的心智（mind）能到天堂中翱翔，但終究我們卻是蟲的食物。諷刺的是，日益增加的覺察給我們負擔，同時也給我們祝福；一個人越有能力，他就越不能只是負載自己的重量，他也必須負載他人的。

力量在平衡的長期關係 [1]

在長期親密關係裡，力量的平衡性起起落落，個人在此流動的轉換脈絡中，面臨一項艱難的互動任務。兩位夥伴分享系統中的創造與經營，在親密接觸的服務上，能支持力量的正向運用。

力量能在一個平衡的系統中，以各種方式正向地運用。當長期力量的平衡是被危害的，個人必須有覺察與能力貫注力量給另一人。尤其是關係的鮮活度必須被重視，比起為個人所得所做的主導與操控。環境的內容必須持續地被巧妙操作，以保護並促進伴侶的系統。

要智慧地運用力量，一個人即便是「贏的」或是「對的」，但仍願意站在信念與定罪之後。正向地使用力量，說明了將一個人的榮譽擺在關係服務的優先序位上。因此當衝突發生時，在處理互動的傷害上，個人必須有能力先去接觸，而不是退縮。因此傷害必須被視為是一種親密的副產品——痛苦，而且絕不可能完全避免。

在一個系統中，有力量的個體知道如何在挑釁與召喚的位置上移動，他們能使力量優雅並帶著覺知地轉換，他們知道何時要帶著意圖移向另一人並聚精會神，而何時就退回根本。願意依賴、退讓，並允許對方成為楷模、引導者、諮詢者、撫育者以及資源。另一方面，在成熟的系統中，個體知道何時要支持自己的自主性，運用能量以滋養自己的創造過程。

在一份平衡的長期關係裡，兩個個體都帶著另一方的經驗，作為選擇個人或他們整體的依據。他們可以有單獨的立場，每個人都尊重另一人的選擇

能力（McMahon, 1982）。

因此，兩人都願意冒險釋放其內在的風格與特質。兩人有能力回溯（regressing），也歡迎另一半的回溯。這些滑落到過去未整合的原始結構，被雙方視為深切學習與連結的自發機會。

有力量的個體會展現一種藉能量來做潛在溝通的能力。促進共同愉悅的承諾是不受限制的，且到達整個經驗互動循環的每個階段。因此一個系統帶著分享的力量，它不只是形象，對另一方而言，最後背景也變成是可運用的。每個有能力創造並供應支持的結構，在那當中的另一人是可成長的。能力不是用來取消什麼，而是用來鼓舞願景與創造意義的。

在一個平衡的關係中，個體知道如何在困局（impasse）的生活空間中生活。他們有能力暫時離開另一人，並優雅地返回，即便有時並不舒服。在轉回與另一人互動時，會加入遊樂性、幽默與哲學的人性關懷。這些品質能軟化抗拒，並培養再連結與和解（reconciliation）。

和解的藝術在運作良好的長期關係中是被實踐的。一個人不只需要知道何時該前進、何時該後退，也需知道何時要放棄自主性去經驗依賴；並拓展個人的責任感，以能離開並重返他人。與某個傷害你的人冒險互動，不只需要勇氣，同時也需廣大範圍的技巧。良好教育（well-schooled）的親密系統已發展出互動結構的設計，以支持伴侶的和解。

最後，長期親密關係的成員也學習將傷害處理得很好。傷害是經驗到個人界限的延伸或打破，它是關係的一種必要成分。極端去避免傷害會導致融合與停滯。短期與長期缺乏對傷害尊重的結果，會導致悲慘並毀壞關係。當傷人的字眼或行動必須發生，其發動者必須承諾要維持接觸，且不要逃開。長期親密關係的標誌是願意全然負荷個人行為對另一人的影響。

第十二章　長期關係中的親密與力量：一種完形治療系統取向的觀點

結語

我們對親密的討論，建議根本的改變，在於我們如何看待成熟的個體。我們的社會已經建構了個人的自主性、自我支持的信念，在世界上成為成熟與高功能的印記。我們則相信此責任，某人在世界上的行動，不會阻止自我與鄰近個人間的接觸界限。相對地，界限的概念不只必須拓展到其他個體、家庭、社會與世界，並隨著時間前後移動。我們不只必須榮耀我們的孫子，也須榮耀我們的祖父母。

我們也和傳統的美國觀點不同，傳統觀點視獨立為最高的理想。相反地，我們提倡包含依賴也是一種價值，其需要被了解與趨進。親密包括了願意放棄自主、經歷需要，並拓展個人的責任感，包括遠離一重返他人。

什麼樣的成熟可作為自我支持呢？當無「親密他人」存在以相互依賴和支持時，獨立與自我支持是需要的。然而當有「親密他人」可協助，依賴與對他人的覺察，對彼此的關聯性是需要的。在一份真實的親密關係中，兩個個體都有能力審美地去融和自主一依賴連續體的兩端。

附註

1. 我們要感謝 Joseph Zinker 對此部分的貢獻。

參考文獻

Batson, C. D. (1990). How social an animal? The human capacity for caring. *American Psychologist, 45*, 336–346.

Becker, E. (1973). *The denial of death.* New York: Free Press.

Denes, M. (1982). Existential approaches to intimacy. In M. Fisher & G. Stricker (Eds.), *Intimacy*. New York: Plenum.

Erickson, E. (1950). *Childhood and society.* New York: W.W. Norton.

Hatfield, E. (1982). Passionate love, compassionate love and intimacy. In M. Fisher & G. Stricker (Eds.), *Intimacy*. New York: Plenum.

Lerner, H. G. (1989). *The dance of intimacy: A woman's guide to courageous acts of change in key relationships.* New York: Harper & Row.

Luepnitz, D. (1988). *The family interpreted: Feminist theory in clinical practice.* New York: Basic Books.

Mahrer, A. R. (1978). *Experiencing: A humanistic theory of psychology and psychiatry.* New York: Brunner/Mazel.

McMahon, J. (1982). Intimacy among friends. In M. Fisher & G. Stricker (Eds.), *Intimacy.* New York: Plenum.

Melnick, J., & Nevis, S. (1987). Power, choice and surprise. *Gestalt Journal, 9,* 43–51.

Melnick, J., Nevis, S. M., & Melnick, G. N. (in press). Therapeutic ethics: A Gestalt perspective. *The British Gestalt Journal.*

Mendelsohn, R. (1982). Intimacy in psychoanalysis. In M. Fisher & G. Stricker (Eds.), *Intimacy.* New York: Plenum.

Morris, D. (1982). Attachment and intimacy. In M. Fisher & G. Stricker (Eds.), *Intimacy.* New York: Plenum.

Rabin, L. B. (1983). *Intimate strangers: Men and women together.* New York: Harper & Row.

Schaefer, M. T., & Olson, D. H. (1981). Assessing intimacy: The PAIR inventory. *Journal of Marital and Family Therapy, 7,* 47–60.

Schlipp, P. (1957). *The philosophy of Karl Jaspers.* New York: Tudor.

Sexton, R., & Sexton, V. (1982). Intimacy: A historical perspective. In M. Fisher & G. Stricker (Eds.), *Intimacy.* New York: Plenum.

Weingarten, K. (1991). The discourses of intimacy: Adding a social constructionist and feminist view. *Family Process, 30,* 285–306.

Wilner, W. (1982). Philosophical approaches to interpersonal intimacy. In M. Fisher & G. Stricker (Eds.), *Intimacy.* New York: Plenum.

Zinker, J. (1977). *Creative process in Gestalt therapy.* New York: Brunner/Mazel.

Zinker, J., & Nevis, S. M. (1981). *The Gestalt theory of couple and family interactions.* Cleveland: Gestalt Institute of Cleveland Press.

第十二章　長期關係中的親密與力量：一種完形治療系統取向的觀點

第十三章
關係的文法：完形伴侶治療

Cynthia Oudejans Harris　著

張廣運　譯

　　一個世紀前，當佛洛伊德開發精神分析治療時，他很有名的病人 Bertha Pappenheim（就是有名的 Anna O.）稱這種治療叫作「談話治療」（the talking cure）。事實上現在的心理治療主要還是使用大量的談話來進行，所以在一本介紹完形伴侶治療的書中，來探討完形伴侶治療過程中，所使用的文法和語言有什麼基本的主題，是再恰當不過的。我們會特別探討一般正常的語言發展過程和情緒發展的過程有什麼關聯性，以及此時此刻（here and now）所關注的任務具備哪一種語言的特性，還有代名詞扮演的角色。在我們的生活中、存在狀態中，時態的選擇（現在式相對於過去式或未來式，甚至條件句）以及代名詞的選擇（**我？我們？某一個人？它？**），可以透露及形成很多我們的自我認同，也跟我們的行動和經驗有關聯性。接下來我們會討論所謂的「笛卡兒」（Cartesian）語言，就是「客觀的」（objectivity）或非關身分（disidentification）的語言——如何充斥在我們的潛意識當中，以及這種強調「想什麼」（think about）而非「跟誰說」（speak to）的語言，如何攪亂伴侶的關係，並且讓正常的歷程停止流動。

　　在這一章，我將試著去分辨關係的文法（grammar of relationship）和客觀的語言（language of objectivity）。前者通常是「立即且個人化的口語」，而後者可能也是用口說（和大多數與你現在正在讀的這些篇幅一樣），但通常比較適合用來寫或作為思考之用。

　　當我們使用關係的文法時，我們是在跟另一個人或是團體說話，彼此間使用的是一致（corresponding）的代名詞和現在式。完形伴侶治療基本上包含了幫助伴侶帶著適度的覺察和感受來進行對話，而這個必要的工作能夠幫

助這兩個人感覺具有親密性和立即性的相關文法是比較舒服的。

在那些研究人際而非客觀語言的思想家當中，Mikhail Bakhtin 特別有幫助。他和完形理論一樣，強調成長與學習如何讓我們和他人的界限越來越清楚。就像 Bakhtin 在 1929 年漂亮地寫出：「只有當我為了別人、透過別人，以及藉著別人的幫助來透露我自己的時候，我才能意識到我自己而且成為我自己。構成自我意識（self-consciousness）最重要的行動是由朝向另一個意識（consciousness）的關係所決定的（朝向一個你）（toward a thou）。」（1984, p. 287）。

文法和情緒

如同在婚姻和一般生活當中一樣，在心理治療進行時，能夠真正動人的字句是那些被說出口且被聽到的話語。這些字句若能深深地感動了聽話者時，則對說話者而言，當知覺到自己的影響力時，他們也會同時被觸動（move）。一般來說，當我們說話時，雖知對方已知覺到那些字句，但對方卻沒有真的聽到我們。只有當我們聽到的話真能發揮治療的效果時，不論那些話是來自我們的治療師，還是伴侶或是同伴所說的，我們才算是真的被聽到了。

這樣看來，我們藉以表達或體驗情緒的語言，其實早在我們學會說話之前就已經先學會了。事實上，在我們還在子宮內時，在我們的眼睛看到這個世界的幾個月之前，我們就已經聽得到別人所說的話了。而透過學習我們的名字與代名詞，我們了解到「我」（I）（主詞）就是「我」（me）（受詞）；而且「我」就是「Cynthia」；而「你」（you）（主詞）就是「你」（you）（受詞）；而且「你」有一個特別的名字；「我們」（we）（主詞）就是「我們」（us）（受詞）。此外，在很多社會都是很重要的——那就是「他們」（they）（主詞）就是「他們」（them）（受詞），不是「我們」（us）（受詞）。

這種代名詞的學習需要孩童們練習與花時間來建構完成。我有一個兩歲的朋友 Maxie，他創造我的（my）這個詞來代表無法使用「主詞的我」（I）

或是「我的」（mine）或「受詞的我」（me）來說明狀況。對 Maxie 來說，這是一種具有想像力的解決方法——代表他已開始分辨「我」與「非我」（not me），而且能更精細地表達出界限（boundaries）與區別（distinctions）這兩個重要的領域。Goodman 稱之為：自我的認同功能（ego function of identification）（Perls, Hefferline, & Goodman, 1951）。

在我們出生之後，有一個我們會反覆聽到的聲音就是我們的名字，這個名字也是一個我們最早聽到、最重要、最有意義的聲音——如同 Sonia March 所說的：「如果你可以找到一個文化，那裡的人沒有用名字來進行活動的話，那我就承認人類文化的相異性高過於相似性」——這就是所謂個人的溝通（personal communication）。迄今我們的名字跟其他字詞在主宰我們的情緒與行為方面有很大的差別，因此，如將我們的名字當作單純一個字來看待就是一種錯誤。名字對我們來說具有很特別的意義，透過我們的名字，我們能掌握這個世界，同樣地，這個世界也因此能對我們有所「掌握」。二次世界大戰時，猶太人所受到的迫害，或是其他的團體，當他們的名字被劃去，只剩下數字來代替時，是有多大的傷害。

在我們可以說出自己的名字前，別人會用它來叫我們，在我認識不太多字的時候，我就知道我是「Cynthia」。當我們被叫去、被規定或是被要求去做一些事的時候，就是用我們的名字，我的耳朵會在擴音機不清楚的聲音中認出我的名字，我的頭會轉過去找出是誰在人群中叫「Cynthia」。這個自我認同的起始音調在我能界定出別人之前就開始運作。那時候的我們只能界定出自己，至少在文字上是如此。從那之後，名字和行動的連結就好像中間沒有中介者一樣。如果有人說：「Cynthia，別擋路！」甚至只是：「Cynthia，請把鹽遞過來。」我的身體就會自然啟動來進行反應動作。相同的情況也會出現在伴侶治療中的親密情況。當一個伴侶用另一個人的名字——溫柔地、懇求地、生氣地、冷酷地、幽默地——相對應的能量啟動就會出現來進行後續的接觸。

269

第十三章
關係的文法：完形伴侶治療

語言發展

　　從一出生我們就擁有微笑和哭泣的能力（repertory），很快地，還會加入笑聲和眼淚。在兩歲之前，我們情緒的表達能力會擴大到開始使用語言。人們會用我們的名字來叫我們，幫我們取暱稱（而這個暱稱後來會對伴侶有特別的力量）、給我們下命令式的指揮，或是深情的呼喚、問我們簡單的問題、生氣地大叫我們，或用再確認的敘述——這些都是在我們能靈活地運用語言之前就開始了，甚至在我們牙牙學語嘗試運用字詞和名字之前。這也是我們開始學習情緒生活的對話本質（diaglogic nature）。我聽到雙親說的字詞，我的雙親則聽到我害怕的呼叫；也有可能我是因為驚恐而大叫，但卻沒有人回應。我們學著將這些表達性與深情的聲音找出其在文法上的相關性。這一部分會逐漸建立出我們對自己情緒有清楚的覺察，以及我們情緒與關係的自我（emotional and relational selves），而這些大多在我們能說話之前就已經建立完成了。

　　這方面的發展就構成了關係的文法（grammar of relationship）中有關語言學習的第一部分。在這段早期的說話前期（prespeaking phase），重複體驗到無法被聽到的模式，決定了我們很多後來在個性學（characterological）上的模式，事實上，這就是我們的個性，我們在這個世界上的態度（stance）。這表示在伴侶治療當中，具有這樣的個性和關係的歷史，或是和我們一起生活在這個房間內的每一個伴侶的文法，會決定我們要向對方說或是不說、傾聽或是不傾聽。當一個伴侶敘說他或她的非理性的特質或恐懼時：「我就是這樣長大的。」其實她或他是指一些前語言（preverbal）失敗的對話經驗，而不是當下兩人會心的折射（deflecting from the present encounter）。或許這個恐懼反映他或她在兩歲大時，所經驗到沒有人來所造成的害怕，或是後來沒有人願意傾聽，或是更糟。

　　學習關係文法最後的階段大概是三到七歲。在這幾年中，我們需要完全熟練這些文法。在三歲之前，我們已經學到如何使用字詞來表達自己了，我們開始真正去說話，使用字詞的技巧也更為精熟，並且嘗試跟別人談話，而

不只是對他們說。我們也精熟如何造句（syntax）。我們對成人說很多並且問很多的問題，也和其他的孩童談一些東西。我們掌握相當多的字彙以及幾千個詞。現在我們幾乎絕大部分是對別人說，而不只是對自己說（有時在遊戲中是對想像的人像娃娃或是表演的角色說）而已，我們還可以適當地運用語言（speech）的每個部分呢！

七歲左右，我們已經精熟於關係的文法與造句的方法。乳齒也全換了，我們第一顆大臼齒也長了出來，腦部也到達了它最後的尺寸。在這同時，我們的關係和我們的語言能力一樣越變越好。眾所周知：在過去，這個年齡的孩童早已被送去上學，因為一旦孩童知道基本的造句，他們就可以上學並且開始閱讀了。

當我們的智齒開始長出來的時候，我們可以咀嚼得更好，這可能同時兼有心智和身體上的雙重意義〔Perls 在 1947 年就引用了許多類比（analogy），去說明我們在「進攻」（attack）食物，或達成（approach）我們的想法與人際接觸時，是如何既自由又充滿攻擊性〕。在此同時，我們開始精熟於一些新的語言：那就是客觀的語言（language of objectivity）。我們大概要到青少年的後期才能完全精熟這種語言。我們可以使用這種語言來「客觀地」說出「事實」。這是我們用來談論事情所使用的語言，這種語言模式的特性是以第三人稱來敘述，而且是平鋪直敘的（in the indicative）。它沒有指向任何特別的人，而是採取對所有可能聽到的人來說都是事實的作法。同時它也傾向於並刻意地（intend）冷酷無情且保持距離，完全不帶感情（dispassionateness）地「客觀」。

我們大約是在七至十歲間開始精熟這種客觀的語言，我們發現，當我們試著去溝通，但是沒有人在場的時候——我們可以安靜地對自己說，或是把話寫下來。接下來我們就會了解到：當我們跟自己說話時，我們就是在思考。就像愛因斯坦（Einstein）報告他自己一樣：當感覺到或看到一些東西時，我們可以將「清晰的肌肉和視覺影像」（clear muscular and visual images）轉變成文字（1955）。

我們學到可以在心中理解事物——有些事物是別人已經解決的，有些則

271

是我們第一個知道的；我們學到可以實際想像出事物來，雖然事實上這些事物是不真實的。我們學到可以做有關夢的夢想。當笛卡兒寫下：「我思，故我在」時，他就已經進到這個心智發展的階段了。這種將自己和心理客體（mental object）分離的情況，讓人生多了一個新的向度。如我們所知，這種「客觀的」或科學的看法，在青少年或前青少年期發展出來之後，就成為我們看這個世界的主要心智取向（mental approach），至少自笛卡兒時代開始就是如此。

我們思考的能力後來擴大到具有讀、寫客觀語言的能力，而後逐漸放大進到特別的想法、資訊和知識的浩瀚大海中。這種心智生命（mental life）極大的擴張，不僅讓我們相對的渺小，而且在很多時候，模糊了我們在早期生活中所學到的關係的文法，也模糊了我們持續不斷對情感、關係和親密生活的需求。當我們還是小孩子的時候，情緒的學習遠比「客觀的」學習來得重要。只是當我們逐漸長大後（有的個案會說是放棄掉情緒的連結），我們學習較多有距離的陳述，「他─她─它」（he-she-it）這種客觀的陳述語言就成為我們所關心的重點。通常大多數伴侶治療工作就是在重新獲得（recapturing）或去激活（reenlivening）這種更直接、較少「客觀」判斷的語言──「我、你、我們（主詞）、我們（受詞）」（I, you, we, us）、我們的感覺，以及我們自己的名字。

在伴侶治療中的語言和改變

以心理治療對成長與改變的觀點而言，關係的文法是遠比客觀的語言來得重要的。因為只有我們被打動時，我們才會在情緒上有所改變或成長。關係的文法具有直接的情緒力量，而客觀的語言則只有邏輯或心智的力量。當我們只是一個小孩子時，在六歲左右之前，我們活在此時此刻，用的是「你─我─我們」（you-I-we）的語言；我們還沒學會把一些有關「過去」、「未來」的一些意見好好地思考。完形治療以此時此刻作為一個起始點，堅持使用個人語言（personal speech）與人稱代名詞（personal pronouns）來表達，

可以幫助我們重新抓到（recapture）孩童時期的立即經驗。在這樣的立即經驗中，情緒的成長是最容易也最深刻：這就是我們生命開始成長的方式，也是我們創造經驗和意義時最常使用的方式。只有當我們的洞察（insight）深入到足以打動自己時，才能幫助我們改變。

在進行伴侶的心理治療工作時，我們在處理此時此刻所使用的就是個人的代名詞——**我、你、我們**，而不是**它**或**一個**（one），而且現在式的語言（present-tense language）是很重要的，那是因為伴侶們無法在關係的對話上得到妥協，也無法在當下解決其情緒立即性的困擾，所以這對伴侶才會到這裡接受心理治療。這些簡單語言上的改變帶來了能量並將之整合，就會重新創造或釋放伴侶早期經驗所帶來的親密性和衝擊，進而使伴侶在當下得到成長或改變。這種對不同文法差異的新覺察，就成為他們將來進行互動時可以使用的工具。

以現象學（phenomenologically）來說，**覺察**（awareness）指的是個人內在（intrapersonal）的歷程。更正確地說：除非我們其中一個人能一次一個人輪流去表達自己的覺察，否則伴侶是無法被對方所察覺的。不過伴侶治療（以及伴侶生活）很關鍵的是：當我們和另外一個人去分享的時候，覺察就被創造出來，對我們而言，這種分享是多麼真實呢！這種此時此刻的覺察分享就是完形治療所必須的。以最簡單的層次而言，一位太太可能會被治療師詢問，當她看著她的先生時，是否有覺察到什麼。她可能會看著他，然後回答：「當我看著你的時候，我覺察到，我沒有辦法像我不看著你的時候那樣恨你。」而這個先生可能會被支持去試著分享他的覺察，然後回應說：「當我聽到你這樣說的時候，我覺察到我有一點害怕，我覺得我的心跳加速。」這種分享覺察的方式就像一種媒介，可以增進伴侶與治療師了解問題的範圍，並由此來了解覺察的建構（construction），幫助問題解決。相同的方法也是伴侶治療工作與婚姻生活重要的能量來源。這樣的分享是一種冒險，需要治療師相當的支持，以及當事人的忠誠承諾，為自己心甘情願地參與（willing participation）負責。

第十三章
關係的文法：完形伴侶治療

此時此刻

完形伴侶治療的一個核心概念是注重此時此刻，且使用能正確表達感覺及意義的文法。藉著使用我們上面提到的第一與第二人稱的代名詞，表達出何時感覺到什麼，就能達成此時此刻的心理工作；而不是逃避地使用比較簡單且安全的第三人稱代名詞**它、她**或**他**，結果卻是規避風險但耗損能量。這種代名詞的轉換帶我們回到「此刻」。第三人稱或非人稱的代名詞（impersonal pronouns）則「不是此刻」（not here），這些都在生理／心理上遠離了我們。

至於當下，「此時」，是由治療中強調現在式所促發的——它並不排外，只是像魔術師祕密的裝置般（gimmicky），技巧且有選擇地，以提升與支持我們治療工作時的能量。這個方法甚至對重述（recounting）記憶時也有效，不論是童年的創傷，或是最近婚姻的爭議。這種時態的轉換可以使情緒全然具足（fully available），並在諮商室中的伴侶雙方（及治療師）面前將它展現出來。

問題可能從很久以前就開始了，但如果要做改變，可保證的，可能非活在當下（in the present）莫屬。這種流動的現在式，此時此刻及個人化的語言，讓我們更有生命力——但卻更脆弱。當某人把我們當作「你」的時候，或是我們直接覺察到自己的力量及個體的時候，像是：「是的，我願意。」（Yes, I will.）或是：「不，不是我，不是現在，不是那個。」（No, not me, not now, not that.）；我們也因此覺察到自己的存在。雖然有些時候是因為我們太過專注於外在的事物，而把自己變成了背景；所以一旦我們覺察到自己的時候，透過這種有能量的承諾（engagement），我們就能真正知道「我們自己」（ourselves），而且成為「我們自己」。在那之後，我們就會以敘述（narrative）的方式（以過去式）來告訴別人我們回憶中的經驗；但如果這種承諾與動力（agency）所用的代名詞，以及我們以現在式去感覺此時所擁有的經驗，並沒有透過感覺的方式來陳述，那這個故事就會「沒有紮根」（ungrounded）、單調、缺乏重點或能量。

這個歷程中最特別的部分，就是告訴別人我們自己的覺察，而且運用**我們、你和我模式**（we-you-I mode）的語氣與現在式。這樣做事實上會讓我們的心跳和呼吸加速，手掌和額頭冒汗，甚至腳會開始不由自主地打起拍子來；這樣做還可以把過去帶到現在，並且帶給我們一段情緒清澈（emotional clarity）的時間。不過相反地，如果我們使用第三人稱的敘述句及過去式來「談論」我們的問題與感覺，甚至用更有距離感的條件句，像：「那可能是」（it would have）、「他可能」（he might）、「一個人可能」（one could）等等，那我們會談上好幾個小時，甚至幾年，但仍然無法被我們自己的生活所打動，當然更無法打動別人了。

所以事實就是，使用第一或第二人稱及現在式來訴說重要的事情時，是有廣泛的生理和情緒衝擊的。這個驚人的發現就像 Chomsky 針對人的神經構成所進行的「深層結構」（deep structure）的研究——其實這就是一種潛藏的語言（underlying language）。Chomsky 在 1988 年時指出：「深層結構就是一種內在的神經組成，這種組成由聽到外來聲音開啟後，運作非常快速，以一種既定的流向、潛意識且超過覺察的限制，及一種同種生物共同的方式，創造出豐富且複雜的知識系統，一種特別的語言。」（p. 157）。

Chomsky 的結構假說提出十分有說服力的主張。他認為我們在造句上的知識以及我們組織語言經驗的能力是物種的天性。同樣地，完形治療工作有關於此時此刻的所有結論都指出：我們身上所產生與直接顯露情緒及文法有關的情緒和能量，也是一種神經學的天性，是一種早已存在（preexistent）的反應以及自我整合的模式。如同我前面所提到的，來進行心理治療的伴侶是因為他們多少不太會用這種直接明瞭的對話方式；甚至他們的自我揭露也過於平淡又沒有能量，或是因為相互的疏離而造成挫敗與憤怒，能量因此無從流動。他們可能不知道如何運用這種對話方式，所以他們可能首先需要被給予（be given）去運用這種對話方式的經驗，這樣他們才可以分析出組成的成分，像是文法和時態的轉換等；不過也許他們會用一個有力量（dynamic）的理由來逃避這種立即性以及參與——相同地，這些理由也會在需要他實際去經驗、做實驗的時候，用來作為逃避的理由。然後這些理由又

第十三章　關係的文法：完形伴侶治療

形成了新的覺察，新的圖像帶到此時此刻，成為治療工作的新主題。

亞歷山大文法

到目前為止，我們談了那麼多都只是代名詞的**你**、**我**和**我們**，這些是我們在關係文法上的代名詞。這些字詞是位於（locate）且界定社會及構成社會的關係，這是一種公共秩序的語言。在其中引發了命令及規則，像「他們不應該」（Thou shalt not）……等等，同時也是親密關係的語言。我們現在回過頭來簡單地思考一下客觀的語言，就是**他—她—它**（he-she-it）這種敘述性的科學及智慧的語言模式，我們用它來談論無關個人或事物的主題，而不是與之對話。

首先，為了深入了解這種代名詞使用的情況，我們需要先探索它的歷史。Wheeler 在 1991 年指出，當我們被動地去注意一個圖像的時候，我們是在心智的背面（back of our minds）處理它——這就是所謂「結構化的背景」（structured ground）。在強調與治療有關的背景與歷史時，Wheeler 寫道：「強調此時此刻的完形治療並不是反歷史（anti-historical）、去歷史（ahistorical），或對歷史全無興趣；相反地，在這種不斷批判中所發展出來的爭議性術語，也就是個人主觀的過去（subjective past），這是結構化的背景之一，這個部分會影響到目前圖像的動態形成（dynamic creation）。」（p. 106）。

同樣地，就好像我們需要知道我們個人完整的過往，以便能完整地體驗我們個人的現在，以及將我們的生活繼續推進——我們也需要了解我們自己一般的歷史事蹟，以及往昔的智能（intellectual past）情況，以便能推動我們公眾與社會政治的生活。在榮格的譬喻中，我們大家都擁有一種「集體潛意識」（collective unconscious）——這種潛意識是超越其他事物的，是由歷史的創造和協定所組成的，我們一直持續都在使用它們，但卻沒有察覺其存在。其中一種和我們現在討論有關的歷史協定，就是亞歷山大文法（Alexandrinian Grammar），以及它——還有我們——使用不同代名詞的

方式，這種文法距今已經有 2200 年左右（Encyclopaedia Britannica, 18th ed., Vol. 8, p. 266），藉由這種文法，以及相對於這一章節所建議的**我們—我—你（你們）**（we-I-you）的順序，我們在潛意識中接受了下面所提的順序，這種簡單的語言是：**我—你—他（或她或它）**（I-you-he/she/it）；**我們—你們—他（或她或它）們**（we-you-they）。因為我們使用這樣的語言，所以我們也用這種方式思考，我們也接受生活被這樣安排。舉例來說，佛洛伊德就把自我（ego）擺在第一位，連 Martin Buber 也寫「我—你」（I-Thou）。雖然我們之前看過：「我們—你—我」（we-thou-I）或是「你—我—我們」（thou-I-we），比較符合我們實際的成長過程和經驗；但是就算是 Paul Goodman 這種會敏銳覺察人生中的語言與社會議題的人，當他在寫作時，也不會用這種與發展過程相符的順序：「當需要去溝通一些事物時，說話會是一種很好的接觸，從當中可以獲得能量，而且可以創造三種文法人（grammatical persons）的結構：我、你，和它，也就是說話的人、說話的對象，以及說話的內容。」（Perls, Hefferline, & Goodman, 1951, p. 321）。

讓我們更仔細地看這個順序如下：

我愛	我們愛
你愛	你們愛
他／她／它愛	他／她／它們愛

現在這個順序看起來是沒有傷害性且不言自明的，因為我們已很習慣了。不過這裡有兩件事值得一提：第一，左邊一欄是單數，右邊一欄則是複數——也就是說，個人是放在社會之前的。不過這在發展與生存上是不可能的，因為我們每個人都需要別人的存在。所以在一個社會中，理想的情況是我們會偏好兩者共存。此外，代名詞**我**（I）被標記為「第一個」人，**你**（you）是「第二個」人，**他／她／它**（he/she/it）是「第三個」人，但混淆也從我們想像「我」真的（indeed）就是「第一個人」、「你」真的是「第二個人」時產生。這是語言使用經驗所塑造，這種模式讓我們想像先有「我」而後有「你」，所以「我比你來得真實」，因為「你」只能「第二」，只有在

「我」之後。所以這種代名詞的使用方式也使得 Martin Buber 把「我」放在他的名著的最前面——這很明顯是一個潛意識的選擇，而且也是對他的著作激烈辯論中唯一逃過的。

這種代名詞的**我—你—他／她／它**（I-you-he/she/it）的順序也告訴我們，過去的人們是如何思考的，而且現在的人們也許還是這樣思考。事實上，「第三人稱單數」包括了**它**還有**他和她**。我們如果深入探討的時候，這代表人和事物是沒有內在差異的，而且也沒有性別差異；雖然「他」放在最前面，但「他」和「她」和「它」都是一樣的；而在「第三人稱複數」時，用**他們**就代表了所有不在場的集合體，不管是人或是事物，還是抽象的概念。在這裡我們可以看到，我們的語言以及亞歷山大文法的分類中，人或非人是沒什麼區別的。因為這種區別是沒有必要的，只要有一個團體被稱為「他們」的時候，不管他們是人還是物，對我們來說，就只是一個不帶任何情感的個案而已。

當我們回溯到亞歷山大文法出現的西元前三世紀時，我們發現當時奴隸制度是很普遍的，也因此我們才發現，在那個年代，我們是**被當成事物而不是人**來對待。我們被買賣，我們在街頭被拍賣，而且我們被稱作「他」和「她」，就好像我們並不存在一樣。時間向現代更推近一點，這種情況又發生在我們的海邊，當時非洲原住民變成了北美白人的財產。在這邊要注意一下，在這個段落裡，**我們**這個詞的運用比起**他們**更可能打動你們，不論你們是否有奴隸繼承的膚色或血統。

因此代名詞以很重要的方式界定及引導我們，就像是所謂的「第一」和「第二」人稱可以給予我們生命和能量；而「第三」人稱能讓我們變得客觀，並使得我們較沒有人性及動力（agency）。擁有說及寫這種「客觀」語言的能力當然是很重要的一件事，因為當距離是適當且必須的時候，那是我們遠眺及保持一定距離的基地。當我們需要知道「事實是什麼」（the facts are）的時候，在相同的時態下，我們會使用客觀的語言；不過，當「客觀」和權威結合，並且禁止發問及獨立思考的時候，那就明顯地具有危險性了。更有甚者，大概從三百多年前，從笛卡兒的時代開始，我們西方的知識界就

瀰漫著一股缺乏人際互動的說話方式。這種方式主要就是使用他／她／它這種用於「客觀的」科學事件的敘說式語言，這種語言習慣也造成了伴侶關係的困擾。因為「客觀的」語言也是一種對與錯、一邊在上一邊在下、帶著羞恥感的語言。當我們和伴侶間出現差異的時候，我們的語言很輕易地就支持我們自己是「對的」，並且將我們的伴侶視為「錯」的，而把對方排除在外。這種互動模式常在失功能的伴侶上看到。從長遠來看，伴侶治療常常是一個幫助兩人跳脫使用「第三人稱」敘說式的「客觀」語言，來幫助他們處理親密關係議題，並學習一起用關係的文法來說話。

伴侶和客觀的語言

　　法國心理分析學家 Jacques Lacan 曾在 1978 年提到：「佛洛伊德的領域只是在笛卡兒發展他的主題後的某一個特定時間（certain time）有可能成立，現代科學則是從笛卡兒第一步開啟之後就開始發展了。」（p. 47）。Lacan 的意思是說：自從笛卡兒提出「我思故我在」（Cogito ergo sum），畫分出主體和客體、思考者和「被思考的對象」之間的強烈分際之後，我們就只能成為真正的個體（true individual），因而成為一個等待被分析的候選人（candidate）。從那之後，我們也很努力地這樣做著，就像佛洛伊德和 Perls 曾舉的例子一樣：個人主義（individualism）強調的是「我」，並不足以作為伴侶生活其中一分子的基礎。雖然它確實是在那之前的一個必須的狀態，但矛盾的是，**個人主義作為自我具有能量的一極**（individualism as one energized pole of self），就會提升伴侶關係間的振動；但當兩個穿著鎧甲的個人主義者互相廝殺時，不但增加婚姻中的爭吵，也可能因此讓婚姻停頓下來。

　　當笛卡兒使用他的能力去思考他是否存在的時候，他是將智能的客觀語言優先放在**我們─你們─我**（we-you-I）這種關係語法之前的，而我則是把這個順序反過來；在他認為「我思，故我在」的同時，他覺得這種優先順序是超越我們經驗到的關係和對話的現實，而只是單純地反映建構出來的人類特性。就像 Lacan 提到的，笛卡兒的「我在」（ergo sum）就是個體的我（通

第十三章　關係的文法：完形伴侶治療

常被大眾認定是男性個體）。那是一種個人主義的介入，讓我們可以在脫離他或她的社會背景下去分析一個人，不論那是運用精神分析或是完形治療；而且我們還可以探索我們個人與其他人有所不同的本質，並深信其為我們的核心。Fritz Perls 是存在心理治療中的完形治療創始人，他一直在對抗客觀的語言〔他稱為大約主義（aboutism）〕及第三人稱和過去式。為此，他把他的自傳取名為《垃圾桶內外》（In and Out of the Garbage Pail, 1969）。因為他要摒棄過度使用過去式來展現生命一瞬間閃耀的色彩；同時，他傾向頌揚個人而非關係，他跟佛洛伊德一樣，深深不信任社會所壓抑的潛能。現在該是將完形治療從這種不平衡中移開，讓它回歸到 Kurt Lewin 所提出的完形整體性（holism）的場域模型（field model），以及 Paul Goodman 的社會論（communitarianism）的時候了。如此一來，不論在伴侶治療或是其他治療中，個人與關係的這兩極都能同時被賞識，而且讓這兩端所引發的創造性張力，得以在我們的語言與治療工作中發展並生存，讓我們的當事人因此可以在個體與伴侶生活中都獲益。

結語：健康的語言

不論我們是當事人、伴侶或是治療師，都需要讓我們語言的使用更具柔軟度（limber）及彈性（flexible）。比如說，在傾聽別人說話時，我們需要讓自己體驗到「你」跟體驗到自己一樣容易。很多個案發現這很難做到，所以在真正讓自己去體驗別人所說的東西之前，只好緊緊抓住文詞（word）的本身不放。相同地，當我們自己開始說出一段話語時，也要能夠流暢地把自己轉換成「我」；而當我們和伴侶或是團體進行對話時，我們也要能輕易地去感受自己是「我們」（we）的一分子，而以這種感覺來發言。當某個聲音成為「前景」（foreground）時，其他的每個聲音在這個「結構化的背景」（structured ground）下，也都必須能被有效地展現。為此，我們需要一種新的治療模式。在我的良師 Eugen Rosenstock-Huessy（感謝他對我在本章中的許多反思有所啟發）的著作中曾提到：「在佛洛伊德的理論中，讓自己成為

『你』這個部分是沒有任何地位的。」由此可見，要成為充滿活力（vibrant）且健康的伴侶，就要有成為「你」的廣泛經驗（Morgan, 1987）。

同樣地，要能適當地運用時態，就不能一直墨守成規：有時需要用現在式；回想時用到過去式；有時又需要跟未來打個招呼。一般而言，個案很難讓自己一直保持在現在式，很容易就跑到「無時間感」（timelessness）的情況，而說出像：「你總是……」或是「你從來沒有……」的話來，或是把現在的「客觀」莫名地轉化成相關（relational），而說出「我知道你為什麼總是這樣做……」或是「你從來沒辦法做到因為……」等話語來。明明在跟對方說話，但就好像是在跟別人討論對方一樣。但是身為一個治療師，當過去的歷史和目前的問題有所關聯時，我們還是需要幫助個案談談過去，且確認這個過去確實與目前的情況有關。治療師還要學著去建構個案希望和夢想中的未來生活，因為這些都是引導他們去決定並選擇目前會成為伴侶的原因。

完形伴侶治療的基礎建立在現象學的現實（phenomenological reality）以及經驗的建構上，很適合用來支持所有語態的彈性使用：不論是關係的造句或客觀的語言，在代表不同關係的「我」、「你」、「我們」的聲音中明確地移動，以及以口語時態表達時反映出經驗的時間界限。這是一種豐富的、高度發展的、成熟的語言，立基於它的明確與彈性，因此衍生出來的是一個複雜又成熟的治療歷程，以及一種豐富且更具承諾的伴侶生活。

參考文獻

Bakhtin, M. (1984). *Problems of Dostoyevsky's poetics.* (Caryl Emerson, Ed. & Trans.). Minneapolis: University of Minnesota Press. (Original work published 1929).

Chomsky, N. (1988). *Language and problems of knowledge.* Cambridge: MIT Press.

Einstein, A. (1955). Letter to Jacques Hadamard. In *The Creative Process.* New York: Mentor.

Lacan, J. (1978). *Four Fundamental Concepts of Psycho-Analysis.* New York: Norton.

Morgan, G. (1987). *Speech and society.* Gainesville: University of Florida Press.

Perls, F. (1947). *Ego, hunger and aggression.* London: Routledge.

Perls, F. (1969). *In and out of the garbage pail.* Utah: Real People Press.

Perls, F., Hefferline, R., & Goodman, P. (1951). *Gestalt therapy.* New York: Julian Press.

Wheeler, G. (1991). *Gestalt reconsidered.* New York: Gardner Press.

第十四章
施予及領受

Richard Borosfky、Antra Kalnins Borosfky　著

張碧琴　譯

在開始之前，我們要先說一個故事；這是著名的猶太牧師拉比的故事。

> 有一天，拉比的學生問道：「拉比，地獄是什麼？」沈思了數分鐘之後，拉比回答：「地獄是一個很大的大廳，大廳中央有張大大的餐桌，桌上堆滿了食物，地獄裡的人們可以隨意靠近桌子拿取食物，愛站多近就站多近，但是仍然無法吃到東西，因為他們無法彎曲自己的手肘，所以只能手拿著食物、渴望不已地乾瞪眼。這就是地獄，在豐饒富裕之地仍身受永恆飢渴的煎熬。」
>
> 接著這個學生再問：「那什麼是天堂？」拉比回答：「天堂看起來幾乎和地獄一樣，一樣有人群聚集在大廳，有一樣的餐桌和食物，在這裡的人們也和在地獄的人們一樣，無法彎曲自己的手肘，只有一個地方不同：在天堂，人們已經學會如何彼此餵養。」（Buber, 1973）。

身為已結褵二十四載的伴侶，我倆早已相當熟稔關係中的天堂與地獄。而身為聯合伴侶治療師，我們也能體會前來求助的伴侶，多半因為缺乏施與受的交流，而深深受苦於強烈的關係渴求中。

因此本章將呈現我們的伴侶治療取向，簡言之，此取向是協助一對伴侶透過每一個當下如實發生的、真正給與取的交流，學習如何餵養（feed）彼此及關係。其次我們會透過一份在伴侶治療早期療程的逐字稿，詳述我們的工作原理，並附加此種取向何以能生效之評論。

關係就是給予及領受

生命的座右銘就是「給予及領受」。每個人都是給予者及領受者；
偶有例外者，則如同無法結果的樹木。

———猶太教哈西德教派（Hasidic）諺語

我們治療的工作信念是：生命就是交流、給與取的活動。如同完形模式所主張的，任何形式的生命都必須有其存在的環境，並持續與其所處的環境進行給予及接受的交流。例如，同屬動物的我們會提供一氧化碳給植物，並接收其給予的氧氣。身為經濟動物之一員，我們會以貨物、服務、貨幣、信用交換其他事物。而在親密關係中，我們交換關注、情感、喜愛、意義、意圖、夢想，有時最終會交換誓言。我們也將親密關係看成是兩個合夥人之間施與受交流的、精緻的經濟體驗。透過這樣的交流過程，關係的繫帶（bonding）得以形成。我們相信關係既非成於天堂亦非形於地獄，反而是透過時時刻刻、歲歲年年的施受交流而共同創造出來的。如同 Wendell Berry 在《婚姻之邦》（*The Country of Marriage*）中所說的：「我們之間的感情維繫並非是一種基於交換我的愛與為你工作的小型經濟……，我們並不知道它有無極限……。」

如同其他經濟活動的健康狀況會受到交流的難易度與頻率所影響，關係的健全狀況也是。當交流順暢時，關係就有如花園芳草蔚然，兩人都會越來越能安住於當下，更有活力與覺察。他們變得深深與對方連結，同時仍充分覺知彼此的獨特差異性，雙方都越來越能自由分享個人的獨特經驗，能看重、接受對方的不同處，也能從這樣的接觸經驗中有所學習。故這樣的交流是公平的、互相增權的。因為知道個人經驗能力之有限，也知道需要彼此的差異，他們能認可彼此互賴的事實。透過彼此施受的交流，新的可能性被開啟；透過可能性的交流，雙方變得更有彈性、更有熱情與全人的精神。

也就是說，他們會交換。這種關係觀點的自然結果是：交流的過程會帶來改變。我們並非單向地以誰改變誰的定義來看待改變，而是認為雙方交流

的結果自然會帶動雙方的改變。這樣的交流內容可能是個人的主觀真實，情緒（正向、負向、中立或混合的）、需求、意義、價值或夢；或是關注、滋養、支持彼此的目標；也可能是在對方的要求下所採取的具體行動，可說是基於雙方合意的契約交換物（延伸討論請參考 Lederer & Jackson, 1968）。

然而當交流受阻時，關係與關係中的人皆深受其苦，連結彼此的繫帶會削弱，他們會有一成不變之感，覺得被彼此的限制卡住了，也不覺得彼此在同一陣線，更遑論關係的成長。通常關係成員之間會有權力角力，雙方意圖控制、貶低，甚至彼此傷害。如同本章之始那篇寓言的譬喻，那可真是個關係的地獄。

學習給予及領受

假設給予及領受的技巧需要透過與重要他人之互動逐漸習得，這些習慣也必然會轉移到當前關係中。最理想的狀況是，雙方皆能覺察到自己的習性，並在伴侶關係中漸漸調整改良其施與受的技巧。當交流的過程中斷或失去連結時，這對伴侶可以向彼此學習，而非彼此責備、對關係進行過度推論，或訴諸心理學的詮釋。最糟的狀況是，這對伴侶無止盡地循環其失敗的交流，卻絲毫沒有從中學習；他們未了解到施與受是必須不斷有意識操練的技巧；他們在看待彼此關係時，只看到眼前發生了什麼，卻沒去看到底是如何發生的。

能夠成功地與人連結，包括具備精準優雅地施與受的能力，而其組成元素有四：安住當下（being present）、覺察（being aware）、分擔責任（sharing responsibility），以及實際操練（practice）。

安住當下

安住當下是在任何親密關係中造就成功與令人滿意交流的重要元素，道理很簡單：人們不可能在過去或未來進行交流。惟有當下，方有交流。也只有當下實存、確實可得的東西才能拿來交流。不像其他的經濟或智識交流，

親密關係中的交流內容就是當下經驗，個人的、隨手可及的、變動不居的、當下鮮活的生命力，這就是親密關係的精髓。

覺察

覺察與對關係進行審思的不同處在於，前者僅僅是去注意一個人如何在當下連結。要能成功連結，意謂個人必須能注意到雙方正在做什麼，以及對其行動的影響。如同開車，駕駛若能時時集中注意力，自然能減少擦撞與傷害。在關係中，個人不只是覺察到自己或對方的狀態就夠了，還要注意覺察到自我與他者之間的施受過程。

分擔責任

一份關係的交流若要皆大歡喜，顯然雙方都要有所付出。責任若能分攤，雙方對於關係的成敗就負有同等責任，如此可大大降低親密關係中常見的權力角力，以及由此而生的歸罪與指控。分擔責任可大大提高向彼此學習的態度。

實際操練

我們是透過實驗與練習學會如何連結的。即使努力也無法創造彼此滿意的交流時，還是要再次嘗試，要能仔細觀察，注意哪些部分是可行的、哪些是無益的，如此一來，失敗才會是新功課的起點。這就是實際操練的核心，也是發展施與受技巧的重要因子。處於親密關係中意謂必須持續精進施與受的技巧，也惟有透過不斷的操練與改善方能達成。

施與受的完形循環

然而施與受的技巧是什麼？我們根據完形的「經驗循環」發展出一個「施與受的完形循環」模型，並由 Zinker（1977）、Zinker 和 Nevis（1981）以及其他作者持續精修，希望能有助於回答此問題，同時也能精進我們對此過程的了解。此模型主張交流的過程可分為八個階段：四個施予階段及四個

領受階段。為了能擁有滿意的交流，我們主張每個循環的階段都不能少，一旦有所欠缺，關係的品質及處於其中的人就要受苦受難了。

即使在此我們會逐段個別介紹施予及領受的階段，但實際上施與受總是一併發生的。施與受其實是同一個過程，就如同一對跳舞的搭擋會輪流當帶舞者與被帶者一樣。接下來即先逐段簡要介紹，再討論施與受究竟是如何同時發生的。

施予

會合（gathering）：所有給予的前提是個人要有東西能給，且是實際上現在就能給得出去的，而非以前曾經有但現在沒有的，或是以後才會有。就我們的觀點而言，個人最珍貴的禮物是隨時唾手可得的此時此刻的經驗。不過個人必須注意觀看，套句 Rilke 的話來說，就是「會合所有經驗中的感受與甘美」：感官、情緒、思考、需求、衝動、希望、企圖等等，以求發掘自己真正必須奉獻的是什麼，如此將能帶來真誠與整合感。

奉獻（offering）：為了與人連結，個人必須對他人有所付出，而且必須付出自己的東西。這可能是一句話、一種感覺（正負向的、中立的或混合的）、需求、與他人有關的某個行動，或僅僅是關注對方。當個人能成功地有所付出時，就會帶動內在的寬裕感受。

瞄準目標（aiming）：為確保禮物真能送達給對方，個人必須精準掌握到底送出了什麼禮物，也要聚焦於精準送達。瞄準目標可帶來方向感與企圖心。

釋出（releasing）：完成交換意謂給出去就要放手，這也意謂要放棄控制與擁有權。不論給予什麼，給了就是別人的了，完全放手才能帶來活力與澎湃熱情，個人也才會感受到喜悅與自由自在。

領受

向外伸展（reaching）：領受並不只是被動的歷程。個人得積極地需要或要求某樣東西，並且真的向外尋找、挑選，並決定哪個才是自己所要的。因

此，向外伸展是領受的第一步，也會引發欲望與渴慕。

準備就位（readying）：在餵幼童吃東西時，孩子得將張開嘴巴才能再吃下一口。領受階段的第二步也需要這種就位感，這表示個人要打開心胸才能容納新的東西。這個階段能帶來希望與期待感。

接受（accepting）：顯然地，你所接受的正是別人所能給的。接受意謂將非自我的東西帶入自我界限之內，因此有擴充自我之效果，也能帶來憐惜。

吸收（assimilating）：為了獲得被滋養與滿足感，充分地消化與吸收是必要的。個人在此階段必須從與他人的互動中完全撤退，退回到個人內在世界，才能生出滿足與感激之情。

以下將以圓狀圖來呈現給予領受循環的八個階段：

他人

釋出　　　　　向外伸展

瞄準目標　　　　　　　　準備就位

給予　　　　　　　　　　　　領受

奉獻　　　　　　　接受

會合　　　吸收

自我

由上圖可發現，給予是從個人向他人移動的過程，而領受則是從他者到自我。此圖亦顯現出給予與領受是如何並肩而行；給予的四個階段正與另半圈的領受四階段相配成對：

會合 —— 向外伸展

奉獻 —— 準備就位

瞄準目標 —— 接受

釋出 —— 吸收

這四組內部其實是彼此緊密相關的，例如，要先有人準備好領受，個人才能有所奉獻；但若沒有人要付出，另一個人也無法接收。相似地，本來準備要給別人的東西，個人不可能硬要拿過來；倘若沒人肯接受，光自己一個人在哪兒瞄準目標也沒用。由於兩者會彼此影響，故這種循環性使得我們無法將施與受截然劃分。

同樣的道理，循環的各階段都會彼此相繫。在運作良好的狀況下，施與受循環會從「會合—向外伸展」開始。當伴侶之一方向外索求、想要有所得時，另一方即彙集手邊現有的、能呼應對方需求的資源。當個人能敏銳地、有技巧地表達需求時，往往就能引發對方奉獻的衝動，繼而帶動個人的接受度。這種「到位」有聚焦、協助瞄準目標的效果，因為目標越明確時，越容易接受或帶入所需，接受就能促進全面的給予，最終促成充分擁有與消化吸收所得。

伴侶治療

我們從以往工作經驗中發現，從一次給與受過程的失敗中，就可以看出這對伴侶的多重困難處。我們的取向是務實的、可行的，我們不去追問何以會失敗，而去看施與受的過程何以膠著，並試著幫雙方學會如何改進。要能達到此目標，治療師必須能精確地診斷、描述出目前困難所在，並知道如何介入。

在診斷與介入時，我們會將上述模型當作引導架構，找出給與受的過程中斷於何處。例如，我們能看出缺少了哪個階段、哪個階段甚少著墨、又卡在哪個階段，也能看出這對伴侶是如何「跳出階段之外」的。如此一來，我們就能辨識哪一項交流是最重要的，在特定時間點時誰較能給予？誰較會是領受者？此外，此模型幫助我們決定何處、何時、如何介入，並幫我們看到下一步要做什麼。以下即透過幾組仍在伴侶治療早期的會談紀錄片段，來澄清我們實際運作的方式。

一次伴侶治療的會談

　　Thomas 與 Joan 是一對白人中產階級的中年伴侶，這是他們第一次尋求伴侶治療。先生個子高，神態略拘謹自律，在會談剛開始時相當不自在。太太看來比先生小十歲，在這次會談一進門時，就顯得很挫折懊惱。

情節一

Antra：這是我們第一次一起會談，因此一開始我想邀請你們花幾分鐘想一想，你們想從彼此身上獲得什麼？什麼原因讓你們想來這裡？今天你們最想從會談獲得什麼？

（沉默一分半鐘）

Joan：嗯，這個嘛，這個問題不好答。當我聽到你的問題時，我第一個想到的是我要你（看向 Thomas）放我走。（暫停）我只想要看到我們之間還有一些可能性。

Thomas：我聽不懂，太矛盾了，我要的也只不過是請你不要那麼冷漠。或是說，我想我也只是要重新找回方向感，我們兩個人好像失去方向了。

Antra：可以請你們談談過去發生了什麼事，導致你們今天走到這裡的？

Rich：或任何你們認為重要的，一開始就要讓我們知道的。

Joan：嗯，我們最近大吵了一架，吵得很兇，大概是三個禮拜以前。其實我早就隱約覺得我們的關係在走下坡，但這次吵架可真讓一切都浮現出來了。

Thomas：因為我們兒子說了一些話，Joan 覺得很不高興。

Joan：他罵我是「自私鬼」。

Thomas：所以她到書房來……。

Joan（很生氣地插嘴）：我才不是因為他說的話不高興，我不高興的是你處理這件事的方式，你根本沒有處理！

Thomas：所以她來找我，想要談這件事。但最近正在學年要結束的時

候，我是個中學校長，要處理的事一堆，所以我說：「我們不能等到週末再談嗎？」因為我覺得這會是要認真討論的問題。接著事情一件接著一件，快到來不及反應，Joan 逮到把柄一樣大吵，我氣沖沖地衝出房子，回來的時候還是發了一頓脾氣。從那次之後，氣氛就一直很緊張。

由於我們治療取向的目標在讓 Thomas 和 Joan 兩人之間能有成功的、皆大歡喜的交流，因此我們從交流的第一步，就是以向外伸展與會合為開始。Antra 詢問他們想從彼此以及這次會談獲得什麼，以了解他們試著想交流的是什麼。同時我們也請他們花些時間好好想想這個問題，以便能真的「會合」或整理好自己，真的去感覺自己想要奉獻給對方的是什麼。我們聽到 Joan 要 Thomas「讓她走開」，而他則要她「別那麼冷漠」。由於這些要求看來都仍未完整成形，所以我們決定不要從此處開始，寧可稍後再回來處理。

我們找到另一個更適合他倆首次交流的主題：目前他們對彼此的感覺。當他們談著數週前的爭執時，我們仔細觀察著兩人之間給予及領受的交流，因而注意到 Joan 在生 Thomas 的氣，甚至可以說將怒氣鎖定在他身上火力全開。她言談的內容皆與他有關，過程中常向他投以憤怒的眼神，也會突兀地打斷他的話，這些都使得他們的爭執雪上加霜。而在 Thomas 這方，他對 Joan 的怒氣似乎感到又怕又受傷，因而無法接受甚或消化，並從中獲得一些對 Joan 的了解，這當然談不上向 Joan 分享自己有多害怕、多受傷，也就沒機會發現如此反而能創造他迫切渴求的親密。他們卡在情緒中進退維谷，若無 Thomas 配合接受，Joan 無法釋放自己的憤怒；除非 Joan 變得更包容些，Thomas 也無法提出自己的害怕與受傷感受。

因此我們選擇此僵局作為第一個處理的議題，我們將試著引導 Joan 傳達自己的憤怒給 Thomas，也幫助 Thomas 分享自己的害怕與傷害。而第一個步驟就是讓他們更能立於當下，才能有真實的交流。

Antra：此刻「你們正在吵架」的感覺有多強？你們覺得此刻和對方的距

第十四章 施予及領受

離有多近？有多遠？

Thomas：我覺得很疏遠。吵架或許還不是很恰當的用詞，感覺更像她站在遠遠的一邊，而我站在遠遠的另一邊。

我們的第二個步驟，是要他們直接看著對方說話。由於 Thomas 多半面對著我們說話，他們兩人也一直迴避著彼此的視線，因此這個步驟可以促進兩人之間的交流。

Antra：那麼你希望變成怎麼樣的？

Thomas：我想要感覺我倆之間更親密一些，但 Joan 有時會表現出一付我要求太多的樣子。所以，雖然我知道那是我想要的，但有時候我自己也不太確定。

Rich：你願意做個實驗嗎？請你直接告訴她「這就是你想要的」，好嗎？

Thomas（以順從的語調說著）：這些我以前都說過了，不過我可以再說一遍。（轉向 Joan）我要的只是我倆能更親近一點，但是有時當我想接近你的時候，你不只是反應冷淡，你簡直是生氣。我擔心如果我要求更靠近你，會惹你生氣，所以我不敢要求。好像我怎麼做都不對。

Antra：Joan，那你經驗到什麼呢？你能分享你聽他這麼說時的感覺嗎？

Joan：一方面我知道你現在處境尷尬，但另一方面我才不想管那麼多！我仍然很氣你，氣到我無法靜下來聽你說你想要更靠近。我氣的是你用各種不自覺的方式拒我於門外，所以有一部分的我也想要拒絕你提出的任何事。

Thomas：「拒你於門外」是什麼意思？我想要以你為中心的啊。

Joan：你是這麼說，但是很多時候我根本感覺不到你，你的心根本不在。

Thomas：我知道，尤其去年我的確是從兩人關係裡撤退了一點點，但那都是因為工作的關係啊；而且你自己也是。（停頓）但是我不想要讓事情變成這樣的。

Joan：我也不想要啊！

此時 Thomas 看似想從充滿張力的對話中抽身，Rich 鼓勵他堅持下去。

Rich：請繼續保持對話，Thomas。看著她，互相注視著對方，並且讓自己去感覺兩人之間的挫折和困難。你們兩人都說「我不想要事情變成這樣」，也都感覺到某些存在於你們之間的阻礙了，看著對方，試著去捕捉看看那究竟是什麼……，有點痛苦，有點困難的東西像是什麼？

Thomas：我覺得你恨我。

Joan：有時我真的有這種感覺。

Thomas：我不懂，我知道有時我真的很讓你心痛，但恨未免太極端了吧！

Joan：我不知道恨這個字恰不恰當，但我實在很火大！

Joan 的怒意仍然太抽象，亦未盡聚焦。我們試著讓她更精確、更直接一些，以便能更處於當下。

Antra：此刻，你也對他很火大嗎？

Joan：嗯，即使是現在，光這麼看著你，我就……

Thomas：我到底做了什麼？

Joan：就是，就是你……

就在 Joan 快要發作之前，她硬生生地阻止自己。Rich 支持著她，希望能幫她更聚焦，讓事情發生。

Rich：試著說出來，他做了哪些惹火你的事。

Joan：就是你坐在那兒歎息的樣子。我不知道，我看到你那種有點可憐

the樣子就很煩。

Rich：我也注意到了。

透過支持，Joan 在這次會談中開始鎖定並釋放自己的憤怒（這種釋放的力道很難透過書面的逐字稿來呈現，但只要你看著它發生，你就知道了）。

Joan（略提高音量）：就像我們最近為了 Robbie 而吵架的這一回，你沒有站出來面對他，就像你沒面對我一樣！我很氣你，而你卻溜走了，就這麼從人間蒸發了！

情節二

前段情節完成的是前半段的交流，Joan 已釋出她的怒氣，但是 Thomas 尚未接收下來。無庸置疑地，他越能接受時，她會釋放越多，而為了保持關係平衡，此時很重要的工作就是讓 Thomas 也釋放自己的。既然 Joan 已經釋放一些自己的怒意，我們希望她也能多接納 Thomas 的怒氣，故接下來就是要協助 Thomas 向 Joan 分享自己的感覺。因此 Antra 要求 Thomas 專注於自身內在，以便聚焦於自己現在所經歷的感受。

Antra：此刻你感覺到什麼？

Thomas：我不知道，好像有些什麼但說不上來。

Antra（慢慢地）：請你花一點點時間注意自己的身體，注意身體內的感受好嗎？你的呼吸如何？你的胸口感覺怎樣？你的臉、眼睛和手裡面經驗到什麼？你注意到什麼？

Thomas：我胃痛到打結了。（停頓）也許不是打結，比較像是蛇，全都是蛇。

如今 Thomas 逐漸恢復對情緒的感受力，但他仍無法向 Joan 表達，因為他怕又被她批評成「可憐蟲」，於是在自己正要對她表達感覺時，硬生生地打斷自己。這種中斷正是轉移的標誌，重現了施與受的舊模式：他預期會被

批評，而當他自我干擾時，正好創造了這種自我實現的預期。

Thomas：但我隱約覺得我不應該有這種感覺，因為如果我開始難過、不高興，或那些你稱為「可憐的」感覺，我好像就不夠好，我應該要表現出別的樣子。（停頓並放棄般地歎了一口氣）這簡直是沒完沒了。

Thomas 看似要放棄靠近 Joan 了。為了讓他持續參與並維持動力，而且既然 Antra 已很能同情地接納他，Rich 就擔任面質者的角色。透過一方推一方拉，能讓 Thomas 持續提供自己的經驗，並參與在關係中。

Rich：這聽起來就真的很可憐了，聽起來好像是自憐。

Antra（向著 Rich）：我的感覺不太一樣，我覺得很同情他。

Rich（向著 Antra）：他聽來是放棄了，他好像在說「我再也沒有辦法了，我很無助。」（停頓）你經驗到的他又是如何？

Antra：我感覺在他心裡似乎有很多恐懼，而且卡在那些恐懼裡。我覺得有種心疼的感覺。

Rich：我了解。

Antra 注意到我倆之間開放地面對不同意見的方式，對 Joan 好像造成很大的影響。

Antra：Joan，我很好奇此刻你經驗到什麼。如果你注意一下此刻自己身體裡面，你注意到什麼？

Joan：我的喉嚨緊得不可思議，幾乎像是有絞索或什麼繃帶環繞在我的脖子上一樣。而我的手好像想去攫住什麼東西，例如像我攫住這張椅子一樣。

Rich 請她專注在自己的需要，以便使她能更具包容性。

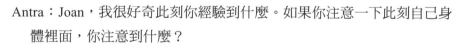

Rich：你對於自己此刻需要什麼有概念嗎？

Joan：我最近剛好從電影中看到一幕，有個人被綁在椅子上，我想去拿刀來解開，這就是我的感覺。

Antra：而那樣的感覺是什麼？一旦你能解套，你想做什麼？

Joan：我想我會馬上逃開，逃得越久越好。

Antra：是自由嗎？你一直想要的就是自由嗎？

Joan：對對對。

我們意圖將她的需求導向 Thomas，以便創造兩人之間的交流。

Rich：你覺得此刻他正束縛著你？

Joan：我覺得好像我要得到他的允許才能解開套索，好像得先確定他說好才可以。

Rich：你想這麼做嗎？

Joan（向著 Thomas）：但如果我真的這麼做，我就會氣你！

Joan 想要 Thomas 釋放她，但又不想開口求他，好像開口就暗示著她必須依賴他。Antra 鼓勵她還是試試看。

Antra（開玩笑地）：這個嘛，你根本就不必求他，你只是決定要問一下而已。

Joan：哦。（停頓了一會兒之後，她轉向 Thomas）你能放我走嗎？

Thomas：我沒有綁著你。

確實，Thomas 真的沒有綁住她（我們稍後會指出，她覺得被綁住，是因為自己卡在對他的關注裡）。然而，他也真的緊黏著她，所以她會有被吞沒的感覺。我們認為雙方的共同參與創造了僵局，因此雙方都要努力改變以

求掙脫僵局。Antra 要求 Thomas 先開始，因為此刻他會是比較能給予的一方。

Antra（向著 Thomas）：說「好」的感覺會是什麼？

Thomas：可怕。（轉向 Joan）但是我知道，如果你一直被綁住，你其實不快樂，而我不想要讓你不快樂，所以，嗯……好。

Antra（向著 Joan）：而你聽到那聲「好」的感覺是？

Joan（向著 Thomas）：對我來說還是很難，因為即使你才剛說「好」，我已經自己摻入「不好」的答案了。

在此 Joan 清楚陳述了自己的轉移。她是如此強烈地預期對方會否定她的需求，以致於聽不到他的認可，更不用說接受他所說的。但是 Thomas 認真地堅持著，將目標鎖定在要她接受他所說的。

Thomas：聽著，這就像我們以往一直夾纏不清的，就像你說要回去工作的時候（提高音量），我說好！聽到了嗎？好！

Joan：對，但是你以後會一直恨我。

Thomas（深刻地看著她）：不……我會覺得害怕。

Thomas 向 Joan 表達了自己的恐懼，但既然她的負面預期或轉移如此強烈，她很可能會因此聽不到、看不到。為了確保她的回應是植基於此時此刻正在發生的，而非過去事件，我們要求她看著他。

Rich：Joan，此刻你能看著他嗎？看看他有多害怕，你看到他的害怕了嗎？

Joan：我看到了。

Rich：你能告訴他，你看到什麼了嗎？

Joan：我看到你的害怕，我真的知道要你這麼說有多困難。（停頓）我

297

第十四章
施予及領受

知道這對你來說並不容易。（停頓）很抱歉，我沒有早點看出這點。

Thomas 所給予的是此刻最真實的：他的脆弱、他對親密的渴望、對於失去她的恐懼。相對地，這些也釋放了 Joan。而今她能體會 Thomas 的害怕，同理地將其感受納入個人內在。至此，第一個施與受的循環於焉完成。

情節三

上一段 Joan 和 Thomas 之間的交流，讓會談進入全新的真實與存在狀態，而且正如同在治療中常見到的，當雙方越來越與彼此同在時，過去的經驗反而會浮現出來，而阻礙他們進一步施與受的能力，因為這些經驗太痛苦了，以致於他們以往從來不提。完形治療取向的美妙之處就在於我們不需要真的進行考古挖掘，讓塵封往事出土，相反地，在我們解決當前僵局的過程中真有需要時，它們自然就會出現。

此刻浮現出來的回憶是 Thomas 的前妻 Theresa，她與他們的女兒一起喪生於十八年前的一場車禍意外。隨著記憶盒子打開，這件事對他和 Joan 關係的影響就越發清楚：他怕像失去 Theresa 一樣地失去 Joan。他描述當他聽到噩耗時的驚慌與哀痛，以及當 Joan 最近遭遇一場小車禍時，他如何重新經驗到同樣的感受。

Thomas：我正想著 Theresa。

Antra（向著 Thomas）：誰是 Theresa？

Thomas：我的第一任妻子。

Antra：她發生了什麼事？而她和這件事的關聯是什麼？

Thomas：她在 1975 年去世，和我女兒一起死於一場車禍。

Antra（同情地）：這件事仍帶給你很大的痛苦嗎？

Thomas：有時我會覺得我好像克服它了，它過去了，但有時它就又發生了。

Antra：發生了什麼？

Thomas：舊回憶湧上來。我想上次我和 Joan 之間的事⋯⋯她想離開的事。（停頓）幾個月前 Joan 遇上一場車禍，她人不在這裡，在 Albany，她打電話給我，告訴我車禍的消息。雖然她說沒事，但直到隔天她仍無法開車，因此只好多留一晚。（停頓）我不知道我怎麼回應的了，我⋯⋯一直到她回來之前，我覺得好像一切都從頭來一遍一樣。我的意思是，我知道不是同一件⋯⋯

Thomas 試圖振作起來、控制自己的情緒，我們溫柔地協助他更往前跨一步，能與 Joan 有此時此刻的交流。

Rich：Thomas，你剛剛告訴 Joan 的是，你怕會再發生一次同樣的事？
Thomas：不，我沒這麼說。
Rich：請你現在說好嗎？
Antra：請看著她。Joan，請你也看著他。
Thomas（向著 Joan）：我知道我以往很少向你提到 Theresa，我也知道你現在對車禍這件事有點不高興，你不想要再討論這件事了。但是從你打電話給我直到你回家這段期間裡，我就是覺得又發生了。（無聲地哭泣）就好像他爸爸打電話給我那時候，我不知道我能做什麼，但是我也知道，當你回家時，我不能讓你知道這件事。

此段交流意義非凡，但仍未盡完成。由於痛苦的感覺太強烈，Thomas 未曾與 Joan 分享失去 Theresa 的哀傷，或他對於失去 Joan 的恐懼。而今我們得以短暫瞥見他所受的痛苦，也深受感動，但這些情感強度對他倆來說太強烈了，因此 Thomas 中斷他的敘述，開始為自己的難過致歉。而這個舉動引發 Joan 的怒意。

Thomas：我知道這對你不公平，這是不對的。
Rich：請你在這裡停一下好嗎？你剛剛說的是非常感人的，但是你接著說「這是不對的」、「這是不公平的」，就把感覺驅散了。（向著

Joan）你聽到這些話的感覺呢，Joan？

Joan：起先我真的感覺到你的痛苦，但接著我又開始氣你了。

Rich：什麼時候？

Joan：嗯，大概是一半的時候。（開始真正投入）我覺得你好像總是受傷！

Rich：這對你來說太多了嗎？太多受傷的感覺嗎？你會覺得被吞沒或淹沒嗎？你感覺到就是這些將你綁在椅子上嗎？他的哀傷，他的……

Joan：對！我就是……剛剛他在說的時候我有個衝動，想要尖叫、跳腳……

Rich（鼓勵 Joan）：嗯，那你會說什麼？

Joan（尖叫著）：我會說：「去你的！我受夠了聽你說 Theresa 的事了！她已經死了！」

這已是 Joan 在這個會談中第二次釋放自己的憤怒了。由於 Thomas 仍未能接受這件事實及她強烈的情緒，Rich 先接了下來。

Rich（較長的停頓之後）：是啊，她已經死了，早在 1975 年。

Joan（對著 Thomas）：我知道你還是很難過，但我就是……

Thomas：我不是為了 Theresa 而難過。

Joan：你是為我而難過，但那就好像把我當成是她一樣！我不是她！我是我！

Rich：你覺得他聽到了嗎？這句話很重要，你認為他懂了嗎？

Joan：我知道你是為我而難過，但又不只是我，我同時代表我自己、她和孩子們，我好像是一切的代表。

Thomas：嗯，有時你真的代表了一切。就像我們剛認識的時候，我覺得自己好像又能活下去了。

由於他們的對話開始失去焦點，我們試著帶回到現在，聚焦於彼此的交

流。

Antra：現在發生了什麼？

Thomas（略顯挫折）：我不想再說了。

Rich：你剛剛正在對 Joan 說：「當我們剛認識的時候，我又能活下來，有時我覺得你就是一切。我是如此愛你。」

Thomas（向著 Joan，漸漸開始生氣了）：但是我不想告訴你這些，因為如果我說了，你就說那些是自憐、痛苦，和 Theresa 有關的那些事，你就是要生氣！就像你說我總是受傷、背負著那些該死的傷痛一樣，你也總是怒氣沖沖！

Thomas 剛剛終於給予她所要的，從這次會談開始到現在，他第一次表現出與 Joan 相等的憤怒，並丟還給她。從 Joan 的反應可以看得出來，這就是她一直以來真正想從 Thomas 那裡得到的，一個旗鼓相當的夥伴。她立刻從自己的憤怒得到釋放，並對於他生氣一事顯得很高興，這點頗令他訝異。

Antra（向著 Joan）：你現在還好嗎？對此你的感覺是什麼？

Joan：我覺得他……他好像有點抓狂！我的意思是……

Antra：請你告訴他，你的感覺是什麼？

Joan：嗯，你抓狂的時候，我反而好像有一點點高興！

Thomas 可一點也高興不起來，他完全被 Joan 一百八十度的轉變搞糊塗了，他不了解當他給予並釋放生氣（或其他負面情緒）時，怎麼會是一項禮物。因此即使 Antra 一再催促他看著 Joan，他仍未準備好接受她的興奮。

Antra：Thomas，可以請你看著 Joan 嗎……看著她的眼睛，她的眼睛正睜得大大的、在笑……但是你沒有看，你可以看一下嗎？

Thomas：這簡直是瘋狂！

301

第十四章
施予及領受

Antra：聽起來可能沒道理，但請你看她一下就好，看一看。

Thomas：這就是你要的？你要我生氣？

Joan：好像我看見生命跡象一樣。我不知道怎麼解釋，就有點像⋯⋯我覺得就像小孩子一樣的高興。

Antra：看著她，看著，持續看著。

Rich：Joan，此刻他看著你的感覺如何？

Joan（向著 Thomas）：有一瞬間你好像真的看到我了，我有一點點回到我們初識時的感覺，那種感覺有那麼一點點回來了。

Antra（向著 Thomas）：你能在此刻看著她，並告訴她這件事看來像是什麼？

Thomas：這整件事實在有點瘋狂。

Antra：你的意思是說實在沒道理？你說「瘋狂」的意思是這樣嗎？

Thomas：對啊。

Antra：你此刻的感覺呢？

Thomas：這個嘛，我覺得這樣好像也還不錯。

終於，Joan 對於 Thomas 始終未能明白並接受她的興奮感到挫折，開始撤退。

Rich：你現在正經驗到什麼，Joan？

Joan（喪氣地）：我不知道，他開始說話之後就不一樣了，我開始覺得「啊，不好了，我們又繞回來了⋯⋯我們繞回來了⋯⋯什麼都沒變。」

情節四

有時與一對伴侶工作的過程，就好像要將車子從雪坑裡拖出來一樣，會先來回搖晃車子，讓車子先脫離卡住的地方。經過前段緊湊的來回交流之後，Thomas 和 Joan 又陷回熟悉的老生常談，但接下來，他們已經能夠從卡住的地方解套，開始有不同於以往的表現。這段情節始於 Rich 請 Joan 先撤

退回自己的內在，因為倘若 Joan 忽略了自己的感受，將會限制她接受的能力，進而限制了 Thomas 完全給予的能力。

> Rich：Joan，我要請你做個實驗。（緩慢地）請你將注意力拉回到自己裡面，注意到你身體裡面好嗎？例如，此刻當我和你說話時，注意你自己的呼吸，不要注意我們。（更慢地）和你自己在一起。允許你自己忽略我們，允許自己不去傾聽。
>
> Antra：真正感覺到你是自由的……
>
> Rich：……讓你的注意力帶你到任何你想去的地方。（長時間的停頓）你了解我要你做的嗎？
>
> Joan：我了解，但是我實在很難做到。當我要去注意自己當下的感覺時，連先前剛發生的事都想不起來。
>
> Rich：你可以這樣嗎？
>
> Joan：可以是可以，但我從來不曾如此，這對我來說是個新的體驗，所以……實在很有趣（轉向 Thomas），這就像我每次看著你時的感覺，我完全處於過去。

Joan 小小地體驗到何謂「活在當下」，也促使她能放下對 Thomas 的憤怒，允許改變發生。然而這還不夠，為了加深活在當下的經驗，Antra 請他倆輪流以「此刻……」開頭的句子進行交流。接下來的段落裡，他倆持續如此對話，並越來越能與彼此共存於當下。當他們能允許正負向情緒自由來去，給予並如實接受當下事實的變化時，他倆之間的親密就開始發展。

> Antra：我想請你倆試試這個，請你們以「此刻」為開頭，對彼此說幾句話好嗎？
>
> Thomas：「此刻」？
>
> Antra：是的。例如說，「此刻我……」
>
> （停頓）

Joan：此刻我覺得很困惑。

Thomas：此刻我覺得累壞了。

Joan：此刻我真希望能躺下來。

（停頓）

Thomas：此刻我正在想我有多愛你。

Joan：此刻我還是覺得有點難接受這句話。

Thomas：此刻我知道，但這就是我的感覺。

（停頓）

Joan：此刻我有點害怕。

Thomas：此刻我又搞糊塗了。這樣實在很奇怪。

Rich：請停留在這裡，停在剛剛這些句子的變化裡：從「我愛你」、「我搞糊塗了」、「我很害怕」、「我聽不到……」，試著讓自己跟著這些變化走，不要將它們看成是問題，只要允許改變發生。

Thomas：此刻我記得我們第一次的約會。

Joan：此刻我覺得有點不好意思。

Thomas：此刻我覺得有點急躁。

Joan：此刻我也這麼覺得，我注意到你們兩人都在看著我。

Thomas：此刻我不知道這樣的對話會變成什麼樣子。

Joan：此刻我替你覺得驕傲，因為你願意嘗試。

Thomas：此刻聽你這麼說，讓我覺得很高興。

Joan：我也覺得很開心。

隨著 Joan 越來越能接受，Thomas 也越能將他的愛給予出去，她漸漸準備好接受他感受到的親密了。他決定孤注一擲。

Thomas（猶豫地）：此刻我想讓你知道這就像……有點像……我心裡有一些話，此刻我有話要說。

Rich（鼓勵 Thomas）：說吧，你想說嗎？

Thomas（轉向 Joan）：請忍耐我一下。我接下來要說的可能是你不愛聽的。（停頓）在你的意外事件中我經驗到……有一部分是回想起 Theresa 及當時發生的事，以及我有多害怕。但是我也明白了一件事，如同我對 Theresa 的愛、她對我的重要性一般，你對我也有特殊的意義，而那是別人絕對無法取代的。我想這就是為什麼有時候我會把你抓得那麼緊。讓我試著用不會綁住你的方式來說。（停頓）你是我最好的朋友，沒有人能像你一樣，而我絕不想要你覺得不快樂或被綁住。（停頓）所以，如果你要我學著如何對你發火，我會學。這對我來說並不容易，但是我願意努力。就這樣。

　　Thomas 深深地感受到自己的愛意與友誼，並自在地給予，然而 Joan 並未完全準備好接受，因為她太認同於施予者的角色，以致於她覺得自己一定要對他的話說些什麼，或做些什麼來回應，反而使她很難真正接受 Thomas 的愛。但是僅僅開放地承認自己的困難，就讓她顯得柔軟些了。

Joan：我覺得快被你對我的愛淹沒了，同時我很怕自己不夠格，我怕自己不夠好。（停頓）現在我覺得有點難過，我不知道為什麼，但這個難過不是不好的那種，只是有一點點難過。
Antra：你此刻感覺到什麼，Thomas？
Thomas：我覺得自己好像已經被嚇跑很久了，而有那麼一會兒，我覺得我不知道它會持續多久，但至少在那一刻我覺得我不想再逃了。
Joan：此刻我也不想再逃了。我是說，我以前會這樣，但此刻我有點想停下來。

　　此刻，Joan 和 Thomas 相當與彼此同在。沒有逃去別的地方，也沒有什麼要逃開的。但還有一件 Thomas 想做的事，握住 Joan 的手。然而他表達的方式不太成功，因此 Rich 介入並協助他以禮物的方式呈現給她，而非要求她給予東西。

Thomas（嘗試性地對 Joan 說）：此刻我想握著你的手。

Rich：Thomas，你這麼說的時候，聽起來好像 Joan 願意握住你的可能性不到一半，一付她不會答應似的。

Thomas（笑著）：哦，老天！

Rich：我感覺到你真的想給她某些東西，所以試試看你能不能把它當作一件你要給她的東西，而不是你想要她給、她卻不想給的東西。

Thomas（笑著呻吟著）：這簡直是沒完沒了！（停頓）

Thomas：好吧，就引述偉大的 John Lennon 的話……（倆人都笑了）我倆永遠的最愛之一，對吧？

Joan：是啊。

Thomas（直視著她的眼睛）：我想握著你的手。

Thomas 正將自己最珍視的寶物送給 Joan，也就是親密感。他的真誠與直接深深觸動 Joan，她完全接受他所給予的親密。

Joan：我覺得我快哭了。

Thomas（握著她的手，並充滿愛意地注視著她的手）：Amanda 的手和你的好像。（Amanda 是他們八歲大的女兒。）

接著輪到她贈予自己的最愛，隨著他倆差異處互相碰撞（colliding）而產生的能量與興奮。當她舉起手擺成擊掌的姿勢並說「來擊掌吧」時，Thomas 也高興地呼應著，他倆互相擊掌並大笑。

透過深層分享與交流，Thomas 和 Joan 能充分給予自己，深深地接受彼此。他們接受並吸收彼此的經驗，從而讓自己有新的體驗。Thomas 更能經驗到憤怒，Joan 更能經驗到脆弱與親密。Thomas 更能給予，而 Joan 則更能接受。他倆都因交流而改變。如同 D. H. Lawrence 的詩作「歷史」中描述的伴侶：他們創造了一個新的聯盟（Lawrence, in Bly, Hillerman, & Meade,

1992, p. 354）。

> 你的生命，和我的生命，吾愛
> 不斷傳遞，恨和愛越發緊密交織著
> 直到終於彼此相當

情節五

　　在最後這段中，我們的目標是要帶出完成感。在我們四人經驗了豐富而多樣的交流之後，為了幫助他倆更能吸收這樣的經驗，我們請他倆安靜片刻。

　　Rich：在我們停下來以前，我還有幾件事想請你們做的。首先是請你們安靜片刻，以便幫你們消化一下今天在此所做的。（長時間的停頓）看看在我們結束以前，還有沒有什麼想對彼此說的。

　　在經歷了更能活在當下以及彼此交流的體驗之後，他倆都覺得重新發掘了彼此之間的連結。

　　Joan：我覺得我們之間仍很有希望，即使這條路並不容易。
　　Thomas（充滿愛意地看著 Joan）：我只想說「謝謝你」。
　　Joan（很溫柔地）：不客氣。

　　這段交流完成了這次會談中他倆所做的一切。雖然說的不多，但是他們表達的方式深深帶有愛的品質，他倆之間的連結是明顯可見的。

　　在結束以前，我們也想幫助他們將今天所做的概念化，並鼓勵他倆能透過施與受任何當下浮現的經驗，練習彼此同在。

　　Rich：今天我們所做的是邀請你們說真話，並以你所能發揮的勇氣與同情，盡可能表現最真實的自己，不要在害怕或不舒服時很快地轉身逃

開，而試著跟隨著每一個當下的變化……

Antra：……注意並分享你們對彼此的感覺，隨著每一個當下的發生，並呈現給彼此。

最後，我們也要從他倆那兒接受一些東西。

Rich：在我們結束之前，我想請你們倆分別說說自己今天的體驗，好嗎？

Joan：起先我怎麼都看不懂是怎麼回事。我人來了，但卻不知道如何告訴你們我經驗了什麼。但接著一切很自然地就發生了。（停頓）而且，我以往比較容易跑到過去，其實很難留在當下，真的很難。（停頓）但我覺得今天是我們兩人很久以來，對彼此最誠實的一次。

Thomas：我覺得好像有些事情就這麼發生了，有一瞬間好像時間都不存在一樣，時間停止了，這已經很久沒發生了，雖然我倆交往頭幾年曾有過這樣的感覺，那種時間都停止的時刻。能再次經驗這種時刻真的很好，而一想到我倆還能有這種體驗，感覺也很好。

這些真實、自然而然、時間停止的感覺，都是他倆與彼此同在的經驗之一，也是他倆失落已久的親密，幸而今日得以透過施與受的過程重新創造。

結論

我們每一項介入的內在假設是：親密關係的首要任務是透過逐漸加深的給予及領受過程，達成自我與他人的交流。當我們越能充分而公平地與他人交流時，就越能親密地相處，也越能達到真正的相互交流。

我們相信，為了能了解與接受此刻的真實，不論此實相為何都是需要無上勇氣的。全心全意地將真實獻給伴侶是個真正慷慨無私的行動，而要能全心全意自伴侶手中接過這項真實，則需要深深的慈悲。施與受的過程就是我

們創造並維繫彼此連結的過程。在一首題為「我儂詞」的詞作中，一位十三世紀中國女詞人將此過程視為愛的具體實踐（in Hass & Mitchell, 1993）。

你儂我儂，忒煞情多。

情多處，熱如火。

把一塊泥，捻一個你，塑一個我。

將咱兩個一齊打破，用水調和。

再捻一個你，再塑一個我。

我泥中有你，你泥中有我。

我與你生同一個衾，死同一個槨。

〈元‧管道昇〉

附註

本章節是根據一對伴侶治療錄影帶的真實呈現，此錄影帶為作者在 1993 年 10 月 16 日 的 Harvard Medical School Conference on Couples Therapy 中發表的。此錄影帶的拷貝可以在作者所屬的下列的機構購買：The Center for the Study of Relationship, Boston Gestalt Institute, 86 Washington Avenue, Cambridge, MA. 02140.

親密花園 完形取向伴侶治療理論與實務

參考文獻

Berry, W. (1975). *The country of marriage.* New York: Harvest/HBJ Books.

Bly, R., Hillerman, J., & Meade, M. (1992). New York: Harper-Collins.

Buber, M. (1973). *Ten rungs: Hasidic sayings.* New York: Schocken Books.

Hass, R. & Mitchell, S. (Eds.), (1993). *Into the garden.* New York: HarperCollins.

Lederer, W. & Jackson, D. (1968). *The mirages of marriage.* New York: W.W. Norton.

Zinker, J. C. (1977). *Creative process in Gestalt therapy.* New York: Brunner/Mazel.

Zinker, J. C. & Nevis, S. M. (1981). *The Gestalt theory of couple and family interactions.* Cleveland: Gestalt Institute of Cleveland Press.

第十五章
完形夫妻治療的美學 [1]

Joseph Zinker、Sonia March Nevis　著

謝曜任、陳雅英　譯

> 完形治療基本的概念是哲學與美學的，而非僅僅是技巧性的。
>
> ——Laura Perls

　　完形治療看待伴侶的基本向度是：由價值及功效（efficacy）的**美學觀點**（aesthetic viewpoint），嘗試去擴張（exemplify）與教導，其展現的是在兩人之間，看待與經驗人際互動的一種方式（Zinker, 1994）。**美學**這個字是來自希臘字的 *aisthanesthai*，其意義是「知覺」（to perceive）。我們的知覺是藉由看、聽、感覺及思想的方式來呈現。我們跟伴侶在一起，我們可以改變我們的觀點，以致於我們能用很多種他們的形式來注視他們：一個有機體、一個存在的生命、一個象徵、一場美好或笨拙的舞蹈。當見證到伴侶的交互作用（interchange），我們是觀眾、導演、正在進行戲劇的評論家組合。一對失功能的伴侶其實是差勁的演員：觀賞他們就像是看一部很爛的戲劇作品。因為他們無法超越習慣的模式，來進入戲劇性般的自發性（dramatic authenticity）興奮；他們無法放開進入他們喜劇般的樂趣，同樣地也無法深達自身靈魂內真實悲慘生活的深度。完形的伴侶治療是在教導一對對被強的、弱的束縛綁在一起的人們。教導他們如何從他們的心與身體，從他們的渴望與笑聲，自發性地跟另一方相處。同樣地，我們得到的回饋是他們展現出的美感。

　　身為一個完形伴侶治療師，我們的目的是去教導人們如何能過更美好的生活。我們將一個自發性存在的美學模式「治療化」（therapize），從一個藝術家的美學眼光凝視現在；從一個工匠的眼光來注視其他的時刻，在完形歷程的此時此地覺察中，奠基了我們的美學觀點。

在伴侶治療中人際互動的美好形式

對完形治療來說，是如此受惠於完形知覺心理學的原始發現：完形形成的現象，是由覺察一個有組織的刺激開始，這個刺激的出現，是從沒有定形的各種重要刺激所架構的背景出來。完形的形成與破壞是一個美學的過程，而不只是一個簡單實用的過程。圖像出現並且變成是真實的，也依賴著慣性力量的緊迫性、發展性、亮度（brighten）、一致性和能量，來判定其是否需要注意、行動和完成。這是有機體基本恆定的內在心理（intrapsychic）覺察──行動──接觸的過程（awareness-action-contact process）。當一個緊急的完形：需求、渴望、表達等等被獲得及完成，他們退回到有結構的個人場域，然後另一個新的圖像出現，這個韻律持續地進行。

在個人的內在心理，也如同在眾人的系統裡一樣，當伴侶從兩難情境成功地掙扎出來，這個經驗可以讓他們感覺到統整、完成、正確、美好和美麗。完成了完形和完全成熟的經驗，我們就能夠接收，並覺察、經驗、吸收，最後能放下。這些將是優美地、流動地、美學地喜悅的經驗，且能肯定我們個別地成為人類的價值。他們有一個「完好的形式」（good form）。然而未完成的完形，未解決的問題會繼續腐蝕著伴侶，令他們感到悲傷、沒面子、醜陋和挫折。這些未完成的旋律就像是壞掉的唱片，由審美的角度來看，去經驗或目睹這些都會造成不舒服。

在完形伴侶治療中重新看待「病態」，它是一種對完形形成與解決自然過程的干擾，那會導致重複去努力解決問題，卻徒勞無功的狀態。從這個觀點來看病態，就是一個過程的干擾、一塊硬石、「障礙」、一個存在性的絕路（cul-de-sac）。

每一個「症狀」、每一個「疾病」、每一個「衝突」，均可視為是讓生活更滿意、更有樂趣及更美學豐富的一種努力。當一對伴侶在他們的問題解決過程中卡住時，一次又一次不斷地失敗，這樣就會干擾到彼此之間離與合的韻律。此刻我們就能視這對伴侶為獨一的圖像，他們兩人都有個共同的企圖，就是想要變成：不會卡住（unstuck）；如此我們就有一個機會來看系統

如何運作、他們行為的**好處**，以及去觀察它如何嘗試以一個完整有機體的方式來解決此問題。當它成功的時候，它就會變成和諧的、平衡的和互補的。要知道一對伴侶卡在未完成的互動循環並非就是「壞的形式」（bad form），**但卻顯示在生命週期的某個點上，這是他們所能做到的最好的模式。**停留在對彼此的抱怨上，容易錯失了這個點，抱怨只會讓抗拒增加，並且強化問題。

美好形式所立基的觀點，是在完形建構與破壞的過程，這過程是在覺察、能量動員、行動、人際界限的接觸、關閉（新的學習）和退縮（重新建立界限的分離）中產生的。從這個簡單的、有機體的過程，我們假設了一個美學伴侶工作的過程。

關係的空間

有一些心理學派相信並沒有「關係」這個東西，認為它僅是一個幻象，一個心理的建構。這些學派相信兩人之間並沒有一種東西是「第三實體」（third entity）。我們對他們的回應是：由於他們過度理智化，以致無法直接應用感官及現象學的資料來發現，當兩人在一起時，會有一種特殊能量存在他們之間。這樣的關係並不只是他們可以經驗到，他人也是可以經驗到的。的確，人類的意識是一種單獨的東西，但它也是關係的。這是因為關係空間存在於兩人之間，是藉由相互且共同建立其獨特的界限所共同創造的。

環境（circumstances）與事件並非像數字、圖形或直線那樣地流動，可以從原本的 A 流動到目的地 B。我們辨識出事件的樣式（patterns of events），並且藉著讀取他們在整體狀態的完形模式，我們逐漸地了解到大小系統複雜架構的模式，從伴侶到家庭到公司。一個像是「帶有精神分裂基因的媽媽」或是「犯罪家庭」的描述，被視為是臨床上的正確表達，但卻是沒有什麼意義的。

在一個有問題或失功能的婚姻中，很難去下結論說伴侶中哪一個是罪人或麻煩的製造者。單獨與他或她晤談，並無法幫助治療師了解其失功能的原

因，因為其他有問題的關係並不在那裡。所以我們先研究一個伴侶，然後是另一個，再來是兩人關係的空間。在那裡我們會發現他們各自的父母、家庭及小孩的影響力。為了在治療室能夠掌握這些，我們告訴自己：「在這個時候，我要畫一條界限，圍繞在這對伴侶、這個父母及小孩周圍，這將會是我今天影響與研究的系統。」

伴侶界限的性質與外形，決定他們是如何存在於這個世界上。例如，一對伴侶有一個很薄的可穿透性的（permeable）界限，允許別人或外在事件去侵入彼此共同的存在領域。另一對伴侶則是帶著「厚」（dense）的界限，很少透露私密的生活，他們就會過度地被外界隔絕。

習慣做個案工作的完形治療師及其他的治療師，為了能夠從看個人的界限，到能夠去經驗到伴侶的界限，就需要去做一種認知的或者是知覺上的跳躍，把這個「有關係的有機體」（relational organism）變成更大；並且為了不被淹沒其中，治療師要向後移動其椅子，才能夠看出伴侶整體的外形。然而我們的文化是如此習慣性使用簡約化（reductionist）的語言，如此會讓我們無法來處理複雜的、多重決定的現象；我們必須用象徵、類推和圖像來思考，來看到整體的外形，而非使用不連續（discrete）的部分來看待。治療師對象徵和創造性影像的使用，將可幫助他或她發現更大的有機體的模式。治療師必須由分析轉換成綜合，選擇去創造出整體，而非只是把東西拆開而變成更小的單位。

做完形治療最基本的部分，就是能夠去把伴侶視為是「第三實體」。畢竟伴侶是一個系統，一個擁有自己權利的完形（a gestalt in its own right）。為了能用這個方式來經驗伴侶，治療師不論是在理智上或者是在經驗上，必須首先「離開」他們。治療師藉由自己的視覺場域觀看他們，並且觀察他們跟另一方身體動作的關係、他們的擺盪和傾斜。他或她能夠聽出他們聲音的強弱和韻律（ebb and flow），當他們對另一個人說話的時候，他們音調的品質。當他們在一起的時候用多少的能量，以及用哪種能量；有多少的動作，以及共享多少的覺察（shared awareness）；有多少相互的接觸？在使用伴侶本身的系統當作一種資料的來源時，治療師可以創造出自己在過程現象學的

觀察：

1. 你們坐得如此僵直緊張，並且有企圖性地彼此注視著。你們提醒了我，你們像是兩個決鬥者一樣，每一個人等待另一個去開火或開第一槍。
2. 你們在一起呈現出很愉悅和高興的樣子，就好像是在夏日進行野餐。
3. 你們就像是兩個祕密的單位，每一個都試圖由對方獲取訊息，但是自己卻沒有貢獻出資訊。

　　這些簡單卻直接（並且是現象學上有效力的）的觀察，會引導伴侶去增進自己或者伴侶在一起時的覺察程度。在完形的模式中，過程的覺察將導致改變。

覺察—過程—改變的一種哲學

　　每一種伴侶的治療取向都帶有顯性或隱性的哲學；不論是個體或是兩個人的關係，都是關於人如何改變的哲學。在完形治療中，不論團體的大小，關於改變如何發生的基本保證，是奠基於**覺察的過程**。覺察以及個體與系統的改變，這兩個概念是相對稱的：越多的覺察，就有越多機會產生改變。相同的機制也是，越多的改變就會帶來越多的覺察。

覺察

　　什麼是覺察？它是如何產生的？它如何發展成更有力量與更具清晰度？我們界定**覺察**是：跟現實接觸運作有意圖性的意識。覺察是純粹主觀地意識到「我」。就像是意識一樣，它總是**意識到某件事**（consciousness of something）。它的持續性聚焦（至少在每天平常的意識狀態），從一個物體的覺察到下一個，是一個序列性（sequential）前進的動作。

　　基本而言，我們是在覺察，因為我們在生理上是現形於此時此地的時空地點（space-time location-moment）。具體上，我們都有一個觀點，由此觀點

的我們來看世界（和我們自己），那是我們非常唯一的，並且讓我們有一個私人的、主觀的經驗。既然要去覺察，總是要覺察某物，我們的覺察總是經由神經感官系統、我們的感官認知功能的「看」（seeing）和「想」（thinking about）所形成的（雖然在完形之中，我們較重視「看」的功能，因為看比較基本，而且無法被忽略）。

此一觀點可區分完形和其他學派的不同：完形堅持在覺察到某物（某人）必要的條件是在**關係**之中；從字義而言，就是有意識地關係到某事。存在哲學家總是傾向去強調意識上的單獨，也就是每一個人是分離的，也是單獨地在自己意識的牢籠裡。因此，並沒有真實的聯盟，並且沒有跟另一個人的合一。在經驗的層次上，我無法跟你變成是一體的。我們或許可以分享相同的意見、情緒、意見和存在狀態，甚至是相同的床，但是我們將無法全然地經驗另一個人的領域，你無法跟我的身體共同存在，當我死的時候，你將無法跟我一起同行。因此我們是孤立的，我們在意識和經驗上是孤立的小島。

然而，縱使我們的孤獨是因從另一個人身上分離出來而產生的，但我們卻是彼此相關聯的。在接觸某些事情上，我們總是處在病態地遠離或無意識地排除狀態。因此意識是有位置的、有意圖的、溝通的和關係的。我們也想要增加的是，除了這些因素之外，意識的覺察也是矛盾的；在那裡面，它的存在包含了「非我」（not-I），但也同時排除了它。在完形治療當中，當差異發生的時候，這個包含—排除（inclusion-exclusion）的點，就叫作「接觸界限」。也就是在接觸界限上，兩種差異碰在一起，**意義**就產生了。覺察總是有意義的，至少握有機會來產生意義，或共同產生意義。因此從完形的觀點，覺察總是有關係性的、矛盾的、有意義與創造性的。

過程

覺察是一種線性的過程，帶著不同程度的強度、速度與接觸，從一件事到下一件事。這個過程可以在人類經驗內在心理的結構被發現，並且在將來可以被擴展至我們所稱的「覺察—興奮—接觸」（awareness-excitementcontact）的經驗圈（Zinker, 1977）。這個被兩個或者多個人在關係中經驗的內在心理過程，發展成包含同時發生並分享其多樣的經驗，稱之為經驗的互動循環（interactive cycle of experience）（Zinker, 1994），這些也將會在接下來的部分描述。

在完形治療理論，人的本質是過程的，有別於歷史上對人的概念和固著的觀念，像是「人是理性的動物」。我們的個體及我們和別人的關係，其實是一連串形成的狀態。我們的本性（nature）具有潛能（potentiality），而且我們的本質並非先前決定的。事實上，**過程就是我們的本質**（process is our essence），我們是在連續的動作中的一個過程；我們的界限是不斷在改變的。過程就是一個連續性且不斷在前進的行動，過程暗示著一種活生生的、有機的、自發性的動作。過程是一種曲線的、模式的、連續流動的、未先規劃的、沒有計畫的、純潔的——由兩個人或者多個人所推動的。過程思考指的是在沒有困擾或被占據之下，所推動創造出來特殊的結果。**要跟過程合一**，就要全然活生生地進入治療過程——此二人彼此是**如何**在一起——幾乎替代夫妻談論的內容。

矛盾的改變理論

完形伴侶治療堅持改變是矛盾地發生在提升覺察到「什麼是」（what is）。這個就是「矛盾的改變理論」（paradoxical theory of change），這個理論強調：「改變之所以發生，是當一個人完全變成他／她之所是，而不是他／她變成之所不是。」（Beisser, 1970, p. 77）。關於應用於治療改變上矛盾的本質，Edwin Nevis（1987）已經描述治療師在這種改變方式的角色：「改變並不會透過個體或者另一方，藉著強迫的意圖去改變他／她自己而發生；但假使一個人花時間與努力去成為其所是——也就是完全投入自己在目前的情境中，改變就會真實地發生。藉由反對改變機轉的角色，我們有可能做有意義、有次序性的改變。」（p. 305）。

當我們說，在伴侶當中去看如是（what is），這是什麼意思？我們給伴侶一個機會去檢視什麼是已經經驗、什麼是已經做了、什麼行動已經發生、

什麼是可行的與可表達的感覺及感情，或者就像什麼是被壓抑的。我們鼓勵伴侶去看、去經驗，當他們檢驗自己的時候，去發現他們好的、有用的及有創造力的部分。我們基本的立場是，伴侶及家人通常無法看到目前狀況中好的或者有能力的部分，他們只接收到少許關於他們在關係中做得好的肯定；對他們來說，最顯著的是他們的困境所帶來的不舒服。

當伴侶的成員開始去經驗他們的能力與創造力，甚至在困擾中時，他們經驗到確定與尊嚴，這些是他們之前沒有覺察到的。這就會轉而讓他們看到什麼是在系統中迷失的，什麼是他們力量的另一面，也就是弱點。然後他們就會說：「我們做這個很好，但是我們也為它付出一些代價，或許我們可以嘗試用另一種方法做事情，而不會讓我們的感受如先前般的孤獨和隔絕。」當越來越多進入「如是」，允許這個旅程繼續前進，就能邁向更理想和更適應的伴侶生活。

這個矛盾就是，當伴侶越來越經驗到他們關係之所是，它是如何運作的（而非它「應該是」），他們就會有更多的機會朝向更好的生活，在一起的時候有一種更能滿足的方法。由另一方面來說，如果越是強迫去改變他們的想法與作為，他們就會越抗拒改變。接受「如其所是」（what is）是我們治療的重要基石。並且我們在基本的好奇與覺察的層次上注入自己到伴侶的生活中。我們嘗試去激發他們對他們目前所是、他們如何運作，及什麼對他們是重要的好奇心。當他們可以去注視對方，並且開始去檢查什麼是他們所是，在這個時刻，他們就是投入在改變的過程中。在這個層次上他們組合的覺察（combine awareness）開始改變，更偉大的、豐富的覺察給了他們更多的機會，因此有更好的機會來過更好的生活。

藉著奠基於現象學，對伴侶共同存在過程的當下做會心的觀察，治療師完成了對「如其所是」覺察的支持。也就是說，我們所支持的是：什麼「是」，而不是什麼「應該是」，或者我們「期待之所是」，或者他們「喜歡之所是」，而是很單純地，他們在那個時刻**如何**像一對伴侶在一起。以這種方式，覺察開始在他們以一個個體或是以一對伴侶系統的成長中產生，他們給了一個機會讓改變去產生，見圖 15.1，聚焦於改變介入種類的基本圖像。

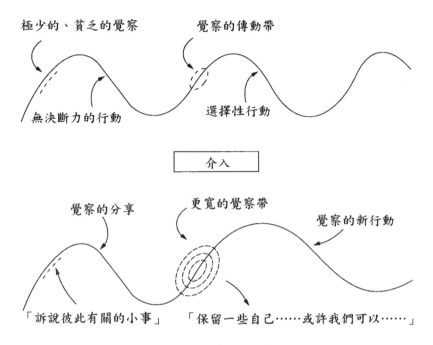

圖 15.1　改變的矛盾理論：它如何發生

對伴侶美學取向的基本觀點

　　這個章節描述一個基本的觀點，經由它，我們可以面對兩個彼此有關係的個體。像一個完形一樣，一個「觀點」（vision）是一個統一的整體，既然它持有一個統一的架構，也創造出自己的統一性，要去打破它來重新呈現與同化是很困難的。但或許在「沒有打破它」（breaking it down）的情況之下，我們也能夠從人際行動的美學效能觀點界定出許多不同的觀點。我們對美好形式的伴侶互動觀點，與我們的技術取向，無法解開地交織在一起：它們是同時性的（synonymous）。就我們的想法來說，沒有上述的觀點去「做」完形伴侶治療工作是可能的；但是這樣的工作將無法達到一個連貫整體的層次。

　　增進的覺察將承諾我們每一個生活層面的改變。在完形治療裡，再次

地，**覺察的過程**是有意義改變的基礎。如同一個規則，伴侶無法覺察到他們自己過程的流動、認知的狀態（cognitive solidity）、能量，及可能性的接觸。他們專心於做過的事的內容，並且那也是他們最有熱情的連結。當他們的過程很平順時，就不會覺察到它。當一對伴侶的過程可以進行得很平順，他們每一個人就能夠待在不同的地方做事、一起畫畫、或做某些事情，然後感覺到完成和滿足。任何在這過程的干擾將會產生過剩的能量（left-over energy），它將會被經驗到像是不滿足或者失功能，或者一件「不對」（not right）的事。當他們的過程是不好的，他們將經驗到痛苦，也就是到那個時候，他們會尋求治療來進行紓解。

只要過程運作得很好，它將會變成背景。當這個過程失去功能，且變成前景（foreground）時，你就被迫去檢視它。當一對伴侶前來治療時，他們不想只是活著（living），且開始會改變他們的注意，由注意生活的內容到注意生活的過程。之後生活又變得穩定，也導致滿意，此過程又一次變成背景。

什麼是伴侶在改變這個過程必須去做的呢？他們必須去談論他們之間發生什麼事，他們的想法、感覺和經驗。他們必須跟這個過程在一起，直到他們敲對了有趣的、關懷的和有能量的要點。他們必須去達成一個彼此能歸屬與關心的共同圖像。然後他們就活在它裡面，消化它、完成它，並且再次分開。

就如同治療師經歷了跟個案相同的歷程，我們觀察伴侶，但是並不知道什麼是我們所關心的、感興趣的，或者什麼對我們是有影響的。我們允許某事在這個過程中變成前景，然後告訴伴侶關於這件事。我們稱之為分享一個「介入」。這個介入擴展他們的覺察，驅使某些從背景變成前景的事情。假使伴侶能夠咀嚼覺察，從某些事情得到它，並且選擇去改變他們的行為，我們就得到滿足。

假使一對伴侶無法做到這樣，我們就創造實驗，在一個具體的架構上，提供一個架構來玩（playing）這個新的覺察。這個實驗顯露出伴侶新的行為、經驗與頓悟。然後他們能夠選擇是否要加入這個新的經驗，使其進入生

活的資料庫中。已經引導這對伴侶去用新的方式來看待自己，我們就藉著討論或者統整已經學習到的，結束這個「工作的單位」（unit of work），或許是這次晤談。

但是身為一個治療師，是什麼支持我們呢？什麼是我們為了或者跟著這對伴侶，而選擇投資能量與注意力的？讓我們想像你正跟一對伴侶坐在一起，並且總是有一堆無法預料的事情正在進行。沒有任何一個人類行為的理論，或一個視框來選擇場域的某些特徵，你只是很簡單地不去看任何事。如此將變成太困惑了（confusing），僅有「一份認知的地圖」（cognitive map）可以將資訊組織起來，彰顯出來並變成一項處遇（見圖15.2）。所有在完形治療中我們所討論的工具與觀點都像「透視鏡」（lenses），我們經由這些「眼睛」（eyes）來看世界，其中有四種主要的工具或者透視鏡可以用來看或聽：那就是感官知覺、覺察、能量與行動，以及接觸。

感官知覺

在剛開始的感官知覺階段，伴侶通常會帶有很大的張力，看著彼此，但是傾向無法真正地看或者聽另一方。他們或許會像這樣地坐著，靜靜地不斷在頭腦中預演，什麼會是一個「好的開始」，或者是在底下反駁，或者什麼是他們傾向去逃避的主題。甚至如此，在他們的身體姿勢上，他們正接收到一大串從另一方經驗到的訊息，但他們並沒有真正跟他們的感官接觸，而只接觸到自己的認知計畫和幻想。

究竟為何他們無法對另外一方有感覺，這個明顯的「如是」（what is）關於伴侶在這個當下如何在一起，對治療師來說就是開始的點。在這個觀點上，治療師藉著指導他們去覺察，鼓勵這對伴侶對他們所做的或正在做的——只是沉默地看著對方，去問每一方他們所看到的。這樣的介入打破內在幻想的自我對話，並且引導他們進入另一方當下的經驗——這個存在的此時此地，在這當下之「如是」。當他們更多聚焦在彼此，做觀察、分享感覺、想要與需求，這個治療師以一種紮根於他們當下的我們感（we-ness），帶著對他們如何在一起的觀察，以一種支持性的存在來協助；幫助他們去清

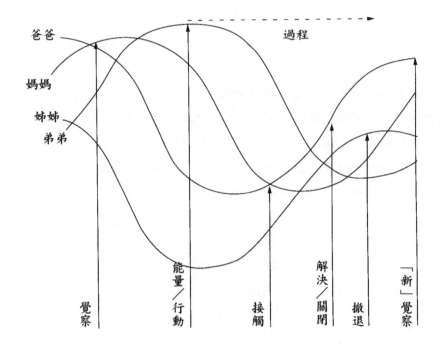

圖 15.2　完形互動循環圈

楚看到，自己跟另一個人在一起時，他們自己的過程；而這個過程就會教導他們去學到，兩人個別及在一起時的優點與缺點。

覺察

　　模糊的、混雜的，或者沒有區分的感覺，會導致不好的覺察（或者在極端上，甚至解離）；但強烈的、分明的感覺則會支持接觸、創造和提升強烈的覺察。伴侶經常是經由一連串的抗拒（Perls, Hefferline, & Goodman, 1951; Polster & Polster, 1973; Zinker, 1994, 1977），或者使用慣性的「接觸模式」（contact styles）（Harris, 1981; Wheeler, 1991），並傾向去內化各種感覺、想法、渴望和需要，而非直接對別人表達。當怨恨被壓抑，情緒未被說出來，界限就會變成模糊的，接觸就變成是貧乏的、假設的、不確定的、混淆的，如此憤怒就會在系統中建立起來；情緒上的活力萎縮，系統經驗到一種人際

「動脈的硬化」（arterial sclerosis）。

覺察開始於對當下所經驗到的是感覺清晰的。伴侶被鼓勵對另一方陳述他們自己在當下所覺察的是什麼，每一個人想要的與需求的是什麼，被留置住的又是什麼等等。這會引導個人表達出其未被說出、注意或實現的想要或需要，以及當下經驗到什麼。也就是在這個早期，伴侶開始協商出一個共同的，他們一起想要去工作的「圖像」──他們之間出了什麼差錯。治療師站在一個準備好的立場，觀察任何在這歷程中慣性的干擾，以支持更多的覺察、表達與清晰度。

通常來說，大部分的伴侶都卡在覺察到受傷與受苛責，很正當地談論另一方直到死亡。他們保持著一種人際計分卡，在他們的覺察之中計算每一個「你對我做這個」（You-did-this-to-me）的項目。這就是我們所謂的「郵票蒐集者」，因為他們將每一個忽視或傷害分類，並且到處帶著它，使用它來反抗他們的伴侶。伴侶尋求我們的協助，因為他們無法超越這種平常無法動彈的狀態，並且無法使用行動來責罵，因為責罵將會滿足他們真正的需要或渴望。介入這個個案裡，將會喚醒他們對責罵過程的注意，他們如何正常地攻擊另一方，並且如何重複性地失敗，無法真正從對方身上獲取想要或需要的。治療師將會去尋找一個提升他們對此經驗覺察的起點，並且開發那些他們困頓的相處經驗。

能量與行動

一旦能夠從「圖像」產生處升起覺察，也就是說，一種相互分享關於過程兩難的項目，這對伴侶就能開始去經驗到越來越茁壯的能量，並做某些關於圖像的事，並進一步開發它。完形伴侶治療將會用他們主要的興趣和能量來進入一種結構性的相逢，稱之為「一個實驗」。例如，一旦伴侶完全了解到他們卡住的指責過程是沒有益處的，並且想要去做關於它的某些事，然後每一個人將分享他們在這個當下的感受；他們將會被邀請輪流去指責對方，當然這個將會提升彼此如何傷害對方的覺察，也會建立起相互的同理心；或者不用指責彼此的方式，在這個片刻他們能夠輪流告訴另一方，他們做什

麼，或者他們經驗到什麼。重點是這個真正實驗的形式能夠被完成，並非主要的主題（雖然它的設計是來自於他們形象的材料，並且很多材料是依附在伴侶治療階段中出現的）。這個基本考量是他們分享的能量、覺察和需要，並在此刻藉由跟另一個人的互動而變得真實。

在此介入的階段，治療師支持在系統中的能量交換，所以伴侶的其中之一就不會去壓倒或者操控另一方（當另一方同意操控）。我們尋找的是去建立平等的權力，因為假使力量被另一方過度掌控，可能的親密感就會消失，一個例子將會是受虐待者的關係。在政治或者愛情上，權力會造成腐化，一種帶有不平衡權力的兩人，是無法理解真正成人關係的。他們或許會有一個像是父母一小孩的關係，或者一個受虐待的形式，但這些都不是**成人**的關係。

也就是在這個階段，治療師需要小心去觀察兩種主要的抗拒：融合（confluence）與迴射（retroflection）。換句話說，為了讓力量分化，一個伴侶將能夠去掌控，而另一方將會跟隨著被掌控。握住能量的表達就是迴射，迴射發生是因為在這個系統之中，有個恐懼（被想像的）的結果；伴侶雙方有意識地或者無意識地合作來保有現狀（status quo）的安全。

解決他們狀況的關鍵有兩個方向：首先，治療師必須去教（通常是藉著示範行為）如何表達肢體上及情緒上的能量，包含生氣，用一種有回應與建設性的方式。「迴射型的伴侶」，因為他們是如此地跟其他界限以外的人隔離，需要被教導如何求助，如何伸展至他人來獲得支持。

第二需要被記住的是：所有個體行為和抗拒是相互被創造與保持的。沒有一個「被投射者」的話，就沒有所謂的「投射者」；如果沒有某一個人可以融合的話，一個人就無法融合，每一個受虐者需要他或她的施虐者等等。因此每一件你見證到的伴侶互動，需要被看成是**系統**的現象，而非一個跟另一個伴侶的獨立行為。沒有這樣做的話，將會藉著劃分出一個可以「辨識的病人」，干擾他們「伴侶感」的界限，這將會是一個最具破壞性的介入與標籤。

接觸

　　接觸就像是覺察，經常很難被界定，因為完形治療團體的過度使用與誤用，它的意義已經變成不重要的術語。什麼是接觸？跟別人接觸是什麼意義？它感覺像什麼？它看起來像什麼？你是如何知道的？

　　如同先前提到的，接觸發生在跟自己有差異的自我界限上，而且已經在別處被貼切地描述（Latner, 1992; Perls et al., 1951）。接觸這個經驗是跟不同的他者遭遇，並且藉著在相會中產生興奮或能量而被知道。成長是在接觸的那一點與那個時刻發生——接觸界限。在事件—時刻（event-moment）裡，我們整合自己，去碰觸環境，並且在這過程中改變了環境及我們自己。當這個接觸的時刻已經結束，這個界限就消失，且一個新的接觸會和其他事物形成。再次地，我們又看到這個是運用意識序列性的觀點。

　　經由實驗，創造性地使用伴侶的能量提升了覺察、接觸與更新他們在一起的感覺。在這裡我們談論到的接觸是一個質化的經驗，它的量化及次數經常不是重要的東西。一個小量的純然親密，是比幾個小時沒有接觸在一起的經驗更有意義。另一方面，縱使是強烈引發的憤怒，只要它是經驗性地自發和有責任地表現，都會提升接觸並最後導致強烈的親密。

　　在過了接觸的時刻，或者實驗已經完成之後，治療師必須停住這對伴侶，並且要求他們對另外一方報告他們所經驗到的。這個自我報告防止任何過早的非連結；必須確認他們的經驗；給他們時間去「咀嚼事情」，即使這些經驗回想起來是不愉快的、羞恥的、害羞的，他們也要相互支持練習真實和開放，並且提升接觸的努力，促使他們成為伴侶。最後治療師總是應該選擇一個時間，來正向地承認他們接觸的品質，和描述他們是如何學到的。

　　接觸在完形治療中來講，是一個長期存在的概念，因為接觸在經驗循環中，比起其他的步驟有更重要的價值。在完形伴侶的治療模式中，我們並不比其他階段更依附任何一個循環階段，而是更去重視整個過程，經由升起的覺察、能量化的統一（energized union）、實踐的經驗與溫和地分離，這對伴侶一起「舞蹈」。跳舞是思考關於夫妻在一起最好的象徵，他們是一起移動和離開的拍子，會奏出屬於他們自己的特殊樂音。

第十五章　完形夫妻治療的美學

解決、關閉及退縮

有些伴侶會卡在我們稱之為「假的接觸」（pseudo contact），它就像是真的接觸般展現，但事實上它是一種抗拒；它通常在完形治療的早期出現，帶著特別對口頭抗拒的興趣，「咬住了」（the hanging-on bite），它沒有能力去放下、分離並離開另一方。雖然這互動呈現很有接觸，但它缺乏能量，甚至注視到它變成沉重、無聊，或者只是平凡無聊。這個不情願去結束，是在日常生活中經常可以看到的。人無法掛掉電話、結束個人的對話，或者從已規劃好的事情中，繼續做更多的工作來避免結束。此現象出現在伴侶中，就像是很專注地來經歷他們自己的經驗，然後經歷他們的過程，再經歷這個經歷的過程，再加上**無窮盡的反覆過程**（和令人作噁的反覆過程）。這就是典型新時代（new age）的伴侶、治療師或那些帶著不安全感及被拋棄議題的人們會產生的現象。

治療師必須能引導他們去注意到，過程的部分是有一個結束或一個休息地方的觀點。他們必須被鼓勵去經驗放下，在所有帶給他們經驗的相會與分離間取得滿足。生命是一個潮起潮落、取與給、哈囉和再見的旋律。當結束出現之後，且這個經驗被分享及同化，伴侶就來到退縮的時刻。這個時候，治療師就教導伴侶沉默與私人的沉思。在這個脈絡下建構一種形式上的沉澱，在那裡就有一段安靜的時間，下一件事可以被聽到和呈現。這一段冥想的分離（meditative separateness）是經驗互動循環的高潮，並且標記成一段工作的結束。它也可以標記成每一個伴侶分離與相會時的獨立與自我支持的價值與效度。當我們使用互動式的經驗循環，用一個平衡的態度去觀察、評論和介入伴侶的過程，我們就帶著美學的觀點，來看他們處理一個簡單的「人際事務」。他們談論關於某些事情，我們檢視他們在何處與如何在過程中變成「卡住」，透過一個帶著一個界定開始、中間與結束工作的治療過程，來幫助他們。

內容的議題

在完形伴侶治療中，我們的工作是去看這過程——個案如何說他們所說的，和如何不說他們所說的，這是相當具挑戰性的，因為要去跟隨內容是比較容易的；「內容是充滿誘惑的」，只要去想想日常生活中重要事情的內容，就會把你纏住，而且不會對伴侶有任何幫助。一旦我們停止對當下「工作」，我們就會被內容纏住。我們的工作是去看到伴侶的過程，並且幫助他們改變它。他們的工作是去讓他們的內容更進步。假使我們只是簡單地參與伴侶的內容，我們不久將無法適切地提供他們歷程的諮詢，也會成為他們的問題內容之一。

我們的假設是：不論他們談論的是什麼，系統中不好的功能會一次又一次地發生。他們或許會討論性、金錢或者遷往另一城市，然而干擾一直是相同的。並不是內容卡住，而是過程卡住。這並非某些內容比其他更容易產生，而是麻煩通常來自過程。

一對伴侶或許會透過太多的覺察而卡在過程中，且無法興起足夠的能量來製造強烈的接觸。例如：當為經濟問題奮戰時，他們會花很多的時間來討論金錢，只要他們沒有投入能量來做些事情的話，他們的努力就會落空。或許他們會談論遷居另一座城市，但假使他們沒有產生足夠升起的興奮，他們的對話並不會帶領他們解決問題。不論它的內容為何，無興奮卡住的覺察，會淡化我們對事情的經驗。在上述的覺察中，所投入的能量是相當低的，圖像並沒有足夠的興奮，我們無法嘗試讓任何人為此事投入，我們只是讓事情出現。由於覺察本身是在低能量的模式，在我們頭腦裡面，只需要非常少量的電流來製造覺察，對於這部分我們並不需要力量太強。且因為它是實驗性的，所以保持低的能量是重要的。我們想丟掉我們一半的意見，因為假使我們沒有這樣做，每一件事都會變得重要，我們將會永遠地卡住。

假使伴侶達到一個平緩的循環，並且要求我們提供什麼資訊，我們如何來處理這些？因為我們的意見是比一般民眾更具知識性的，來找我們的人有權利期待相關議題的建議。那是一個弔詭的時刻，因為不論我們的專業

為何，不論我們相信什麼，我們真的不知道什麼對某些人是最好的。我們的工作就是不論如何，冒險說出我們所相信會是最好的。是什麼因素造成它變成潛藏挫折和爆炸性的區域（volatile），是因為它經常處在一種更迴射性的系統（the more retroflective systems），這個系統有較堅硬的界限，這個系統並沒有要求我們任何事，我們想要對他們給出我們的意見，因為有那麼多明顯的事我們不知道。然而那是困難的事，要去諮商一對有很多內容訊息的伴侶，但是他們卻沒有要求你做任何事，通常對你來說也是不正確的。例如，你或許相信當父母雙方皆工作的時候，小孩可以表現得非常好，但是你的個案說，那將會是不好的，因為孩子將會感覺到不被愛或者變成不良少年。因為你是如此親切地想要去改正他們的觀念，在此時，你或許會受到許多的誘惑而想去介入。

我們鼓勵治療師不要去介入，等待著被請求之後才做介入。假使你並沒有被請求，你的話被聽到的機會就很少。在過程中去給予內容的資訊是沒有用的。不論如何，以一個專家來說，當我們被要求（雖然我們知道我們並不知道什麼事是最好的），我們可以給一個有啟發性的意見（informed opinion），它應該被如此地呈現。

一開始我們準備的契約是，我們將注視伴侶的過程，並且告訴他們關於這個過程，而不是給他們內容的訊息；我們等待被詢問比提供過程訊息還頻繁，如此做的原因是：這樣我們感覺到過程訊息較自由，且較確定我們的價值是清楚的。我們相信去學習這些事情是好的，是有用的，所以我們比較願意用過程的議題來介入，而不是這些內容的議題。也因如此，在過程的介入中，我們對這些治療期間產生的資料是更清楚穩固的。

兩極歪斜

在完形治療中，對自我的看法包含著兩極（polarities）的概念。在心理學裡，兩極最好的例子，就是佛洛伊德的「反向作用」這種抗拒，以及榮格的「陰影」面，這表示每一個人的特質都攜帶著相同與相反的特質，

這些經常是隱藏在覺察之外，但是對每天的行為仍然產生真實或潛在的影響力量。完形理論預想人類的人格，將其視為一種有組織兩極的聚合物（conglomeration）。對於兩極，簡單地說就像是煉金術一樣，可以說成是好對壞、和平對暴力、強壯對虛弱，及愛對恨。因為我們每一個人所擁有的不只是一個相反的極，而是許多相關的反極，稱之為「多極」（multilarities）（Zinker, 1977, p. 197）。極化的動作和存在是複雜的構造，帶著關於個人的歷史、自我印象、存在模式、渴望、需求，與對現實的知覺——他們的「事實性」和「歷史性」，就如同存在主義思考者可能會說的：一個健康的人理想上將會經驗到數千個極，平衡地在流動，從一個極到另一個極，而沒有一個特別極的力量在意識的覺察中主控或操縱其他的極。如此的狀態是一種理想，但事實上是一些極通常比其他的極還要強烈，並且導致個體內在的衝突。當發生在伴侶關係時，就會導致人際衝突。

任何一極如果歪斜（askew）失去平衡，那將會是重要的介入點。假使夫妻的系統是健康的，每一個部分將發展許多潛能。假使其中一方太強烈投入在一個功能，而另一方並不是這樣的話，他們就鼓舞了歪斜極，並且陷入個人內在和人際互動的困難。假使這個不平衡的狀態持續，它將產生心理的停滯和僵死，或心理上的煩躁、生氣和不安。

在我們的發展中，極化是如何發生的？當我們跟另一方相處時發生什麼事？因為各式各樣的理由，我們部分的自我長時間未開發，那是因我們在發展自己的其他部分。我們都開發了某些心理的特質，並且把其他特質留在「陰影」當中。例如，照顧別人可能有很好的發展，但照顧自己卻保留在陰影當中；在其中，或許嚴肅是有發展的，但是幽默是沒有發展的。

個人未開發的部分，會在別人身上將之看成是美好的，那個未開發的部分很容易藉著跟其他人的結合，突然之間自己好像擁有了幽默或者自我照顧，一種感覺到活生生的或者很有組織的。它是一個立即的自我實現（self-realization）和一種很好的感覺，我們稱之為「墮入愛河」（falling in love）。這個人感覺到「完整」，且事實上，在那個片刻是完整的；並且有不同發展事項的另一人，也會發現這個被愛的人很有吸引力；因此他們結合在一起變

329

第十五章
完形夫妻治療的美學

成一體，或為一對夫妻，變成是整體，新的人。

　　然而，幾年之後，伴侶之間開始變得越來越差。很諷刺地，這是因為他們未發展的部分所造成的。其中一個原因就是，他的伴侶並沒有這麼重視另一方互補性的特質，就如同重視自己已開發的部分一樣地看重。但在此同時，他們也知道那個是重要的，也是根本的，因而對此互補特質搖擺不定。所以他們繼續跟他們的伴侶在一起，並且享受這個特殊個性的報酬。然而它維持不長，因為原本是樂趣的陰影面變成事實；那些伴侶曾經喜歡的、特殊的事，那些讓他們在一起的事，如今讓他或她感覺到厭惡。

　　這是最困難的時刻，因為每一份關係都必須被超越：伴侶必須能把他們注視的焦點，從他的伴侶做好與做壞之間區分出來，重新回到他們做好與做不好的地方。他們必須承認，他們從另一方身上學習到關於這個特別的性格，他們也必須負起他們把性格投射到對方的責任。停止把眼光注視在對方的這個歷程，結果將是選擇與經驗的自由。一旦個人陰影被帶到明亮處並且開始發展，它的複雜性被了解，人就能夠從正向或負向依附另一方的狀況中解放出來。

　　身為一個治療師，看到不對稱的兩極，你將會怎麼辦？例如，你看到男方繼續取笑女方，因為她看起來是處在很大的困難中，且想要告訴我們他們之間困難的故事：「好吧，我想要停一下，我想要告訴你我注意到的事情，我注意到你們之間的互動有嚴肅也有幽默感，不管是什麼樣的理由，你們其中之一是嚴肅的，而另一方是好玩的。而且你們似乎就是讓它這樣進展，你有注意到這個嗎？你們在家裡面也是跟這裡一樣嗎？」當他們回答之後，你也可以問類似的事情：「你為什麼沒有告訴對方，你對這一點的感覺，你想要去做這個嗎？或者，你是否想要在裡面做點改變？」假使他們感覺到有興趣並想要改變，你可以建議做一些實驗，例如像是角色交換，那個將更能幫助他們覺察他們的兩極。

補償與中間區域

融合對分化

跟另一個人融合的經驗，特別是第一次，是非常有力量的，而且簡直是種淹沒般的狂喜現象，跟另一個人融合是一個原始的經驗，是最初想要跟媽媽結合的夢想。在生命的初期，這樣的經驗以平常的知覺而言，並非稱之為「愛」。就如同我們所知，融合是一種「需要」，一個原始的印象，一個沒有分化的渴望。它是一種心理上的感覺，帶著模糊的覺察，而且在一個人還沒有開始說話之前，在我們說「我愛你」之前，或「渴望某物」前，就已經經常感受到。它因心理上的感知而被覺察，當這個融合的需要沒有被滿足的時候，這個孩子就會發生危險。

這也是在之後的生活中，無數的渴望需要語言來讓它呈現。這些字因不同的文化及不同的社會，而發展出不同的方式來符合這種需求。因此愛在人不同的發展階段有不同的意義，但是「墜入愛情」的經驗和需要的融合，仍是一個重要的祕密，且不論任何語言，都包含著一種形式上的「心理煉金術」。

就像是化學魔術一樣，這個「煉金術」是令人迷惑的，少了另一方就會感到多少有些不完整，就是那種使人無法忍受的感覺。藉著相同的機制，一個人已經忘了，另一個人在他自己的權利上也是一個完整、獨立的個人。此幻想勝於個人對另一方真正事實的好奇心。在煉金術裡面，古老的神祕家為了獲得黃金，嘗試去融化相反的金屬；也就是說，就像是訂婚和結婚時候的金戒指也有相同的機能。就像是一個「心理上的煉金術」，所以一端是性方面的煉金術，另一端則是不同的、神祕的；也因為此祕密的核心是神祕的，也讓這個當下的接觸變成如此令人讚嘆，如此鮮活的喜悅。

但是很難過地說（宛如你尚未對它感到疑惑），融合最終將會失敗，總有一天它會褪色，並且產生更新與更強烈的需求。胎兒如果停留在子宮之中就會死亡。假使一個年輕人跟母親停留在家中，他不僅僅是在靈魂上，在其他方面也一樣會死亡。跟隨著融合之後的就是分離，而分離經常意謂分化。

第十五章 完形夫妻治療的美學

分化就是意謂伴侶的離開融合，而開始發展他們的自我。

　　從榮格學派的術語來說，就是「個體化」。而我們在完形治療裡就稱為「界限形成」。在完形治療中，我們相信適當的接觸是來自於適當的界限。你無法跟糊狀的東西接觸，你也無法跟糊狀的東西起衝突。你必須從心理上均勻一體的狀態，進化成一個分化的、有特別認定及統整的狀態。然後在你特別的界限上跟另一方接觸。你會經驗到愉悅的摩擦導致人際的火花，在這種狀態下，不僅僅是經驗快樂、溫暖，並能得到啟發。

　　我們構思發生在兩人系統裡的，就如同是在融合與分離兩個旋律之間脈動。我們在不同生命的地方接觸到彼此，我們用不同的強度來彼此接觸；有時候是狂喜的，有時候是生氣的，而大多時候是帶有美麗的吸引力。這個來來回回的過程就是關係動力的汁液。

　　融合與分離的主題是一生的經驗，發生在不同的時間，有不同形式的過程。當夫妻墜入愛情時，他們經驗到融合，他們是無法分開的，他們坐著並注視著對方來經歷不朽的愛情。之後，當他們經歷每日的生活，且彼此更熟悉之後，就會開始產生緩慢與細微的分離過程。這是增加確認彼此差異的好時機，並且回到自我實現。當孩子出生的時候，融合就會變得困難，或許它會昇華而進入包含孩子和家庭的系統當中。當孩子長大之後要離家，分離再次被經驗。再次地，這對伴侶變成孤單的，而期待能更成熟，彼此選擇成為更深地彼此親密。接著，生病與死亡來到伴侶彼此的面前，並期待在最後超越的經驗中有永恆的力量。

　　一個人被帶來這個世界上，只是要一次又一次把自己拋棄。在媽媽與小孩的融合之後，就有需求去強調「我」。當墜入愛情經驗之後，彼此需要個別獨立，並且再次面對自己與他人的內在需求、衝突與特殊的才能。每一個伴侶都會用各種方式，讓伴侶關係或者夥伴關係有功能。每一個人都需要得到一種自我的覺察，以作為一個分離的主體，來區辨他人與自我。每一個人需要去學習，從別人的出現、覺察與經驗中，區分他或她的內在經驗。在伴侶可以經驗到他們之間這種「我們」的接觸之前，他們需要清晰地區分出「我」自己的界限。治療師支持個體界限，且要求每一個人說出以下的句子：

「你看……」

「我感受到……」

「我感覺到……」

「我想……」

「我不想……」

　　每個人輪流說這些，但並不是要向對方做反應。內攝、投射及融合是這個階段喜歡出現的接觸干擾。「我感覺到你看起來像是餓了」或者「我感覺到緊張，而且你看起來也很緊張」或者「你看起來在對我生氣」。在很久之後，當他們真正地重視與關心另一方的經驗時，他們內在的觀點變成清明的。然而在這個發生之前，融合的接觸需要被衝突－接觸所轉換。也就是說，一個人不可能在沒有衝突下而分化。Karl Jaspers 在相同的脈絡中提到「愛的掙扎」，為了形成彼此，兩個靈魂需要投入「創造性的衝突」（Schlipp, 1957）。但許多夫妻被好萊塢所欺騙，以為感覺到衝突就表示「我們彼此不相愛」或者「我們彼此不適合」。這是因為許多夫妻在他們的原生家庭，並沒有見證到健康的表達和衝突的解決──並在此之後，跟隨著表達關心。伴侶會被他們幻想的衝突和害怕導引出一系列關係失敗的影像。

　　完形治療師在此觀點上，以一種可以提升彼此，而不會造成自尊受傷的方法，教導伴侶如何清楚地爭吵，並且如何解決並統整差異。治療師強調個別的經驗，彼此必須尊敬另一方看事情的方式。在支持兩個伴侶之後，治療師藉由他們找到一個創造性統整彼此差異特質的方式，繼續支持這個「我們」。解決衝突的熱度給了這對伴侶新的興趣甚至熱情。跟隨分化之後而來的是融合，這個旋律會繼續進行，且如同大自然有著自己的節奏一般。

　　在另一方面，許多差異並不是可以調解的，需要被如實地接納。一個人可以愛並且接納對方，並去接受並非所有的問題都是可以解決的。就如同好萊塢和「麥迪遜之橋」帶給我們的迷思：愛情是一種融合。個人成長運動帶給我們許多的概念是：所有的人際問題均可以解決。這個等同內攝力量的強迫，一些伴侶狂熱地提高與協商所有的差異性，直到其中有人倦了，並為失

敗感到羞恥，且在關係中失望為止。

　　差異在一個關係中是正常的。差異讓關係保持鮮活。差異如果到達極端且超越健康的分離，就會造成關係中無法挽救的破裂。

互補的功能

　　互補對分化而言是有功能的，然而要看分化的差距離得有多遠。由發展的觀點來說，伴侶會選擇另一方，是因為想要補償他或她自己另一個沒被覺察、沒被接納的部分；這樣的品質似乎是一個羅曼蒂克的形式，兩個一半的人聚在一起，而變成能更有效率適應社會的一個整體。

　　就如同先前討論到的，假使另一方接受與欣賞互補的功能，只要它沒有被個人經驗到，稍後，當未擁有的部分開始移向個人的表層之時，這個伴侶的互補行為就會被經驗成是煩人的、生氣的、不安的和不好意思的。原本是非常羅曼蒂克的，現在卻變成在社交上是極端粗野的。例如特質是外向的，被看成是「大嘴巴」；而內向的，則被視為是憂鬱的。由此觀點，完形伴侶治療師可以幫助個別的伴侶，實驗他在前一個部分所討論的未擁有的部分。有一些互補的形式，不論是性格學和風格上的，不論有多少個人成長發生，都將會在特殊的伴侶上保持穩定的性格。也就是在這裡，真實的（非精神官能症的、非投射的）互補對伴侶的生活能產生變化與刺激。每個伴侶更能夠開發自己的個體性，如此就會有更多自己的兩極被充滿和擴展，並且更能欣賞「瘋狂的」或另一方特質的行為。

　　然而互補強化了差異性，中間的區域吸引了相似性。生活並非在極端，而是發生在中間的區域。大部分的生活僅僅是平凡的，也就是伴侶的生活就是如此。許許多多瑣碎之事，工作、付帳、外務、接電話、晨浴、餐飲、一天結束後在另一個人的臂彎裡歇息。只有在治療師花時間去停住、去看及去反應他們在生活所產生不同以往的觀點時，互補的差異性才會展現。

　　然而，互補會提高壓力，也就是伴侶生活的張力，中間的區域提供一個可以休息的能量，均衡而非在高峰的地方，在那裡能量的水平是相同的。互補刺激了衝突，而中間的區域則儲存了安靜的融合狀態。

伴侶生存與成長的均衡點，是在互補與融合之間取得平衡。差異所產生的圖像之所以有意義，是因為它是從同意、了解、和解與日常生活中的樂趣之中浮現出來的。融合之所以是可以的，是因為它是從形形色色、差異、活生生的討論、批判與情感的開發中產生的。有人或許會說，伴侶生存的指標是從融合與接觸，或者在中間區域與互補的比例中來衡量的。

　　為了決定中間區域、為了取得平衡和為了伴侶對自己的知覺，這個治療師或許是去開發他們的中間的領域：你們是怎樣相遇的？你們彼此有多相似？你們共通的信念是？當事情都很平順的時候，你們怎樣在一起？回答這些問題，可以讓他們知道彼此共通的場域：他們的忠誠度、投入、友誼和努力。或者治療師準備好發現伴侶的中間場域並不紮實，只是一層薄冰。事實上治療師或許會發現，他們在面對彼此時，並不是使用他們最好的判斷。每個人在他或她裡面都有否認的情感而去欺騙，讓友誼變得貧乏。最後治療師會發現，忠誠與投入對這對伴侶來說是奇異與陌生的。

　　治療師可以決定，在此時此刻，在這個特殊的系統中，在沒有去打破關係之下，有多少的衝突是可以忍受的。伴侶或許需要去面對這些問題，被問到為了能夠支撐彼此要投入的衝突，他們是否願意去建立基本信任的場域。

支持抗拒以確認經驗

　　抗拒是一種接觸形式，通常在兩個次系統的界限中發生。抗拒可以在伴侶接觸界限中發生，伴侶或許會成為一個次系統，共同抗拒治療師的介入。人通常有自己「喜歡的」抗拒方式，他們是自我精神和諧的（ego-syntonic）和性格學上的（characterologically）真實；也就是說，伴侶和治療師的互動，以及他們自己的互動，經常使用相同的抗拒方法。伴侶和治療師的關係將會鏡映（mirror）他們彼此的關係。

　　我們經常談論到抗拒，彷彿它是一種排除內在心理現象：「我是一個迴射者」、「我是一個投射者」、「我是一個融合者」。然而抗拒起始於互動之中，要有兩個人才能產生抗拒。當互動是不斷不斷重複，一次又一次的抗拒

就會變成是內在心理的。這個人對新的情境反應就像是對舊的反應一樣，無法注意到其他的事情在發生，並攜帶他們交互習得的內在心理狀態遷移到新的情境。

存在

畫出界限，就是去對事件或者經驗賦予意義，並且把伴侶從他們的環境中區分出來（differentiates）。就像是在系統中的界限給出意義去區分次系統。界限不只是概念上的，它們也是存在的。雖然我們的感官配備不一定可以直接看到它們，但它們是真實的，它們是真實的能量場。當人們太靠近我的時候，我們經驗到界限：他們似乎侵犯到我個人的空間。我想要在我個人的空間與韻律中給出我的想法，當我們給出我們的想法時，假使另一個人太靠近，在我們還沒有準備好的時候，就會碰觸到另一個人的界限。

在所有的時候，當治療師注視著伴侶時，有一個任務就是去看出界限。治療師有能力把自己拉回來，並且確認出界限。完形治療的理論會認為，界限就是你經驗到差異的地方——那裡有一個我和一個你，或者一個我們和一個他們，成長的產生就在接觸界限。在你接觸之前，差異必須被提高，因為在我們在一起之前，我必須知道你和我是不一樣的。

當一個治療師跟一對伴侶坐在一起的時候，就會有一個時刻，他或者她由一個旁觀者的角色，變成對另一個人來說是一個出現者，治療師的出現建立起一個氣氛並增強清楚的界限。也就是在那個時刻，你知道你是在做伴侶治療。如果沒有出現的話，治療師就僅僅是一個做建議的見證者。

字典上提到「精神」（spirit）或者「鬼魂」（ghost）是在**存在**的下面。雖然這離一個適當出現的定義還很遠，暗示在那個特殊的情況下，個人的身體**與靈魂全然都在**。它是一個**同在**（being with），沒有任何**作為**（doing to）。存在暗示著全然地這裡——打開所有的可能性。治療師本能地在這裡激發更深層的自我。治療師的出現在此是一種背景，藉此將另一人或多人自我的形象，以茂盛、明亮且全然、清晰的方式突顯出來。

當我經驗到別人的出現時，我感到能自由地表達自己，**成為**我自己，展示我的溫柔、脆弱的部分，信任自己將會無條件地、無評價地被接受。我的治療師的出現，允許我為自己的內在衝突、矛盾、問題、兩難而掙扎，而不必為引導性陳述或過度決定性的問話而分心。我的治療師角色的出現，允許我去面對自己，知道我有一個聰明的見證者。或許最佳描述**出現**的字眼是用「它不是什麼」來描述：

1. 存在並不是一種姿態或自我意識的姿態，或者在別人面前趾高氣昂；其不具誇張性、表演性與戲劇性。
2. 存在並不是一種樣式（style）。
3. 存在並不是一種領袖氣息（charisma），領袖氣息要求注意、崇拜。領袖氣息會召喚自己，從而出現「召喚別人」。領袖氣息是一個跟別人形象比較的形象，然而它來自「要求被寫上」（asking to be written on）的背景。
4. 存在並不是一種宗教人性的姿態（因為事實上，那是一種隱密性自我驕傲的形式）。
5. 存在並不是激辯的，它並不選邊站，它看到整體。

大部分的人是經由連續時間的敲擊（pounding）而認識存在，時間會一再提醒他們，他們知道的很少，他們有很多需要學習。存在是一種面對無窮盡、複雜的、不可思議的宇宙，所獲得的畏懼狀態。為了獲得存在，一個人必須學習很多事情，並且拋開他們。為了學習存在，個人必須把自己全然拋開，很像是一個富有的人，在工作多年之後，獲得很多的財富，有一天發現最大的樂趣就是把富有分享出去。

當我們說到治療師的出現時，我們是說治療師跟自己另一個超越語言的層面溝通。當治療師真實存在時，他的觀點是以一種沉默而細微的方式在周圍且散開的。治療師是紮根於大地且緩慢的，而不是莽撞與匆忙的。在這種狀態下，個人的呼吸是深的、充滿的、平均的，個人對時間的感覺是慢的、

可測量的。個人的身體自我是被支持與覺察的。個人並不「在乎」一個人沒有連結到案主故事的內容。例如，有一個時刻當伴侶卡住時，治療師就停留在沉默之中，直到房間內的壓力已經成熟到夠強烈、清晰時進入，此時伴侶就感受到舒緩，而且沒有覺得被拋棄。在開始的時候，這些介入是合時宜的（well-timed）、認知清晰的、策略良好的，治療師的角色和個人的權力提高了伴侶的信心。

當治療師在適當的時刻，用清晰的想法跟每一個在房間的人溝通時，他或她會留下許多三角互動的心理空間。隨著每一個伴侶被充分地感受到、聽到與看到，這對伴侶感覺到作為一個整體來說是有效能且受到支持的。治療師傾聽或者進入時，使用沉默和使用語言來對整個晤談產生影響是一樣重要的。沉默的出現可以在系統中產生活力。

操作性地來說，這表示我們並不做閒聊，否則就會讓這對伴侶從主要的對話中分心，而使他們無法更充分覺察到自己的過程。每個介入都是強烈和大膽的，在介入與介入之間的空間是完全屬於這對伴侶的，這個治療師不會撐住或引導更多的注意力到他或她自己。存在與時間架構了每一個介入的力量，也藉此支持治療師這個人，在這房間成為是一個重要的圖像。在同時，這對伴侶感覺到被尊敬（被看見），並且被這個重要的人撫育（包圍）。

就像是伴侶一樣，治療師也擁有需要被管理的能量場域。我們必須建立出覺察的韻律。首先我們傾前去進入這個系統裡，開始這個晤談或進行介入。然後我們拉回來，安靜地坐著並自由聯想。從系統中退縮回來並且做出清楚的界限。我們必須能夠去管理我們的能量，創造一種創造性的冷漠（creative indifference）：一種警覺的、開放的、不動的（nonmobilized）狀態。

當我們跟伴侶一起工作，我們必須覺察什麼時候要打破他們的界限，讓我們變成他們部分的覺察。為了產生影響，我們必須知道，何時要變成伴侶場域的一部分，以及何時只是在觀察。在觀察之中，我們並不希望所有的能量拉回到自己，不論那個能量是關心、興趣，或者只是單純地看。我們做這些僅僅在我們想要他們的全部注意時……然後我們再次移開。

一個「辯證的」（Dialectical）介入策略

三步驟介入計畫

身為一個治療師，我們必須長時間觀察、長時間傾聽，並且經驗什麼正跟伴侶一起發生，以獲得關於他們歷程的足夠資料，藉此創造出適合他們兩難的介入策略。為了能做到這樣，我們必須建立我們在這系統中的出現，並且引發伴侶的參與來檢驗他們的歷程。

第一件我們要做的事，是在閒聊中投入相當程度的分量。如此能建立起身為一個治療師出現的架構，並且開啟跟這對伴侶的接觸。這是普通性的、歡迎性的社交談話。我們確認我們跟兩個人接觸，並且提供溫暖，讓他們可以談論親密的事件。

下一步，我們討論治療的基本原則，我們會告訴參與者，最能幫助他們的方式就是去觀察他們，也就是說我們將會請求他們，去告訴彼此任何對他們來說是重要的事情，我們將會如一個見證者來行動，當出現一些我們感興趣的，或可運用在他們身上的事時，我們將會中斷他們。我們從來不會在還未遇到抗拒前，就給予指導。這些是我們經常聽到的說法：

「我們在家裡已經談論過，所以我們在這裡討論不會有任何用處的。」

「討論它並不重要，因為無論如何他（她）是不會聽的，那就是為什麼我們會在這裡的原因。」

「我不期待這樣。」

「我想要告訴你⋯⋯你不會想要知道我們的任何事情嗎？你不想要知道我們的歷史，或者我們是怎樣淪落至此？」

「我們來的目的，是想要從你那裡獲得一些建議，而非談論彼此一些老掉牙的事情。」

「這樣做太不好意思了，假設我們只是在你的面前談論，而你只是坐著和聽。」

「那樣會感到不自然和戲劇化，因為那是個假裝的情境，假使我們僅僅是假裝做它，我看不出來什麼是好的。」

在這個觀點上，我們提高這個抗拒（就如同我們做好所有的治療工作），藉著跟它停留在一起，直到我們讓每一個人表達他對所有情境的抗拒。例如，假使案主們說到，他們感到很不自然和虛假，並且感覺到不舒服為你「演出」（acting），我們的反應或許是：「我很欣賞你能告訴我，你是不舒服的，你是正確的，那個是不舒服的。治療的情境並不是自然的，然而對我來說，能看到你們如此是很重要的，因為我就能夠知道你們是怎樣溝通的。我知道那是不自然與不舒服的，但是我希望無論如何你能夠做它，因為我相信這是我對你們有幫助的最好方式。」

就如同我們看到某些事情，想要告訴他們時，我們就打斷他們。我們也解釋，在任何時刻他們需要我們的幫助、或是卡住的時候、當他們想要去告知、或是質疑我們的時候，他們可以轉向我。只要我們的指示是清楚的，我們就開始抽離這個系統，並且畫出界限。當他們彼此交談，我們就觀察他們的過程，並且等待某事變成圖像。

第一步：治療師開始藉由鼓勵這對伴侶去彼此討論某些對他們是有影響的事情。這給治療師一個機會，去觀察這對伴侶在他們界限裡的覺察歷程。當獲得足夠現象場的資料，治療師開始做出對於觀察結果的陳述，**這就是最先的介入**。這個觀察是建立於真實的資料，它的目的是去支持他們的能力、優勢和創意感；他帶來什麼存在於伴侶的覺察裡。

治療師允許伴侶有時間去回應，找到例外，改變意義，而且豐富了他們對自己現在是如何的覺察。治療師在系統所產生的能量中「滑動」，而不是將能量推開。當這對伴侶感受到支持，他們就被治療的過程鉤住。對我們而言，當有些東西浮現時，我們就打斷他們，並且做第二次的介入。

第二步：然後治療師聚焦在伴侶能力的另一面，也就是說，他們為他們的優勢所付出的代價。這可稱為系統運作的「陰暗面」（dark side）；它被他們的沒有能力所隱藏。**這就是第二層的介入**。通常這是最困難的主要區域，

治療師在此時會預期拒絕、羞恥、罪惡感、生氣，或沒有覺察抗拒形式的出現。這是一種細微的轉捩點，在那裡，系統對自己的覺察很潛在地被擴展；治療師在此刻就會面對很多的疑問與討論。

當抗拒升起的時候總是被支持的。伴侶會被鼓勵去咀嚼其所產生的資訊，而不是全然吞下。有經驗的實務者會覺察到，假設這對伴侶太快接受他或她的觀點，學習以及改變就無法發生。雙方會被公平地支持，介入是平衡的。這個取向也減少在系統裡面人的對立，以及系統與治療師間的對立。只有當他們的需求都被正當化的時候，他們才會放下並對世界開放。

第三步：治療師會繼續提出他們可以做什麼的問題（操作性上什麼是被學習到的），去改變隱含規則的陷入，讓它變成明確的行為，以支持伴侶和環境中所失去的界限。完形治療師使用實驗來達成這個目的，**這就是第三個介入策略**。與伴侶工作的治療情境，當它被設定之後，其本身就是一個實驗。我們藉由其他的實驗來建立這個基礎。所有的實驗都是不自然的、戲劇性的和人為的情境。然而這些是他們生活的片段，是我們可以看到發生什麼事，並且讓它顯露出來的。一旦我們對伴侶的過程有好的掌握，什麼是他們在一起的圖像，我們就從那裡工作。他們可以跟它們一起移動，或者我們可以創造一個實驗，他們就可以從深思中咀嚼並且學到新的事物。

我們藉著重新回想來結束晤談，我們改變是從人為的、結構的情境，回到更社交的、容易的及自然的人性接觸。我們希望他們能更好，並且跟他們說再見。這段晤談像是搭飛機一樣：我們起飛，到達相當的高度，旅行一段時間之後，我們著陸。

如何介入

做介入就是藉由身為治療師的你，看到或者經驗到他們尚未覺察的行為，來作為伴侶建立關係的圖像。以下是一些有用的指標：

勇敢地介入：假如你的陳述是被接受的，就必須支持你的觀察所喚起的感覺，檢驗你的缺陷（objections）是要勇敢的。你或許要問自己：「假使他們並沒有發現事實的相關性呢？」你或許可以問他們：「關於我說的，有

什麼不符合你的？」這會給你更多關於這對伴侶想法與感覺的訊息。當你的觀察碰到障礙時，絕對不要辯論你的觀點，因為你將會純然地碰到增加的抗拒。此外，對於伴侶經驗他們自己的方式要保持好奇。

提供現象學的資料：為了能夠被聽到，當你聽到或者看到某些事情你想要作為介入的時候，記得經常給予現象學的資料以當作是一種支持。告訴他們你所觀察到的，並描述每一個人在製造失去的清晰度所扮演的角色。他們比較傾向好好地被接受，而非批判性的介入。因此一個好的介入會：

1. 描述什麼已經在那裡。
2. 陳述每一個部分對一個現象的貢獻。
3. 應用一種有潛力的行動，讓每一個參與者能夠改善這個系統。

報告什麼是已經被喚起的：報告什麼在你身上已經被喚起。這個治療師能夠成為一個強而有力的介入。特別是在你已經看過這對伴侶很多次，並且也獲得他們的信任時。

1. 當我和你坐在這裡時，我感覺到我是隱形的，沒有被任何人看到。
2. 我想要告訴你，你們和善地回應彼此是如何地感動我。
3. 我覺得自己像是一個聯合國的翻譯。
4. 跟你坐在這裡，我感覺到如此無助，我希望我能有一個魔杖！
5. 跟你在一起二十分鐘，我開始感覺到昏沉與想睡。
6. 僅僅是在晤談了幾分鐘，我已經感覺到就像某人將我旋轉，我感覺到暈眩及失去方向感。
7. 你做得這麼好，讓我感覺足夠的舒服到來為我自己泡一杯茶。

當你感覺到某些事情非常深刻，並且清楚強烈地分享它，人們通常會以從你那裡得來的訊息，用相同的程度來回應。這並不是一個詭計，而是見證一個你所關心的戲劇，一個心有所感的訊息，從你情緒上的慷慨寬大所開發出來的。

假使為了任何理由，你無法帶領自己去關心，不要打擾自己去分享你的真實感覺，除非「不去關心」是被夫妻跟你在一起的方式所引發。然後告訴他們，你是如何在他們出現時變得「冷淡」，是另一個讓他們看到他們自己的有力方式。

　　教導：教導是另一個介入的方式。當一對伴侶直接要求幫助的時候，它是一個樂趣。記住，在剛開始的時候，你提供他們選擇去轉向你，並且要求幫助。一對伴侶經常太迴射，而讓他們的能量向內轉向彼此，以致於沒有動機去轉向你。他們或許沒有充分覺察到，你的出現對他們來說是一個重要資源，畢竟他們在沒有來到你這裡之前，就已經用這樣僵化固著的行為模式來因應這個世界。

　　假使他們真的選擇求助，你就有這個機會去教，教是一種藝術，它並非總是給出訊息，雖然訊息通常給予很大的幫助和紓解。你也可以討論你已經讀過的書或者你已經有的經驗，或者牽引他們到他們已經知道的事情，那將能協助他們應用到現在所呈現的問題與情境上。

完形伴侶治療的美學價值

　　去欣賞一對伴侶美感的意義，是對他們的形式做評價性的判斷。藉著「形式」，我們主要談論的是過程，雖然到一個比較小的程度，我們包含內容、品質、個性、數量等等。做判斷應含著價值的呈現：某些事情是好的或者漂亮的，因為它被如此地知覺。從另一個觀點來說，價值應含著某些事情比某些事情更令人喜歡或更重要。從健康人際接觸的美學觀點而言，其意謂有一個有價值的系統立基於美學的基礎之上。

　　從歷史上來說，我們價值的升起與發展，是來自於許多完形治療創始者的集體力量：Fritz Perls、Laura Perls、Paul Goodman、Isidore From 和許多其他的人。經過幾年，依循他們的方針進行工作，並且精緻化我們的想法，我們現處於一個讓我們的觀點更清晰和更充滿的較佳位置。

　　當我們開始為更多伴侶、團體、家族和組織工作時，我們被迫去擴展我

343

們自己。首先，我們開始從 Perls 感官的、覺察的、興奮動作和接觸的個人觀點，去開發一個更一致性的過程模式。我們創造一個循環，如同鎖鏈般，一個現象接著另一個現象。從一個模糊的感官經驗到一個完形的形成，到一個興奮要求被滿足，然後到一個動作想要朝外，到最後那個接觸能滿足。當我們的工作進展的時候，我們從系統理論中選擇系列的價值與原則，並且將之加入完形取向中。這個名詞從感官到覺察到完成和滿足，變成我們第一個基本的美學價值。

完形伴侶治療的價值是實際的、立即的和可接觸的，我們對推測、解釋或分類不感興趣。這並不表示我們必然避開我們職業的基本的工具，例如人格測驗、家庭圖、DSM-IV，或者其他的診斷工具。例如，在完形治療中，我們傾向依據接觸干擾和界限模式「診斷和澄清」系統的現象。如此的工具對臨床的決定以及提供好的背景訊息是重要的，但是它們仍然保持：背景和輔助的目的。每一個治療的會談過程都是新的會面，在和伴侶當下互動會面的所有時間都是現象學的觀點，所以對我們而言，每一次的會談都是圖像。這些觀點包含時間、空間和改變、覺察、感官、極化的特殊性、能量、動作舞蹈和方位、美麗、平衡、和諧、補償、韻律、對比、接觸品質、退縮的本質、有能力去「放下」和重來、幽默和「一種哲學的感覺」。

經過不同的時間和經過嘗試與失敗，我們「首要」的價值已經發展出二十二條，這些價值附帶著相對應的介入原則，呈現於下。我們的完形價值系統的分類是平衡、改變、發展、自我覺察、整體論與形式。

平衡的價值

1. 價值：平衡的人際。

   原則：人一生的任務就是去變成依賴及自發，我們教導自我支持，同時也示範相互支持：伴侶間的融合和個體的融合取得平衡。

2. 價值：伴侶間分享力量的重要性。

   原則：我們嘗試去了解與觀察在小系統中不同的力量，強烈不一致的力量可能導致虐待的行為。

3. 價值：伴侶間彼此清楚的界限，以及兩人和治療師間清楚的界限。

　　原則：我們絕不選邊站或失掉我們的界限，我們用另一個介入來平衡它；我們示範在更好的界限界定與管理下工作。

改變的價值

4. 價值：經由有機體的自我調節達到自我實現（self-regulation）。

　　原則：一對伴侶的願景是為了努力朝向整體性、統整、流動和自發的功能。系統努力在停滯與前進間取得平衡。

5. 價值：從做中學習。

　　原則：從做中學比只是討論還要好。我們教導、鼓勵和支持實驗不同與新穎的行為，去促使這對伴侶超越目前停滯與限制的功能。

6. 價值：經由覺察來改變。

　　原則：改變的發生是經由覺察和主動做選擇，這樣的改變比未經覺察和選擇的改變更統整，並能持續更久。

7. 價值：矛盾的改變。

　　原則：參與伴侶時，我們支持其抗拒。越多的支持就有越多的改變發生。

8. 價值：過程超越內容。

　　原則：一對伴侶如何表達他們自己，比被討論了什麼東西更為重要。

發展的價值

9. 價值：每一個規則都有例外。

　　原則：我們需要去了解與欣賞發展，並了解在我們的介入中，什麼在發展上是適切的。雖然這些規則在當下是最有用的，但所有的規則都是潛在性的愚蠢和危險的（包含這個原則）。

10. 價值：經驗發展的平等性〔或者「對雌鵝（goose）有益的，對雄鵝（gander）也是好的」〕。

　　原則：我們相信治療師就和案主一樣，處於連續不斷改變和發展的狀態

中。他們需要接受個人治療，過著比工作更大的完整生活，並從中獲得滋養。

自我覺察的價值

11. 價值：治療師為伴侶「著色」（colors）。

　　原則：身為一個治療師，我們持續地追蹤自己的心情、欲望、衝突、需求和改變中的意識型態，因為在我們面前呈現的伴侶會在意識或潛意識中被一個或者其他的方法影響。

12. 價值：專業的人性。

　　原則：我們尊敬伴侶系統的統整，不論如何地呈現失功能，他們有能力**用他們的方式來改變**。

整體論的價值

13. 價值：系統理論——整體影響了所有個體的部分，並且大於部分的總和。

　　原則：我們對伴侶的構思關聯到大家庭、鄰居和大的社區，更大的系統脈絡。

14. 價值：沒有人是孤島。

　　原則：每一個介入必須要以負載伴侶外在世界的模式為基礎，我們去尋找並去了解他們漂浮在每天生活中的「湯」（宛如每一個病人，其生活的特質站立在他後面，像是永遠存在的「希臘的合唱」）。

15. 價值：關係中的「第三者」。

　　原則：在伴侶的工作中，介入必須是系統的也是互補的。只對一方介入，不論正向或負向的，將不會對系統有利。

16. 價值：伴侶的集體聲音。

　　原則：我們同時注意單獨的「聲音」（在心靈上與系統上）和這些聲音的模式。

形式的價值

17. 價值：完成完形。

   原則：我們聚焦在伴侶如何強力創造其未擁有的部分，這需要被發現並重新統整到他們內在的生活裡。我們總是從他們有力之處開始，而不是他們的弱點。

18. 價值：好的模式形式。

   原則：我們讓伴侶成為所是，也讓他們離開（並且無視於他們之所是及他們要去哪裡，我們所支持好的形式是「只要夠好的」）。

19. 價值：作為一個統整的實體和美學事件，整個治療關係有其重要性。

   原則：我們強調治療過程（和介入）和它進行的品質。我們看重美麗也看重醜陋，以及這個案主的系統為它的症狀及病態奮鬥的美學價值。

20. 價值：完形治療發展上的統整性。

   原則：我們在治療介入中的主題、發展與解決中尋找單純的美感。每一個治療的會心都可能是一件藝術作品。

21. 價值：伴侶的統整就如他們現在之所是。

   原則：我們接受伴侶的現在之所是，帶著一種對他們現存能力的欣賞來參與並接觸他們。

22. 價值：現象學的此時此地。

   原則：我們在心理和大的系統中尋找模式。最有用的觀察是立基於實際的、此時此地的、現象學的／過程的觀察（請見 Farber, 1943 的討論）。

我們不僅僅是看伴侶的過程，也包含整個治療系統，包含治療師的出現與介入的美學形式，將整個視為美學的事件。這是個體的也是整體的伴侶，為他們的問題奮鬥；而且治療師是以一個仁慈的、支持的和投入的見證者，在他們的界限裡工作。許多我們所做的如同「藝術家」一樣，是依據象徵或

主題的系統過程所建構的現象學資料。這給了伴侶如何跟另一方及他們的問題在一起更廣的觀點。

　　如同在我們早期的個人完形治療的經驗一樣，我們幫助案主離開晤談室時，對於他們的每一個麻煩、痛苦經驗的來源感覺到「更友善」。我們幫助伴侶認清他們的症狀和行為，甚至他們的抗拒都是一種創造性的努力，那些抗拒有它們的優點、美學的效力和目的。我們努力去幫助他們每一次離開晤談室時，是帶著一種身為人被肯定為是「好的」的感覺。

附註

1. 所有的權利保留給 Joseph C. Zinker、Cleveland Heights、Ohio 和 Sonia M. Nevis、Brookline、Massachusetts。這個章節是在 Paul Shane 的編輯協助下完成的，他是我在 Saybrook Institute., San Francisco, California 的一個研究所的同事。部分的材料是從《追求圓融——完形取向的婚姻與家庭治療》（1994）一書中的許可之下取得的：Joseph Zinker, Jossey-Bass, San Francisco, California；和「完形取向伴侶治療」（1992）由 Joseph Zinker，從《完形治療：觀點與應用》（譯註：此書中譯本 2005 年已由心理出版社出版），由 Edwin C. Nevis 編輯，Gardner Press, Inc., New York, New York。

參考文獻

Beisser, A.R. (1970). The paradoxical theory of change. In J. Fagan & E.L. Shepherd (Eds.), *Gestalt therapy now*. New York: Harper/Colophon Books.

Farber, M. (1943). *The foundation of phenomenology: Edmund Husserl and the quest for a rigorous science of philosophy*. Albany: State University of New York Press.

Harris, E.S. (1981). *A new revised Gestalt theory of resistance*. Unpublished manuscript and personal communication with the authors.

Latner, J. (1992). The theory of Gestalt therapy. In *Gestalt theory: Perspectives and applications*. New York: Gardner Press.

Nevis, E. (1987). *Organizational consulting: A Gestalt approach*. New York: Gardner Press.

Perls, F., Hefferline, R., & Goodman, P. (1951). *Gestalt therapy*. New York: Julian Press.

Polster, E., & Polster, M. (1973). *Gestalt therapy integrated*. New York: Brunner/Mazel.

Schlipp, P. (1957). The philosophy of Karl Jaspers. New York: Tudor.

Wheeler, G. (1991). *Gestalt reconsidered*. New York: Gardner Press.

Zinker, J. (1977). *Creative process in Gestalt therapy*. New York: Brunner/Mazel.

Zinker, J. (1994). *In search of good form*. San Francisco: Jossey-Bass, Inc.

第十五章
完形夫妻治療的美學

親密花園 完形取向伴侶治療理論與實務

後記
從美學的視框

Stephanie Backman　著

鄧光雯　譯

Maturana 談到對某種非洲鳥類的研究，牠們是居住在濃密森林裡的鸚鵡的近親，與同種類中的其他鳥很少或甚至沒有視覺上的接觸。在這種情況下，牠們會透過一起合唱一首共同的歌來形成配偶。研究人員取得那些歌的光譜圖後發現，這些歌看起來好像是由每隻鳥分別去建構一段樂句，再由另一隻鳥繼續接下去，這就成了一個二重奏。這兩隻鳥雖在不同時間唱歌，實際上卻是一種對話。牠們在求偶期間發展出的旋律，終其一生保持未變。其子女則會創作另外不同的歌曲。每對鳥特有的旋律唯其獨有，並且只存在於牠們的生命期間（Maturana & Varela, 1987, p. 194）。

　　在本書中，你已經看到許多關於使用完形模式對伴侶的看法，雖然它們的差異很大，但都是使用完形觀點去超越只以「客體的」（objective）觀點來看伴侶，因如此會錯失了將當事人和伴侶看作是完整的個人。完形治療試圖去理解當事人自己的經驗，以及伴侶各自或共同的對其經驗世界的建構。

　　在這最後一章中，我想以完形的觀點來談論一個治療師的工作經驗，以及對此經驗的立場（stance）。治療師所使用的（我稱之為）「美學視框」（aesthetic lens），不是一種特別的技術或方法，而是一種態度。治療師可以運用它，並對其工作有直接且實用的效果。

　　在 Maturana 的故事裡，研究人員對他們所聽到的伴侶鳥歌（song of the birds）的一體性（unity）感到驚訝。事實上，由於歌曲的連續性

（continuity）與整體性（wholeness）是如此強大，一開始她們以為是一隻鳥在唱歌。那種整體性和驚訝正是完形心理模式所謂的「突出的屬性」（emergent property）。這種突出的屬性正是伴侶之所以成為伴侶的特性之一，它不能透過對成員逐個檢查或對他們個別行為分析而察覺地到：它屬於整體，而非部分；它是那對伴侶所特有的，並因此與其他伴侶是有所不同的。

　　兩個獨立的個體以一個二元單位（dyadic unit）構成了彼此的對話，這些對話就如同一首有兩種聲音的「歌」，而雙方都各自帶著配合相同節奏的面部表情與身體姿勢（Brown, 1991）。伴侶的治療工作就是建立在這首旋律，以及這種整體的形式和意義之中。這整體或這首「歌」可說是一種完整且滿足的共同旋律，亦即研究人員最早在 Maturana 研究鳥的歌曲時所看見的天衣無縫（sense of seamlessness）和個別的獨特性的感覺鳥歌雖可能會失敗，或只發展一小段但未能清楚的連接。治療師的工作和其他所有更具體的任務和介入一樣，都是去覺察這個整體、這個美學的形式，然後將它反映給伴侶們，讓他們也能感知到自己的形式，以作為一個具有創造力的形體（shape）的共同生命，並具有完形所特有的連貫、界限、脈絡、意義；早期完形心理學家特別稱之為「孕含」（pragnanz）的特質，也就是一種擁有能量往某處的方式，並以一致且有機的方式引導到下一件事情。

　　治療師即透過美學的視框去看伴侶這種突出的屬性。我這麼說是指治療師要有退一步來看問題的能力，讓所有的部分都變成了背景——不僅是內容如此，角色、「動力」及所有伴侶雙方分別的行為也如此；於是，整體變成了圖像，治療師自己的經驗變成了那首歌，那個特別的整體是在一起的。這是曾受過專業訓練的治療師的行為立場：不能只對「部分」（parts）行為與動力作分析，而應優先考量到整體，並以之為基礎。正如 Perls（1947）曾提到：這是一種「創造性的冷漠」（creative indifference）的狀態：重點不在於不去關心、不做判斷與分類，而是不把完形做預設、分析到無限的組成分子。在這種情況下，圖像就會自己自動從場景中浮現出來，而不是被治療師自己先入為主的看法，強加於其上；而且如要進行評估第一個應是治療師自己的經驗，因為她或他很容易就會被那圖像帶著走。

我們應如何使用美學的視框？它又是如何對伴侶有用呢？以下的例子可加以說明：

> John 和 Maria 正在討論暫時分居的事。John 描述他的擔心：這可能
> 意謂他們關係的結束，而且 Maria 可能找到某個新伴侶。Maria 帶著
> 焦慮再保證的音調說明他們以前曾經分居，接著又談到她對 John 非
> 常尊重，對話在此就停止了；兩個人同時轉向治療師，並述說這正
> 是他們通常遇到的僵局。

　　在治療師的經驗裡，這段對話並未形成圖像。對治療師而言，在圖像被賦予清晰又真實或充滿能量以致足以能夠把憂慮與擔心所形成的背景中脫離出來之前，這段對話就突然結束了。這個提供訊息、新穎經驗與共同關注的圖像，並未能吸引治療師的注意。以 Maturana 的鸚鵡歌來看，這根本不算是一次對話，因為 Maturana 歌裡的每首樂句都是有機的（organic）——從前一首樂句開始，再與其連結，然後將其帶到一個新的地方。相反地，John 與 Maria 這兩段獨白是一次順從的模仿（resigned imitation）；每個人只是在自己的擔心裡迷失，並沒有真正與對方所說的話連結在一起。

　　換句話說，治療師在上例的觀點、對於對話的整體美學上的知覺（aesthetic perception），是評估的、非判斷的。但描述本身即是評估；因此完形知覺模式清楚地提醒我們：要不帶評估地去描述；亦即在描述時，對圖像特徵（feature）與質量的選擇，並不會受到感知者自身經驗的感染與共生的影響。的確，治療師評估自己與伴侶對話的經驗，亦即治療師所體驗到的整體形式，正是我們在這裡所追求的；這與根據治療師本身當下的經驗以外的一些「客觀」標準對他們所創造的情境做判斷是不同的。在此我們要再次重申，治療師能保持這種區辨，亦即以一種不同的心態，或一個真實典範的轉換，是他受過治療師訓練應有的行為。

　　誠然，Maria 和 John 的對話本身即是一種模式的開始，兩個人都同意那是一種他們所熟悉的行為順序；他先說某些事情，她很快地提供再保證，幾乎是說服他不要有他自己的經驗，然後對話在這裡就結束，兩人陷入無望的

寂靜和孤立狀態。但是從意義上來說，這種習慣性的對話模式從未達到成形的程度，就如同在一張紙上的圖案標記，並不一定就是有意義的寫作，更說不上是一種令人感興趣、有能量、具連貫性、有界限和平衡的視覺設計。

要使用這種視框需要很多的力量，治療師對伴侶的努力──進入共同旋律的努力──要回饋給他們；這種被看到的經驗所產生的力量，會回過頭來再去滋養他們做更多的努力。畫家兼評論家 Roger Fry 曾說過：存在於我們生活中的一個「物品（object），它存在的唯一目標就是被看到，就因為這個目標，我們才會真正去看著它。」（Edwards, 1992, p. 84）。當我們說美學的視框是非評論的，我們指的就是這個意思。目前，我們有興趣去看 Maria 和 John 的互動，純粹只是為了看並欣賞那次經驗是怎樣的一個經驗，而不是為了要去修正、去改善、去判斷，甚至去分析他們的模式缺乏形式、那首歌缺了音樂等等。此刻，我們只是單純地對我們面前的事物是什麼（what is），以及各部分對整體的適合度（fit or do not fit）是如何感到有興趣。一旦我們開始追蹤內容、動機、動力等等，我們就已對準焦點了；這對伴侶才能體驗到我們看到了他們，而他們自己的經驗才會開始產生轉變。

美學的知覺是從伴侶的現象學來著手，即從治療師自己經驗的觀點來看完形的本質。這裡有另一個例子：Bill 和 Bettina 正在用強而有力、具壓迫性的言語討論他們之間的關係，他們輪流發表一個簡短、清楚且有大量能量的個人陳述，隨後由另一個人接著陳述。他們看起來好像「在接觸」，在共同建構一個他們每個人都感興趣且重要的、具節奏性的斷續對話；然而在後續的互動過程中，他們的語言變得越來越不像自己，聲音也變得軟弱且無聊。雖然兩人仍繼續維持在同一個主題上，但是對話的能量好像同時在兩個人身上消失了。

就像 Maria 和 John 的對話一樣，都是因為一個相似的原因，而使對話毫無結果。在治療師的眼裡，部分從未組合成更大的整體。問題不在於細節上不夠充實而突然停止，而是因為缺乏剛好足以讓他們彼此互動所需的一體性、能量，以及發展性的充足感（sense of enoughness）。因為每個人都要動員很多的能量，但卻無法真實地以支持、鼓勵的方式與對方所說的相連結，

這樣的對話就會讓人感到疲憊。Bettina 聲明她感到極度疲倦，幾乎到生病的程度；她的先生搖頭並且苦澀地說：「只有當你跟我說話時。」再次地，熟悉的習慣無法超越例行的程序：此時伴侶只好拆夥成兩個個體——每個人獨自擁有自己的無望和痛苦。一種熟悉且可預測的模式再次接踵而至，但卻已無法將較大的整體結構感加入，而只是一些部分的例行程序而已。

以下是另一個不能到達成形程度的模式之例子：

> Molly 和她的伴侶 Angie 正在談論一些對 Molly 極為重要的事：她對一位同事坦承她的女同志身分。在 Molly 的經驗裡，這消息不知為何沒有達到預期的效果，而她已感到心煩意亂了。Angie 舉了一些自己生命裡相同經歷的例子，並且開始哭。不久，兩個人都把注意力集中於 Angie 身上。這是在這一小時中的第三次了，Angie 及其經驗成為焦點了，並且比 Molly 的經驗更完全地被照料及描述到。Molly 熱心地取得更多關於 Angie 的資料，而且 Angie 也樂意提供她的資料。

在沒有覺察之下，Angie 和 Molly 正透過對話過程中尚未取得平衡的部分來避免真正的對話。兩人之中，Angie 看起來好像比較有分量，在畫面裡占據了全部空間，表達得比較清楚，也被較妥善地處理。美學觀察者（即治療師）當下的經驗有偏向一邊的情形，這就好像在等一塊蹺蹺板向下擺動，但卻從未如願。再次地，伴侶並未成對（形），卻分解為兩個單獨的個人。在觀察者的經驗中，這兩人中的一人以鮮明的顏色浮現，而另一人則從中逐漸消失。

整體美學的特性如下：促進一體感、更高程度的整合、避免困惑、避免單調與混亂——包括發展、「恰好的充足感」（just enoughness）和平衡。其他的特性則可能是：主題、變化、抑制、對比、聯繫、和諧、比例和對稱，以及凝聚性、能量和上述的其他特性。當一對伴侶前來治療時，他們常是缺乏以整體感來成形或組成模式的能力。他們有某些特別的習慣，某些特別的線性順序（linear sequences），會打斷而無法支持真實模式（real pattern）的

形成；就像是一幅圖畫的某些部分，或一首優美旋律中的音符，全都因它們在整體中的不同位置與角色而有所轉變，且賦予特別的意義。與真正不斷播放的音樂不同的是，它們的重複是千篇一律的，既沒有豐富的內涵，也無法增加滿足感。伴侶會在某些方式下才會注意並感覺到這些令人不滿與單調的重複，這就是他們前來治療的原因：他們來不只是因為生活的內容或問題，而是因為他們感覺到他們的音樂不夠豐富到足以能夠掌握他們需要表達的音符。

對有美學視框的治療師而言，關鍵是以豐富且更完整的想法來掌握新的資訊──自我與他人新的可能性，以及視伴侶為一整體。我們既被「設定」（wired）以模式來知覺，當（並且只有當）訊息屬於一個有機、美學的有意義整體時，我們才會利用它。伴侶以模式或以更好的形式（better form）來完成互動，使新的訊息得以整合，自我發展和演化就會變得更有可能性。為了取代重複的單調，我們用反覆循環（recursive）的節奏來支援這個持新的情況。因為新的訊息就是一種進展，需要許多有機、有意義、相似的、不同的知識來加以配合。當我們以組織、模式作完整（consummation）的對話，即是在進行這種配合。

Oliver Sachs（1987）針對如何去以美學的形式保留新訊息以及塑造經驗、行動等，提出一個清楚的例子：他描述一個名叫 Rebecca 的年輕女子的案例。她是如此笨拙與無所適從（disoriented），以致即使從很短的距離，也無法找到回家的路，或用鑰匙開門。她的肢體很笨拙，甚至不能自己穿衣，但當音樂開始演奏時，她就能自發而優美地跳舞。她不會閱讀，但她喜歡聽故事和敘事史詩，而且理解得非常好。特別的課程和訓練雖對她沒什麼幫助，但是音樂和故事卻可助她去組織經驗。用 Rebecca 自己的話來說：「我有點像一塊活地毯（living carpet）一樣。我需要一種模式、一種設計，就像你那塊地毯上有的一樣。除非有一種設計，否則我就會崩潰，散開。」（Sachs, 1987, p. 184）。

對 Rebecca 來說，鑰匙在門上轉動總是一項新的訊息，從未被整合到她的神經和肌肉。但當她聽到音樂，並能將新訊息保留到夠長的時間，去連貫

且有目的地移動時，每個人都會對她的表現感到驚訝。除了音樂及小說以外，她的神經系統不能保留循環和有組織的整體，對她而言，那些只是連續不斷的新經驗，或可說是混亂和知覺的困惑。

當外在能力與多重訊息交會時，我們需要以模式來保留新的訊息。無論此模式從我們自己內部還是從外面而來，這是一種為了生活所產生的新的且組織得更好的設計。作為一個治療師，我們需要模式或者樣板（template）來接收在我們面前這對伴侶身上難以控制的大量訊息。這就是一種用於組織經驗的模式或視框的美學視框理論：是一種以特別的立場或陳述，使我們能夠將組織提升到整體的程度並加以覺察，然後再以不同於一般在部分時可能會用的方法來介入。

用 Mikhael Bakhtin 的話來說，一種關係的「比例建構（construction of ratios）；其美學就如同一座雕像或者一座大樓般，是依據它各部分是否能建構為彼此能相互影響而作判斷」。這種關係不會是靜態，總是在目前「被製造及尚未製造的過程中」（in process of being made and unmade）互動。因此，「自我與別人之間的關係『是』美學方面的一個問題」（Holquist, 1990, p. 29），這個問題在使用美學視框的治療師的工作裡，是一項資產和潛在的新範圍，它允許治療師在分析「部分」之前，先體驗到整體，並且將治療師自己感受到的經驗，與這對伴侶感受到的經驗相連結。

參考文獻

Brown, P. (1991). *The hypnotic brain: Hypnotherapy and social communication*. New Haven, CT: Yale University Press.

Edwards, P. (Ed.). (1992). *The encyclopedia of philosophy* (Vol. 1). New York: Macmillan.

Holquist, M. (1990). *Dialogism: Bakhtin and his world*. London: Routledge.

Maturana, V., & F. Varela (1987). *Tree of knowledge: The biological roots of human understanding*. Boston: Shambala Publications.

Perls, F. (1947). *Ego, hunger and aggression*. London: Routledge.

Sachs, O. (1987). *The man who mistook his wife for a hat*. New York: HarperCollins.

國家圖書館出版品預行編目資料

親密花園：完形取向伴侶治療理論與實務／
Gordon Wheeler, Stephanie Backman 主編；王環莉等譯
-- 初版 . -- 臺北市：心理 , 2009. 02
    面； 公分 .--（心理治療；101）
含參考書目
譯自：On intimate ground: a Gestalt approach to working with
    couples
ISBN 978-986-191-211-0（平裝）

1. 婚姻治療法　2. 夫妻　3. 完形治療

178.8　　　　　　　　　　　　　　　　　　97021606

心理治療 101　　**親密花園**：完形取向伴侶治療理論與實務

作　　　者：Gordon Wheeler & Stephanie Backman
校　　　閱：何麗儀、陳雅英、王環莉
譯　　　者：王環莉、張碧琴、張廣運、陳雅英、鄧光雯、謝曜任、龔寧馨
執 行 編 輯：高碧嶸
總　編　輯：林敬堯
發 行 人：洪有義
出　版　者：心理出版社股份有限公司
社　　　址：台北市和平東路一段 180 號 7 樓
總　　　機：(02) 23671490　　傳　　真：(02) 23671457
郵　　　撥：19293172　心理出版社股份有限公司
電 子 信 箱：psychoco@ms15.hinet.net
網　　　址：www.psy.com.tw
駐 美 代 表：Lisa Wu　　tel: 973 546-5845　fax: 973 546-7651
登　記　證：局版北市業字第 1372 號
電 腦 排 版：葳豐企業有限公司
印　刷　者：正恒實業有限公司
初 版 一 刷：2009 年 2 月